Grund- und Aufbauwortschatz Russisch

von Annabella Karlovska
und Rainer Rauch

Ernst Klett Verlag für Wissen und Bildung
Stuttgart · Dresden

Grund- und Aufbauwortschatz Russisch

von
Dr. Annabella Karlovska
Dr. Rainer Rauch

Gedruckt auf umweltfreundlichem Recyclingpapier,
gefertigt aus 100 % Altpapier

1. Auflage 1 5 4 3 2 1 | 1998 97 96 95 94

Alle Drucke dieser Auflage können im Unterricht nebeneinander benutzt werden, sie sind untereinander unverändert. Die letzte Zahl bezeichnet das Jahr dieses Druckes.

Umschlaggestaltung: Gebhardt, Aspach.
Fotosatz: Fotosatz Kaufmann, Stuttgart.
Druck: Clausen & Bosse, Leck.
Printed in Germany.
ISBN 3-12-519820-8

Inhaltsverzeichnis

Der Mensch und seine Bedürfnisse

Der Mensch als Mitmensch

Der Mensch und seine Umwelt

Die Einteilung der Welt durch den Menschen

Einleitung

Was ist ein Grund- und Aufbauwortschatz?

Wie gut jemand eine Sprache spricht, wird bestimmt durch die Fähigkeit, eine Vielfalt an kommunikativen Situationen durch die korrekte Anwendung von Grammatik und situationsspezifischem Wortschatz zu bewältigen. Feste Redemittel sollten für verschiedene Sprech- und Kommunikationsanlässe zur Verfügung stehen, um erfolgreiche Sprachhandlungen zu ermöglichen. Der vorliegende Grund- und Aufbauwortschatz versucht, den Lerner bei der Erreichung dieser Lernziele zu unterstützen. Man kann unterschiedliche Qualitätsniveaus für fremdsprachliche Kompetenz bestimmen: Die unterste Stufe entspricht dabei dem, was man Überlebensniveau nennen könnte. Hier ist der Lerner in der Lage, grundlegende kommunikative Situationen mit einfachen sprachlichen Mitteln zu bewältigen: Er kann einkaufen, nach dem Weg fragen und an einfachen Unterhaltungen teilnehmen. Im Bereich des Wortschatzes wird auf diese Art und Weise der Elementarwortschatz einer Sprache bestimmt. Dieser Elementarwortschatz umfaßt ca. 1200 bis 1500 Wortgleichungen. Will man den Lerner in die Lage versetzen, sich in ausgesuchten Themen sprachlich so zu behaupten, daß er auch aktive Gesprächsrollen einnehmen kann, muß man den Wortschatz ungefähr verdoppeln. Ein so definierter Grundwortschatz umfaßt ca. 3000 Wortgleichungen. Auf einer noch höheren Stufe soll der Lerner die sprachliche Situation aktiv beherrschen und über einen anspruchsvollen und nuancierten Wortschatz verfügen, der dann aus ca. 6000 Wortgleichungen besteht.

Der Grund- und Aufbauwortschatz deckt die beiden zuletzt genannten Stufen ab. Die Kenntnis der im Grundwortschatz vorhandenen 3007 Wortgleichungen erlaubt eine sichere und sprachlich angemessene Kommunikation in den behandelten Themenbereichen. Damit befindet sich der Lerner auf einem Niveau, das über den üblichen Grundwortschatz hinausgeht. Weiterhin bietet der Aufbauwortschatz 3477 Wortgleichungen an, mit deren Kenntnis der Lernende sich recht fließend und detailliert auf Russisch zu den aufgeführten Themen äußern kann.

Die Definition des Grund- und Aufbauwortschatzes

Die Auswahl des Grundwortschatzes erfolgte durch Sichtung der Lehrpläne der Bundesländer, des "Wortschatzminimum Russisch" von Dr. F. Bubner, R. Groh, Dr. H. Kölle, B. Komma, H.-A. Oswald und W. Sallawitz aus der Reihe "Materialien zur Einführung neuer Lehrpläne, Herausgeber: Landesinstitut für Erziehung und Unterricht Stuttgart", der wichtigsten Lehrwerke im Schulbereich und in der Erwachsenenbildung und vor allem des Grundwortschatzes von Emilia Gotscheva: ‚Leksitscheskij minimum po russkomu jazyku dlja bolgarskoj schkoly. Aktivny slowar, Sofia, 1976". Im ersten Schritt sind alle vorkommenden Wörter in den Grundwortschatz übernommen und den Themen zugeordnet worden. Der so festgelegte Grundwortschatz wurde dann auf Konsistenz geprüft, d. h., es wurde z. B. geprüft, ob alle wichtigen Farben, Berufe, alle Ländernamen usw. vorkamen. Die Ländernamen und alle anderen geographischen Begriffe sind, ebenso wie die Strukturwörter und alle festen Redewendungen, später in den Aufbauwortschatz verlegt worden.

Der vorliegende Aufbauwortschatz ist in 34 Themen gegliedert. Jedes Thema gliedert sich darm wieder in bis zu 10 Unterthemen. Die Einteilung in Themen ist didaktisch motiviert, hat aber auch Auswirkungen auf die individuellen Lernziele, die jeder Lernende für sich selbst bestimmen kann.

Zur Auswahl der Beispielsätze

Im Grund- und Aufbauwortschatz gibt es insgesamt 4234 Beispielsätze, wobei auf etwa jede dritte Wortgleichung mindestens ein Beispielsatz entfällt. Ein Beispielsatz sollte mehreren Kriterien genügen: Er ist angebracht, wenn eine Wortgleichung nicht ganz klar ist, wenn die grammatische Verwendungsweise eines Wortes im Russischen anders ist, wenn mit dem Beispielsatz eine landeskundlich interessante Information übermittelt werden kann oder wenn eine besondere Verwendungsweise oder eine idiomatische Verwendung des russischen Wortes möglich ist. Der Lernende soll sich also nicht nur Wortgleichungen, sondern auch Satzgleichungen für seinen persönlichen Sprachschatz aneignen. Die Beispielsätze sind sehr idiomatisch gewählt, sie sind oft in der ersten oder zweiten Person formuliert, so daß sie direkt, mit minimalen Anpassungen, in die eigene erlebte Situation übernommen werden können. Wenn Beispielsätze in der dritten Person vorkommen, wurde auf den zwar praktischen, aber lernerunfreundlichen Gebrauch von Pronomen meist verzichtet und statt dessen wurden Eigennamen fiktiver Personen gewählt. Durch Anpassung des Namens kann so ein Satz in die passende Situation übernommen werden.

Einige didaktische Überlegungen

Der Grund- und Aufbauwortschatz eignet sich für alle Lerner, die ihr Russisch verbessern wollen: für den Anfänger, der ungefähr ein Jahr Russisch gelernt hat und für den sehr fortgeschrittenen Lerner, der im Grund- und Aufbauwortschatz auch idiomatische Ausdrücke findet, die er sonst meist vergeblich sucht. Ein Lehrbuch, das allen Lernstufen gerecht werden will, ist an sich verdächtig. Der vorliegende Grund- und Aufbauwortschatz versucht jedoch, diesem Anspruch gerecht zu werden. Der Anfänger kann sich bestimmte Themen vornehmen und deren Grundwortschatz lernen, der fortgeschrittene Lerner interessiert sich mehr für spezielle Themen und den Aufbauwortschatz, und der sehr fortgeschrittene Lerner übernimmt die idiomatischen Wendungen der Satzbeispiele oder ergänzt seinen Wortschatz in allen vorgeschlagenen Themenbereichen. Ein eigenes Kapitel widmet sich feststehenden Redewendungen.

Die Frage nach der Art und Weise des besten Lernwegs kann man nicht grundsätzlich beantworten. Der eine Lerner ist stark auf die Übersetzungen angewiesen, der andere Lerner kann sich den Wortschatz im wesentlichen einsprachig erarbeiten. Auch die Frage nach Lerntechniken kann man nicht für alle Lerner einheitlich beantworten. Für alle Lerner ist es wahrscheinlich von Vorteil, wenn sie sich ein festes Pensum vornehmen, wobei der Zeitraum natürlich von den Vorkenntnissen bestimmt wird. Hilfreich ist es auch, sich für ein erledigtes Pensum zu belohnen oder belohnen zu lassen. So nimmt der Anfänger sich vor, ein Thema innerhalb einer Woche zu lernen, der Fortgeschrittene schafft das Pensum aber an einem Tag. Grundsätzlich sollte man immer ein Thema lernen und innerhalb eines Themas die Reihenfolge der Unterthemen einhalten. Allgemeine Themen, wie die "Tätigkeiten des Menschen" sind komplexer und schwieriger zu lernen als spezielle Themen, weil die Wortgleichungen komplexer sind. Wichtig ist auch, daß ein gelerntes Pensum zu einem späteren Zeitpunkt kontrolliert wird, um zu gewährleisten, daß der russische Ausdruck auch richtig in das Langzeitgedächtnis übernommen wurde. Der Abstand zwischen ursprünglichem Lernen und Wiederholung sollte nicht zu knapp bemessen sein. Man sollte schon mindestens eine Woche vergehen lassen, ehe man den Lernerfolg kontrolliert. Der sehr fortgeschrittene Lerner wird sich möglicherweise zunächst mit der Lektüre des Grund- und Aufbauwortschatzes begnügen, ehe er sich für besondere idiomatische Wendungen interessiert.

Grammatische Informationen

Ein oft beklagtes Manko vieler Wörterbücher ist die fehlende oder unzureichende grammatische Information bei den lexikalischen Einträgen. Ein grammatischer Anhang ist schließlich nur ein Notbehelf. In diesem Grund- und Aufbauwortschatz findet der Lerner sofort alle notwendigen grammatischen Informationen beim lexikalischen Eintrag selbst . Dies entspricht auch der russischen einsprachigen Wörterbuchtradition. Fast alle grammatischen Informationen sind dem Wörterbuch "Slowar russkogo jazyka" von S. I. Oshegow entnommen. Der Lerner findet systematisch folgende Informationen:

1. Nomen: das Genus, die Endung des Akkusativ Singular

2. Adjektive: die maskuline Form als Eintrag und die Endung des Feminins und des Neutrums

3. Verben: den Infinitiv als Eintrag, die 1. und 2. Person Singular als Endung und den Aspekt
Als Haupteintrag ist die perfektive Form gewählt worden, wenn es dazu ein semantisch gleiches imperfektives Verb gibt. In der nächsten Zeile steht das imperfektive Verb mit seinen Endungen, andernfalls steht in der nächsten Zeile "s. impt." und der Infinitiv des imperfektiven Verbs, das selbst als Haupteintrag existiert.

Als Haupteintrag ist die imperfektive Form gewählt worden, wenn die dazu gehörenden perfektiven Verben semantisch verschieden sind.

4. Pronomen: alle Formen der Deklination sind angegeben.

In eckigen Klammem [...] stehen alle unregelmäßigen Formen, alle anders betonten Endungen, besondere Ausspracheweisen und zusätzliche grammatische Angaben.

1. Nomen: von der Erwartung abweichende Betonungen

2. Adjektive: die maskulinen und femininen Kurzformen des prädikativen Adjektivs und der unregelmäßige Komparativ

3. Verben: betonte Endungen in der Vergangenheit und das Partizip II

Abkürzungen und Sonderzeichen

/	trennt Alternativen
(…)	das in den Klammern Stehende kann weggelassen werden.
(…)	zusätzliche Information zur Übersetzung
[…]	wortwörtliche Übersetzung, die aber im Deutschen nicht verwendbar oder sinnlos ist, um den Sinn der russischen Entsprechung zu verdeutlichen
adv	Adverb
konj	Konjunktion
part	Partikel
prep	Präposition
pron	Pronomen
m	maskulin
f	feminin
n	Neutrum
m/f	maskulin/feminin
m/n	maskulin/Neutrum
pl	Plural
unv	unveränderlich
a/sg	Akkusativ Singular
g/pl	Genitiv Plural
komp von	Komparativ von
impt	imperfektiv
pt	perfektiv
pers	Person
ungbr.	ungebräuchlich
unpers.	unpersönlich
(G)	Genitiv
(D)	Dativ
(A)	Akkusativ
(I)	Instrumental
(L)	Lokativ
s.	siehe

Der Grundwortschatz

A

ава́рия, -и *f*	Panne
потерпе́ть ава́рию	*eine Panne haben*
авто́бус, -а *m*	Bus
автомоби́ль, -я *m*	Auto, Wagen
грузово́й автомоби́ль	*LKW*
легково́й автомоби́ль	*PKW*
а́втор, -а *m*	Autor(in)
авторучка, -и *f*	Füller
автостра́да, -ы *f*	Autobahn
агра́рный, -ая, -ое	Agrar-, landwirtschaftlich
агроно́м, -а *m*	Landwirt(in)
адвока́т, -а *m*	Rechtsanwalt, -anwältin
администрати́вный, -ая, -ое [-вен, -вна]	Verwaltungs-
а́дрес, -а [*pl* -а́, -о́в] *m*	Adresse, Anschrift
дома́шний а́дрес	*Privatadresse*
служе́бный а́дрес	*Geschäftsadresse*
Пиши́те мне по э́тому а́дресу.	*Schreiben Sie mir bitte an diese Adresse.*
а́ист, -а *m*	Storch
акаде́мия, -и *f*	Akademie
аккура́тный, -ая, -ое [-тен, -тна]	akkurat, sauber, exakt, genau, pünktlich
актёр, -а *m*, актри́са, -ы *f*	Schauspieler(in)
акти́вный, -ая, -ое [-вен, -вна]	aktiv, tatkräftig, energisch
алкого́ль, -я *m*	Alkohol
алфави́т, -а *m*	Alphabet
альбо́м, -а *m*	Album
Я купи́ла себе́ альбо́м репроду́кций Мати́сса.	*Ich habe einen Bildband von Matisse gekauft.*
альбо́м для рисова́ния	*Zeichenblock*
альбо́м для фотогра́фий	*Photoalbum*
альбо́м для ма́рок	*Briefmarkenalbum*
ана́лиз, -а *m*	Analyse
анги́на, -ы *f*	Angina
апельси́н, -а *m*	Apfelsine, Orange
аплодисме́нты, -ов *pl*	Beifall, Applaus, Händeklatschen
аппара́т, -а *m*	Apparat

аппети́т, -а *m* — Appetit
  Прия́тного аппети́та! — *Guten Appetit.*
апте́ка, -и *f* — Apotheke
арестова́ть, -ту́ю, -ту́ешь [-о́ванный] *pt* *impt* аресто́вывать, -аю, -аешь — festnehmen
арифме́тика, -и *f* — Mathematik, Rechnen
а́рмия, -и *f* — Armee
арти́ст, -а *m*, арти́стка, -и *f* — Schauspieler(in), Bühnenkünstler(in); Künstler(in)
архите́ктор, -а *m* — Architekt(in)
архитекту́ра, -ы *f* — Architektur, Baukunst
  готи́ческая архитекту́ра — *gotische Architektur*
  архитекту́ра баро́кко — *Barockarchitektur*
асфа́льт, -а *m* — Asphalt
атмосфе́ра, -ы *f* — Athmosphäre, Stimmung
аэропо́рт, -а [в аэропорту́] *m* — Flughafen

Б

ба́бочка, -и *f* — Schmetterling
ба́бушка, -и *f* — Großmutter, Oma
бага́ж, -а́ *m* — Gepäck
база́р, -а *m* — Markt; Basar
бале́т, -а *m* — Ballett
балко́н, -а *m* — Balkon
бана́н, -а *m* — Banane
бандеро́ль, -и *f* — Päckchen
банк, -а *m* — Bank
  госуда́рственный банк — *Staatsbank*
  комме́рческий банк — *Handelsbank*
  име́ть счёт в ба́нке — *ein Konto bei der Bank haben*
  положи́ть де́ньги в банк — *Geld auf die Bank bringen*
  име́ть де́ньги в ба́нке — *Geld auf der Bank (liegen) haben*
ба́нка, -и *f* — Dose; Glas; Büchse
банкно́та, -ы *f* — (Geld)Schein
ба́ня, -и *f* — (öffentliches) Bad; Baden
бараба́н, -а *m* — Trommel
бара́нина, -ы *f* — Hammel(fleisch)
баскетбо́л, -а *m* — Basketball
бассе́йн, -а *m* — Schwimmbad; Becken;
  зи́мний [закры́тый] бассе́йн — *Hallenbad, Schwimmhalle*

ле́тний [откры́тый] бассе́йн	*Freibad*
бассе́йн реки́	*Zuflußgebiet eines Flusses*
бастова́ть, -ту́ю, -ту́ешь *impt*	streiken
ба́шня, -и *f*	Turm
телевизио́нная ба́шня	*Fernsehturm*
бег, -а [о бе́ге, на бегу́] *m*	Lauf, Laufen
бег с препя́тствиями	*Hindernislauf*
бег на коро́ткие диста́нции	*Kurzstreckenlauf*
бег на дли́нные диста́нции	*Langstreckenlauf*
бег на ме́сте	*auf der Stelle laufen*
на бегу́	*beim Laufen*
бе́гать, -аю, -аешь *impt*	laufen; rennen
Я всегда́ бе́гаю по утра́м.	*Ich laufe jeden Morgen.*
Я весь день бе́гал туда́-сюда́ и ди́ко уста́л.	*Ich bin den ganzen Tag hin und her gelaufen und bin todmüde.*
беда́, -ы́ [*pl* бе́ды, бед, бе́дам] *f*	Unglück
попа́сть в беду́	*ins Unglück geraten*
Не велика́ беда́!	*Das ist nicht so schlimm.*
Друзья́ познаю́тся в беде́.	*Den Freund erkennt man in der Not.*
на беду́	*zum Unglück*
бе́дность, -и *f*	Armut, Elend
Бе́дность не поро́к.	*Armut ist keine Schande.*
бе́дный, -ая, -ое [-ден, -дна́, -дно, -дны/-дны́]	arm
с бе́дной фанта́зией	*arm an Phantasie*
Он бе́ден как церко́вная кры́са.	*Er ist arm wie eine Kirchenmaus.*
бе́дствие, -я *n*	Katastrophe
приро́дное бе́дствие	*Naturkatastrophe*
бежа́ть, бегу́, бежи́шь, бегу́т *impt*	rennen, laufen; fliehen
Я бегу́ 100 ме́тров за 12 секу́нд.	*Ich renne 100 Meter in 12 Sekunden.*
Мы бежа́ли сломя́ го́лову.	*Wir sind gelaufen, was das Zeug hält.*
Мало́ кому́ удало́сь бежа́ть из лагере́й.	*Nur wenigen ist es gelungen, aus den Lagern zu entkommen.*
Бежи́м отсю́да!	*Laß uns weglaufen.*
Вре́мя бежи́т.	*Die Zeit verrinnt.*
безобра́зный, -ая, -ое [-зен, -зна]	häßlich; scheußlich
безобра́зный вид	*scheußliches Aussehen*

безобра́зное поведе́ние/ посту́пок	*häßliches/scheußliches Benehmen / häßliche/scheußliche Tat*
безопа́сность, -и *f*	[Gefahrlosigkeit] Sicherheit
безрабо́тица, -ы *f*	Arbeitslosigkeit
бе́лка, -и *f*	Eichhörnchen
бе́лый, -ая, -ое [бел, бела́, бе́ло/бело́]	weiß
бельё, -я *n*	(Unter-/Bett)Wäsche
бензи́н, -а *m*	Benzin
бензоколо́нка, -и *f*	Zapfsäule
бензоста́нция, -и *f*	Tankstelle
бе́рег, -а [о бе́реге, на берегу́; *pl* берега́, -о́в] *m*	Ufer; Küste; Strand
круто́й бе́рег	*Steilküste*
берёза, -ы *f*	Birke
бере́менная [-нна]	schwanger
Она́ бере́менна на четвёртом ме́сяце.	*Sie ist im vierten Monat schwanger.*
бере́чь, -егу́, -ежёшь, -егу́т [-ёг, -егла́] *impt*	hüten; schützen; beschützen
бере́чь здоро́вье	*auf seine Gesundheit achten*
бере́чь сы́на	*auf seinen Sohn achten/seinen Sohn in Schutz nehmen*
бере́чь та́йну	*ein Geheimnis bewahren*
бесконе́чный, -ая, -ое [-чен, -чна]	unendlich; endlos, ewig
Бесконе́чно ли простра́нство?	*Ist der Weltraum unendlich?*
Учти́, моё терпе́ние не бесконе́чно.	*Rechne damit, meine Geduld ist nicht unendlich.*
Ра́зве э́то жизнь! Бесконе́чные ссо́ры.	*Das ist kein Leben! Nur endlose Streitereien.*
У меня́ тако́е чу́вство, что э́то бу́дет дли́ться бесконе́чно.	*Ich habe das Gefühl, daß das ewig dauern wird.*
бесконе́чная пре́данность	*grenzenlose Ergebenheit*
беспоко́ить, -о́ю, -о́ишь *impt*	jdm. Sorgen machen; beunruhigen
Твоё состоя́ние беспоко́ит меня́.	*Dein Zustand macht mir Sorgen.*
Не беспоко́йте его́, он о́чень уста́л.	*Stören Sie ihn nicht, er ist sehr müde.*
беспоко́иться, -о́юсь, -о́ишься *impt*	sich Sorgen machen; beunruhigt sein
Не беспоко́йся за меня́.	*Mach dir keine Sorgen um mich.*

Не беспоко́йтесь, я сама́ сде́лаю.	*Machen Sie sich keine Sorgen, ich mach das allein.*
Не беспоко́йся, всё образу́ется.	*Mach dir keine Sorgen, alles wird schon klappen.*
беспоря́док, -дка *m*	Unordnung
бессме́ртный, -ая, -ое [-тен, -тна]	unsterblich
бессме́ртная сла́ва	*unsterblicher Ruhm*
бессме́ртные произведе́ния иску́сства	*unsterbliche Kunstwerke*
бето́н, -а *m*	Beton
библиоте́ка, -и *f*	Bibliothek
бизнесме́н, -а *m*	Geschäftsmann
биле́т, -а *m*	Fahrkarte; Eintrittskarte
Купи́ два биле́та туда́ и обра́тно.	*Kauf zwei Rückfahrkarten!*
Мне ну́жно два биле́та в Санкт-Петербу́рг на сего́дня на ночно́й по́езд.	*Ich hätte gern zwei Fahrkarten für den Nachtzug nach St. Petersburg.*
бино́кль, -я *m*	Fernglas
театра́льный бино́кль	*Opernglas*
биоло́гия, -и *f*	Biologie
бить, бью, бьёшь [би́тый] *impt*	schlagen; verprügeln; zerschlagen, zerbrechen
Не бе́йте ребёнка!	*Schlagen Sie das Kind nicht!*
Я ре́дко бью посу́ду.	*Ich zerbreche Geschirr ganz selten.*
Часы́ бьют по́лночь.	*Die Uhr schlägt Mitternacht.*
бить баклу́ши	*die Zeit totschlagen*
благодари́ть, -рю́, -ри́шь *impt (G)*	danken
Я и́скренне Вас благодарю́.	*Ich danke Ihnen aufrichtig.*
благода́рность, -и *f*	Dankbarkeit
благода́рный, -ая, -ое [-рен, -рна]	dankbar
Я Вам о́чень благода́рен за хоро́ший сове́т.	*Ich bin Ihnen dankbar für den sehr guten Rat.*
благоро́дный, -ая, -ое [-ден, -дна]	edel
благоро́дный посту́пок	*eine edle Tat*
благоро́дный мета́лл	*Edelmetall*
бле́дный, -ая, -ое [-ден, -дна́, -дно, -дны/-дны́]	blaß
блесте́ть, блещу́, блести́шь/бле́щешь [блестя́щий] *impt*	glänzen

Со́лнце блести́т.	*Die Sonne glänzt.*
Ива́н не бле́щет умо́м.	*Iwan ist keine Leuchte.*
Не всё то зо́лото, что блести́т.	*Es ist nicht alles Gold, was glänzt.*
блестя́щий, -ая, -ее [-я́щ]	glänzend
блестя́щий успе́х	*ein glänzender Erfolg*
ближа́йший, -ая, -ое	nächst, näher, kürzester; demnächst
ближа́йший друг	*bester Freund*
ближа́йшая остано́вка	*die nähere Haltestelle*
в ближа́йшее вре́мя	*in kürzester Zeit*
в ближа́йшем бу́дущем	*in nächster Zukunft/demnächst*
бли́же [*komp von* бли́зкий/бли́зко]	näher, nächst
бли́зкий, -ая, -ое [-зок, -зка́, -зко, -зки/-зки́; бли́же]	nah
бли́зкий друг	*ein naher Freund*
бли́зкий ро́дственник	*ein naher Verwandter*
в бли́зком бу́дущем	*in nächster Zukunft*
на бли́зком расстоя́нии	*in nächster Nähe*
бли́зко *adv*	nah
блокно́т, -а *m*	Notizblock
блу́зка, -и *f*	Bluse
блю́до, -а [*pl* блю́да, блюд, блю́дам] *n*	Gericht; Speise; Gang
бог [бох], -га *m*	Gott
Я ве́рю в бо́га.	*Ich glaube an Gott.*
бога́тый, -ая, -ое [-а́т; бога́че; богате́йший]	reich
бога́тое воображе́ние	*reiche Vorstellungskraft*
У Ива́на бога́тый о́пыт.	*Iwan ist reich an Erfahrung.*
Я бога́т друзья́ми.	*(Ich habe nichts), mein Reichtum sind meine Freunde.*
бо́дрый, -ая, -ое [бодр, бодра́, бо́дро, бо́дры/бодры́]	fit sein, in Form sein
боево́й, -а́я, -о́е	[Adj. von Schlacht]
боева́я гото́вность	*Gefechtsbereitschaft*
боева́я мощь	*Kampfkraft*
боево́й това́рищ	*Kriegskamerad*
бое́ц, бойца́ *m*	Kämpfer; Soldat
бой, бо́я [о бо́е, в бою́; *pl* бои́, боёв] *m*	Schlacht
возду́шный бой	*Luftgefecht*
рукопа́шный бой	*Nahkampf*
бока́л, -а *m*	Weinglas

бо́лее *adv*	mehr
Сейча́с ты мне ну́жен бо́лее, чем когда́-либо.	*Jetzt brauche ich dich mehr denn je.*
Тебе́ на́до быть бо́лее разу́мным.	*Du mußt vernünftiger sein.*
Мои́ дела́ обстоя́т бо́лее и́ли ме́нее хорошо́.	*Bei mir geht's mehr oder weniger gut.*
не бо́лее и не ме́нее как	*nicht mehr und nicht weniger als*
тем бо́лее	*um so mehr*
боле́знь, -и *f*	Krankheit
боле́ть[1], -е́ю, -е́ешь *impt*	krank sein
боле́ть[2], -ли́т [*1. & 2. Pers. ungbr.*] *impt*	Schmerzen haben; weh tun
Что у Вас боли́т?	*Was tut Ihnen weh?*
У меня́ боли́т голова́.	*Ich habe Kopfschmerzen.*
боло́то, -а *n*	Sumpf; Moor
торфяно́е боло́то	*Torfmoor*
боль, -и *f*	Schmerz, Schmerzen
головна́я боль	*Kopfschmerzen*
зубна́я боль	*Zahnschmerzen*
боль в желу́дке	*Magenschmerzen*
больни́ца, -ы *f*	Krankenhaus
Вам на́до лечь в больни́цу на две неде́ли.	*Sie müssen zwei Wochen im Krankenhaus bleiben.*
Врач сказа́л, что ребёнка на́до положи́ть в больни́цу.	*Der Arzt hat gesagt, daß das Kind ins Krankenhaus muß.*
бо́льно *adv*	[Schmerzen haben]
Мне бо́льно.	*Das tut mir weh.*
Мне бо́льно за тебя́.	*Es tut mir leid um dich.*
Мне бо́льно э́то ви́деть.	*Es schmerzt mich, das zu sehen.*
больно́й, -а́я, -о́е [бо́лен, больна́]	krank
бо́льше [*komp von* большо́й/мно́го] *adv*	größer; mehr
Э́та ко́мната бо́льше.	*Dieses Zimmer ist größer.*
Я жду́ тебя́ бо́льше ча́са.	*Ich warte schon mehr als eine Stunde auf dich.*
Бо́льше нет вопро́сов?	*Gibt's noch Fragen?*
Э́то мне бо́льше нра́вится.	*Das gefällt mir besser.*
Мы пьём бо́льше вина́.	*Wir trinken eher Wein.*
бо́льший, -ая, -ее	größer
Бо́льшую часть вре́мени я рабо́таю до́ма.	*Größtenteils arbeite ich zu Hause.*

Я могý ждать сáмое бóльшее ещё две недéли.	*Ich kann höchstens noch zwei Wochen warten.*
бóльшая часть	*der größte Teil*
большинствó, -á *n*	Mehrheit, Mehrzahl
Большинствó людéй ложúтся рáно.	*Die meisten Leute gehen früh ins Bett.*
большóй, -ая, -ое [бóльше; бóльший, -ая, -ее]	groß
У Анны большúе кáрие глазá.	*Anna hat große braune Augen.*
бóмба, -ы *f*	Bombe
бородá, -ы́ [*a/sg* бóроду; *pl* бóроды, борóд, -áм] *f*	Bart
борóться, борю́сь, бóрешься *impt*	kämpfen
борт, -а [о бóрте, на бортý; *pl* -á, -óв] *m*	Bord
Добрó пожáловать на бóрт.	*Willkommen an Bord.*
борщ, -á *m*	Borschtsch (russische Gemüsesuppe)
борьбá, -ы́ *f*	Kampf
босикóм *adv*	barfuß
ботúнок, -нка *m*	Schuh
боя́ться, бою́сь, боúшься *impt (G)*	Angst haben
Чегó ты боúшься?	*Wovor hast du Angst?*
Я бою́сь, что он знáет об э́том.	*Ich befürchte, daß er das weiß.*
Я бою́сь тебя́ разочаровáть.	*Ich habe Angst, dich zu enttäuschen.*
Я не бою́сь хóлода.	*Kälte macht mir nichts aus.*
брак, -а *m*	Ehe
состоя́ть в брáке	*verheiratet sein*
церкóвный брак	*kirchliche Trauung*
граждáнский брак	*standesamtliche Trauung*
У меня́ счастлúвый брак.	*Ich lebe in einer glücklichen Ehe.*
брат, -а [*pl* брáтья, -ьев] *m*	Bruder
бригадúр, -а *m*	Vorarbeiter(in)
брúться, брéюсь, брéешься *impt*	sich rasieren
бровь, -и [*pl* брóви, -éй] *f*	Augenbraue
У дéдушки густы́е седы́е брóви.	*Mein Opa hat buschige weiße Brauen.*
бронúровать, -рую, -руешь *pt & impt*	(Platz) reservieren

бронировать ме́сто в самолёте	*einen Flug buchen*
брони́ровать ме́сто в по́езде	*einen Platz im Zug reservieren*
бро́сить, бро́шу, бро́сишь [бро́шенный] *pt* *impt* броса́ть, -а́ю, -а́ешь	werfen
бры́нза, -ы *f*	Schafskäse
брю́ки, брюк *pl*	Hose
буди́льник, -а *m*	Wecker
буди́ть, бужу́, бу́дишь *impt*	wecken
бу́дни, -ей *pl*	Werktag; Alltag
бу́дущее, -его *n*	Zukunft
мечта́ть о бу́дущем	*von der Zukunft träumen*
стро́ить пла́ны на бу́дущее	*Zukunftspläne machen*
бу́дущий, -ая, -ее	künftig, zukünftig; nächst(-er, -e, -es)
бу́дущее поколе́ние	*die zukünftige Generation*
её бу́дущий муж	*ihr künftiger Mann*
в бу́дущем году́	*im nächsten Jahr*
бу́ква, -ы *f*	Buchstabe
буке́т, -а *m*	Blumenstrauß
бу́лочка, -и *f*	Bulotschka (Brötchenart)
бу́лочная, -ой *f*	Bäckerei
бульва́р, -а *m*	Boulevard
бульо́н [льё], -а *m*	Bouillon
бума́га, -и *f*	Papier
буржуази́я, -и *f*	Bourgoisie
бу́ря, -и *f*	Sturm
песча́ная бу́ря	*Sandsturm*
пери́од «Бу́ри и на́тиска»	*„Sturm-und-Drang-Zeit“*
бу́ря в стака́не воды́	*ein Sturm im Wasserglas*
бутербро́д, -а *m*	Butterbrot (mit Käse, Salami, Fisch, Kaviar)
буты́лка, -и *f*	Flasche
буфе́т, -а *m*	Buffet, Geschirrschrank; Imbißstube; Theke
бухга́лтер [ухá], -а *m*	Buchhalter(in)
бы́стро *adv*	schnell
бы́стрый, -ая, -ое [быстр, быстра́, бы́стро]	schnell
быт, -а [о бы́те, в быту́] *m*	Alltagsleben
быть, есть, суть [был, была́, бы́ло; не́ был, не была́, не́ было, не́ были; бу́ду, бу́дешь] *impt*	sein

бюро́ *unv n*	Büro
Я рабо́таю в экскурсио́нном бюро́.	*Ich arbeite in einem Reisebüro.*

В

в *prep (A; D)*	in; nach
За́втра я е́ду в Москву́.	*Morgen fahre ich nach Moskau.*
Иди́ в свою́ ко́мнату.	*Gehe in dein Zimmer.*
Я оста́вил ве́щи в коридо́ре.	*Ich habe die Sachen im Flur gelassen.*
Мы уви́димся опя́ть в ма́е.	*Wir sehen uns wieder im Mai.*
ра́зница в два го́да	*ein Unterschied von zwei Jahren*
ваго́н, -а *m*	Eisenbahnwagen
мя́гкий ваго́н	*Erste Klasse [weicher Wagen]*
жёсткий ваго́н	*Dritte Klasse [Holzklasse]*
спа́льный ваго́н	*Liegewagen*
вагон-рестора́н	*Speisewagen*
купи́рованный [купе́йный] ваго́н	*D-Zug-Wagen*
ва́жно *adv*	wichtig, bedeutend
ва́жный, -ая, -ое [ва́жен, важна́, ва́жно, ва́жны/важны́]	wichtig, bedeutend
Всё, о чём мы тепе́рь говори́м, осо́бенно ва́жно.	*Alles, worüber wir jetzt sprechen, ist besonders wichtig.*
Для меня́ э́то о́чень ва́жно.	*Daran liegt mir viel.*
ва́за, -ы *f*	Vase; Schale
валю́та, -ы *f*	Valuta, Devisen; Fremdwährung
ва́нна, -ы *f*	Badewanne
ва́нная, -ой *f*	Badezimmer
варёный, -ая, -ое	gekocht
варе́нье, -я *n*	Konfitüre
вари́ть, варю́, ва́ришь *impt*	kochen
ва́та, -ы *f*	Watte
ввезти́, -зу́, -зёшь [ввёз, -зла́] *pt* *impt* ввози́ть, ввожу́, ввóзишь	etw./jdn. hinein/hereinfahren; importieren, ausführen
вверх *adv*	hoch-, nach oben
Ру́ки вверх!	*Hände hoch!*
вдали́ *adv*	in der Ferne
Вдали́ видне́лись го́ры.	*In der Ferne waren Berge zu sehen.*

Вдали́ мерца́ли огни́ го́рода.	*In der Ferne flimmerten die Lichter der Stadt.*
вдаль *adv*	in die Ferne
вдвоём *adv*	zu zweien, zu zweit
вдоль *prep (G); adv*	der Länge nach; längs
разре́зать вдоль	*der Länge nach (durch)schneiden*
идти́ вдоль бе́рега	*das Ufer entlang gehen*
вдруг *adv*	plötzlich
ведро́, -а́ [вёдра, -дер, -драм] *n*	Eimer
ве́жливый, -ая, -ое [-ив]	höflich
везде́ *adv*	überall
везде́ и всю́ду	*an allen Ecken und Kanten*
везти́, -зу́, -зёшь [вёз, везла́] *impt*	fahren; bringen, holen
Куда́ ты меня́ везёшь?	*Wohin fährst du mich?*
Дава́й встре́тимся за́втра, сего́дня я везу́ дете́й к ба́бушке.	*Treffen wir uns morgen, heute bringe ich die Kinder zu ihrer Großmutter.*
век, -а [о ве́ке, на веку́; *pl* -а́, -о́в] *m*	Jahrhundert
ка́менный век/бро́нзовый век/желе́зный век	*Steinzeit/Bronzezeit/Eisenzeit*
сре́дние века́	*Mittelalter*
вели́кий, -ая, -ое [вели́к, -а́, -о/-о́; -и/-и́; велича́йший, -ая, -ее]	groß
вели́кие умы́ челове́чества	*die großen Geister der Menschheit*
Пётр Вели́кий	*Peter der Große*
великоле́пный, -ая, -ое [-пен, -пна]	wunderschön
велосипе́д, -а *m*	Fahrrad
вено́к, -нка́ *m*	Kranz
ве́ра, -ы *f*	Glaube
верблю́д, -а *m*	Kamel
одного́рбый верблю́д	*Dromedar*
двугорбый верблю́д	*Trampeltier*
верёвка, -и *f*	Strick; Leine; Kordel; Bindfaden
ве́рить, -рю, -ришь *impt*	glauben
Я ве́рю ему́.	*Ich glaube ihm.*
Я не ве́рю, что ...	*Ich glaube nicht, daß ...*
ве́рить в бо́га	*an Gott glauben*
ве́рно *adv*	richtig; wahr; treu
верну́ть, -ну́, -нёшь *pt*	zurückgeben, abgeben; wiedergeben

Я верну́ тебе́ кни́гу за́втра.	*Ich gebe dir das Buch morgen zurück.*
Я верну́ тебе́ долг на сле́дующей неде́ле.	*Ich gebe dir das Geld nächste Woche zurück.*
Жена́ верну́ла меня́ с ле́стницы.	*Meine Frau hat mich von der Treppe zurückgerufen.*
Ты не вернёшь меня́ домо́й.	*Hierhin bringt mich nichts mehr zurück.*
верну́ться, -ну́сь, -нёшься *pt*	zurückkehren; zurückkommen; zurückgehen
Когда́-нибудь я верну́сь в э́тот го́род.	*Eines Tages werde ich in diese Stadt zurückkehren.*
Я никогда́ не верну́сь в Росси́ю.	*Ich gehe nie wieder nach Rußland zurück.*
Я бо́льше не верну́сь.	*Ich komme nie mehr zurück.*
ве́рный, -ая, -ое [-рен, -рна́, -рно, -рны/рны́]	richtig; wahr; sicher; treu, ergeben
Наконе́ц мы нашли́ ве́рное реше́ние.	*Endlich haben wir die richtige Lösung gefunden.*
Ты настоя́щий ве́рный друг.	*Du bist ein echter treuer Freund.*
Э́то ве́рный знак, что мы на пра́вильном пути́.	*Das ist ein sicheres Zeichen, daß wir auf dem richtigen Wege sind.*
Э́то всё ве́рно.	*Das alles stimmt.*
Что ве́рно, то ве́рно.	*Was wahr ist, ist wahr./Was stimmt, stimmt.*
вероя́тно *adv*	wahrscheinlich
ве́рующий, -его *m*, ве́рующая, -ей *f*	gläubig
ве́рхний, -яя, -ее	ober, Ober-
ве́рхнее тече́ние реки́	*Oberlauf des Flusses*
ве́рхний эта́ж	*eine Etage höher; oberste Etage/Penthouse*
ве́рхняя па́луба	*Oberdeck*
ве́рхняя пала́та (парла́мента)	*Oberhaus/Senat/Bundesrat*
верши́на, -ы *f*	Gipfel, Spitze
вес, -а (-у) *m*	Gewicht
ве́сом в три килогра́мма	*drei Kilo schwer*
уде́льный вес	*spezifisches Gewicht*
Мнение Апреся́на име́ет большо́й вес.	*Die Meinung von Apresjan hat großes Gewicht.*
Ма́слов челове́к с ве́сом.	*Maslow ist ein angesehener Mann.*
весели́ться, -лю́сь, -ли́шься *impt*	Spaß haben

весёлый, -ая, -ое [ве́сел, -а́, -о]	lustig, fröhlich
весе́нний, -яя, -ее	Frühlings-
весе́нние цветы́	*Frühlingsblumen*
ве́сить, ве́шу, ве́сишь *impt*	wiegen
Я ве́шу пятьдеся́т килогра́ммов.	*Ich wiege 50 Kilo.*
весна́, -ы́ [*pl* вёсны, -сен, -снам] *f*	Frühling, Frühjahr
про́шлой весно́й	*letztes Frühjahr*
бу́дущей весно́й	*(im) nächsten Frühling*
в нача́ле весны́	*zu Frühlingsanfang*
весно́й/весно́ю *adv*	im Frühling, im Frühjahr
вести́, веду́, ведёшь [вёл, вела́] *impt*	führen; (auto)fahren
Куда́ ты нас ведёшь?	*Wohin führst du uns?*
Мы ведём напряжённую жизнь.	*Wir führen ein anstrengendes Leben.*
весть, -и [*pl* -и, -е́й] *f*	Nachricht
весь [вся́, всё, все́] *pron*	all; ganz
Все лю́ди сме́ртны.	*Alle Menschen sind sterblich.*
Я сообщи́л всем.	*Ich habe allen berichtet.*
Са́хар весь ко́нчился.	*Der Zucker ist alle.*
Я весь де́нь был до́ма.	*Ich war den ganzen Tag zu Hause.*
весьма́ *adv*	sehr; ziemlich
ве́тер, ве́тра (ве́тру) [о ве́тре, на ветру́; *pl* -ы, -о́в] *m*	Wind
си́льный/сла́бый/поры́вистый ве́тер	*starker/schwacher/böiger Wind*
Поднима́ется ве́тер.	*Wind kommt auf.*
Ве́тер стиха́ет.	*Der Wind legt sich.*
Не стой на ветру́.	*Bleib nicht im Wind stehen.*
ве́тка, -и *f*	Zweig
берёзовая ве́тка	*Birkenzweig*
ветчина́, -ы́ *f*	Schinken
ве́чер, -а [*pl* -а́, -о́в] *m*	Abend
к ве́черу	*gegen Abend*
по вечера́м	*abends*
зва́ный ве́чер	*Abendgesellschaft*
Наступа́ет ве́чер.	*Es wird Abend.*
вече́рний, -яя, -ее	abendlich, Abend-
ве́чером *adv*	abends, am Abend
по́здно ве́чером	*spät am Abend*
ве́чный, -ая, -ое [-чен, -чна]	ewig

ве́шалка, -и *f*	Kleiderhaken
ве́шать, -аю, -аешь *impt*	aufhängen
ве́щи, -е́й *pl*	Sachen; Gepäck
вещь, -и *f*	Sache, Ding
Убери́ свои́ ве́щи отсю́да!	*Räum deine Sachen weg!*
взве́сить, -е́шу, -е́сишь [-е́шенный] *pt* *impt* взве́шивать, -аю, -аешь	(ab)wiegen; (ab)wägen
взве́сить бага́ж	*das Gepäck wiegen*
Нам ну́жно взве́сить всё за и про́тив.	*Wir müssen alle Für und Wider abwägen.*
взволнова́ться, -ну́юсь, -ну́ешься *pt* *s.* волнова́ться	sich aufregen
взгляд, -а *m*	Blick; Auffassung; Ansicht
растéрянный взгляд	*ein verwirrter Blick*
на мо́й взгляд	*meiner Auffassung nach*
полити́ческие взгля́ды	*politische Ansichten*
взро́слый, -ая, -ое	erwachsen; Erwachsene(r)
Взро́слые и де́ти.	*Erwachsene und Kinder.*
взрыв, -а *m*	Explosion; Sprengung
вид[1] , -а (-у) *m*	Aussehen; Aussicht
У тебя́ уже́ совсе́м здоро́вый вид.	*Du siehst schon ganz gesund aus.*
Ему́ на вид два́дцать.	*Dem Aussehen nach kann man ihn für zwanzig halten.*
Ко́мната у на́с с ви́дом на мо́ре.	*Unser Zimmer ist mit Aussicht auf das Meer.*
А что, у тебя́ на неё ви́ды?	*Und, was hast du mit ihr vor?*
Петро́в опя́ть в нетре́звом ви́де.	*Petrow ist wieder in betrunkenem Zustand.*
вид[2], -а *m*	Art, Gattung; Aspekt (gramm)
происхожде́ние ви́дов	*die Entstehung der Arten*
ра́зные ви́ды эне́ргии	*verschiedene Energieformen*
вид спо́рта	*Sportart*
несоверше́нный вид	*imperfektiver [unvollendeter] Aspekt*
соверше́нный вид	*perfektiver [vollendeter] Aspekt*
ви́деть, ви́жу, ви́дишь *impt*	sehen; erleben
Я ничего́ не ви́жу.	*Ich sehe nichts.*
Я тебя́ давно́ не ви́дел.	*Ich habe dich schon lange nicht gesehen.*
Я тебя́ наскво́зь ви́жу.	*Ich durchschaue dich.*

Я мно́гое ви́дел в свое́й жи́зни. — *Ich habe in meinem Leben viel durchgemacht.*

ви́димо — offenbar

ви́дно *adv* — sichtbar

Отсю́да всё ви́дно. — *Von hier kann man alles sehen.*

Несмотря́ на тума́н, бы́ло ещё доста́точно ви́дно. — *Trotz des Nebels konnte man noch ziemlich gut sehen.*

ви́дный, -ая, -ое [ви́ден, видна́, ви́дно, ви́дны/видны́] — sichtbar; bedeutend

ви́дный учёный — *ein bekannter Wissenschaftler*

До́мик ви́ден издалека́. — *Das Häuschen ist von weitem sichtbar.*

Бе́рег уже́ не ви́ден. — *Der Strand ist nicht mehr zu sehen.*

ви́лка, -и *f* — Gabel

вино́, -а́ [*pl* ви́на, вин] *n* — Wein

винова́тый, -ая, -ое [-а́т] — schuldig

вино́вный, -ая, -ое [-вен, -вна] — schuldig

Суд призна́л его́ вино́вным в убийстве. — *Das Gericht hat ihn des Mordes schuldig gesprochen.*

виногра́д, -а *m* — Trauben; Weinstock

виногра́дник, -а *m* — Weinberg, Weingarten

витри́на, -ы *f* — Schaufenster

ви́шня, -и [*g/pl* -шен] *f* — Sauerkirsche, Schattenmorelle; Sauerkirschbaum

включи́ть, -чу́, -чи́шь [-чённый (-ён, -ена́)] *pt* — hinzufügen; anmachen
impt включа́ть, -а́ю, -а́ешь

Э́тот вопро́с на́до включи́ть в пове́стку дня. — *Diesen Punkt muß man der Tagesordnung hinzufügen.*

Включи́ свет. — *Mach Licht an!*

Включи́ телеви́зор, пожа́луйста. — *Mach bitte den Fernseher an!*

вкус, -а *m* — Geschmack

худо́жественный вкус — *Kunstgeschmack*

вку́сный, -ая, -ое [-сен, -сна́, -сно] — lecker

владе́ть, -е́ю, -е́ешь *impt (I)* — herrschen, beherrschen

Я владе́ю двумя́ иностра́нными языка́ми. — *Ich beherrsche zwei Fremdsprachen.*

владе́ть страно́й — *das Land beherrschen*

власть, -и [*pl* -и, -е́й] *f* — Macht; Gewalt

борьба́ за власть — *der Kampf um die Macht*

влия́ние, -я *n* — Einfluß

оказа́ть/ока́зывать влия́ние	*Einfluß nehmen auf*
влия́ть, -я́ю, -я́ешь *impt*	beeinflussen
влюби́ться, влюблю́сь, влю́бишься *pt*	sich verlieben
impt влюбля́ться, -я́юсь, -я́ешься	
Моя́ дочь влюби́лась в э́то пла́тье.	*Meine Tochter hat sich in dieses Kleid verliebt.*
влюблённый, -ая, -ое [-лён, -лена́]	verliebt
вме́сте *adv*	zusammen; gemeinsam
Мы де́лаем всё вме́сте.	*Wir machen alles zusammen.*
вме́сте с тем	*gleichzeitig/zugleich*
вне *prep (G)*	außerhalb
Я вне себя́ от зло́сти.	*Ich bin außer mir vor Wut.*
вне конкуре́нции/опа́сности/сомне́ния	*außer Konkurenz/Lebensgefahr/zweifellos*
внеза́пно *adv*	plötzlich
внеза́пный, -ая, -ое [-пен, -пна]	plötzlich
вне́шний, -яя, -ее	Außen-
вне́шняя поли́тика	*Außenpolitik*
министе́рство вне́шних дел	*Außenministerium*
вне́шний вид	*das Aussehen [äußeres Sehen]*
вне́шность, -и *f*	Äußeres
Мне не нра́вится её вне́шность.	*Ich mag ihr Äußeres nicht.*
вниз *adv*	nach unten; hinunter, hinab; herunter, herab
све́рху вниз	*von oben nach unten*
вниз по тече́нию	*stromabwärts*
внизу́ *adv*	unten
внима́ние, -я *n*	Aufmerksamkeit
внима́тельно *adv*	aufmerksam
Слу́шай меня внима́тельно.	*Hör mir bitte aufmerksam zu!*
внима́тельный, -ая, -ое [-лен, -льна]	aufmerksam; rücksichtsvoll
внима́тельный чита́тель/слу́шатель	*aufmerksamer Leser/Zuhörer*
вновь *adv*	wieder, noch einmal
внук, -а *m*, вну́чка, -и *f*	Enkel, Enkelin
вну́тренний, -яя, -ее	Innen-
вну́тренняя боле́знь	*innere Krankheit*
вну́тренние пережива́ния	*inneres Erleben*

вну́тренний го́лос	*innere Stimme*
вну́тренняя поли́тика	*Innenpolitik*
министе́рство вну́тренних дел	*Innenministerium*
внутри́ *adv; prep (G)*	innen, drinnen; innerhalb, im Inneren
внутрь *adv*	hinein; herein; rein (z. B. gehen, kommen, ...)
Каки́м о́бразом вор прони́к вовну́трь?	*Wie ist der Dieb reingekommmen?*
во́время *adv*	rechtzeitig, zur rechten Zeit
во-вторы́х	zweitens
вода́, -ы [*a/sg* во́ду; *pl* во́ды, вод, во́дам] *f*	Wasser
жёсткая вода́	*hartes Wasser*
газиро́ванная вода́	*Sprudelwasser (Mineralwasser)*
минера́льная вода́	*Mineralwasser*
води́тель, -я *m*	Autofahrer
во́дка, -и *f*	Wodka
воева́ть, вою́ю, вою́ешь *impt*	Krieg führen; am Krieg teilnehmen
вое́нный, -ая, -ое	Militär-, Kriegs; Soldat
вое́нная слу́жба	*Wehrdienst*
вое́нный заво́д	*Rüstungsbetrieb*
вое́нное положе́ние	*Kriegszustand*
вое́нный о́круг	*Militärbezirk*
вое́нный престу́пник	*Kriegsverbrecher*
вое́нный, -ого *m*	Soldat
возврати́ться, -ащу́сь, -ати́шься *pt* *impt* возвраща́ться, -а́юсь, -а́ешься	zurückkehren; zurückkommen; zurückgehen
Я реши́л: возвраща́юсь на ро́дину.	*Ich habe mich entschieden, ich kehre in die Heimat zurück.*
Я не собира́юсь возвраща́ться в Герма́нию.	*Ich habe nicht vor, nach Deutschland zurückzugehen.*
Почему́ ты так по́здно возвраща́ешься домо́й?	*Warum kommst du so spät nach Hause?*
Я не хочу́ возвраща́ться к э́тому вопро́су.	*Ich will nicht auf diese Frage zurückkommen.*
возде́йствие, -я *n*	Einfluß
во́здух, -а *m*	Luft
тёплый во́здух	*Warmluft*
холо́дный во́здух	*Kaltluft*
давле́ние во́здуха	*Luftdruck*

на све́жем во́здухе — *an der frischen Luft*

вози́ть, вожу́, во́зишь *impt* — fahren; holen, bringen (nur mit Fahrzeug)

во́зле *prep (G)*; *adv* — neben; nebenan

возмо́жность, -и *f* — Möglichkeit

возмо́жный, -ая, -ое [-жен, -жна] — möglich

возни́кнуть, -и́кнет *pt* *impt* возника́ть, -а́ет [*1. & 2. Pers. ungbr.*] — entstehen

возрази́ть, -ажу́, -ази́шь *pt* *impt* возража́ть, -а́ю, -а́ешь — widersprechen

во́зраст, -а *m* — Alter

война́, -ы́ *f* — Krieg

Втора́я мирова́я война́ — *der zweite Weltkrieg*

войска́, войск *pl* — Truppen

войти́, войду́, войдёшь [вошёл, -шла́] *pt* *impt* входи́ть, вхожу́, вхо́дишь — hineingehen; hereinkommen; eintreten; einsteigen

Войди́те! — *Herein!*

войти́ в авто́бус — *in den Bus einsteigen*

войти́ в мо́ду — *in Mode kommen*

войти́ в си́лу — *in Kraft treten*

войти́ в исто́рию — *in die Geschichte eingehen*

вокза́л, -а *m* — Bahnhof

По́езд отправля́ется с Ри́жского вокза́ла. — *Der Zug fährt vom Bahnhof „Riga" ab.*

вокру́г *adv; (G)* — ringsum, ringsherum, ringsumher; um ... herum

Вокру́г темно́. — *Ringsherum ist es dunkel.*

вокру́г нас/до́ма/го́рода — *um uns herum/ums Haus herum/ um die Stadt herum*

волейбо́л, -а *m* — Volleyball

волк, -а *m* — Wolf

Хоть во́лком вой. — *Das ist zum Heulen.*

волна́, -ы́ [*pl* во́лны, волн, во́лнам/волна́м] *f* — Welle

гре́бень волны́ — *Wellenberg*

волна́ забасто́вок — *Streikwelle*

дли́нные во́лны — *Langewelle*

коро́ткие во́лны — *Kurzwelle*

волне́ние, -я *n* — Aufregung

От волне́ния я не мог ничего́ сказа́ть. — *Vor Aufregung konnte ich nichts sagen.*

волнова́ться, -ну́юсь, -ну́ешься *impt*	sich aufregen; beunruhigt sein
Не сто́ит волнова́ться из-за пустяко́в.	*Es lohnt sich nicht, sich über Kleinigkeiten aufzuregen.*
Не волну́йся!	*Reg dich ab.*
во́лосы, -о́с, -а́м *pl* [*sg* во́лос, -а]	Haar
волше́бный, -ая, -ое [-бен, -бна]	Zauber-; zauberhaft
волше́бный напи́ток	*Zaubertrank*
волше́бная па́лочка	*Zauberstab*
волше́бная ночь	*eine zauberhafte Nacht*
во́ля, -и *f*	Wille; Willenskraft
воображе́ние, -я *n*	Phantasie; Vorstellungskraft
бога́тое воображе́ние	*große Vorstellungskraft*
во-пе́рвых	erstens
вопро́с, -а *m*	Frage
Я не могу́ отве́тить на э́тот вопро́с.	*Ich kann diese Frage nicht beantworten.*
Я хочу́ поста́вить вопро́с ребро́м.	*Ich möchte diese Frage direkt stellen.*
отве́тить вопро́сом на вопро́с	*eine Frage mit einer Gegenfrage beantworten*
вор, -а [*pl* -ы, -о́в] *m*, воро́вка, -и *f*	Dieb(in)
воробе́й, -бья́ *m*	Spatz, Sperling
воро́на, -ы *f*	Krähe; Rabe
бе́лая воро́на	*ein weißer Rabe*
воро́та, -о́т *pl*	Tor
городски́е воро́та	*Stadttor*
воротни́к, -а́ *m*	Kragen
воспале́ние, -я *n*	Entzündung
воспале́ние лёгких	*Lungenentzündung*
воспале́ние по́чек	*Nierenentzündung*
о́строе воспале́ние	*akute Entzündung*
воспита́ние, -я *n*	Erziehung
воспи́танный, -ая, -ое [-ан, -анна]	gut erzogen
воспита́ть, -а́ю, -а́ешь [-и́танный] *pt* *impt* воспи́тывать, -аю, -аешь	erziehen
воспо́льзоваться, -зуюсь, -зуешься *pt (I)*	(aus)nutzen

s. по́льзоваться	
Я то́лько воспо́льзовался слу́чаем.	*Ich habe nur die Gelegenheit genutzt.*
Я не воспо́льзуюсь твое́й сла́бостью.	*Ich werde deine Schwäche nicht ausnutzen.*
воспомина́ние, -я *n*	Erinnerung
восста́ние, -я *n*	Aufstand; Revolte
восстанови́ть, -овлю́, -о́вишь [-о́вленный] *pt* *impt* восстана́вливать, -аю, -аешь	wiederaufbauen; restaurieren
восто́к, -а *m*	Osten
на восто́ке	*im Osten*
на восто́к	*nach Osten*
Да́льний Восто́к	*der ferne Osten*
Бли́жний Восто́к	*der nahe Osten*
восто́рг, -а *m*	Begeisterung
приводи́ть в восто́рг	*in Begeisterung versetzen*
прийти́ в восто́рг	*begeistert sein*
быть в восто́рге	*begeistert sein*
восто́чный, -ая, -ое	östlich, Ost-
Восто́чная Евро́па	*Osteuropa*
восхити́ться, -ищу́сь, -ити́шься *pt* *impt* восхища́ться, -а́юсь, -а́ешься *(I)*	mit Begeisterung aufnehmen
восхище́ние, -я *n*	Begeisterung
впервы́е *adv*	zum ersten Mal
вперёд *adv*	vorwärts, voran, voraus
Смотри́те вперёд.	*Gucken Sie nach vorne!*
взад и вперёд	*auf und ab/hin und her*
ни взад, ни вперёд	*weder vorwärts noch rückwärts*
Мои́ часы́ иду́т вперёд.	*Meine Uhr geht vor.*
плати́ть вперёд	*im voraus bezahlen*
впереди́ *adv; (G)*	vorn(e); voran, voraus; vor
У тебя́ вся жизнь впереди́.	*Das ganze Leben liegt noch vor dir.*
Иди́ впереди́ меня́.	*Geh mir voraus!*
впечатле́ние, -я *n*	Eindruck
производи́ть впечатле́ние	*Eindruck machen*
вполне́ *adv*	vollkommen, völlig; ganz
Я вполне́ дово́лен.	*Ich bin vollkommen zufrieden./ Ich bin ganz zufrieden.*
Э́того вполне́ доста́точно.	*Das reicht völlig.*

Я вполне́ в э́том убеждён.	*Ich bin davon vollkommen überzeugt.*
враг, -а́ *m*	Feind
врач, -а́ *m*	Arzt, Ärztin
вре́дный, -ая, -ое [-ден, -дна́, -дно, -дны/-дны́]	schädlich
вре́мя, -мени [*pl* -емена́, -мён, -мена́м] *n*	Zeit
ме́стное вре́мя	*Ortszeit*
в э́то вре́мя	*zu jener Zeit/da*
в любо́е вре́мя	*zu jeder Zeit/zu jeder Stunde*
в уро́чное вре́мя	*zur festgelegten Zeit*
Всему́ своё вре́мя.	*Alles zu seiner Zeit.*
всё *adv*	immer, die ganze Zeit
Ба́бушка всё боле́ет.	*Oma ist die ganze Zeit krank.*
Ты всё придира́ешься.	*Du bist ein Haarspalter.*
Ты всё ещё не спишь?	*Schläfst du immer noch nicht?*
И всё из-за тебя́.	*Und alles nur deinetwegen.*
Мне всё равно́.	*Es ist mir (ganz) egal.*
всегда́ *adv*	immer
всего́ *adv*	im ganzen, insgesamt; nur; erst
Всего́ израсхо́довано ты́сяча рубле́й.	*Insgesamt sind tausend Rubel ausgegeben worden.*
Оста́лось всего́ два дня.	*Es bleiben nur noch zwei Tage.*
Э́то бы́ло всего́ ме́сяц наза́д.	*Das ist erst vor einem Monat gewesen.*
всего́-на́всего	*alles in allem*
То́лько и всего́!	*Weiter nichts!/Und das ist alles!/Das wäre alles!*
вспаха́ть, -пашу́, -па́шешь [-па́ханный] *pt* *s.* паха́ть	pflügen
вспо́мнить, -ню, -нишь *pt* *impt* вспомина́ть, -а́ю, -а́ешь	sich erinnern
Я вспомина́ю твоё краси́вое лицо́.	*Ich erinnere mich an dein hübsches Gesicht.*
Я ника́к не могу́ вспо́мнить, как его зову́т.	*Ich kann mich überhaupt/gar nicht erinnern, wie er heißt.*
вста́ть, -а́ну, -а́нешь *pt* *impt* встава́ть, -таю́, -таёшь	aufstehen
встре́тить, -ре́чу, -ре́тишь [-е́ченный] *pt* *impt* встреча́ть, -а́ю, -а́ешь	treffen, begegnen

Я давно́ его́ не встреча́л.	*Ich habe ihn schon lange nicht getroffen.*
встре́тить затрудне́ния	*auf Schwierigkeiten stoßen*
встре́тить отпо́р	*auf Widerstand stoßen*
встре́титься, -ре́чусь, -ре́тишься *pt* *impt* встреча́ться, -а́юсь, -а́ешься	treffen; sich treffen
Мы встре́тились на ле́стнице.	*Wir haben uns auf der Treppe getroffen.*
встре́ча, -и *f*	Treffen, Begegnung
встре́ча в верха́х	*Gipfeltreffen*
всю́ду *adv*	überall
втроём *adv*	zu dreien, zu dritt
вход, -а *m*	Eingang
Вход воспрещён.	*Eintritt verboten.*
Пла́та за вхо́д – де́сять рубле́й.	*Eintrittsgeld – 10 Rubel.*
Я жду́ тебя́ у вхо́да в теа́тр.	*Ich warte auf dich vor dem Eingang ins Theater.*
Встре́тимся у гла́вного вхо́да.	*Wir treffen uns am Haupteingang.*
вчера́ *adv*	gestern
вчера́ ве́чером	*gestern abend*
вчера́ днём	*gestern am Tage*
въезд, -а *m*	Einfahrt
вы́бор, -а *m*	Wahl; Auswahl
У меня́ нет друго́го вы́бора.	*Ich habe keine andere Wahl.*
вы́брать, -беру, -берешь [-ранный] *pt* *impt* выбира́ть, -а́ю, -а́ешь	wählen; auswählen
вы́бросить, -ошу, -осишь [-ошенный] *pt* *impt* выбра́сывать, -аю, -аешь	hinaus/herauswerfen, hinaus/herausschmeißen; wegwerfen
Вы́броси му́сор, пожалуйста.	*Bring den Abfall bitte weg!*
Переста́нь выбра́сывать оку́рки че́рез окно́.	*Hör auf, die Kippen dauernd aus dem Fenster zu werfen!*
Не на́до бы́ло э́того выбра́сывать.	*Wir hätten das nicht wegwerfen sollen.*
Меня́ вы́бросили на у́лицу.	*Mich haben sie auf die Straße gesetzt.*
вы́везти, -зу, -зешь [-вез, -ла] *pt*	etw./jdn. hinaus/herausfahren; exportieren, ausführen

impt вывози́ть, -ожу́, -о́зишь	
вы́гладить, -ажу, -адишь	bügeln
[-аженный] *pt*	
s. гла́дить	
вы́глядеть, -яжу, -ядишь *impt*	aussehen
Ви́ктору уже́ за со́рок, но он вы́глядит намно́го моло́же.	*Viktor ist schon Anfang vierzig, er wirkt aber viel jünger.*
Ты хорошо́ вы́глядишь.	*Du siehst gut aus.*
вы́гнать, -гоню, -гонишь	hinauswerfen, hinausjagen
[-анный] *pt*	
impt выгоня́ть, -я́ю, -я́ешь	
выдаю́щийся, -аяся, -ееся	hervorragend, bedeutend
Менделе́ев – выдаю́щийся ру́сский учёный.	*Mendeleew ist ein hervorragender russischer Wissenschaftler.*
Выдаю́щиеся достиже́ния совреме́нной фи́зики	*Die Spitzenleistungen der gegenwärtigen Physik.*
вы́езд, -а *m*	Ausfahrt
вы́ехать, -еду, -едешь *pt*	fortfahren, verreisen; ausziehen
impt выезжа́ть, -а́ю, -а́ешь	
Жильцы́ вы́ехали, и тепе́рь кварти́ра свобо́дна.	*Die Einwohner sind ausgezogen und jetzt ist die Wohnung frei.*
вы́звать, -зову, -зовешь	rufen; verursachen
[-анный] *pt*	
impt вызыва́ть, -а́ю, -а́ешь	
вы́звать «ско́рую по́мощь»	*die schnelle medizinische Hilfe rufen*
Что вы́звало пожа́р?	*Was hat den Brand verursacht?*
вы́здороветь, -вею, -веешь *pt*	gesund werden
impt выздора́вливать, -аю, -аешь	
вы́играть, -аю, -аешь *pt*	gewinnen
impt выи́грывать, -аю, -аешь	
«Спарта́к»-Москва́ вы́играл у «Дина́мо»-Кие́в.	*Spartak Moskau hat gegen Dynamo Kiew gewonnen.*
вы́йти, вы́йду, вы́йдешь	hinausgehen; herauskommen; aussteigen
[вы́шел, -шла] *pt*	
impt выходи́ть, -ожу́, -о́дишь	
Вы́йди на мину́тку, я хочу́ тебе́ что́-то сказа́ть.	*Komm für einen Augenblick heraus, ich möchte dir etwas sagen!*
Сего́дня лу́чше не выходи́ть, хо́лодно.	*Es ist besser heute nicht rauszugehen, es ist kalt.*
Мы с трудо́м вы́шли из ваго́на.	*Wir sind mit Mühe aus dem Eisenbahnwagen ausgestiegen.*

Кни́га вы́шла уже́ из печа́ти.	*Das Buch ist schon erschienen.*
Из э́того ничего́ не вы́йдет.	*Daraus wird nichts.*
вы́ключить, -чу, -чишь [-ченный] *pt*	ausmachen
impt выключа́ть, -а́ю, -а́ешь	
Вы́ключи ток.	*Schalte den Strom aus!*
У меня́ тако́е чу́вство, что я забы́ла вы́ключить утю́г.	*Ich habe das Gefühl, daß ich vergessen habe, das Bügeleisen auszuschalten.*
вы́купаться, -аюсь -аешься *pt*	baden
s. купа́ться	
вы́лечить, -чу, -чишь *pt*	(aus)heilen, auskurieren
impt выле́чивать, -аю, -аешь	
вы́лить, -лью, -льешь [-итый] *pt*	ausgießen
impt вылива́ть, -а́ю, -а́ешь	
вы́мыть, -мою, -моешь [-ытый]	auswaschen, waschen; abwaschen, spülen; putzen
s. мыть	
вы́нуть, -ну, -нешь [-утый] *pt pt*	herausnehmen, herausholen
impt вынима́ть, -а́ю, -а́ешь	
Вынь ру́ки из карма́нов.	*Nimm die Hände aus den Taschen!*
вы́пить, -пью, -пьешь *pt*	trinken; austrinken
s. пить	
вы́полнить, -ню, -нишь [-ненный] *pt*	ausführen; erfüllen
impt выполня́ть, -я́ю, -я́ешь	
вы́полнить прика́з	*einen Befehl ausführen*
вы́полнить обеща́ние	*ein Versprechen erfüllen/halten*
выполня́ть свои́ обя́занности	*seinen Pflichten nachkommen*
вы́полоть, -лю, -лешь [-отый] *pt*	jäten
s. поло́ть	
выраже́ние, -я *n*	Äußerung; Ausdruck
Э́то усто́йчивое выраже́ние.	*Das ist eine feste Redewendung.*
вы́разить, -ажу, -азишь [-аженный] *pt*	äußern
impt выража́ть, -а́ю, -а́ешь	
вы́разить жела́ние/про́сьбу/мысль и т. д.	*einen Wunsch/Bitte/Gedanken u. ä.*
вы́разиться, -ажусь, -азишься *pt*	sich ausdrücken
impt выража́ться, -а́юсь, -а́ешься	

вы́расти, -ту, -тешь [-рос, -ла] *pt*	wachsen, aufwachsen, groß werden
s. расти́	
Ко́ля о́чень вы́рос за э́тот год.	*Kolja ist in diesem Jahr sehr gewachsen.*
вы́растить, -ащу, -астишь [-ащенный] *pt*	großziehen; aufziehen; anbauen
impt выра́щивать, -аю, -аешь	
Трои́х сынове́й вы́растила.	*Ich habe drei Söhne großgezogen.*
выра́щивать цветы́	*Blumen pflanzen/anbauen*
высо́кий, -ая, -ое [-о́к, -ока́; -о́ко/-око́; вы́ше]	hoch; groß
Мой бра́т высо́кого ро́ста.	*Mein Bruder ist groß.*
Дочь у меня́ высо́кая и стро́йная.	*Meine Tochter ist rank und schlank.*
У де́вочки высо́кий лоб и прекра́сные све́тлые глаза́.	*Das Mädchen hat eine hohe Stirn und wunderschöne helle Augen.*
Я всегда́ был высо́кого мне́ния о Вас.	*Ich habe immer eine hohe Meinung von Ihnen gehabt.*
высо́кая температу́ра	*hohe Temperatur*
высота́, -ы́ *f*	Höhe
высота́ над у́ровнем мо́ря	*Höhe über dem Meeresspiegel*
вы́сохнуть, -ну, -нешь [-сох, -хла] *pt*	trocken werden; vertrocknen, austrocknen
impt высыха́ть, -а́ю, -а́ешь	
Во́лосы ещё не вы́сохли.	*Mein Haar ist noch nicht trocken.*
вы́ставка, -и *f*	Ausstellung
вы́стирать, -аю, -аешь [-анный] *pt*	waschen
s. стира́ть	
вы́стрел, -а *m*	Schuß
вы́сушить, -ушу, -ушишь [-ушенный] *pt*	trocknen
s. суши́ть	
вы́сший, -ая, -ее	höchst
вы́сшая инста́нция	*die höchste Instanz*
вы́сшее ка́чество	*die beste Qualität*
вы́сший долг	*die vornehmste Pflicht*
вы́сшая ме́ра наказа́ния	*Höchststrafe*
вы́сшее образова́ние	*Hochschulbildung*
вы́сыпать, -плю, -плешь [-панный] *pt*	ausschütten
impt высыпа́ть, -а́ю, -а́ешь	

вы́тащить, -щу, -щишь [-щённый] *pt*	rausnehmen; rausholen
impt выта́скивать, -аю, -аешь	
вы́тереть, -тру, -трешь [-тер, -ла; -тертый] *pt*	abwischen, abtrocknen; abputzen
impt вытира́ть, -а́ю, -а́ешь	
вы́учить, -учу, -учишь *pt*	lernen
s. учи́ть	
Я вы́учил стихотворе́ние наизу́сть.	*Ich habe das Gedicht auswendig gelernt.*
вы́ход, -а *m*	Ausgang
В зда́нии два вы́хода.	*Das Gebäude hat zwei Ausgänge.*
Где́ авари́йный вы́ход?	*Wo ist der Notausgang?*
Я не могу́ найти́ вы́ход из положе́ния.	*Ich kann keinen Ausweg aus dieser Lage finden.*
вы́ход кни́ги	*das Erscheinen des Buches*
вы́ход на сце́ну	*ein Auftritt auf der Bühne*
вы́ше [*komp von* высо́кий/высоко́] *adv; prep (G)*	höher; größer
Мой брат вы́ше меня́.	*Mein Bruder ist größer als ich.*
вы́ше сре́днего	*überdurchschnittlich*
Смотри́ вы́ше.	*Siehe oben.*
Э́то вы́ше мои́х сил.	*Das geht über meine Kräfte.*
На́до быть вы́ше предрассу́дков.	*Man muß über alle Vorurteile erhaben sein.*
вы́шить, -шью, -шьешь [-итый] *pt*	sticken, besticken
impt вышива́ть, -а́ю, -а́ешь	
вы́яснить, -ню, -нишь [-ненный] *pt*	klären; aufklären
impt выясня́ть, -я́ю, -я́ешь	
вяза́ть, вяжу́, вя́жешь [вя́занный] *impt*	stricken; häkeln

Г

газ, -а (-у) *m*	Gas
газе́та, -ы *f*	Zeitung
га́зовый, -ая, -ое	Gas-
га́лстук, -а *m*	Krawatte
гара́ж, -а́ *m*	Garage
гармони́чный, -ая, -ое [-чен, -чна]	harmonisch

Мари́я и Серге́й – гармони́чная па́ра. — *Marija und Sergej sind ein harmonisches Paar.*

гарни́р, -а *m* — Beilage

гаси́ть, гашу́, га́сишь *impt* — löschen; ausmachen

гаси́ть свет — *Licht ausmachen*

гаси́ть пожа́р — *einen Brand löschen*

гастроно́м, -а *m* — Lebensmittelgeschäft

гвозди́ка, -и *f* — Nelke

гвоздь, -я́ *m* — Nagel (Werkzeug)

где *adv* — wo

где-ли́бо/где-нибу́дь *adv* — irgendwo

где-то *adv* — irgendwo

гениа́льный, -ая, -ое [-лен, -льна] — genial

Ты про́сто гениа́лен. — *Du bist einfach genial.*

Э́то гениа́льное реше́ние. — *Das ist eine geniale Lösung.*

ге́ний, -я *m* — Genie

злой ге́ний — *böser Genius*

гео́граф, -а *m* — Geograph

геогра́фия, -и *f* — Geographie, Erdkunde

геоло́гия, -и *f* — Geologie

герои́ческий, -ая, -ое — heldenhaft

геро́й, -я *m*, герои́ня, -и *f* — Held(in)

геро́йский, -ая, -ое — heldenhaft

гидроэ́лектростанция, -ии *f* — Wasserkraftwerk

гимнази́ст, -а *m*, гимнази́стка, -и *f* — Gymnasiast(in)

гимна́зия, -и *f* — Gymnasium

гимна́стика, -и *f* — Turnen, Gymnastik

у́тренняя гимна́стика — *Morgengymnastik*

худо́жественная гимна́стика — *rhythmische Sportgymnastik*

спорти́вная гимна́стика — *Geräteturnen*

лече́бная гимна́стика — *Heilgymnastik*

гита́ра, -ы *f* — Gitarre

гла́вный, -ая, -ое — Haupt-

гла́вный вопро́с — *die wesentliche/eigentliche Frage*

гла́вная зада́ча — *die wichtigste Aufgabe*

гла́вный врач — *Chefarzt*

гла́вная у́лица — *Hauptstraße*

гла́дить, -а́жу, -а́дишь *impt* — bügeln; streicheln

У меня́ нет вре́мени всё погла́дить. — *Ich habe keine Zeit, alles zu bügeln.*

Я люблю́, когда́ ты гла́дишь меня́ по волоса́м. — *Ich mag, wenn du mir den Kopf streichelst.*

гла́дкий, -ая, -ое [-док, -дка́, -дко]	glatt
глаз, -а [*pl* глаза́, глаз, -а́м] *m*	Auge
глубина́, -ы́ [-и́ны, -и́н] *f*	Tiefe
глубина́ мо́ря	*Meerestiefe*
глубина́ сне́га	*Schneehöhe*
на глубине́ пяти́ ме́тров	*fünf Meter tief*
в глубине́ страны́	*im Inneren des Landes*
в глубине́ души́	*im tiefsten Innern*
глубо́кий, -ая, -ое [-о́к, -ока́, -о́ко; глу́бже; глубоча́йший, -ая, -ее]	tief
глубо́кая таре́лка	*tiefer Teller/Suppenteller*
глубо́кая река́	*tiefer Fluß*
глубо́кий сон	*tiefer Schlaf*
глубо́кая благода́рность	*tiefempfundener Dank*
глубо́кое противоре́чие	*krasser Widerspruch*
глу́пость, -и *f*	Dummheit
Не говори́ глу́постей!	*Rede doch keinen Unsinn!*
по глу́пости	*aus Dummheit*
глу́пый, -ая, -ое [глуп, глупа́, глу́по]	dumm
Ве́ра насто́лько глупа́, что никогда́ э́того не поймёт.	*Vera ist so dumm, daß sie das nie verstehen wird.*
Ты действи́тельно поступи́л глу́по.	*Das war wirklich dumm von dir.*
Не ста́вь меня́ в столь глу́пое положе́ние!	*Bring mich nicht in so eine dumme Lage!*
Вы́шло как-то глу́по.	*Das ist irgendwie blöd ausgegangen.*
глухо́й, -а́я, -о́е [глух, глуха́, глу́хо; глу́ше]	taub
гнев, -а *m*	Zorn, Wut
Я сде́лал э́то в припа́дке гне́ва.	*Ich habe das im Zorn gemacht.*
Я испы́тываю оди́н лишь гнев.	*Ich spüre nichts als Wut.*
гнездо́, -а́ [*pl* гнёзда, гнёзд] *n*	Nest
свить гнездо́	*ein Nest bauen*
говори́ть, -рю́, -ри́шь *impt* *pt* сказа́ть, скажу́, ска́жешь	sprechen, reden
Они́ уже́ давно́ не говоря́т друг с дру́гом.	*Sie reden schon lange nicht mehr miteinander.*
Я не хочу́ говори́ть об э́том.	*Ich will darüber nicht sprechen.*

Я говорю́ немно́го по-ру́сски.	*Ich spreche ein wenig russisch.*
Нам не́чего бо́льше друг дру́гу сказа́ть.	*Wir haben uns nichts mehr zu sagen.*
тру́дно сказа́ть	*schwer zu sagen*
говя́дина, -ы *f*	Rind(fleisch)
год, -а (-у) [в году́, о го́де; *pl* го́ды/года́, годо́в/лет, года́м] *m*	Jahr
Мне 21, 31, 41...71 **год**.	Ich bin 21, 31, 41...71 Jahre alt.
Ему́ 22, 23, 24 **го́да**.	Er ist 22, 23, 24 Jahre alt.
Ей 25, 26...30 **лет**.	Sie ist 25, 26...30 Jahre alt.
Я родила́сь в 1975-ом году́.	*Ich bin im Jahre 1975 geboren.*
годи́ться, -гожу́сь, -годи́шься *impt*	geeignet sein
годовщи́на, -ы *f*	Jahrestag
голова́, -ы [*a/sg* го́лову; *pl* го́ловы, голо́в, голова́м] *f*	Kopf
го́лод, -а *m*	Hunger
голо́дный, -ая, -ое [го́лоден, голодна́, го́лодно, го́лодны/голодны́]	hungrig
го́лос, -а [-а́, -о́в] *m*	Stimme
голубо́й, -а́я, -о́е	hellblau; himmelblau
го́лубь, -я [*pl* -и, -е́й] *m*	Taube
почто́вый го́лубь	*Brieftaube*
го́лубь ми́ра	*Friedenstaube*
го́лый, -ая, -ое [гол, гола́, го́ло]	nackt
гора́, -ы [*a/sg* го́ру; *pl* го́ры, гор, -а́м] *f*	Berg; Gebirge
Я люблю́ отдыха́ть в гора́х.	*Ich mache gerne Urlaub im Gebirge.*
гора́здо *adv*	viel (plus Komparativ s. Beispiele)
Здесь гора́здо просто́рнее.	*Hier ist es viel geräumiger.*
Так гора́здо лу́чше.	*So ist es viel besser.*
горди́ться, -ржу́сь, -рди́шься *impt (I)*	stolz sein
Я горжу́сь свои́ми детьми́.	*Ich bin stolz auf meine Kinder.*
го́рдость, -и *f*	Stolz
го́ре, -я *n*	Unglück (in festen Wendungen auch Kummer, Sorge, Not)
горе́ть, -рю́, -ри́шь *impt*	brennen
горизо́нт, -а *m*	Horizont
го́рло, -а *n*	Kehle, Gurgel; Hals

У меня́ в го́рле пересо́хло.	*Ich habe eine trockene Kehle.*
У меня́ боли́т го́рло.	*Ich habe Halsschmerzen.*
Слова́ застря́ли у меня́ в го́рле.	*Das Wort blieb in der Kehle stekken.*
го́рный, -ая, -ое	Gebirgs-, Berg-
го́рная цепь	*Gebirgskette*
го́рная верши́на	*Berggipfel*
го́рный руче́й	*Gebirgsbach*
го́род, -а [*pl* -а́, -о́в] *m*	Stadt
провинциа́льный го́род	*Landstadt, Provinzstadt*
порто́вый го́род	*Hafenstadt*
промы́шленный го́род	*Industriestadt*
городско́й, -а́я, -о́е	städtisch, Stadt-
городско́е населе́ние	*Stadtbevölkerung*
городско́й жи́тель	*Stadtbewohner*
городски́е вла́сти	*städtische Behörden*
горо́х, -а *m*	Erbse
горчи́ца, -ы *f*	Senf
го́рький, -ая, -ое [-рек, -рька́, -рько]	bitter
горя́чий, -ая, -ее [-я́ч, -а́, -о́]	heiß
горя́чая вода́	*heißes Wasser*
горя́чий чай	*heißer Tee*
горя́чее жела́ние	*heißer Wunsch*
горя́чая любо́вь	*große Liebe*
горя́чий спор	*heftiger Streit*
господи́н, -а [*pl* -ода́, -о́д, -а́м] *m*	Herr ...
госпожа́, -и́ *f*	Frau ...
гости́ная, -ой *f*	Wohnzimmer; Gästezimmer
гости́ница, -ы *f*	Hotel
гость, -я [*pl* -и, -е́й] *m*	Gast
госуда́рственный де́ятель	politischer Beamter (Minister, Staatssekretär u. ä.)
Шевардна́дзе – выдаю́щийся госуда́рственный де́ятель.	*Schewardnadse ist ein berühmter Politiker.*
госуда́рственный, -ая, -ое	Staats-, staatlich
госуда́рство, -а *n*	Staat
гото́вить, -влю, -вишь *impt*	kochen; vorbereiten
гото́виться, -влюсь, -вишься *impt*	sich vorbereiten
гото́вый, -ая, -ое [-о́в]	fertig; bereit (sein + Inf)
Я гото́в на всё.	*Ich bin zu allem bereit.*
гра́дус, -а *m*	Grad

Температу́ра в ко́мнате – два́дцать гра́дусов.	*Die Zimmertemperatur beträgt 20 Grad.*
де́сять гра́дусов тепла́	*zehn Grad Wärme*
три гра́дуса моро́за	*drei Grad Kälte*
два гра́дуса вы́ше нуля́	*zwei Grad über Null*
два гра́дуса ни́же нуля́	*zwei Grad unter Null*
гра́дусник, -а *m*	Fieberthermometer
граждани́н, -а [*pl* гра́ждане, гра́ждан] *m*, гражда́нка, -и *f*	Bürger(in), Staatsangehörige(r)
грамм, -а *m*	Gramm
грани́ца, -ы *f*	Grenze
гриб, -а́ *m*	Pilz
грипп, -а *m*	Grippe
гроза́, -ы́ *f*	Gewitter
Надвига́ется гроза́.	*Ein Gewitter zieht auf.*
гром, -а [-ы, -о́в] *m*	Donner
Греми́т гром.	*Es donnert.*
уда́р гро́ма	*Donnerschlag*
гро́мко *adv*	laut
Не говори́ так гро́мко.	*Sprich nicht so laut!*
гру́бый, -ая, -ое [груб, груба́, гру́бо]	grob
гру́бое пове́дение	*ein grobes Benehmen*
гру́бое выраже́ние	*ein derber Ausdruck*
гру́бая шерсть	*grobe Wolle*
гру́бая оши́бка	*ein grober Fehler*
гру́бые мане́ры	*ungeschliffene Manieren*
гру́дь, гру́ди/груди́ [о гру́ди, в/на груди́; *pl* -и, -е́й] *f*	Brust; Busen
грузови́к, -а́ *m*	LKW, Lastwagen
гру́ппа, -ы *f*	Gruppe
грусти́ть, грущу́, грусти́шь *impt*	traurig sein
Не грусти́.	*Sei nicht traurig!*
Я грущу́ по тебе́.	*Ich sehne mich nach dir.*
гру́стный, -ая, -ое [-тен, -тна́, -тно, -тны/-тны́]	traurig
гру́ша, -и *f*	Birne; Birnbaum
гря́дка, -и *f*	Beet
гря́зный, -ая, -ое [-зен, -зна́, -зно, -зны/-зны́]	schmutzig
грязь, -и́ *f*	Schmutz, Dreck
губа́, -а [*pl* гу́бы, губ, -а́м] *f*	Lippe
гу́бка, -и *f*	Schwamm
гуля́ть, -я́ю, -я́ешь *impt*	spazierengehen

густо́й, -а́я, -о́е [густ, густа́, гу́сто, гу́сты/густы́]	dicht
густы́е во́лосы	*dichtes Haar*
густы́е бро́ви	*buschige Augenbrauen*
густо́й лес	*ein dichter Wald*
густо́й суп	*dicke Suppe*
гусь, -я [*pl* -и, -е́й] *m*	Gans
С него́ как с гу́ся вода́.	*Das ist ihm schnuppe.*

Д

да́вний, -яя, -ее	längst gewesen; längst vergangen
да́вний обы́чай	*eine althergebrachte Sitte*
да́вний друг	*ein alter Freund*
давно́ *adv*	längst, lange, seit langem
уже́ давно́	*schon lange*
не так давно́	*vor noch nicht allzulanger Zeit*
Э́то бы́ло не так давно́.	*Die Zeit liegt nicht sehr weit zurück.*
да́лее *adv*	weiter; dann
далеко́ *adv*	weit
До це́нтра далеко́.	*Bis zum Zentrum ist es weit.*
Э́то захо́дит сли́шком далеко́.	*Das geht zu weit.*
Бы́ло далеко́ за по́лночь.	*Es war spät/weit nach Mitternacht.*
Андре́й далеко́ пойдёт.	*Andrej wird es weit bringen.*
далеко́ не	*bei weitem nicht*
даль, -и [о да́ли, в дали́] *f*	Ferne, Weite
да́льше [*komp von* далёкий/далеко́] *adv*	weiter; dann
дари́ть, дарю́, да́ришь *impt*	schenken, beschenken
дать, дам, дашь, даст, дади́м, дади́те, даду́т [дал, дала́, да́ло/дало́; да́ли] *pt* *impt* дава́ть, даю́, даёшь	geben
Дай мне сто рубле́й до за́втра.	*Gib mir 100 Rubel bis morgen!*
дать показа́ния	*eine Aussage machen*
дать сло́во	*sein Wort geben*
дать распоряже́ние/прика́з	*eine Anordnung/einen Befehl geben*
дать кля́тву	*schwören, vereidigt werden*

дáча, -и *f*	Wochenendhaus; Ferienhaus; Landhaus
дверь, -и [о двéри, на двери́; *pl* -и́, -éй, -я́м, -я́ми/-рьми́] *f*	Tür
входнáя дверь	*Eingangstür*
дверь в спáльню	*Schlafzimmertür*
дверь в кýхню	*Küchentür*
Закрывáйте дверь!	*Schließen Sie die Tür!*
Ты лóмишся в откры́тую дверь.	*Du rennst offene Türen ein.*
дви́гатель, -я *m*	Motor
дви́гать[1], -аю, -аешь *impt* *pt* дви́нуть, -ну, -нешь	bewegen
Не дви́гай рукáми.	*[Bewege deine Arme nicht.] Beweg dich nicht!*
дви́гать[2], дви́жу, дви́жешь	antreiben, in Gang setzen
Что дви́жет э́тот механи́зм?	*Was treibt diesen Mechanismus an?*
Тобóй дви́жет однá лишь рéвность.	*Alles was dich treibt, ist Eifersucht.*
Дви́гай вперёд!	*Geh mal weiter!*
дви́гаться, -аюсь, -аешься/дви́жусь, дви́жешься *impt*	sich bewegen
Не дви́гайся!	*Rühr dich nicht!*
движéние, -я *n*	Bewegung; Verkehr
движéние вперёд	*Vorwärtsbewegung*
профсою́зное движéние	*Gewerkschaftsbewegung*
ýличное движéние	*Straßenverkehr*
прáвила ýличного движéния	*Straßenverkehrsordnung*
ýлица с односторóнним движéнием	*Einbahnstraße*
двóе [двои́х, двои́м]	zwei
У меня́ двóе детéй.	*Ich habe zwei Kinder.*
двойнóй, -áя, -óе	doppelt, Doppel-
двойны́е рáмы	*Doppelfenster*
двойнáя бухгалтéрия	*doppelte Buchführung*
вести́ двойнýю игрý	*ein Doppelspiel treiben*
двор, -á *m*	Hof
зáдний двор	*Hinterhof*
внýтренний двор	*Innenhof*
на дворé	*draußen, im Freien*
дворéц, -рцá *m*	Palast, Schloß
Дворéц съéздов	*Kongreßpalast*
Дворéц культýры	*Kulturpalast*

Дворе́ц спо́рта	*Sportpalast*
Зи́мний дворе́ц	*Winterpalais*
де́вочка, -и *f*	Mädchen
де́вушка, -и *f*	Mädchen; Fräulein
де́душка, -и *m*	Großvater, Opa
де́йствие, -я *n*	Handlung; Wirkung
В э́той ситуа́ции лу́чше воздержа́ться от каки́х-либо де́йствий.	*In dieser Situation ist es besser, sich jeder Handlungen zu enthalten.*
привести́ маши́ну в де́йствие	*eine Maschine in Funktion bringen*
срок де́йствия	*Gültigkeitsdauer*
побо́чное де́йствие	*Nebenwirkung*
пье́са в дву́х де́йствиях	*ein Theaterstück in zwei Akten*
действи́тельность, -и *f*	Wirklichkeit; Gültigkeit
действи́тельный, -ая, -ое [-лен, -льна]	wahr; wirklich; gültig
Э́то действи́тельный слу́чай.	*Das ist eine wahre Geschichte.*
Пове́рь мне, я действи́тельно постара́лся.	*Glaube mir, ich habe mir wirklich Mühe gegeben.*
де́йствовать, -твую, -твуешь *impt*	handeln; funktionieren, laufen; wirken; gültig sein
Де́йствуйте сообра́зно обстоя́тельствам.	*Handeln Sie den Umständen entsprechend.*
Аппара́т не де́йствует.	*Der Apparat läuft nicht.*
Лека́рство ещё не де́йствует.	*Die Arznei wirkt noch nicht.*
Э́тот разгово́р де́йствует мне на не́рвы.	*Dieses Gespräch geht mir auf die Nerven.*
Зако́н начнёт де́йствовать с пе́рвого января́.	*Das Gesetz tritt am ersten Januar in Kraft.*
деклара́ция, -и *f*	Erklärung
прави́тельственная деклара́ция	*Regierungserklärung*
де́лать, -аю, -аешь *impt*	machen, tun; herstellen
Что ты там де́лаешь?	*Was machst du denn da?*
Не де́лай ви́д, что не понима́ешь!	*Tu nicht so, als ob du es nicht verstehen würdest!*
Так не де́лают.	*So was tut man nicht.*
Не на́до бы́ло э́того де́лать.	*Das sollte man nicht tun.*
дели́ть, делю́, де́лишь *impt*	teilen; aufteilen; dividieren
дели́ть иму́щество	*seinen Besitz aufteilen*
дели́ть на три	*durch drei dividieren/teilen*
Я хочу́ дели́ть с тобо́й го́ре и ра́дость.	*Ich will mit dir Freud und Leid teilen.*

де́ло, -а [*pl* дела́, дел, дела́м]	berufliche/geschäftliche/alltägliche Tätigkeit; Tat
Я не люблю́ сиде́ть без де́ла.	*Ich mag nicht, wenn ich einfach so rumsitze und nichts zu tun habe.*
до́брое де́ло	*gute Tat*
уголо́вное де́ло	*Verbrechen*
Э́то не твоё де́ло.	*Das geht dich nichts an.*
У меня́ дел по го́рло.	*Ich habe Arbeit ohne Ende.*
демократи́ческий, -ая, -ое	demokratisch
демократи́чный, -ая, -ое [-чен, -чна]	demokratisch
демокра́тия, -и *f*	Demokratie
демонстра́ция, -и *f*	Demonstration
день, дня *m*	Tag
приёмный день	*Sprechtag*
день рожде́ния	*Geburtstag*
в оди́н прекра́сный день	*eines schönen Tages*
де́ньги, де́нег, деньга́м *pl*	Geld
дереве́нский, -ая, -ое	dörflich, Dorf-; ländlich, Land-
дереве́нский жи́тель	*Dorfbewohner*
дере́вня, -и [*pl* -и, -ве́нь, -вня́м] *f*	Dorf; Land
Я роди́лся в э́той дере́вне.	*Ich bin in diesem Dorf geboren.*
Я предпочита́ю жить в дере́вне.	*Ich lebe lieber auf dem Lande.*
де́рево, -а [*pl* дере́вья, дере́вьев] *n*	Baum; Holz
хво́йное де́рево	*Nadelbaum*
ли́ственное де́рево	*Laubbaum*
плодо́вое де́рево	*Obstbaum*
кра́сное де́рево	*Mahagoni*
За дере́вьями ле́са не ви́деть	*Den Wald vor lauter Bäumen nicht sehen*
деревя́нный, -ая, -ое	aus Holz, Holz-
держа́ть, держу́, де́ржишь *impf*	halten
Держи́ ребёнка за́ руку.	*Halt das Kind an der Hand!*
Держать в холо́дном ме́сте	*Kühl aufbewahren*
держать в та́йне/в неведе́нии	*geheim halten/in Unwissenheit halten*
Держу́ пари́.	*Ich halte jede Wette.*
Держи́ язы́к за зуба́ми!	*Halt den Mund!*
десе́рт, -а *m*	Nachtisch, Dessert

де́тская, -ой *f*	Kinderzimmer
де́тский, -ая, -ое	kindlich, kindisch; Kinder-
де́тство, -а *n*	Kindheit
дешёвый, -ая, -ое [дёшев, дешева́, дёшево; деше́вле]	billig; günstig
Мы сли́шком бе́дны, что́бы покупа́ть столь дешёвые ве́щи.	*Wir sind zu arm, um so billige Sachen zu kaufen.*
Я купи́л э́то о́чень дёшево.	*Ich habe das sehr günstig gekauft.*
де́ятель, -я *m*	Funktionär
профсою́зный де́ятель	*Gewerkschaftsfunktionär*
де́ятельность, -и *f*	Tätigkeit
диа́гноз, -а *m*	Diagnose
поста́вить диа́гноз	*eine Diagnose stellen*
оши́бочый диа́гноз	*Fehldiagnose*
дива́н, -а *m*	Sofa
дие́та, -ы *f*	Diät
сиде́ть на дие́те	*auf Diät sein/Diät machen*
соблюда́ть дие́ту	*Diät halten*
ди́кий, -ая, -ое [дик, дика́, ди́ко]	wild
ди́кие плоды́	*Wildfrüchte*
ди́кая ме́стность	*Wildnis, ein wildes Land*
ди́кие нра́вы	*wilde Sitten*
диктату́ра, -ы *f*	Diktatur
диктова́ть, -ту́ю, -ту́ешь *impt*	diktieren
дипло́м, -а *m*	Diplom; Staatsexamen; Zertifikat
университе́тский дипло́м	*Diplom*
дире́ктор, -а [*pl* -а́, -о́в] *m*	Direktor(in)
дире́ктор шко́лы	*Schuldirektor*
дире́ктор заво́да	*Werkleiter*
дирижёр, -а *m*	Dirigent
дирижёр хо́ра	*Chorleiter*
длина́, -ы́ *f*	Länge
дли́нный, -ая, -ое [-нен, -нна́, -нно]	lang
дли́ться, дли́тся [*1.&2. Pers. ungebr.*] *impt*	dauern
дневно́й, -а́я, -о́е	Tages-
дневно́й свет	*Tageslicht*
дневно́й спекта́кль	*Nachmittagsvorstellung*
днём *adv*	am Tag(e); tagsüber, bei Tage
днём и но́чью	*Tag und Nacht*
дно, дна *n*	Grund, Boden

пить до дна́	*bis zur Neige leeren/ex trinken*
вверх дном	*umgedreht, auf dem Kopf stehen*
переверну́ть вверх дно́м	*umdrehen*
до *prep (G)*	bis
до конца́	*bis zu Ende*
до сих по́р	*bis jetzt*
до трёх часо́в	*bis drei Uhr*
биле́т до Москвы́	*Fahrkarte nach Moskau*
за де́нь до отъе́зда	*einen Tag vor der Abreise*
доба́вить, -влю, -вишь [-вленный] *pt*	hinzufügen
impt добавля́ть, -я́ю, -я́ешь	
Доба́вь ещё немно́жко со́ли в суп.	*Tu noch ein bißchen Salz an die Suppe.*
Мне не́чего доба́вить.	*Dem habe ich nichts mehr hinzuzufügen.*
до́брый, -ая, -ое [добр, добра́, до́бро, добры́/до́бры]	gut
дове́рие, -я *n*	Vertrauen
Я не испы́тываю к нему́ дове́рия.	*Ich traue ihm nicht.*
дово́льно *adv*	genug; ziemlich; zufrieden
Почему́ ты так дово́льно улыба́ешься?	*Warum lächelst du so zufrieden?*
Уже́ дово́льно по́здно.	*Es ist schon ziemlich spät.*
Дово́льно издева́ться!	*Hör auf, dich lustig zu machen!*
На сего́дня дово́льно.	*Genug für heute.*
Дово́льно!	*Genug!/Es reicht.*
дово́льный, -ая, -ое [-лен, -льна]	zufrieden
Я дово́лен твое́й рабо́той.	*Ich bin mit deiner Arbeit zufrieden.*
догово́р, -а [*pl* догово́ры, -ов/договора́, -о́в] *m*	Vertrag
заключи́ть догово́р	*einen Vertrag schließen*
договори́ться, -рю́сь, -ри́шься *pt*	sich verabreden; eine Vereinbarung treffen
impt догова́риваться, -аюсь, -аешься	
дождь, -я́ *m*	Regen
Идёт дождь.	*Es regnet.*
доказа́тельство, -а *n*	Beweis
Приведи́те доказа́тельство.	*Treten Sie den Beweis an.*
доказа́ть, -ажу́, -а́жешь [-а́занный] *pt*	beweisen

impt докáзывать, -аю, -аешь	
Чтó ты хóчешь э́тим доказáть?	*Was willst du damit beweisen?*
доклáд, -а *m*	Vortrag
докумéнт, -а *m*	Dokument; Ausweis, Papiere
Предъяви́те докумéнты, пожáлуйста.	*Ihre Papiere bitte.*
долг, -а (-у) [*pl* -и́, -óв] *m*	Schulden
Мой муж опя́ть надéлал долгóв.	*Mein Mann hat wieder Schulden gemacht.*
быть пó уши в долгáх	*bis über beide Ohren verschuldet sein*
Бóже мой, я никогдá не вылезáю из долгóв.	*Gott, ich komme nie von meinen Schulden runter.*
дóлгий, -ая, -ое [дóлго, долгá, дóлго; дóльше/дóлее]	lang
Э́то достáточно дóлгий срок.	*Das ist genügend lange Zeit.*
Мы прóжили вмéсте дóлгую и счастли́вую жизнь.	*Wir haben zusammen ein langes, glückliches Leben verbracht.*
Тебя́ ещё дóлго ждать?	*Muß man noch lange auf dich warten?*
дóлго *adv*	lange, lang
дóлжен, -жнá	müssen; sollen [verpflichtet sein zu etw.]
Скóлько я Вам дóлжен?	*Wieviel schulde ich Ihnen?*
Я дóлжен тебé что-то сказáть.	*Ich muß dir was sagen.*
доли́на, -ы *f*	Tal
дом, -а (-у) [*pl* домá, -óв] *m*	Haus
жилóй дом	*Wohnhaus*
высóтный дом	*Hochhaus*
дóма *adv*	zu Hause, daheim
Здесь я чу́вствую себя́ как дóма.	*Hier fühle ich mich wie zu Hause.*
Как делá дóма?	*Wie steht's zu Hause?*
у меня́ дóма	*bei mir zu Hause*
домáшний, -яя, -ее	Haus-; Familien-; Haushalts-
домáшнее хозя́йство	*Haushalt*
домáшние обстоя́тельства	*Familienangelegenheiten*
домáшний костю́м	*Hausanzug*
домáшний хлеб	*selbstgebackenes Brot*
домáшний арéст	*Hausarrest*
домóй *adv*	nach Hause
Я иду́ домóй.	*Ich gehe nach Hause.*

дополни́тельный, -ая, -ое	Zusatz-, weitere (meistens in Plural); zusätzlich
допро́с, -а *m*	Verhör, Vernehmung
допроси́ть, -ошу́, -о́сишь [-о́шенный] *pt* *impt* допра́шивать, -аю, -аешь	vernehmen, verhören
доро́га, -и *f*	Weg; Straße
прое́зжая доро́га	*Fahrweg*
просёлочная доро́га	*Feldweg*
сби́ться с доро́ги	*sich verlaufen*
желе́зная доро́га	*Eisenbahn*
отпра́виться в доро́гу	*sich auf den Weg machen*
дорого́й, -а́я, -о́е [до́рог, дорога́, до́рого; доро́же]	teuer
Дорого́й друг!	*Mein lieber Freund!*
Ка́ждая мину́та дорога́.	*Jede Minute ist kostbar./Es kommt auf jede Minute an.*
Ка́ждое мгнове́ние с тобо́й до́рого мне.	*Jeder Augenblick mit dir ist mir teuer.*
доро́жка, -и *f*	Pfad, Fußweg
пешехо́дная доро́жка	*Fußgängerübergang*
доска́, -и́ [*a/sg* до́ску; *pl* до́ски, досо́к, доска́м] *f*	Tafel
досро́чно *adv*	vorzeitig
доста́точно *adv*	genügend, genug
Э́то бо́лее чем доста́точно.	*Das ist mehr als genug.*
Одного́ твоего́ сло́ва доста́точно.	*Ein Wort von dir reicht./Dein Wort ist mir Befehl.*
Доста́точно то́лько сказа́ть.	*Es reicht, wenn man das sagt.*
Доста́точно.	*Genug.*
доста́ть, -а́ну, -а́нешь *pt* *impt* достава́ть, -таю́, -таёшь	(sich) besorgen; nehmen; holen
Как ты доста́л биле́ты в Большо́й теа́тр?	*Wie hast du dir die Karten fürs Bolschoj besorgt?*
Доста́нь То́ма Со́йера с по́лки.	*Nimm Tom Sawyer aus dem Regal!*
достиже́ние, -я *n*	Leistung
достиже́ние, -я *n*	Leistung
досто́йный, -ая, -ое [-ин, -йна]	wertvoll; (einer Ehrung) würdig
Э́тот вопро́с досто́ин внима́ния.	*Diese Frage ist bemerkenswert.*
Э́то был досто́йный отве́т.	*Das war die passende Antwort.*
дохо́д, -а *m*	Einkommen

дочь, до́чери, до́черью [*pl* до́чери, дочере́й, дочеря́м, дочерьми́, -я́х] *f*	Tochter
драмати́ческий, -ая, -ое	dramatisch
драмати́ческий актёр	*Dramenschauspieler*
драмати́ческая ситуа́ция	*dramatische Situation*
драмати́чный, -ая, -ое [-чен, -чна]	dramatisch
дре́вний, -яя, -ее [-вен, -вни]	sehr alt; antik
дре́вняя исто́рия	*Geschichte des Altertums*
дре́вний Рим	*das antike Rom*
дре́вняя Гре́ция	*das klassische Griechenland*
дрожа́ть, -жу́, -жи́шь *impt*	zittern
друг, -а [*pl* друзья́, -зе́й] *m*	Freund
друго́й, -а́я, -о́е	andere(r); anders
дру́жба, -ы *f*	Freundschaft
дру́жеский, -ая, -ое	freundschaftlich, Freundschafts-
дру́жеский шарж	*freundliche Karikatur*
дру́жеская услу́га	*Freundschaftsdienst*
дру́жеская встре́ча	*Freundschaftsspiel*
дружи́ть, дружу́, дру́жишь/ дру́жишь *impt*	befreundet sein
дру́жный, -ая, -ое [-жен, -жна́, -жно, -жны/-жны́]	einig; gemeinsam
дру́жная семья́	*eine einige Familie*
дру́жный отпо́р	*gemeinsame Abwehr*
дуб, -а [*pl* -ы́, -о́в] *m*	Eiche; Eichenholz
ду́мать, -аю, -аешь *impt*	denken
Я ду́маю, что ты не прав.	*Ich denke, daß du Unrecht hast.*
Про́сто не ду́май об э́том.	*Denke einfach nicht daran.*
дура́к, -а́ *m*, ду́ра, -ы *f*	Dummkopf, Schwachkopf, Narr
дурно́й, -а́я, -о́е [ду́рен, дурна́, ду́рно, ду́рны]	schlecht, übel; häßlich
дурно́й хара́ктер	*ein schlechter Charakter*
дурно́й посту́пок	*eine böse Tat*
дурно́й за́пах	*ein übler Geruch*
дурна́я сла́ва	*ein schlechter Ruf*
дурно́е лицо́	*ein häßliches Gesicht*
дуть, ду́ет [*1.&2. Pers. ungbr.*] *impt*	wehen
Закро́й окно́, ду́ет.	*Mach das Fenster zu, es zieht.*
Ду́ет си́льный ве́тер.	*Der Wind bläst stark.*
дух, -а (-у) *m*	Geist
тво́рческий дух	*der schöpferische Geist*

крити́ческий дух	*der kritische Geist*
духи́, -о́в *pl*	Parfüm
душ, -а *m*	Dusche
Я то́лько что при́нял душ.	*Ich habe gerade geduscht.*
душа́, -и́ [*a/sg* ду́шу; *pl* ду́ши, душ, ду́шам] *f*	Seele
души́стый, -ая, -ое [-и́ст]	duftend
дым, -а (-у) [о ды́ме, в дыму́] *m*	Rauch
дыша́ть, дышу́, ды́шишь *impt*	atmen
дя́дя, -и *m*	Onkel

Е, Ё

евангели́ческий, -ая, -ое	evangelisch
еда́, -ы́ *f*	Essen, Kost
Во вре́мя еды́ не говоря́т.	*Beim Essen spricht man nicht.*
едва́ *adv*	kaum (wenig); fast, beinahe
Мальчик едва́ уме́ет чита́ть.	*Der Junge kann kaum lesen.*
Я едва́ успе́л на по́езд.	*Ich habe fast den Zug verpaßt.*
Я едва́ не упа́л.	*Ich wäre fast gefallen.*
Э́то едва́ ли нам уда́стся.	*Das wird uns kaum gelingen.*
Он едва́ ли согласи́тся на э́то.	*Er wird kaum damit einverstanden sein.*
еди́нственный, -ая, -ое	einzig
Э́то еди́нственная возмо́жность.	*Das ist die einzige Möglichkeit.*
еди́нственный в своём ро́де	*einzigartig*
еди́нственное число́	*Singular*
еди́ный, -ая, -ое	Einheits-; gemeinsam; einig
Мои́ роди́тели во всём еди́ны.	*Meine Eltern sind sich in allem einig.*
ёж, ежа́ *m*	Igel
ежедне́вно *adv*	tagtäglich
е́здить, е́зжу, е́здишь *impt*	fahren; reisen
Ка́ждое ле́то мы е́здим на юг.	*Jeden Sommer fahren wir in den Süden.*
е́ле *adv*	kaum
Я е́ле засну́л.	*Ich konnte kaum einschlafen.*
Я е́ле успе́л.	*Ich habe das nur knapp geschafft. (in der Zeit)*
Я е́ле спра́вился.	*Ich habe das nur so eben geschafft. (unabhängig von der Zeit)*
ёлка, -и *f*	Tanne, Fichte

ерунда́, -ы́ *f*	Quatsch; Unsinn; Kleinigkeit (Banalität)
ЕС (Европе́йское соо́бщество)	EG (Europäische Gemeinschaft)
есте́ственно *adv*	natürlich
Есте́ственно бы́ло ожида́ть, что э́то случи́ться.	*Man konnte natürlich erwarten, daß das passieren würde.*
Он, есте́ственно, согласи́лся.	*Er war natürlich einverstanden.*
есте́ственный, -ая, -ое [-вен, -венна]	natürlich
Чему́ ты удивля́ешься, э́то вполне́ есте́ственная реа́кция.	*Was wundert dich, das ist eine ganz/vollkommen natürliche Reaktion.*
есть[2] [*3. Pers. sg. von* быть]	ist; es gibt
Что есть и́стина?	*Was ist Wahrheit?*
Есть ещё наде́жда.	*Es gibt noch Hoffnung.*
есть[1], ем, ешь, ест, еди́м, еди́те, едя́т [ел, е́ла] *impt*	essen
е́хать, е́ду, е́дешь *impt*	fahren
ещё *adv*	noch; noch immer; immer noch

Ж

жа́дный, -ая, -ое [-ден, -дна́, -дно, -дны]	gierig, habsüchtig; geizig
жа́жда, -ы *f*	Durst
утоли́ть жа́жду	*den Durst löschen*
жале́ть, -е́ю, -е́ешь *impt*	Mitleid haben; bedauern
Я ни о чём не жале́ю.	*Ich bedauere nichts.*
жа́ловаться, -луюсь, -луешься *impt*	sich beklagen, sich beschweren
Пацие́нт жа́луется на головну́ю боль.	*Der Patient beklagt sich über Kopfschmerzen.*
Я бу́ду жа́ловаться на Вас заве́дующему отде́лом.	*Ich werde mich über Sie beim Abteilungsleiter beschweren.*
Тебе́ на́до жа́ловаться в суд.	*Du mußt klagen.*
жа́реный, -ая, -ое	gebraten
жа́рить, -рю, -ришь *impt*	braten
жа́ркий, -ая, -ое [-рок, -рка́, -рко]	heiß
жа́ркий день	*ein heißer Tag*
жа́рко *adv*	heiß
Мне жа́рко.	*Mir ist heiß.*

жа́тва, -ы *f*	Ernte
во вре́мя жа́твы	*in der Erntezeit*
жать[1] , жму, жмёшь *impt*	drücken
жать ру́ку	*die Hand drücken*
Ту́фли жмут.	*Die Schuhe drücken.*
Сро́ки жмут.	*Die Frist drängt.*
жать[2], жну, жнёшь *impt*	mähen
ждать, жду, ждёшь [ждал, ждала́, жда́ло] *impt*	warten; erwarten
Мы ждём ребёнка.	*Wir erwarten ein Kind.*
Чего́ ты ещё ждёшь!	*Worauf wartest du noch?*
жела́ние, -я *n*	Wunsch
жела́ть, -а́ю, -а́ешь *impt*	wollen; wünschen
Я жела́ю тебе́ всего́ до́брого.	*Ich wünsch dir alles Gute.*
Я не жела́ю с Ва́ми разгова́ривать.	*Ich wünsche nicht, mit Ihnen zu sprechen.*
железнодоро́жный, -ая, -ое	Eisenbahn-
желе́зо, -а *n*	Eisen
жёлтый, -ая, -ое	gelb
желу́док, -дка *m*	Magen
жена́, -ы́ [*pl* жёны, жён, жёнам] *f*	Ehefrau, Frau
Моя́ жена́ на рабо́те.	*Meine Frau ist auf der Arbeit.*
жена́тый, -ая, -ое [-а́т]	verheiratet
Алексе́й жена́т на Та́не.	*Alexej ist mit Tanja verheiratet.*
Они жена́ты уже́ два́дцать лет.	*Sie sind seit 20 Jahren verheiratet.*
же́нский, -ая, -ое	weiblich, Frauen-, Damen-
же́нский пол	*weibliches Geschlecht*
же́нская о́бувь	*Damenschuhe*
же́нские боле́зни	*Frauenkrankheiten*
же́нщина, -ы *f*	Frau
Мари́на исключи́тельная же́нщина.	*Marina ist eine außergewöhnliche Frau.*
же́ртва, -ы *f*	Opfer
же́ртвовать, -твую, -твуешь *impt (I)*	opfern
же́ртвовать жизнью	*sein Leben opfern*
жест, -а *m*	Geste
жесто́кий, -ая, -ое [-о́к, -о́ка, -о́ко]	grausam, brutal; heftig, gewaltig
Не бу́дь таки́м жесто́ким!	*Sei nicht so grausam!*
Я его бою́сь, он жесто́кий челове́к.	*Ich habe Angst vor ihm, er ist ein brutaler Mensch.*

Э́то жесто́кая необходи́мость.	*Das ist eine bittere Notwendigkeit.*
жесто́кая боль	*ein heftiger Schmerz*
жесто́кий моро́з	*ein grimmiger Frost*
живо́й, -ая, -ое [жив, жива́, жи́во]	lebendig, lebhaft
Мы е́ле оста́лись жи́вы.	*Wir haben beinahe nicht überlebt.*
Пе́тя о́чень живо́й ребёнок.	*Petja ist ein sehr lebhaftes Kind.*
жи́вопись, -и *f*	Malerei
живо́т, -а́ *m*	Bauch
живо́тное, -ого *n*	Tier
млекопита́ющее живо́тное	*Säugetier*
ста́дное живо́тное	*Herdentier*
жи́дкость, -и *f*	Flüssigkeit
жизнь, -и *f*	Leben
Такова́ жизнь.	*So ist das Leben.*
жиле́ц, -льца́ *m*	Einwohner, Bewohner
жир, -а *m*	Fett
жи́рный, -ая, -ое [-рен, -рна́, -рно]	fett; fettig
жи́тель, -я *m*, жи́тельница, -ы *f*	Bewohner(in), Einwohner(in)
городско́й жи́тель	*Stadtbewohner*
коренно́й жи́тель	*Ureinwohner*
жить, живу́, живёшь [жил, жила́, жи́ло] *impf*	leben; wohnen
Так жить нелегко́.	*Es ist nicht leicht, so zu leben.*
Ка́к вы живёте?	*Wie geht es Ihnen?*
На како́й у́лице вы живёте?	*In welcher Straße wohnen Sie?*
Я живу́ в це́нтре.	*Ich wohne mitten in der Stadt.*
Я живу́ в но́вом десятиэта́жном до́ме.	*Ich wohne in einem Neubau mit 10 Etagen.*
жук, -а́ *m*	Käfer
ма́йский жук	*Maikäfer*
колора́дский жук	*Kartoffelkäfer*
жура́вль, -я́ *m*	Kranich
Лу́чше сини́ца в руке́, чем жура́вль в не́бе.	*Besser einen Spatz in der Hand als eine Taube auf dem Dach.*
журна́л, -а *m*	Zeitschrift
журнали́ст, -а *m*, журнали́стка, -и *f*	Journalist(in)
жу́ткий, -ая, -ое [жу́ток, -тка́, -тко]	unheimlich; grauenvoll; furchtbar

З

за *prep (A; D)*	hinter; an; für
за реко́й	*jenseits des Flusses*
за го́родом	*außerhalb der Stadt/auf dem Lande*
Иди́ за мно́й.	*Geh hinter mir her.*
за час до отъе́зда	*eine Stunde vor der Abfahrt*
за после́дние два го́да	*während der letzten zwei Jahre*
забасто́вка, -и *f*	Streik
заболе́ть, -е́ю, -е́ешь *pt*	krank werden, erkranken; (anfangen zu) schmerzen
impt заболева́ть, -а́ю, -а́ешь	
Я опя́ть заболе́л гри́ппом.	*Ich habe schon wieder eine Grippe.*
Мне ка́жется, я заболева́ю.	*Ich glaube, ich werde krank.*
У меня́ заболе́ли глаза́.	*Meine Augen fingen an zu schmerzen.*
У меня́ заболе́ла голова́.	*Ich bekam Kopfschmerzen.*
забо́р, -а *m*	Zaun; Umzäunung
забо́та, -ы *f*	Kummer; Sorge
Твоя́ забо́та обо мне́ тро́гательна.	*Du kümmerst dich rührend um mich.*
Оста́вь меня́ в поко́е, у меня́ доста́точно забо́т.	*Laß mich in Ruhe, ich habe genug Sorgen.*
забо́титься, -о́чусь, -о́тишься *impt*	sorgen, sich kümmern
Ты ни о чём не забо́тишься.	*Du kümmerst dich um nichts.*
Он соверше́нно не забо́тится о своём здоро́вье.	*Er achtet überhaupt nicht auf seine Gesundheit.*
забы́ть, -бу́ду, -бу́дешь [-ы́тый] *pt*	vergessen
impt забыва́ть, -а́ю, -а́ешь	
заве́дующий, -его *m,* заве́дующая, -ей *f*	Leiter(in)
заве́дующий отде́лом	*Abteilungsleiter*
заве́дующий отде́лом сбы́та	*Absatzleiter*
заве́дующий произво́дством	*Produktionsleiter*
зави́довать, -дую, -дуешь *impt*	jdn. um etw. beneiden
Ива́н зави́дует всем.	*Iwan beneidet jeden.*
зави́сеть, -и́шу, -и́сишь *impt*	abhängen, abhängig sein
О чего́ э́то зави́сит?	*Woran liegt das?*
Я сде́лал всё, что от меня́ зави́село.	*Ich habe getan, was ich konnte.*

Я не хочу́ зави́сеть материа́льно от роди́телей.	*Ich will nicht von meinen Eltern materiell abhängig sein.*
заво́д, -а *m*	Werk, Fabrik
Мой брат рабо́тает на заво́де «Опель».	*Mein Bruder arbeitet bei Opel.*
завоева́тель, -я *m*	Eroberer
завоева́ть, -ою́ю, -ою́ешь [-ёванный] *pt* *impt* завоёвывать, -аю, -аешь	erobern
Га́ри Каспа́ров опя́ть завоева́л ти́тул чемпио́на ми́ра.	*Gari Kasparow ist wieder Weltmeister geworden.*
завоева́ть же́нщину	*eine Frau erobern*
завоева́ть го́род	*eine Stadt erobern*
за́втра *adv*	morgen
за́втра у́тром	*morgen früh*
до за́втра	*bis morgen*
за́втрак, -а *m*	Frühstück
Что у нас сего́дня на за́втрак?	*Was gibt es zum Frühstück?*
за́втракать, -аю, -аешь *impt*	frühstücken
за́втрашний, -яя, -ее	morgig(-er, -e, -es)
за́втрашний день	*der morgige Tag*
с за́втрашнего дня́	*von morgen an/ab morgen*
завяза́ть, -яжу́, -я́жешь [-я́занный] *pt* *impt* завя́зывать, -аю, -аешь	zubinden, zuschnüren; umbinden; anknüpfen
завяза́ть боти́нки	*die Schuhe schnüren*
завяза́ть га́лстук	*den Schlips umbinden*
завяза́ть узло́м	*einen Knoten knüpfen*
завяза́ть разгово́р/спор	*ein Gespräch beginnen/einen Streit anzetteln*
Я завяза́л.	*Ich habe aufgehört zu trinken.*
загла́вие, -я *n*	Titel
загла́вие журна́льной статьи́	*Schlagzeile eines Zeitschriftenartikels*
загоре́ть, -рю́, -ри́шь *pt* *impt* загора́ть, -а́ю, -а́ешь	bräunen
заграни́ца, -ы *f*	Ausland
загрязне́ние, -я *n*	Verschmutzung
Загрязне́ние окружа́ющей среды́ вызыва́ет вымира́ние лесо́в.	*Die Umweltverschmutzung verursacht das Waldsterben.*

зада́ние, -я *n*	Aufgabe
дома́шнее зада́ние	*Hausaufgabe*
зада́ча, -и *f*	Aufgabe
задержа́ть, -ержу́, -е́ржишь [-е́ржанный] *pt* *impt* заде́рживать, -аю, -аешь	aufhalten; zurückhalten; verhaften
Что Вас задержа́ло?	*Was hat Sie aufgehalten?*
Меня́ здесь ничего́ бо́льше не заде́рживает.	*Nichts mehr hält mich hier zurück.*
за́дний, -яя, -ее	hinter (-er, -e, -es), Hinter-
за́дняя часть	*hinterer Teil*
за́дний двор	*Hinterhof*
за́дние мы́сли	*Hintergedanken*
на за́днем пла́не	*im Hintergrund*
заду́маться, -аюсь, -аешься *pt* *impt* заду́мываться, -аюсь, -аешься	nachdenklich sein; nachdenken
О чём ты заду́мался?	*Worüber denkst du nach?*
заду́мчивый, -ая, -ое [-ив]	nachdenklich
зажа́рить, -рю, -ришь *pt* *s.* жа́рить	braten
заже́чь, -жгу́, -жжёшь, -жгу́т [-жёг, -жгла́; -жжённый] *pt* *impt* зажига́ть, -а́ю, -а́ешь	anmachen; anzünden
Зажги́ свет.	*Mach Licht an.*
зажига́лка, -и *f*	Feuerzeug
заказа́ть, -ажу́, -а́жешь [-а́занный] *pt* *impt* зака́зывать, -аю, -аешь	bestellen; reservieren
заказа́ть телефо́нный разгово́р	*ein Telefongespräch anmelden*
зака́т, -а *m*	Sonnenuntergang
зако́н, -а *m*	Gesetz
приро́дный зако́н	*Naturgesetz*
Зако́н был при́нят с большинство́м голосо́в.	*Das Gesetz wurde mit großer Mehrheit verabschiedet.*
принима́ть зако́н	*über ein Gesetz abstimmen*
зако́нный, -ая, -ое [-нен, -нна]	gesetzlich; legal
зако́нчить, -чу, -чишь [-ченный] *pt* *impt* зака́нчивать, -аю, -аешь	beenden
закры́ть, -о́ю, -о́ешь [-ы́тый] *pt* *impt* закрыва́ть, -а́ю, -а́ешь	schließen, zumachen

Закро́й дверь, пожа́луйста.	*Mach bitte die Tür zu!*
Закро́й глаза́.	*Mach die Augen zu!*
Магази́н закры́т на ремо́нт.	*Der Laden ist wegen Renovierung geschlossen.*
закури́ть, -курю́, -ку́ришь *pt* *s.* кури́ть	anfangen zu rauchen
зал, -а *m*	Saal
банке́тный зал	*Festsaal*
зри́тельный зал	*Zuschauerraum*
чита́льный зал	*Lesesaal*
конце́ртный сал	*Konzerthalle*
зал ожида́ния	*Wartesaal*
замени́ть, -еню́, -е́нишь [-нённый (-ён, -ена́)] *pt* *impt* заменя́ть, -я́ю, -я́ешь	ersetzen; austauschen
замёрзнуть, -ну, -нешь [-мёрз, -ла] *pt* *impt* замерза́ть, -а́ю, -а́ешь	zufrieren; einfrieren; erfrieren
Река́ замёрзла.	*Der Fluß ist zugefroren.*
Я совсе́м замёрзла.	*Ich bin ganz erfroren.*
заме́тить, -ме́чу, -ме́тишь [-ме́ченный] *pt* *impt* замеча́ть, -а́ю, -а́ешь	merken; bemerken
Она́ ничего́ не заме́тила.	*Sie hat nichts bemerkt.*
Ра́йнер всё равно́ ничего́ не замеча́ет.	*Rainer merkt sowieso nichts.*
заме́тный, -ая, -ое [-тен, -тна]	bemerkbar; deutlich (z. B. Veränderung)
замеча́ние, -я *n*	Bemerkung
Я бы хоте́л сде́лать пото́м одно́ замеча́ние.	*Ich möchte gleich was dazu sagen.*
Твои́ замеча́ния стано́вятся невыноси́мыми.	*Ich finde deine Bemerkungen unerträglich.*
замеча́тельный, -ая, -ое [-лен, -льна]	bemerkenswert; hervorragend; ausgezeichnet
Фе́дя – замеча́тельный собесе́дник.	*Fedja ist ein angenehmer Gesprächspartner.*
На мо́й взгля́д, э́то соверше́нно замеча́тельная иде́я.	*Meiner Meinung nach ist das eine hervorragende Idee.*
Тарко́вский – замеча́тельный режиссёр.	*Tarkowskij ist ein ausgezeichneter Regisseur.*
Замеча́тельно, что ты пришёл.	*Es ist wunderbar, daß du gekommen bist.*

замóк, -мкá *m*	Schloß
двернóй замóк	*Türschloß*
зáмужем *adv*	verheiratet (Frau)
Лéна ещё не зáмужем.	*Lena ist noch unverheiratet.*
заму́чить, -чу, -чишь [-ченный] *pt*	(ab)quälen
s. му́чить	
занавéска, -и *f*	Gardine
занимáться, -áюсь, -áешься *impt (I)*	sich mit etw. beschäftigen
занимáться спóртом	*Sport treiben*
занимáться му́зыкой	*musizieren*
Я занимáюсь обы́чно по вечерáм.	*Ich lerne meistens abends.*
занóсчивый, -ая, -ое [-ив]	hochmütig, überheblich, hochnäsig
заня́тие, -я *n*	Beschäftigung
Вáше люби́мое заня́тие?	*Was ist Ihre Lieblingsbeschäftigung?*
Зáвтра у нáс заня́тия с семи́ утрá.	*Morgen haben wir Unterricht ab 7 Uhr.*
заня́ть[1] , займу́, займёшь [зáнял, занялá, зáняло] *pt*	leihen
impt занимáть, -áю, -áешь	
заня́ть[2], займу́, займёшь [зáнял, занялá, зáняло; зáнятый] *pt*	einnehmen; besetzen; eine Ausdehnung haben
impt занимáть, -áю, -áешь	
зáпад, -а *m*	Westen
на зáпаде	*im Westen*
на зáпаде от Москвы́	*westlich von Moskau*
с зáпада	*von Westen*
зáпадный, -ая, -ое	westlich, West-
Зáпадная Еврóпа	*Westeuropa*
зáпах, -а *m*	Geruch; Duft
записáть, -ишу́, -и́шешь [-и́санный] *pt*	notieren; anmelden
impt запи́сывать, -аю, -аешь	
Мы записáли концéрт.	*Wir haben das Konzert aufgenommen.*
записáться, -ишу́сь, -и́шешься *pt*	sich anmelden
impt запи́сываться, -аюсь, -аешься	
запи́ска, -и *f*	Notizzettel

Я всегда́ учу́ по запи́скам.	*Ich lerne immer mit Handnotizen.*
Я нашёл твою́ запи́ску то́лько сего́дня.	*Ich habe deinen Notizzettel erst heute gefunden.*
за́пись, -и *f*	Termin machen; Aufnahme; Notizen; MAZ (Aufzeichnung)
за́пись на приём к врачу́	*Termin beim Arzt machen*
за́пись на плёнку	*Tonbandaufnahme*
Я потеря́ла свои́ за́писи, как мне тепе́рь сдать э́кза́мен?	*Ich habe meine Notizen verloren, wie soll ich die Prüfung schaffen?*
Сего́дня по телеви́зору пока́зывают за́пись с конце́рта Э́львиса.	*Im Fernsehen zeigen Sie heute die Aufnahme eines Konzerts von Elvis.*
заплати́ть, -ачу́, -а́тишь *pt* *s.* плати́ть	bezahlen, zahlen
запо́мнить, -ню, -нишь *pt* *impt* запомина́ть, -а́ю, -а́ешь	behalten
запра́вить, -влю, -вишь [-ленный] *pt* *impt* заправля́ть, -я́ю, -я́ешь	tanken; anrichten
Запра́вьте суп яйцо́м.	*Machen Sie die Suppe mit einem Ei an.*
На грани́це запра́вим ещё раз.	*An der Grenze tanken wir noch mal.*
запре́т, -а *m*	Verbot
запрети́ть, -рещу́, -рети́шь [-щённый (-ён, -ена́)] *pt* *impt* запреща́ть, -а́ю, -а́ешь	verbieten
зарабо́тать, -аю, -аешь *pt* *impt* зараба́тывать, -аю, -аешь	verdienen
зараба́тывать себе́ на жи́знь	*seinen Lebensunterhalt verdienen*
зарпла́та, -ы *f*	Lohn, Gehalt
зарубе́жный, -ая, -ое	ausländisch
заря́дка, -и *f*	Turnübung
у́тренняя заря́дка	*Morgengymnastik*
заседа́ние, -я *n*	Sitzung
откры́тое заседа́ние	*öffentliche Sitzung*
закры́тое заседа́ние	*geschlossene Sitzung*
заслу́женный, -ая, -ое	verdient
заслу́женный авторите́т	*verdienstvolle Autorität*
по́льзоваться заслу́женным успе́хом	*verdienten Erfolg haben*
заслужи́ть, -ужу́, -у́жишь [-у́женный] *pt*	verdienen

impt заслу́живать, -аю, -аешь	
Я э́того не заслужи́л.	*Ich habe das nicht verdient.*
Дове́рие на́до заслужи́ть.	*Vertrauen muß man gewinnen.*
засну́ть, -ну́, -нёшь *pt*	einschlafen
impt засыпа́ть, -а́ю, -а́ешь	
заста́вить, -влю, -вишь *pt*	zwingen
impt заставля́ть, -я́ю, -я́ешь	
Меня́ заста́вили отвеча́ть.	*Sie haben mich gezwungen zu antworten.*
Кто тебя́ заставля́ет э́то де́лать?	*Wer zwingt dich dazu?*
засте́нчивый, -ая, -ое [-ив]	schüchtern
застрахова́ть, -страху́ю, страху́ешь *pt*	versichern
s. страхова́ть	
зате́м *adv*	danach
зато́р, -а *m*	Stau
затормози́ть, -ожу́, -ози́шь [-о́женный] *pt*	bremsen; aufhalten
s. тормози́ть	
захвати́ть, -ачу́, -а́тишь [-а́ченный] *pt*	erobern
impt захва́тывать, -аю, -аешь	
захвати́ть вра́жеские террито́рии	*feindliche Gebiete erobern*
захвати́ть власть	*die Macht ergreifen*
захоте́ть, -очу́, -о́чешь, -о́чет, -оти́м, -оти́те, -отя́т *pt*	wollen; [anfangen zu wollen]
s. хоте́ть	
захоте́ться, -о́чется *unpers pt*	Lust bekommen auf; anfangen zu wollen
защи́та, -ы *f*	Schutz; Verteidigung, Abwehr; Disputation
Спаси́бо тебе́, что взял меня́ под свою́ защи́ту.	*Ich danke dir, daß du mich in Schutz genommen hast.*
противоа́томная защи́та	*Atomschutz/Atomabwehr*
защити́ть, -ищу́, -ити́шь [-щённый (-ён, -ена́)] *pt*	schützen, beschützen; verteidigen
impt защища́ть, -а́ю, -а́ешь	
заяви́ть, -явлю́, -я́вишь [-я́вленный] *pt*	erklären (im Sinne von: eine Erklärung abgeben)
impt заявля́ть, -я́ю, -я́ешь	

заявле́ние, -я *n* — Erklärung
Консервати́вная па́ртия сде́лала сего́дня заявле́ние. — *Die konservative Partei hat heute eine Erklärung abgegeben.*

за́яц, за́йца *m* — Hase; Schwarzfahrer
За двумя́ за́йцами пого́нишься, ни одного́ не пойма́ешь. — *Man kann nicht zwei Herren zugleich dienen.*
одни́м уда́ром двух за́йцев уби́ть — *Zwei Fliegen mit einer Klappe schlagen.*

звать, зову́, зовёшь [звал, звала́, зва́ло; зва́нный] *impt* — rufen; heißen
Как Вас зову́т? — *Wie heißen Sie?*
Меня́ зову́т Алекса́ндра. — *Ich heiße Alexandra.*
Вас зову́т к дире́ктору. — *Der Direktor sucht Sie.*
Зови́те кого́-нибудь на по́мощь! — *Rufen Sie jdn. zu Hilfe.*
Таня́ зовёт нас в кино́. — *Tanja lädt uns ins Kino ein.*

звезда́, -ы [*pl* звёзды, звёзд, -ам] *f* — Stern

зверь, -я [*pl* -и, -е́й, -я́м, -я́ми/-рьми́] *m* — Tier; grausamer Mensch, Bestie
хи́щный зверь — *Raubtier*
пушно́й зверь — *Pelztier*

звони́ть, -ню́, -ни́шь *impt* — klingeln; telefonieren, anrufen
Телефо́н звони́т. — *Das Telefon klingelt.*
Звони́ сего́дня ве́чером. — *Ruf heute abend an!*

звоно́к, -нка́ *m* — Klingel; Klingelton; Pausenzeichen
дверно́й звоно́к — *Türklingel*
Звоно́к про́бил. — *Es klingelt zur Pause.*

звук, -а *m* — Schall; Laut
ско́рость зву́ка — *Schallgeschwindigkeit*
ка́чество зву́ка — *Tonqualität*
Не слы́шно ни зву́ка. — *Kein Laut ist zu hören.*
Он не изда́л ни зву́ка. — *Er hat keinen Laut von sich gegeben.*

зда́ние, -я *n* — Gebäude
администрати́вное зда́ние — *Verwaltungsgebäude*
высо́тное зда́ние — *Hochhaus*
многоэ́та́жное зда́ние — *mehrstöckiges Gebäude, Hochhaus*
обще́ственное зда́ние — *öffentliches Gebäude*
зда́ния и сооруже́ния — *Gebäude und bauliche Anlagen*

здесь *adv* — hier; da

здоро́ваться, -аюсь, -аешься *impt* — (be)grüßen; jdm. guten Tag sagen; (sich) grüßen

здоро́вый, -ая, -ое [-о́в, -о́ва, -о́во]	gesund
Бу́дьте здоро́вы!	*Leben Sie wohl!*
Будь здоро́в!	*Gesundheit!*
В здоро́вом те́ле здоро́вый дух.	*In einem gesunden Körper wohnt ein gesunder Geist.*
здоро́вье, -я *n*	Gesundheit
зелёный, -ая, -ое [зе́лен, зелена́, зе́лено]	grün; unreif (z. B. Obst)
земля́, -и́ [*a/sg* зе́млю; *pl* зе́мли, земе́ль, зе́млям] *f*	Erde; Boden, Grund, Land
пове́рхность земли́	*Erdoberfläche*
обраба́тываемые зе́мли	*bebautes Land*
пусту́ющие зе́мли	*brachliegendes Land*
земляни́ка, -и *f*	(Wald)erdbeere
земно́й, -а́я, -о́е	Erd-
земно́й шар	*Erdkugel*
земна́я ось	*Erdachse*
земна́я кора́	*Erdkruste*
зе́ркало, -а [*pl* -ала́, -а́л, -ала́м] *n*	Spiegel
зерно́, -а́ [*pl* зёрна, зёрен, зёрнам] *n*	Korn; Korn, Getreide
ри́совое зерно́	*Reiskorn*
ко́фе в зёрнах	*Bohnenkaffee*
посевно́е зерно́	*Saatgetreide*
кормово́е зерно́	*Futtergetreide*
зима́, -ы́ [*a/sg* зи́му; *pl* зи́мы, зим, зи́мам] *f*	Winter
суро́вая зима́	*ein strenger/harter Winter*
всю зи́му	*den ganzen Winter über*
зи́мний, -яя, -ее	Winter-; winterlich
зи́мний спорт	*Wintersport*
зимо́й *adv*	im Winter
зло, зла́ *n*	Böse
добро́ и зло́	*das Gute und das Böse*
злой, зла́я, зло́е [зол, зла, зло]	böse, bösartig; boshaft
Он злой челове́к.	*Er ist ein böser Mensch.*
злой язы́к	*eine böse Zunge*
зла́я насме́шка	*beißender Spott*
Я на са́мом де́ле зла на него́.	*Ich bin wirklich böse auf ihn.*
зла́я у́часть	*schweres Schicksal*
змея́, -и́ [зме́и, змей] *f*	Schlange

знак, -а *m*	Zeichen
знако́миться, -млю́сь, -мишься *impt*	kennenlernen
знако́мство, -а *n*	Bekanntschaft
знако́мый, -ая, -ое [-о́м]	bekannt; Bekannte(r)
Ты с ним хорошо́ знако́м?	*Ist er ein guter Bekannter von dir?*
Э́то чу́вство мне знако́мо.	*Ich kenne dieses Gefühl.*
Э́та у́лица ка́жется мне знако́мой.	*Diese Straße kommt mir bekannt vor.*
случа́йный знако́мый	*zufälliger Bekannter*
знамени́тый, -ая, -ое [-и́т]	berühmt
«Быть знамени́тым некраси́во.» (Б. Пастерна́к)	*„Berühmt zu sein, ist nicht schön." (Boris Pasternak)*
зна́мя, -мени [*pl* -мёна, -мён, -мёнам] *n*	Fahne
ру́сское зна́мя	*russische Fahne*
знать, зна́ю, зна́ешь *impt*	wissen; kennen
Наско́лько я зна́ю, ...	*Soviel ich weiß, ...*
Я зна́ю, что ты прав, но ...	*Ich weiß, daß du Recht hast, aber ...*
Я зна́ю тебя́ немно́жко.	*Ich kenne dich ein bißchen.*
значе́ние, -я *n*	Bedeutung
Э́то уже́ не име́ет значе́ния.	*Das ist nicht mehr von Bedeutung.*
Не придава́йте э́тому значе́ния.	*Messen sie dem keine Bedeutung bei.*
значи́тельный, -ая, -ое [-лен, -льна]	bedeutend, beträchtlich, ansehnlich
в значи́тельной ме́ре/сте́пени	*in bedeutendem Maße*
значи́тельное улучше́ние	*beachtliche Verbesserung*
значи́тельная су́мма	*beachtliche Summe*
зна́чить, -чу, -чишь *impt*	bedeuten
Что зна́чит всё э́то?	*Was soll das alles bedeuten?*
зо́лото, -а *n*	Gold
золото́й, -а́я, -о́е	golden, Gold-
золоты́е часы́	*eine goldene Uhr*
золота́я моне́та	*Goldstück/Goldmünze*
золота́я ры́бка	*Goldfisch*
золота́я середи́на	*der goldene Mittelweg*
зо́нтик, -а *m*	Regenschirm
зоопа́рк, -а *m*	Zoo
зре́ние, -я *n*	Sehvermögen, Sehkraft
зри́тель, -я *m*, зри́тельница, -ы *f*	Zuschauer(in)

зря *adv*	vergeblich; leider, bedauerlicherweise
Мы зря́ туда пошли́.	*Wir sind vergebich dahin gegangen.*
Зря́ мы туда не пошли́.	*Leider sind wir nicht dahin gegangen.*
зуб, -а [*pl* зу́бы, зубо́в] *m*	Zahn
зубно́й, -а́я, -о́е	Zahn-
зубна́я боль	*Zahnschmerzen*
зубна́я паста	*Zahnpasta*
зубно́й врач	*Zahnarzt*
зубно́й те́хник	*Zahntechniker*

И

иго́лка, -и *f*	Nadel
игра́, -ы́ *f*	Spiel
игра́ть, -а́ю, -а́ешь *impt*	spielen
игра́ть в футбо́л	*Fußball spielen*
Я игра́ю на гита́ре.	*Ich spiele Guitarre.*
игру́шка, -и *f*	Spielzeug
иде́я, -и *f*	Idee
идти́, иду́, идёшь [шёл, шла́] *impt*	gehen; fahren; kommen
Я иду́ в туале́т.	*Ich gehe auf die Toilette.*
Я иду́ домо́й.	*Ich gehe nach Hause.*
Иди́те по э́той у́лице.	*Gehen Sie diese Straße entlang.*
Иди́ сюда́!	*Komm her!*
Авто́бус идёт.	*Der Bus kommt.*
из *prep (G)*	aus; von
вы́йти из ко́мнаты	*aus dem Zimmer rausgehen*
ка́ждый из нас	*jeder von uns*
из любви́ к тебе́	*aus Liebe zu dir*
из ко́жи	*aus Leder*
Из э́того ничего́ не вы́йдет.	*Daraus wird nichts.*
изба́, -ы́ [*a/sg* избу́; *pl* и́збы, изб, и́збам] *f*	Bauernhaus
избало́ванный, -ая, -ое [-ан, -ана]	verzogen
изве́стие, -я *n*	Nachricht
изве́стный, -ая, -ое [-тен, -тна]	bekannt; berühmt
извине́ние, -я *n*	Entschuldigung
Я приношу́ Вам свои́ извине́ния.	*Entschuldigen Sie mich bitte.*

извини́ть, -ню́, -ни́шь [-нённый (-ён, -ена́)] *pt*	entschuldigen
impt извиня́ть, -я́ю, -я́ешь	
извини́ть/извиня́ть кого́-л./ извини́ть/извиня́ть что-л.	*jdn. entschuldigen/etw. entschuldigen*
извини́ться, -ню́сь, -ни́шься *pt*	sich entschuldigen
impt извиня́ться, -я́юсь, -я́ешься	
Я хочу́ извини́ться за вчера́шний ве́чер.	*Ich möchte mich für den gestrigen Abend entschuldigen.*
и́здали *adv*	weit (sichtbar); von weitem (betrachtet); von weit her
из-за *prep (G)*	hinter; wegen
вы́йти из-за ши́рмы	*von hinter dem Umkleideraum hervor kommen*
Из-за тебя́ я опозда́л.	*deinetwegen bin ich zu spät gekommen*
Из-за чего́?	*Weshalb?*
измене́ние, -я *n*	Änderung, Veränderung, Wechsel; Wandel
измене́ние пого́ды	*Wetterwechsel*
измене́ние структу́ры	*Strukturveränderung*
измене́ние поли́тики	*Wandel der Politik*
На́до внести́ не́которые измене́ния.	*Bestimmte Veränderungen sind vorzunehmen.*
За э́то вре́мя произошли́ мно́гие измене́ния.	*In der Zeit sind viele Veränderungen eingetreten.*
измени́ть, -еню́, -е́нишь [-ённый (-ён, -ена́)] *pt*	ändern, verändern
impt изменя́ть, -я́ю, -я́ешь	
Мы измени́ли прое́кт.	*Wir haben das Projekt geändert.*
Я измени́л своё мне́ние.	*Ich habe meine Meinung geändert.*
Э́того нельзя́ измени́ть.	*Das ist nicht zu ändern./Das läßt sich nicht ändern.*
измени́ться, -еню́сь, -е́нишься *pt*	sich ändern
изменя́ться, -я́юсь, -я́ешься	
изме́рить, -рю, -ришь [-ренный] *pt*	messen
impt измеря́ть, -я́ю, -я́ешь	
изму́чить, -чу, -чишь [-ченный] *pt*	(ab)quälen
s. му́чить	

Э́та рабо́та изму́чила меня́.	*Ich habe mir bei dieser Arbeit einen abgequält.*
Он изму́чил меня́ до сме́рти.	*Er hat mich zu Tode gequält.*
Ты изму́чил меня́ свои́ми подозре́ниями.	*Du hast mich mit deinen Verdächtigungen gequält.*
изму́читься, -чусь, -чишься *pt s.* му́читься	sich abquälen
изобрази́ть, -ажу́, -ази́шь [-ажённый (-ён, -ена́)] *pt* *impt* изобража́ть, -а́ю, -а́ешь	darstellen mit Worten; Farben; Bildern u. ä.
изобрести́, -рету́, -ретёшь [-ёл, -ела́; -ретённый (-ён, -ена́)] *pt* *impt* изобрета́ть, -а́ю, -а́ешь	erfinden
Греям Белл изобрёл телефо́н.	*Graham Bell hat das Telefon erfunden.*
из-под *prep (G)*	unter
Доста́нь кни́гу из-под стола́.	*Hol das Buch von unter dem Tisch (hervor)!*
жестя́нка из-под сарди́н	*Sardinenbüchse*
изучи́ть, -учу́, -у́чишь [-у́ченный] *pt* *impt* изуча́ть, -а́ю, -а́ешь	lernen; untersuchen; erforschen
икра́, -ы́ *f*	Kaviar
чёрная и кра́сная икра́	*schwarzer und roter Kaviar*
иллю́зия, -и *f*	Illusion
Я не стро́ю себе́ никаки́х иллю́зий.	*Ich mache mir keine Illusionen.*
имени́ны, -ин *pl*	Namenstag
и́менно *adv*	nämlich; eben
И́менно Вы э́того хоте́ли.	*Sie haben das doch gewollt.*
И́менно об э́том и идёт речь.	*Eben davon ist die Rede.*
и́менно поэ́тому	*nämlich deshalb*
Вот и́менно!	*So ist das eben.*
име́ть, -е́ю, -е́ешь *impt*	haben (nur Vollverb)
и́мя, и́мени [*pl* имена́, имён, имена́м] *n*	Vorname, Name
Как Ва́ше и́мя?	*Wie heißen Sie mit Vornamen?*
Моско́вский университе́т и́мени Ломоно́сова	*Moskauer Lomonosow-Universität*
до́брое и́мя	*guter Ruf*
называ́ть ве́щи свои́ми имена́ми	*das Kind beim rechten Namen nennen*
инжене́р, -а *m*	Ingenieur(in)

главный инженер — *Chefingenieur*
инженер-атомник — *Atomingenieur*
инженер по вычислительной технике — *EDV-Ingenieur*

инициати́ва, -ы *f* — Initiative
иногда́ *adv* — manchmal
иностра́нец, -нца *m*, иностранка, -и *f* — Ausländer(in)
иностра́нный, -ая, -ое — ausländisch
институ́т, -а *m* — Institut
Я работаю в научно-исследовательском институте. — *Ich arbeite in einem Forschungsinstitut.*
инструме́нт, -а *m* — Instrument; Werkzeug
интеллиге́нтность, -и *f* — Intelligenz
интеллиге́нтный, -ая, -ое [-тен, -тна] — intelligent
интервью́ [тэ] *unv n* — Interview
интере́с, -а *m* — Interesse
интере́сный, -ая, -ое [-сен, -сна] — interessant
интересова́ть, -сую, -суешь *impt* — interessieren; sich interessieren
Это меня не интересует. — *Das interessiert mich nicht.*
Что Вас интересует? — *Wofür interessieren Sie sich?*
интересова́ться, -суюсь, -суешься *impt (I)* — sich interessieren
Я интересуюсь театром. — *Ich interessiere mich fürs Theater.*
информа́ция, -ии *f* — Information
иска́ть, ищу, ищешь *impt* — suchen
исключе́ние, -я *n* — Ausnahme
исключи́ть, -чу, -чишь [-чённый] *pt* *impt* исключать, -аю, -аешь — ausschließen
и́скренний, -яя, -ее [-ренен, -ренна, -ренне] — aufrichtig; ehrlich
иску́сственный, -ая, -ое [-ен, -енна] — künstlich, Kunst-
искусственные цветы — *künstliche Blumen*
искусственный шёлк — *Kunstseide*
искусственный улыбка — *künstliches Lächeln*
иску́сство, -а *n* — Kunst
искусстсво для искусства — *Kunst um ihrer selbst willen (l'art pour l'art)*

испе́чь, -пеку́, -печёшь *pt* *s.* печь[1]	backen
испо́лнить, -ню, -нишь [-ненный] *pt* *impt* исполня́ть, -я́ю, -я́ешь	ausführen
испо́лнить прика́з	*einen Befehl ausführen*
испо́лнить а́рию	*eine Arie vortragen*
испо́льзовать, -зую, -зуешь [-зуемый; -анный] *pt & impt*	benutzen, gebrauchen
испо́ртить, -рчу, -ртишь [-о́рченный] *pt*	verderben; beschädigen, kaputtmachen
Ты опя́ть испо́ртила мой фотоаппара́т.	*Du hast schon wieder meinen Fotoapparat kaputt gemacht.*
Я испо́ртила отноше́ния с колле́гами.	*Meine Beziehungen mit meinen Kollegen sind stark beeinträchtigt.*
Ты испо́ртишь себе́ здоро́вье.	*Du schadest deiner Gesundheit.*
Заче́м ты испо́ртил мне настрое́ние?	*Warum hast du mir die Laune verdorben?*
испра́вить, -влю, -вишь [-вленный] *pt* *impt* исправля́ть, -я́ю, -я́ешь	korrigieren
испуга́ть, -а́ю, -а́ешь *pt* *s.* пуга́ть	erschrecken
испыта́ть, -а́ю, -а́ешь [-ы́танный] *pt* *impt* испы́тывать, -аю, -аешь	ausprobieren; fühlen, empfinden
Не испы́тывай моё терпе́ние!	*Stelle meine Geduld nicht auf die Probe!*
Я испы́тываю угрызе́ния со́вести.	*Ich habe Gewissensbisse.*
иссле́дование, -я *n*	Forschung
иссле́довать, -дую, -дуешь [-анный] *pt & impt*	erforschen; untersuchen
исто́рик, -а *m*	Historiker
истори́ческий, -ая, -ое	historisch, geschichtlich
истори́ческий факт	*historische Tatsache*
исто́рия, -и *f*	Geschichte
всеми́рная исто́рия	*Weltgeschichte*
истра́тить, -а́чу, -а́тишь *pt* *s.* тра́тить	ausgeben
Я истра́тила все свои́ де́ньги.	*Ich habe mein ganzes Geld ausgegeben.*

исчéзнуть, -ну, -нешь [-éз, -éзла] *pt*	verschwinden
impt исчезáть, -áю, -áешь	

К

к *prep (D)*	zu; auf; an; gegen
Подойдите ко мнé.	*Kommen Sie zu mir.*
Вам нáдо обратиться к врачý.	*Sie müssen zum Arzt gehen.*
Он прижáл меня к стенé.	*Er hat mich an die Wand gedrückt.*
Почемý ты относишься ко мне так?	*Warum verhältst du dich so mit mir?*
кабинéт, -а *m*	Arbeitszimmer; Büro; Amt
Пáпа у себя в кабинéте, сейчáс позовý егó.	*Papa ist in seinem Arbeitszimmer, ich rufe ihn gleich.*
Врач ещё не пришёл, в кабинéте тóлько медсестрá.	*Der Arzt ist noch nicht da, im Behandlungszimmer ist nur die Schwester.*
кабинéт начáльника	*Chefbüro*
кабинéт мýзыки	*Musikraum (in der Schule)*
отстáвка кабинéта	*der Rücktritt des Kabinetts*
казáться, кажýсь, кáжешься *impt*	scheinen; den Anschein haben; den Eindruck machen
Он тóлько кáжется наивным.	*Er scheint nur naiv zu sein.*
Э́то мне кáжется любопытным.	*Das scheint mir interessant.*
Кáжется, я не спрáвлюсь.	*Wie es scheint, schaffe ich es nicht.*
Кáжется, ты ошибáешься.	*Du scheinst dich zu irren.*
какáо *unv n*	Kakao, Schokolade
кáмень, -мня [*pl* -мни, -мнéй] *m*	Stein
кандидáт, -а *m*	Kandidat
каникулы, -ул *pl*	Ferien
кáпля, -и [*g/pl* -пель] *f*	Tropfen
капризный, -ая, -ое [-зен, -зна]	kapriziös, launisch, launenhaft; heikel
капýста, -ы *f*	Kohl
карандáш, -á *m*	Bleistift
кáрий, -яя, -ее	braun (Augen)
кармáн, -а *m*	Tasche
кáрта, -ы *f*	Karte (außer Fahr-, Ansichts-, Eintritts-, Postkarte)

картúна, -ы *f*	Bild; Gemälde; Abbildung; Film
картóшка, -и *f*	Kartoffeln
жáреная картóшка	*Bratkartoffeln*
картóшка в мундúре	*Pellkartoffeln*
касáться, -áюсь, -áешься *impt* *pt* коснýться, -нýсь, -нёшься *(G)*	berühren, anrühren; betreffen
Я наконéц решúлся коснýться её рукú.	*Endlich habe ich mich getraut, ihre Hand zu streicheln.*
Э́то менá не касáется.	*Das geht mich nichts an.*
Что касáется менá ...	*Was mich betrifft ...*
кáсса, -ы *f*	Kasse
Платúте в пéрвую кáссу.	*Bezahlen Sie an der Kasse 1.*
сберкáсса (сберегáтельная кáсса)	*Sparkasse*
кассéта, -ы *f*	Kassette
кастрю́ля, -и *f*	Kochtopf
катастрóфа, -ы *f*	Katastrophe
автомобúльная катастрóфа	*Autounfall*
Правúтельство толкáет странý к катастрóфе.	*Die Regierung treibt das Land in eine Katastrophe.*
катáться, -áюсь, -áешься *impt*	fahren; laufen (nur wie in den Beispielen)
катáться на лы́жах	*Schi fahren*
катáться на конькáх	*Schlittschuh laufen*
катáться на сáнках	*Schlitten fahren*
катáться на велосипéде	*Rad fahren*
категóрия, -и *f*	Kategorie
катóк, -ткá *m*	Eisstadion; Eispalast
катóлик, -а *m,* католúчка, -и *f*	Katholik(in)
Я катóлик.	*Ich bin katholisch.*
католúческий, -ая, -ое	katholisch
католúческая цéрковь	*die katholische Kirche*
кафé *unv n*	Café
кáфедра, -ы *f*	Lehrstuhl
У нáс на кáфедре рабóтает дéсять человéк.	*An unserem Lehrstuhl arbeiten 10 Mitarbeiter.*
Завтрá у нас кáфедра.	*Morgen haben wir eine Lehrstuhlversammlung.*
кáчество, -а *n*	Qualität
кáша, -и *f*	Brei
кáшель, -шля *m*	Husten
кáшлять, -яю, -яешь *impt*	husten
каштáн, -а *m*	Kastanienbaum

каштáновый, -ая, -ое	braun (Haare)
каштáновые вóлосы	*braunes Haar*
квадрáтный, -ая, -ое	Quadrat-
квадрáтный метр	*Quadratmeter*
квадрáтные скóбки	*eckige Klammern*
квартúра, -ы *f*	Wohnung
коммунáльная квартúра	*[Wohnung mit mehreren Hauptmietern]*
Сдаётся квартúра.	*Wohnung zu vermieten.*
кивáть, -áю, -áешь *impt*	(mit dem Kopf) (zu)nicken; (mit dem Kopf) zustimmen
кивнýть, -нý, -нёшь *pt*	zunicken
s. кивáть	
Он хóлодно кивнýл мне.	*Er hat mir kühl zugenickt.*
килó *unv n*	Kilo
килогрáмм, -а *m*	Kilogramm
киломéтр, -а *m*	Kilometer
кинó *unv n*	Kino
кинотеáтр, -а *m*	Kino
киóск, -а *m*	Bude, Kiosk
табáчный киóск	*Tabakkiosk*
газéтный киóск	*Zeitungskiosk*
кипéть, -пúт [*1. & 2. Pers. ungbr.*] *impt*	kochen (in der Regel nur Wasser)
Ребя́та, водá кипúт, чай скóро бýдет готóв.	*Freunde, das Wasser kocht, der Tee ist gleich fertig.*
Жизнь в Парúже кипúт.	*Das Leben in Paris ist sehr aufregend.*
кúслый, -ая, -ое [-сел, -слá, -сло]	sauer
клáдбище, -а *n*	Friedhof
класс[1], -а *m*	Klasse
класс[2], -а *m*	Klasse
рабóчий класс	*die Arbeiterklasse*
классúческий, -ая, -ое	klassisch
классúческое искýсство	*klassische Kunst*
класть, кладý, кладёшь [клал, клалá] *impt* *pt* положúть, -ожý, -óжишь [-óженный]	(hin)legen
Не кладú мне сáхару в чай.	*Bitte keinen Zucker für meinen Tee.*
Кладú всё на мéсто.	*Leg alles an seinen Platz.*
Порá класть ребёнка в постéль.	*Es ist schon Zeit, das Kind ins Bett zu bringen.*

Положи́ кни́гу на стол.	*Leg das Buch auf den Tisch.*
Бра́та положи́ли в больни́цу на две неде́ли.	*Meinen Bruder haben sie für zwei Wochen ins Krankenhaus gebracht.*
клéить, клéю, клéишь *impt*	kleben, leimen
клéй, -я *m*	Klebstoff; Leim
клиéнт, -а *m,* клиéнтка, -и *f*	Kunde, Kundin
кли́мат, -а *m*	Klima
континента́льный кли́мат	*Kontinentalklima*
умéренный кли́мат	*gemäßigtes Klima*
морскóй кли́мат	*Seeklima*
клуб, -а *m*	Klub
клубни́ка, -и *f*	Erdbeere
ключ, -á *m*	Schlüssel
кля́сться, клянýсь, клянёшься [кля́лся, кляла́сь] *impt*	schwören
Я клянýсь тебé.	*Ich schwöre dir das.*
Клянýсь, что я э́того не говори́л.	*Ich schwöre, daß ich das nicht gesagt habe.*
кни́га, -и *f*	Buch
ковёр, -врá *m*	Teppich
когдá-нибудь/когдá-либо *adv*	eines Tages, irgendwann; je, jemals
Когдá-нибудь я расскажý тебé э́ту истóрию.	*Irgendwann erzähle ich dir diese Geschichte.*
Слыха́ли ли Вы когдá-нибудь чтó-либо подóбное?	*Haben Sie sowas je schon gehört?*
когдá-то *adv*	einst, damals, früher; eines Tages, irgendwann
Когдá-то я жил в э́том дóме.	*Einst habe ich in diesem Haus gelebt.*
Когдá-то мы бы́ли друзья́ми.	*Früher waren wir noch Freunde.*
кóжа, -и *f*	Haut; Leder
кóжаный, -ая, -ое	Leder-
коза́, -ы [*a/sg* -ý; *pl* кóзы, коз, кóзам] *f*	Ziege
колбаса́, -ы́ *f*	Salami; Frischwurst
копчёная колбаса́	*Dauerwurst*
колéно, -а [*pl* колéни, -ней, -ням; до колéн] *n*	Knie
колесó, -á [*pl* колёса, колёс] *n*	Rad
запаснóе колесó	*Reserverad*

колúчество, -а *n*	Quantität
коллéга, -и *m & f*	Kollege, Kollegin
коллектúв, -а *m*	Kollektiv
колóть, колю́, кóлешь [кóлотый] *impt*	spalten; hacken
колхóз, -а *m*	Kolchose
колхóзник, -а *m*, колхóзница, -ы *f*	Kolchosbauer, -bäuerin f
колхóзный, -ая, -ое	Kolchos-, kolchoseigen
кольцó, -á *m*	Ring
обручáльное кольцó	*Trauring/Ehering*
комáнда, -ы *f*	Mannschaft
комáндовать, -дую, -дуешь *impt (I)*	kommandieren
Генерáл Швáрцкопф комáндовал америкáнской оперáцией в Ирáке.	
комбáйн, -а *m*	Mähdrescher; Erntemaschine
зерновóй комбáйн	*Mähdrescher*
картофелеубóрочный комбáйн	*Kartoffelerntemaschine*
комбинáт, -а *m*	Kombinat
кóмната, -ы *f*	Zimmer
Идú в свою́ кóмнату.	*Geh in dein Zimmer!*
компетéнтный, -ая, -ое [-тен, -тна]	kompetent; sachverständig; sachkundig
композúтор, -а *m*	Komponist
конвéрт, -а *m*	Briefumschlag
кондúтерская, -ой *f*	Konditorei
конéц, -нцá *m*	Ende; Schluß
Конéц фúльма	*Ende*
Так дéло не пойдёт, нáдо положúть э́тому конéц.	*So geht das nicht weiter, wir müssen Schluß machen.*
конéчный, -ая, -ое [-чен, -чна]	endlich; End-
конéчная цель	*Endziel*
конéчная останóвка	*Endstation*
конéчный продýкт	*Fertigprodukt*
в конéчом счёте	*letzten Endes*
конкрéтный, -ая, -ое [-тен, -тна]	konkret
консéрвы *pl*	Konserve
конститу́ция, -и *f*	Verfassung
контáкт, -а *m*	Kontakt
континéнт, -а *m*	Kontinent, Erdteil

конфе́та, -ы *f*	Konfekt; Pralinen
конфли́кт, -а *m*	Konflikt
междунаро́дный конфли́кт	*internationaler Konflikt*
конце́рт, -а *m*	Konzert
симфони́ческий конце́рт	*Sinfoniekonzert*
конце́рт для скри́пки	*ein Violinkonzert*
ко́нчить, -чу, -чишь [-енный] *pt*	aufhören; abschließen, (mit etw.) fertig sein
impt конча́ть, -а́ю, -а́ешь	
коньки́, -о́в *pl*	Schlittschuh
конья́к, -а́ (-у́) *m*	Cognac
копа́ть, -а́ю, -а́ешь *impt*	umgraben; hacken; graben
копе́йка, -и *f*	Kopeke
кора́бль, -я́ *m*	Schiff
ко́рень, -рня [*pl* -рни, -рне́й] *m*	Wurzel
пусти́ть ко́рни	*Wurzeln schlagen*
ко́рень зла	*die Wurzel allen Übels*
На́до пресе́чь зло в ко́рне.	*Man muß das Übel bei der Wurzel packen.*
Э́то противоре́чит в ко́рне мое́й иде́е.	*Das steht in direktem Widerspruch zu meiner Idee.*
Я покрасне́ла до корне́й воло́с.	*Ich bin bis über die Ohren rot geworden.*
корзи́нка, -и *f*	Körbchen
коридо́р, -а *m*	Flur; Gang
кори́чневый, -ая, -ое	braun
коро́бка, -и *f*	Schachtel
коро́бка конфе́т	*eine Schachtel Pralinen*
коро́ва, -ы *f*	Kuh
до́йная коро́ва	*Milchkuh*
коро́ткий, -ая, -ое [коро́ток/ко́роток, коротка́, коро́тко/ко́ротко, коро́тки/коротки́; коро́че]	kurz
Жизнь коротка́.	*Das Leben ist kurz.*
Э́ти брю́ки мне коротки́.	*Diese Hose ist zu kurz für mich.*
коро́ткие во́лосы	*kurze Haare*
ко́ротко *adv*	kurz
ко́ротко говоря́	*kurz gesagt*
Говори́те ко́ротко и я́сно.	*Fassen Sie sich kurz und knapp.*
Ско́лько всё э́то бу́дет дли́ться – до́лго ли, ко́ротко ли, кто его́ зна́ет.	*Wird das noch lange dauern, oder ist das bald vorbei – wer weiß?*

корреспонде́нт, -а *m*, корреспонде́нтка, -и *f*	Korrespondent(in)
Наш корреспонде́нт в Пари́же сообща́ет.	*Unser Korrespondent aus Paris berichtet.*
коси́ть, кошу́, ко́сишь *impt*	mähen; schneiden
коси́ть се́но	*Heu machen*
коси́ть траву́	*Rasen mähen*
косми́ческий, -ая, -ое	kosmisch; Raum-
косми́ческий кора́бль	*Raumschiff*
косми́ческие лучи́	*kosmische Strahlung*
ко́смос, -а *m*	Kosmos, Weltall
костёр, -тра́ *m*	Lagerfeuer
Ве́чером мы развели́ костёр.	*Am Abend haben wir ein Lagerfeuer gemacht.*
косы́нка, -и *f*	[dreieckiges] Kopftuch
кот, -а́ [*pl* -ы, -о́в] *m*	Kater
Кот в сапога́х	*Der gestiefelte Kater*
кот напла́кал	*ganz wenig*
котле́та, -ы *f*	(Kotelett) Frikadelle
ко́фе *unv n*	Kaffee
Пожа́луйста, ча́шку чёрного ко́фе и два стака́на ко́фе с молоко́м.	*Ich hätte gerne eine Tasse schwarzen Kaffee und zwei Gläser Milchkaffee.*
ко́фта, -ы *f*	Bluse; (Strick)jacke; (Damenoberteil)
кошелёк, -лька́ *m*	Portemonnaie
ко́шка, -и *f*	Katze
У меня́ ко́шки скребу́т на душе́.	*Mir ist schwer ums Herz.*
игра́ть в ко́шки-мы́шки	*Katze und Maus spielen*
кра́жа, -и *f*	Diebstahl
край, -я (-ю) [о кра́е, в краю́/кра́е; *pl* края́, краёв] *m*	[Grenze von etw.] Rand; Ende; Region (Reg. Bezirk)
на са́мом краю́	*am äußersten Ende*
на краю́ про́пасти	*am Rande des Abgrunds*
в чужи́х края́х	*in fremden Landen*
Краснода́рский край	*Region Krasnodar*
кра́йний, -яя, -ее	äußerst
Но́мер 35? – Э́то кра́йний дом на э́той у́лице.	*Nummer 35? – Das ist das letzte Haus in dieser Straße.*
Кра́йний срок сда́чи ру́кописи в изда́тельство – 1-ое апре́ля.	*Der äußerste Termin für die Abgabe des Manuskripts ist der erste April.*
Кра́йняя по́дпись спра́ва – моя́.	*Die Unterschrift ganz rechts ist meine.*

в кра́йнем слу́чае	*im äußersten/schlimmsten Fall*
по кра́йней ме́ре	*wenigstens/zumindest*
кран, -а *m*	Kran
краси́вый, -ая, -ое [-и́в]	hübsch, schön
Жена́ у тебя́ на са́мом де́ле краси́ва.	*Deine Frau ist wirklich hübsch.*
Како́е у тебя́ краси́вое лицо́!	*Du hast so ein schönes Gesicht!*
краси́вая ме́стность	*schöne Gegend*
кра́сить, кра́шу, кра́сишь *impt*	(an)streichen; färben
кра́сить сте́ны	*die Wände streichen*
кра́сить во́лосы	*die Haare färben*
кра́сить пасха́льные я́йца	*Ostereier bemalen*
кра́сить гу́бы	*sich die Lippen schminken*
кра́ска, -и *f*	Farbe
акваре́льная кра́ска	*Aquarellfarbe*
ма́сляная кра́ска	*Ölfarbe*
кра́сный, -ая, -ое	rot
красота́, -ы́ [*pl* -о́ты, -о́т] *f*	Schönheit
красть, краду́, крадёшь [крал, крала́] *impt*	stehlen, klauen
Не кради́!	*Du sollst nicht stehlen!*
кра́ткий, -ая, -ое [-ток, -тка́, -тко; кра́тче; кратча́йший]	kurz
кра́ткий разгово́р/путь	*kurzes Gespräch/kurzer Weg*
Я бу́ду кра́ток.	*Ich werde mich kurz fassen.*
кра́ткий гла́сный	*kurzer Vokal*
креди́т, -а *m*	Kredit
крем, -а *m*	Creme
кре́пкий, -ая, -ое [-пок, -пка́, -пко; кре́пче; -пча́йший]	fest, hart; stark, kräftig
Я невысо́кий, но кре́пкий.	*Ich bin nicht groß, aber stark.*
кре́пкая ткань	*fester Stoff*
кре́пкое здоро́вье	*gute Gesundheit*
кре́пкий моро́з	*starker Frost*
кре́пкий сон	*fester Schlaf*
кре́сло, -а [-сла, -сел] *n*	Sessel
крест, -а́ *m*	Kreuz
крестья́нин, -а [*pl* -я́не, -я́н] *m*, крестья́нка, -и *f*	Bauer, Bäuerin
кри́зис, -а *m*	Krise
прави́тельственный кри́зис	*Regierungskrise*
кри́тик, -а *m*	Kritiker
литерату́рный кри́тик	*Literaturkritiker*
кри́тика, -и *f*	Kritik

литерату́рная кри́тика	*Literaturkritik*
критикова́ть, -ку́ю, -ку́ешь *impt*	kritisieren
Критикова́ть легко́, сде́лать тру́дно.	*Kritisieren ist leicht, besser machen ist schwer.*
крити́ческий[1], -ая, -ое	kritisch
крити́ческое положе́ние	*kritische Lage*
крити́ческий[2], -ая, -ое	kritisch
крича́ть, -чу́, -чи́шь *impt*	schreien
крова́ть, -и *f*	Bett
кровь, -и [о кро́ви, в крови́] *f*	Blut
кро́ме *prep (G)*	außer
Кро́ме тебя́ у меня́ никого́ нет.	*Außer dir habe ich niemand.*
Кро́ме я́блонь у нас в саду́ не́сколько чере́шен и груш.	*Neben Apfelbäumen haben wir ein paar Kirsch- und Birnbäume im Garten.*
кро́ме того́	*außerdem*
кро́ме как	*nur*
кру́г, -а (-у) [*pl* -и́, -о́в] *m*	Kreis
начерти́ть круг	*einen Kreis machen*
по кру́гу	*im Kreis (gehen)*
в те́сном кругу́	*im engsten Kreis*
в артисти́ческих круга́х	*in Künstlerkreisen*
кру́глый, -ая, -ое [кругл, -а́, -о]	rund; voll
кру́глый стол	*ein runder Tisch*
кру́глое лицо́	*ein rundes Gesicht*
кру́глый дура́к	*ein ausgemachter Narr*
кру́глый год	*ein ganzes Jahr*
кру́глые су́тки	*rund um die Uhr*
круго́м *adv; prep (G)*	rundherum, ringsherum, im Umkreis
кружо́к, -жка́ *m*	Fortbildung-, Weiterbildungsveranstaltung
кру́пный, -ая, -ое [-пен, -пна́, -пно]	groß, Groß-; bedeutend
в кру́пных разме́рах	*in großem Maße/in großem Stil*
кру́пное землевладе́ние	*Großgrundbesitz*
кру́пная оши́бка	*ein schwerer Fehler*
кру́пный учёный	*ein bedeutender Wissenschaftler*
кру́пная су́мма	*eine große Summe*
кры́ша, -и *f*	Dach
черепи́чная кры́ша	*Ziegeldach*
жить под одно́й кры́шей	*unter einem Dache wohnen*
куда́-нибудь, куда́-либо *adv*	irgendwohin

куда́-то *adv* — irgendwohin

ку́кла, -ы *f* — Puppe

кукуру́за, -ы *f* — Mais
  посе́в кукуру́зы — *Maisanbau*

кула́к, -а́ *m* — Faust

культу́ра, -ы *f* — Kultur

культу́рный, -ая, -ое [-рен, -рна] — Kultur-, kulturell; gebildet, intelligent
  Санкт-Петербу́рг – оди́н из крупне́йших культу́рных це́нтров Росси́и. — *Sankt Petersburg ist eines der größten Kulturzentren in Rußland.*
  Прия́тно обща́ться с культу́рными людьми́. — *Es ist angenehm, sich mit gebildeten Leuten zu unterhalten.*
  культу́рные потре́бности — *kulturelle Bedürfnisse*
  культу́рные расте́ния — *Kulturpflanzen*

купа́ться, -а́юсь, -а́ешься *impt* — baden

купе́ [пэ́] *unv n* — Abteil

купи́ть, куплю́, ку́пишь *impt* — kaufen; einkaufen

кури́ть, курю́, ку́ришь *impt* — rauchen

ку́рица, -ы [*pl* ку́ры, кур, ку́рам] *f* — Huhn
  Как мо́края ку́рица — *Wie ein begossener Pudel.*
  Ку́рам на́ смех — *Da lachen ja die Hühner !*

курно́сый, -ая, -ое [-о́с] — stupsnasig

курс, -а *m* — Studienjahr
  Я учу́сь на второ́м ку́рсе./Я студе́нт второ́го ку́рса. — *Ich bin Student im 2. Jahr.*

кусо́к, -ска́ *m* — Stück
  хоро́ший кусо́к свини́ны — *ein schönes Stück Schweinefleisch*

куст, -а́ *m* — Strauch, Busch

ку́хня, -и *f* — Küche
  ру́сская ку́хня — *die russische Küche*

Л

лаборато́рия, -и *f* — Laboratorium

ла́мпа, -ы *f* — Lampe

ла́мпочка, -и *f* — Lämpchen; Birne
  ла́мпочка в сто свече́й — *eine 100 Watt-Birne*

ласка́ть, -а́ю, -а́ешь *impt* — streicheln, liebkosen

лгать, лгу́, лжёшь [лгал, лгала́, лга́ло] *impt* — lügen

Ты лжёшь. – Непра́вда, я тебе́ никогда́ не лгал.	*Du lügst. – Nein, ich habe dich noch nie belogen.*
лев, льва́ *m*	Löwe
ле́вый, -ая, -ое	link(-er, -e, -es)
ле́вая сторона́	*linke Seite*
с ле́вой стороны́	*von links*
лёгкий [хк], -ая, -ое [лёгок, легка́, легко́, легки́; ле́гче]	leicht
легко́ *adv*	leicht
Тебе́ всё даётся легко́.	*Es fällt dir alles leicht.*
По́сле разгово́ра у меня́ ста́ло легко́ на душе́.	*Nach dem Gespräch ist mir ganz leicht ums Herz geworden.*
Э́то легко́ поня́ть.	*Das ist leicht verständlich.*
Легко́ сказа́ть!	*Leicht zu sagen.*
Тебе́ легко́ говори́ть!	*Du hast gut reden.*
лёгкое [хк], -ого [*pl* лёгкие] *n*	Lunge
воспале́ние лёгких	*Lungenentzündung*
ле́гче [*komp. von* лёгкий/легко́]	leichter
лёд, льда́ (льду́) [о льде́, на льду́] *m*	Eis
ледяно́й, -а́я, -о́е	Eis- ; eiskalt, steif; eisig
ледяно́й покро́в	*Eisdecke*
ледяно́й ве́тер	*ein eisiger Wind*
ледяна́я вода́	*eiskaltes Wasser*
ледяны́е па́льцы	*(vor Kälte) steife Finger*
ледяно́е молча́ние	*eisiges Schweigen*
лежа́ть, -жу́, -жи́шь *impf*	liegen
лека́рство, -а *n*	Medikament
ле́кция, -и *f*	Vorlesung
лён, льна *m*	Leinen
лени́вый, -ая, -ое [-и́в]	faul, träge
лес, -а (-у) [*pl* -а́, -о́в] *m*	Wald; Holz
ли́ственный лес	*Laubwald*
хво́йный лес	*Nadelwald*
де́вственный лес	*Urwald*
насажда́ть леса́	*aufforsten*
строево́й лес	*Bauholz*
лесно́й, -а́я, -о́е	Wald-; Holz-
лесно́й масси́в	*großer Wald*
лесно́й пожа́р	*Waldbrand*
лесна́я промы́шленность	*Holzindustrie*
ле́стница, -ы *f*	Treppe; Leiter
лета́ть, -а́ю, -а́ешь *impf*	fliegen

Иногда́ я лета́ю во сне.	*Manchmal fliege ich im Schlaf.*
лете́ть, лечу́, лети́шь *impt*	fliegen
За́втра в шесть я лечу́ в Ки́ев.	*Morgen um 6 fliege ich nach Kiew.*
Вре́мя лети́т.	*Die Zeit vergeht rasend schnell.*
ле́тний, -яя, -ее	Sommer-; sommerlich
ле́тнее пла́тье	*Sommerkleid*
ле́то, -а *n*	Sommer
ле́том *adv*	im Sommer
лётчик, -а *m*	Flieger
лётчик-испыта́тель	*Testflieger*
лётчик-истреби́тель	*Jagdflieger*
лечи́ть, лечу́, ле́чишь *impt*	behandeln
Меня́ ле́чат антибио́тиками.	*Ich werde mit Antibiotika behandelt.*
Меня́ ле́чат от ревмати́зма.	*Ich werde wegen meines Rheumas behandelt.*
лечь, ля́гу, ля́жешь, ля́гут [лёг, легла́] *pt* *impt* ложи́ться, -жу́сь, -жи́шься	sich legen, sich hinlegen; schlafen gehen
Я лёг на траву́ и закры́л глаза́.	*Ich legte mich auf das Gras und schloß die Augen.*
Уже́ 10 часо́в, тебе́ на́до ложи́ться.	*Es ist schon 10 Uhr, du solltest schlafen gehen.*
лимо́н, -а *m*	Zitrone
ли́ния, -и *f*	Gerade; Linie
До университе́та? Кра́сная ли́ния до остано́вки Университе́т.	*Zur Uni? Nehmen Sie die rote Linie bis zur Haltestelle Universität.*
ли́па, -ы *f*	Linde
лиса́, -ы [*pl* ли́сы, лис, ли́сам] *f*	Fuchs; Fuchspelz
лист[1] , -а́ [*pl* ли́стья, -ьев] *m*	Blatt
дрожа́ть как оси́новый лист	*wie Espenlaub zittern*
лист[2] , -а́ [*pl* -ы́, -о́в] *m*	Blatt; Bogen
лист бума́ги	*ein Blatt Papier*
больни́чный лист	*Krankenschein*
ти́тульный лист	*Titelblatt*
анке́тный лист	*Fragebogen*
литерату́ра, -ы *f*	Literatur
худо́жественная литерату́ра	*die schöne Literatur*
нау́чная литерату́ра	*die wissenschaftliche Literatur*
крити́ческая литерату́ра	*Sekundärliteratur*
литерату́рный, -ая, -ое [-рен, -рна]	literarisch

литр, -а *m*	Liter
лифт, -а *m*	Aufzug, Lift
лицеме́рный, -ая, -ое [-рен, -рна]	falsch, heuchlerisch
лицо́, -а́ [*pl* ли́ца, лиц, ли́цам] *n*	Gesicht; Person
ли́чность, -и *f*	Persönlichkeit
ли́чный, -ая, -ое	persönlich
Э́то моё ли́чное де́ло.	*Das ist meine Sache.*
Прошу́ приня́ть меня́ по ли́чному де́лу.	*Ich bitte um ein Gespräch in einer persönlichen Angelegenheit.*
ли́чная отве́тственность	*persönliche Verantwortung*
ли́чное де́ло	*Personalakte*
ли́шний, -яя, -ее	überflüssig, unnötig
У меня́ тако́е чу́вство, что я здесь ли́шний.	*Ich habe das Gefühl, daß ich hier überflüssig bin.*
Я сказа́л ли́шнее, извини́.	*Ich habe ein Wort zu viel gesagt, entschuldige.*
Э́то соверше́нно ли́шние расхо́ды.	*Das sind vollkommen überflüssige Geldausgaben.*
Я ли́шний раз напомина́ю тебе́, что ...	*Unnötigerweise muß ich dich noch mal daran erinnern, daß ...*
Не ли́шне бы́ло сказа́ть, что ...	*Es war nicht unnötig zu sagen, daß ...*
лоб, лба́ [о лбе́, на лбу́] *m*	Stirn
высо́кий лоб	*hohe Stirn*
У него́ на лбу́ напи́сано, что дура́к.	*Es steht ihm auf der Stirn geschrieben, daß er ein Narr ist.*
Он сказа́л мне э́то в ло́б.	*Er hat mir das direkt ins Gesicht gesagt.*
ло́гика, -и *f*	Logik
ло́гика Аристо́теля	*die aristothelische Logik*
ло́дка, -и *f*	Boot
мото́рная ло́дка	*Motorboot*
подво́дная ло́дка	*U-Boot*
ло́жка, -и *f*	Löffel
ложь, лжи́ *f*	Lüge
лома́ть, -а́ю, -а́ешь [ло́манный] *impt*	brechen; kaputt machen
Мой ребёнок лома́ет все игру́шки.	*Mein Kind macht alle Spielsachen kaputt.*
Не лома́й мне жизнь!	*Zerstör nicht mein Leben!*
лопа́та, -ы *f*	Spaten, Schippe; Pelle
ло́шадь, -и [*pl* -и, -е́й, -я́м, -дьми́/-я́ми] *f*	Pferd

верховáя лóшадь	*Reitpferd*
чистокрóвная лóшадь	*Vollblut, Vollblüter*
луг, -а [о лýге, на лугý; *pl* -á, -óв] *m*	Wiese
лук, -а (-у) *m*	Zwiebel
лунá, -ы [*pl* лýны, лун, лýнам] *f*	Mond
пóлная лунá	*Vollmond*
луч, -á *m*	Strahl
сóлнечные лучи́	*Sonnenstrahlen*
лýчше [*komp von* хорóший/хорошó] *adv*	besser
тем лýчше	*um so besser*
Я чýвствую себя́ ужé лýчше.	*Ich fühle mich schon besser.*
Лýчше не спрáшивай.	*Frag besser/lieber nicht!*
как мóжно лýчше	*so gut wie möglich*
Лýчше пóздно, чем никогдá.	*Besser spät als nie.*
лýчший, -ая, -ее	das Beste; am besten
Ю́рий мой лýчший друг.	*Jurij ist mein bester Freund.*
В лýчшем слýчае я приéду 15-ого.	*Frühestens komme ich am 15. an.*
Вáша рабóта оставля́ет желáть лýчшего.	*Ihre Arbeit könnte besser sein.*
Лýчшего я и не желáю.	*Mehr möchte ich nicht.*
Ничегó лýчшего не придýмал?	*Ist dir nichts besseres eingefallen?*
лы́жи, лыж *pl* [*sg* лы́жа, -и]	Schi
лы́сый, -ая, -ое [лыс, лысá, лы́со]	eine Glatze haben
любéзный, -ая, -ое [-зен, -зна]	liebenswürdig; höflich [z. B. Frage, Antwort u. ä.]
люби́мый, -ая, -ое [-и́м]	geliebt; beliebt; Lieblings-
Здесь ты всéми люби́м.	*Hier bist du bei allen beliebt.*
Э́то моя́ люби́мая кни́га.	*Das ist mein Lieblingsbuch.*
люби́ть, люблю́, лю́бишь [лю́бящий; люби́мый] *impt*	lieben; gern haben; mögen
Крóме себя́ он никогó не лю́бит.	*Er denkt nur an sich.*
Я люблю́ читáть.	*Ich lese gerne.*
Я люблю́ тебя́.	*Ich liebe dich.*
Я люблю́ свои́х друзéй.	*Ich habe meine Freunde gern.*
любовáться, -бýюсь, -бýешься *impt (I)*	sich am Anblick von etw. erfreuen
любóвь, -бви́ *f*	Liebe

Э́то была́ любо́вь с пе́рвого взгля́да. — *Das war Liebe auf den ersten Blick.*

Ста́рая любо́вь не ржаве́ет. — *Alte Liebe rostet nicht.*

любопы́тный, -ая, -ое [-тен, -тна] — neugierig; interessant

В э́том во́зрасте все де́ти любопы́тны. — *In dem Alter sind alle Kinder neugierig.*

Ю́рий о́чень любопы́тный, он суёт нос всю́ду. — *Jurij ist neugierig, er steckt seine Nase in alles.*

Я хочу́ обрати́ть Ва́ше внима́ние на одну́ любопы́тную подро́бность. — *Ich möchte Ihre Aufmerksamkeit auf eine interessante Einzelheit richten.*

любопы́тство, -а *n* — Neugier

лю́ди, -е́й *pl* — Menschen

лягу́шка, -и *f* — Frosch

М

магази́н, -а *m* — Laden, Geschäft

универса́льный магази́н — *Warenhaus, Kaufhaus*

продукто́вый магази́н — *Lebensmittelgeschäft*

кни́жный магази́н — *Buchhandlung*

магази́н самообслу́живания — *Selbstbedienungsgeschäft*

магистра́ль, -и *f* — Hauptverkehrsstraße

ма́ленький, -ая, -ое [ме́ньше] — klein

мали́на, -ы *f* — Himbeere; Himbeerstrauch

ма́ло [ме́ньше] *adv* — wenig

У меня́ ма́ло вре́мени. — *Ich habe wenig Zeit.*

У на́с сли́шком ма́ло де́нег. — *Wir haben zu wenig Geld.*

Я ма́ло где быва́л за грани́цей. — *Ich bin wenig im Ausland gewesen.*

Тебе́ что, э́того ма́ло? — *Wie? Das reicht dir nicht?*

Ма́ло ли что мо́жет случи́ться. — *Wer weiß, was alles geschehen kann.*

ма́льчик, -а *m* — kleiner Junge

ма́ма, -ы *f* — Mama, Mutti

маргари́н, -а *m* — Margarine

мармела́д, -а *m* — Marmelade; Mus (Pflaumenmus u. ä.)

маршру́т, -а *m* — Reiseroute; Strecke

Меня́ интересу́ют маршру́ты по Приба́лтике. — *Ich interessiere mich für eine Reise im Baltikum.*

Каки́е зи́мние маршру́ты есть у вас в Сре́днюю Азию? — *Welche Reiseroute würden Sie uns in Mittelasien vorschlagen?*

ма́сло, -а *n*	Öl; Butter
сли́вочное ма́сло	*Butter*
подсо́лнечное ма́сло	*Sonnenblumenöl*
маши́нное ма́сло	*Maschinenöl*
сма́зочное ма́сло	*Schmieröl*
ма́сса, -ы *f*	Masse; Menge
Чему́ равна́ ма́сса те́ла?	*Wem entspricht die Masse des Körpers?*
древе́сная ма́сса	*Holzmasse*
У меня́ ма́сса впечатле́ний.	*Ich habe eine Menge von Eindrükken.*
У меня́ ма́сса рабо́ты.	*Ich habe eine Menge zu tun.*
Ма́сса люде́й пришла́.	*Eine ganze Menge von Menschen sind gekommen.*
ма́стер, -а [*pl* -а́, -о́в] *m*	Meister
Скворцо́в – ма́стер в своём де́ле.	*Skwortzow ist Meister seines Fachs.*
Ты ма́стер говори́ть, одна́ко ...	*Reden kannst du gut, aber ...*
ста́рые мастера́	*die alten Meister*
Де́ло ма́стера бои́тся.	*Das Werk den Meister lobt.*
мастери́ть, -рю́, -ри́шь *impt*	basteln
мастерска́я, -о́й *f*	Werkstatt
ремо́нтная мастерска́я	*Reparaturwerkstatt*
мастерство́, -а́ *n*	Meisterschaft
матема́тик, -а *m*	Mathematiker
матема́тика, -и *f*	Mathematik
математи́ческий, -ая, -ое	mathematisch
материа́л, -а *m*	Material; Stoff
материа́льный, -ая, -ое [-лен, -льна]	materiell
материа́льный мир	*die materielle Welt*
мать, ма́тери, ма́терью, ма́тери [*pl* ма́тери, матере́й] *f*	Mutter
Она́ мать трои́х дете́й.	*Sie ist Mutter von drei Kindern.*
маши́на, -ы *f*	Maschine; Wagen, Auto
шве́йная маши́на	*Nähmaschine*
стира́льная маши́на	*Waschmaschine*
грузова́я маши́на	*LKW*
легкова́я маши́на	*PKW*
санита́рная маши́на	*Krankenwagen*
машини́стка, -и *f*	Schreibkraft
маши́нный, -ая, -ое	maschinell
маши́нное произво́дство	*maschinelle Herstellung*

ме́бель, -и *f*	Möbel; Möbelstück
меда́ль, -и *f*	Medaille
медве́дь, -я *m*	Bär
бе́лый медве́дь	*Eisbär*
бу́рый медве́дь	*Braunbär*
медвежо́нок, -нка [*pl* -жа́та, -жа́т] *n*	kleiner (junger) Bär; Teddybär
медици́на, -ы *f*	Medizin, Heilkunde
судебная медици́на	*Gerichtsmedizin*
медици́нский, -ая, -ое	ärztlich; medizinisch
медици́нская по́мощь	*ärztliche Hilfe*
медици́нское обслу́живание	*gesundheitliche Betreuung*
медици́нский институ́т	*medizinisches Institut*
ме́дленно *adv*	langsam
ме́дленный, -ая, -ое [-лен, -ленна]	langsam
медсестра́, -ы́ *f*	Krankenschwester
ме́жду *prep (I)*	zwischen; unter
ме́жду двумя́ заседа́ниями/ле́кциями	*zwischen zwei Sitzungen/Vorlesungen*
ме́жду не́бом и землёй	*zwischen Himmel und Erde*
ме́жду на́ми говоря́	*unter uns gesagt*
ме́жду про́чим	*unter anderem*
междунаро́дный, -ая, -ое	international
мел, -а *m*	Kreide
ме́лкий, -ая, -ое [-лок, -лка́, -лко; ме́льче; мельча́йший]	klein, Klein-; seicht, nicht tief
ме́лкий песо́к	*feiner Sand*
ме́лкий дождь	*Nieselregen*
ме́лкий со́бственник	*Kleinbesitzer*
ме́лкие интере́сы	*[kleine Interessen] (z. B. Knauserigkeit, Kleingeist, Geiz u. ä.)*
ме́лкая река́	*ein flacher Fluß*
мело́дия, -и *f*	Melodie
Я люблю́ э́ту мело́дию.	*Ich mag diese Melodie.*
ме́лочь, -и [*pl* -и, -е́й] *f*	Kleinigkeit; Kleingeld
Не сто́ит разме́ниваться по мелоча́м.	*Man darf sich nicht verzetteln.*
Ме́лочи нет?	*Haben Sie Kleingeld?*
Э́то всё ме́лочи.	*Das sind nur Kleinigkeiten.*
Ме́лочи жи́зни.	*Das sind die kleinen Schwierigkeiten des Lebens.*
ме́нее [*komp. von* ма́ло] *adv*	weniger

Э́то ме́нее уда́чный вариа́нт.	*Das ist eine weniger günstige Variante.*
На э́то мне ну́жно не ме́нее двух часо́в.	*Dafür brauche ich wenigstens zwei Stunden.*
Чем бо́льше я ду́маю, тем ме́нее э́то мне нра́вится.	*Je mehr ich darüber nachdenke, um so weniger gefällt mir das.*
тем не ме́нее	*trotzdem*
бо́лее или́ ме́нее	*mehr oder weniger*
ме́ньше [*komp. von* ма́ленький/ма́лый/ма́ло]	kleiner; weniger
ме́ньший, -ая, -ое [*komp. von* ма́ленький *&* ма́лый]	der kleinere
ме́ньшая часть	*der kleinere Teil*
ме́ньшее зло́	*das kleinere Übel*
по ме́ньшей ме́ре	*wenigstens/mindestens/zumindest*
меньшинство́, -а́ *n*	Minderheit
меню́ *unv n*	Menü; Speisekarte
меня́ть, -я́ю, -я́ешь *impt*	tauschen; wechseln
Меня́ю трёхко́мнатную кварти́ру на две одноко́мнатные.	*Ich tausche eine Dreizimmerwohnung gegen zwei Appartements.*
Меня́ю ма́рки на до́ллары.	*Ich wechsle Mark in Dollar.*
меня́ть мне́ние	*seine Meinung*
меня́ть полити́ческий курс	*den politischen Kurs ändern*
меня́ться, -я́юсь, -я́ешься *impt*	tauschen, wechseln; sich (ver)ändern
С сего́дняшнего дня мы меня́емся роля́ми.	*Von heute ab tauschen wir die Rollen.*
Ситуа́ция меня́ется.	*Die Situation ändert sich.*
Пого́да меня́ется.	*Das Wetter ändert sich.*
ме́ра, -ы *f*	Maß; Maßnahme
приговори́ть к вы́сшей ме́ре наказа́ния	*zur Höchststrafe verurteilen*
Ты соверше́нно потеря́л чу́вство ме́ры.	*Du hast jedes Maß verloren.*
Нам на́до приня́ть сро́чные ме́ры.	*Wir müssen sofort Maßnahmen ergreifen.*
по ме́ре сил	*im Rahmen meiner Kräfte*
мёрзнуть, -ну, -нешь [мёрз, мёрзла] *impt*	frieren
Ру́ки мёрзнут.	*Meine Hände frieren.*
ме́рить, -рю, -ришь *impt*	messen
мёртвый, -ая, -ое [мёртв, мертва́, мёртво]	tot
ме́стность, -и [*pl* -и, -ей] *f*	Gelände; Gegend

гори́стая ме́стность	*bergiges Gelände*
леси́стая ме́стность	*Waldgelände*
холми́стая ме́стность	*Hügelland*
ме́стный, -ая, -ое	regional
ме́сто, -а [*pl* места́, мест, места́м] *n*	Platz; Ort; Stelle; Sitz; Gepäckstück
год и ме́сто рожде́ния	*Geburtsdatum und Geburtsort*
У вас в кварти́ре вполне́ доста́точно ме́ста.	*Ihr habt in der Wohnung Platz genug.*
Прошу́ чле́нов коми́ссии заня́ть свои́ места́.	*Ich bitte die Teilnehmer der Kommission, Platz zu nehmen.*
Нам сообщи́ли, что гру́з при́был по ме́сту назначе́ния.	*Man hat uns mitgeteilt, daß die Lieferung an Ort und Stelle angekommen ist.*
ме́сто в парла́менте	*Parlamentssitz*
ме́сяц, -а *m*	Monat
ме́сяц тому́ наза́д	*vor einem Monat*
мета́лл, -а *m*	Metall
ме́тод, -а *m*	Methode
метр, -а *m*	Meter
метро́ *unv n*	U-Bahn
мех, -а [о ме́хе, на меху́; *pl* -а́, -о́в] *m*	Pelz
мечта́, -ы́ *f*	Traum
мечта́ть, -а́ю, -а́ешь *impt*	träumen
О чём ты мечта́ешь?	*Wovon träumst du?*
Я мечта́ю ка́ждую ночь о тебе́.	*Ich träume jede Nacht von dir.*
меша́ть[1] , -а́ю, -а́ешь *impt*	stören; hindern
Не меша́й мне рабо́тать.	*Störe mich nicht bei der Arbeit!*
Если не мо́жешь помо́чь, хоть не меша́й.	*Wenn du schon nicht mithilfst, dann störe wenigstens nicht.*
Кто тебе́ меша́ет э́то сде́лать?	*Wer hindert dich daran, das zu tun?*
мешо́к, -шка́ *m*	Sack
микрофо́н, -а *m*	Mikrofon
милиционе́р, -а *m*	Polizist
мили́ция, -и *f*	Polizei
ми́лый, -ая, -ое [мил, мила́, ми́ло, ми́лы]	nett, lieb
министе́рство, -а *n*	Ministerium
мини́стр, -а *m*	Minister
мини́стр вну́тренних дел	*der Innenminister*
мини́стр фина́нсов	*der Finanzminister*

мини́стр оборо́ны	*der Verteidigungsminister*
мини́стр юсти́ции	*der Justizminister*
мини́стр вне́шних дел	*der Außenminister*
мину́та, -ы *f*	Minute
с мину́ты на мину́ту	*jeden Augenblick*
одну́ мину́ту	*einen Augenblick bitte*
сию мину́ту	*sofort!/sogleich!*
в после́днюю мину́ту	*im letzten Augenblick*
мир[1], -а [*pl* -ы́, -о́в] *m*	Welt
во всём ми́ре	*in der ganzen Welt*
окружа́ющий мир	*Umwelt*
расти́тельный мир	*Pflanzenwelt, Flora*
артисти́ческий мир	*Künstlerkreise*
торго́вый мир	*Geschäftswelt*
мир[2], -а *m*	Frieden
мири́ться, -рю́сь, -ри́шься *impt*	sich versöhnen; sich abfinden
ми́рный, -ая, -ое [-рен, -рна]	friedlich
мирово́й, -ая, -ое	Welt-
мла́дший, -ая, -ее [мла́дше]	jünger
Э́то моя́ мла́дшая дочь.	*Das ist meine jüngere Tochter.*
Моя́ жена́ мла́дше меня́ на два го́да.	*Meine Frau ist 2 Jahre jünger als ich.*
мне́ние, -я *n*	Meinung
По его́ мне́нию ...	*Seiner Meinung nach ...*
Вы како́го мне́ния?	*Was meinen Sie?*
Обще́ственное мне́ние бы́стро меня́ется.	*Die öffentliche Meinung ändert sich schnell.*
мно́го [бо́льше] *adv*	viel
Я не ви́дела его́ уже́ мно́го лет.	*Ich habe ihn seit vielen Jahren nicht gesehen.*
Я мно́го раз тебя́ об э́том проси́л.	*Ich habe dich vielmals darum gebeten.*
Его́ позна́ния в э́той о́бласти мно́го вы́ше сре́днего у́ровня.	*Seine Kenntnisse in diesem Bereich liegen weit über dem Durchschnitt.*
Мно́го сло́в, а ма́ло де́ла.	*Große Worte und nichts dahinter.*
Мы истра́тили ни мно́го ни ма́ло ты́сячу ма́рок.	*Wir haben nicht mehr und nicht weniger als tausend Mark ausgegeben.*
многокра́тный, -ая, -ое	mehrfach
многочи́сленный, -ая, -ое [-ен, -енна]	zahlreich
Э́то подтвержда́ется многочи́сленными да́нными.	*Das findet seine Bestätigung in zahlreichen Daten.*

мно́жество, -а *n*	Menge
могу́чий, -ая, -ее [-у́ч]	mächtig
мо́да, -ы *f*	Mode
быть в мо́де	*modern sein*
войти́ в мо́ду	*in Mode kommen*
вы́йти из мо́ды	*aus der Mode kommen*
моде́ль [дэ], -и *f*	Modell
мо́дный, -ая, -ое [-ден, -дна́, -дно]	modern
мо́жно *adv*	dürfen; man kann
Я не уве́рен, что по-ру́сски так мо́жно сказа́ть.	*Ich bin nicht sicher, daß man das auf russisch so sagen kann.*
Если мо́жно, я позвоню́ тебе́ ещё раз.	*Wenn ich darf, rufe ich dich noch mal an.*
Мне мо́жно закури́ть?	*Darf ich hier rauchen?*
Приходи́, как мо́жно скоре́е.	*Komm so schnell wie möglich!*
Ра́зве мо́жно так говори́ть?	*Wie kann man nur so reden?*
мо́крый, -ая, -ое [мокр, мокра́, мо́кро]	naß
моли́тва, -ы *f*	Gebet
моли́ться, молю́сь, мо́лишься *impt*	beten
моли́ться бо́гу	*zu Gott beten*
Я бу́ду моли́ться за тебя́.	*Ich werde für dich beten.*
мо́лния, -и *f*	Blitz
Сверка́ют мо́лнии.	*Es blitzt.*
молодёжь, -и *f*	Jugend
молоде́ц, -дца *m*	ein guter/prächtiger Junge; [meistens Belobigung]
Молоде́ц ты, па́рень!	*Gut gemacht, Junge!*
молодо́й, -а́я, -о́е [мо́лод, молода́, мо́лодо; моло́же]	jung
Ты ещё совсе́м молодо́й.	*Du bist noch so jung.*
молодо́е поколе́ние	*die junge Generation*
Молодо́й челове́к!	*Junger Mann!*
мо́лодость, -и *f*	Jugend
Учти́, я уже́ не пе́рвой мо́лодости.	*Vergiß nicht, ich habe meine erste Jugend hinter mir.*
Е́сли бы мо́лодость зна́ла, а ста́рость могла́.	*Wenn Jugend wüßte, und Alter könnte.*
молоко́, -а́ *n*	Milch
молча́ть, -чу́, -чи́шь *impt*	schweigen
моме́нт, -а *m*	Moment
мо́ре, -я [*pl* -я́, -е́й] *n*	Meer, See

в откры́том мо́ре	*auf hoher See*
ни́же у́ровня мо́ря	*unter dem Meeresspiegel*
е́хать на мо́ре	*an die See fahren*
отдыха́ть на мо́ре	*am Meer Urlaub machen*
морко́вка, -и *f*	Karotte(n), Wurzel(n)
морко́вь, -и *f*	Karotten, Wurzel
моро́женое, -ого *n*	Eis
моро́з, -а *m*	Frost
де́сять гра́дусов моро́за	*zehn Grad Kälte*
На дворе́ моро́з.	*Es friert.*
морско́й, -а́я, -о́е	Meeres-, See-
морско́й во́здух	*Seeluft*
морско́е тече́ние	*Meeresströmung*
морско́е дно	*Meeresgrund, Meeresboden*
морско́е путеше́ствие	*Seereise*
морско́й офице́р	*Marineoffizier*
моря́к, -а́ *m*	Seemann
мост, мо́ста(-у)/моста́ [о мо́сте, на мосту́; *pl* -ы, -о́в] *m*	Brücke
вися́чий мост	*Hängebrücke*
сжечь за собо́й все мосты́	*alle Brücken hinter sich abbrechen*
мото́р, -а *m*	Motor
мотоци́кл, -а *m*	Motorrad
мочь, могу́, мо́жешь, мо́гут [мог, могла́] *impt*	können
мра́чный, -ая, -ое [-чен, -чна́, -чно]	trist; trübe
мра́чная ме́стность	*finstere Gegend*
мра́чное настрое́ние	*trübe Stimmung*
мра́чные мы́сли	*trübe Gedanken*
мра́чные тона́	*triste Farbtöne*
муж, -а [*pl* мужья́, муже́й, мужья́м] *m*	Ehemann, Mann
Мой му́ж на рабо́те.	*Mein Mann ist auf der Arbeit.*
му́жественный, -ая, -ое [-вен, -венна]	mutig; tapfer
му́жественный хара́ктер	*tapferer/mutiger Charakter*
му́жественный посту́пок	*tapfere/mutige Tat*
му́жественная же́нщина	*eine tapfere/mutige Frau*
мужско́й, -ая, -ое	Männer-, Herren-, männlich
мужско́й пол	*männliches Geschlecht*
мужска́я о́бувь	*Herrenschuhe*
мужчи́на, -ы *m*	Mann

Настоя́щий мужчи́на так бы не поступи́л.	*Ein echter Mann würde das nie machen.*
музе́й, -я *m*	Museum
му́зыка, -и *f*	Musik
музыка́льный, -ая, -ое [-лен, -льна]	Musik-; musikalisch; melodisch
музыка́льное учи́лище	*Musikschule*
музыка́льный го́лос	*melodische Stimme*
Ребёнок о́чень музыка́лен.	*Das Kind ist sehr musikalisch.*
музыка́нт, -а *m*, музыка́нтка, -и *f*	Musiker(in)
мука́, -и́ *f*	Mehl
мураве́й, -вья́ *m*	Ameise
му́ха, -и *f*	Fliege
Петро́в и му́хи не оби́дит.	*Petrow tut keiner Fliege was zuleide.*
Не де́лай из му́хи слона́!	*Mach nicht aus einer Mücke einen Elefanten!*
му́чить, -чу, -чишь/му́чать, -чаю, -чаешь *impt*	quälen; foltern
Меня́ му́чает со́весть, о́тче.	*Mich quält mein Gewissen, Herr Pfarrer.*
Не мучь меня́.	*Quäl mich nicht!*
му́читься, -чусь, -чишься/ му́чаться, -чаюсь, чаешься *impt*	leiden; sich (ab)quälen
мыло, -а *n*	Seife
мысль, -и *f*	Gedanke
мыть, мо́ю, мо́ешь [мы́тый] *impt*	waschen; abwaschen, spülen; putzen
мыть ру́ки	*Hände waschen*
мыть посу́ду	*das Geschirr spülen/abwaschen*
мыть о́кна	*Fensterscheiben putzen*
мышле́ние, -я *n*	Denken, Gedanken
мышь, -и [*pl* -и, -е́й] *f*	Maus
мя́гкий [хк], -ая, -ое [-гок, -гка́, -гко; мя́гче]	weich; mild
мя́гкая шерсть	*weiche Wolle*
мя́гкий свет	*mildes/weiches Licht*
мя́гкий кли́мат	*mildes Klima*
Ко́ля мя́гкий, воспи́танный, интеллиге́нтный челове́к.	*Kolja ist ein weicher, gut erzogener, intelligenter Mensch.*
Э́то на́до сказа́ть в бо́лее мя́гкой фо́рме.	*Man sollte das nicht so direkt sagen.*

мя́со, -а *n* Fleisch
мяч, -á *m* Ball
 футбо́льный мяч *Fußball*

Н

на дворе́ draußen
на *prep (A; L)* auf, in, an, zu (mit Orten); für (mit Zeit)
 Поста́вь кни́гу на по́лку. *Stell das Buch in das Regal!*
 Мы встре́тились на у́лице. *Wir haben uns auf der Straße getroffen.*
 на за́паде от Москвы́ *westlich von Moskau*
 Мо́жно мне взять кни́гу на три дня? *Darf ich das Buch für drei Tage nehmen?*
 На что тебе́ э́то? *Wozu brauchst du das?*
наблюда́ть, -а́ю, -а́ешь *impt* beobachten
наве́рно *adv* wahrscheinlich
наве́рх *adv* aufwärts; nach oben; herauf, hinauf
наверху́ *adv* oben
навсегда́ *adv* für immer
 раз и навсегда́ *ein für allemal*
навстре́чу *adv* entgegen
 идти́ кому́-л. навстре́чу *jdm. entgegengehen/entgegenkommen*
на́вык, -а *m* Gewohnheit
награ́да, -ы *f* Preis
награди́ть, -ажу́, -ади́шь [-аждённый (-ён, -ена́)] *pt* *impt* награжда́ть, -а́ю, -а́ешь auszeichnen
над *prep (I)* über
 над столо́м *über dem Tisch*
 Не сме́йся надо мно́й. *Mach dich nicht über mich lustig.*
 Мы рабо́таем над но́вым уче́бником. *Wir arbeiten an einem neuen Lehrbuch.*
наде́жда, -ы *f* Hoffnung
 Я возлага́ю на него́ больши́е наде́жды. *Ich setze große Hoffnungen auf ihn.*
надёжный, -ая, -ое [-жен, -жна] zuverlässig
 Са́ша челове́к надёжный, он тебя́ не подведёт. *Sascha ist ein zuverlässiger Mensch, er wird dich nicht im Stich lassen.*

Спря́чьте докуме́нты в надёжное ме́сто. — *Verstecken Sie die Papiere an einem sicheren Ort.*
надёжное сре́дство — *ein zuverlässiges Mittel*

наде́ть, -е́ну, -е́нешь *pt* — anziehen
impt надева́ть, -а́ю, -а́ешь

наде́яться, -е́юсь, -е́ешься *impt* — hoffen
Я наде́юсь, что всё бу́дет хорошо́. — *Ich hoffe, daß alles gut geht.*
Наде́йся на бо́га! — *Vertrau auf Gott!*

на́до *adv* — man muß; man soll

надое́сть, -е́м, -е́шь, -е́ст, -ди́м, -еди́те, -едя́т *pt* — etw. leid sein
impt надоеда́ть, -а́ю, -а́ешь
Мне надое́ло тебя́ ждать. — *Ich bin es leid, auf dich zu warten.*
Мне надое́ли э́ти ве́чные спо́ры. — *Ich bin diese ewige Streiterei leid.*

надо́лго *adv* — für lange Zeit

нажа́ть, -жму́, -жмёшь [-а́тый] *pt* — drücken
impt нажима́ть, -а́ю, -а́ешь
Нажми́те (на) кно́пку. — *Drücken Sie (auf) den Knopf!*
На́до нажа́ть на него́, мо́жет и согласи́ться. — *Man muß auf ihn Druck ausüben, vielleicht wird er zustimmen.*

наза́д *adv* — rückwärts, zurück

назва́ть, -зову́, -зовёшь [-а́л, -ала́, -а́ло; на́званный] *pt* — jdm./etw. einen Namen geben; nennen
impt называ́ть, -а́ю, -а́ешь

назва́ться, -зову́сь, -зовёшься [-а́лся, -ала́сь, -ало́сь] *pt* — seinen Namen sagen
impt называ́ться, -а́юсь, -а́ешься

называ́ться, -а́юсь, -а́ешься *impt* — heißen (außer für Lebewesen)

наизу́сть *adv* — auswendig

найти́, -йду́, -йдёшь [нашёл, нашла́; на́йденный] *pt* — (auf)finden
impt находи́ть, -ожу́, -о́дишь
Я нашёл моне́ту на доро́ге. — *Ich habe ein Goldstück auf der Straße gefunden.*
Ка́к ты меня́ нашёл? — *Wie hast du mich gefunden?*
Я нахожу́ твоё реше́ние неразу́мным. — *Ich finde deine Entscheidung unvernünftig.*

Нашёл чем хва́статься!	*Na, da hast du aber einen schönen Grund zum Angeben gefunden!*
Нашли́ дурака́!	*Ihr meint wohl, ihr habt einen Trottel gefunden!?*
наказа́ние, -я *n*	Strafe
наказа́ть, -ажу́, -а́жешь [-а́занный] *pt* *impt* нака́зывать, -аю, -аешь	bestrafen
накану́не *adv*	tags zuvor; am Vortage; kurz vor
наконе́ц *adv*	endlich; schließlich
Наконе́ц ты э́то сказа́л.	*Endlich hast du das gesagt.*
И наконе́ц, я э́того вообще́ не говори́л.	*Und außerdem, ich habe das überhaupt nicht gesagt.*
Наконе́ц-то!	*Na endlich!*
накры́ть, -ро́ю, -ро́ешь [-ы́тый] *pt* *impt* накрыва́ть, -а́ю, -а́ешь	bedecken; zudecken
Стол был накры́т бе́лой ска́тертью.	*Der Tisch war mit einem weißen Tischtuch gedeckt.*
Накро́й маши́ну брезе́нтом.	*Decke das Auto mit dem Zeltstoff ab!*
Ма́ма уже́ накры́ла на сто́л.	*Mutti hat den Tisch schon gedeckt.*
Стол был накры́т на двои́х.	*Der Tisch war für zwei Personen gedeckt.*
нале́во *adv*	(nach) links
нали́ть, -лью́, -льёшь [на́лил/-и́л, -ла́, -ло; на́литый/нали́тый] *pt* *impt* налива́ть, -а́ю, -а́ешь	eingießen; einschenken
наме́рение, -я *n*	Absicht
наме́ренно *adv*	absichtlich
Я сде́лал э́то вполне́ наме́ренно.	*Ich habe das absichtlich gemacht.*
напеча́тать, -аю, -аешь [-анный] *pt* *s.* печа́тать	drucken; in einem Presseerzeugnis stehen; publizieren
написа́ть, -ишу́, -и́шешь [-и́санный] *pt* *s.* писа́ть	schreiben; malen
напи́ток, -тка *m*	Getränk
напо́лнить, -ню, -нишь [-ненный] *pt* *impt* наполня́ть, -я́ю, -я́ешь	füllen, voll machen

напо́мнить, -ню, -нишь *pt*	erinnern an
impt напомина́ть, -а́ю, -а́ешь	
Напо́мни мне, что ...	*Erinnere mich daran, daß ...*
Э́то напомина́ет мне о моéй мо́лодости.	*Das erinnert mich an meine Jugend.*
направле́ние, -я *n*	Richtung; Stil
напра́во *adv*	(nach) rechts
напра́сный, -ая, -ое [-сен, -сна]	vergeblich
Все мои́ уси́лия бы́ли напра́сны.	*Alle meine Bemühungen waren umsonst.*
напра́сные сомне́ния	*unbegründete Zweifel*
напра́сные стра́хи	*grundlose Ängste*
напряже́ние, -я *n*	Spannung; Anspannung, Anstrengung
напряжённый, -ая, -ое [-ён, -ённа]	anstrengend
наре́зать, -е́жу, -е́жешь [-е́занный] *pt*	schneiden
impt нареза́ть, -а́ю, -а́ешь	
Наре́жь ещё хле́ба.	*Schneide bitte noch etwas Brot!*
нарисова́ть, -су́ю, -су́ешь [-о́ванный] *pt*	zeichnen; malen
s. рисова́ть	
наро́д, -а *n*	Volk
нару́шить, -шу, -шишь [-шенный] *pt*	verletzen; brechen; übertreten, überschreiten
impt наруша́ть, -а́ю, -а́ешь	
нару́шить зако́н	*das Gesetz verletzen*
нару́шить мир/молча́ние/сло́во	*den Frieden/das Schweigen/das Wort brechen*
наруша́ть пра́вила у́личного движе́ния	*sich verkehrswidrig verhalten/die Verkehrsregeln übertreten*
нару́шить поря́док	*gegen eine Ordnung verstoßen*
нару́шить грани́цу	*die Grenze überschreiten*
наря́дный, -ая, -ое [-ден, -дна]	schön, elegant, festlich
населе́ние, -я *n*	Bevölkerung
наси́лие, -я *n*	Gewalt
наслади́ться, -ажу́сь, -ади́шься *pt*	genießen
impt наслажда́ться, -а́юсь, -а́ешься *(I)*	
наслажда́ться тишино́й	*die Stille genießen*
наслажда́ться му́зыкой	*die Musik genießen*

На́до уме́ть наслажда́ться жи́знью.	*Man muß das Leben genießen können.*
на́сморк, -а *m*	Schnupfen
настоя́щее, -его *n*	Gegenwart
настоя́щий, -ая, -ее	gegenwärtig; echt
в настоя́щее вре́мя	*in der heutigen Zeit*
настоя́щий друг	*ein echter Freund*
настоя́щее зо́лото	*echtes Gold*
в настоя́щей статье́ ...	*in diesem Artikel ...*
Э́то настоя́щее чу́до.	*Das ist ein wirkliches Wunder.*
настоя́щий, -ая, -ее	gegenwärtig, heutig, derzeitig
в настоя́щее вре́мя	*zur Zeit/in der heutigen Zeit*
в настоя́щий моме́нт	*in diesem Moment*
настоя́щий друг	*ein echter Freund*
настоя́щий геро́й	*ein wahrer/richtiger Held*
настоя́щий шёлк	*echte Seide*
настрое́ние, -я *n*	Stimmung, Laune
НАТО	NATO
нау́ка, -и *f*	Wissenschaft
научи́ть, -учу́, -у́чишь [-у́ченный] *pt* *s.* учи́ть	lernen; lehren, beibringen
Оте́ц научи́л меня́ води́ть маши́ну.	*Mein Vater hat mir Autofahren beigebracht.*
научи́ться, -учу́сь, -у́чишься *pt* *s.* учи́ться	lernen
Я научи́лся игра́ть в ша́хматы.	*Ich habe Schachspielen gelernt.*
нау́чный, -ая, -ое [-чен, -чна]	wissenschaftlich
находи́ться, -ожу́сь, -о́дишься *impt*	sich befinden
Где Вы сейча́с нахо́дитесь?	*Wo befinden Sie sich jetzt?*
национа́льность, -и *f*	Nationalität
национа́льный, -ая, -ое [-лен, -льна]	National-, national
на́ция, -и *f*	Nation
нача́ло, -а *n*	Anfang, Beginn
нача́льник, -а *m*	Chef(in); Leiter, Führer
нача́льник отде́ла ка́дров	*Personalleiter, [Kaderleiter]*
нача́льник произво́дства	*Produktionsleiter*
нача́льник генера́льного шта́ба	*Generalstabschef*
нача́ть, -чну́, -чнёшь [на́чал, -ла́, на́чало] *pt* *impt* начина́ть, -а́ю, -а́ешь	anfangen, beginnen

не́бо, -а [*pl* небеса́, -е́с, -еса́м] *n*	Himmel
небольшо́й, -а́я, -о́е	klein
У меня́ к Вам небольша́я про́сьба.	*Ich habe eine kleine Bitte an Sie.*
Паке́т ве́сит кило́ с небольши́м.	*Das Paket wiegt etwas über ein Kilo.*
Ему́ со́рок с небольши́м.	*Er ist Anfang vierzig.*
небре́жно *adv*	salopp; schlampig
небре́жный, -ая, -ое [-жен, -жна]	nachlässig; fahrlässig; salopp, schlampig
невероя́тный, -ая, -ое [-тен, -тна]	unwahrscheinlich
неви́нный, -ая, -ое [-и́нен, -и́нна]	unschuldig
Переста́нь претворя́ться неви́нным ребёнком.	*Spiel nicht einfach das unschuldige Kind!*
невозмо́жно *adv*	unmöglich
С тобо́й невозво́жно разу́мно разгова́ривать.	*Es ist unmöglich, mit dir vernünftig zu reden.*
Э́то соверше́нно невозмо́жно!	*Das ist vollkommen unmöglich.*
невозмо́жный, -ая, -ое [-жен, -жна]	unmöglich
невоспи́танный, -ая, -ое [-ан, -анна]	ungezogen
Како́й невоспи́танный ребёнок!	*Was für ein ungezogenes Kind!*
невысо́кий, -ая, -ое	klein, niedrig
не́где *adv*	es ist kein Platz da, es ist nirgends Platz
Мне не́где найти́ э́ту кни́гу.	*Ich kann dieses Buch nicht finden.*
Сесть не́где.	*Man kann sich nirgendwo hinsetzen.*
неда́вно *adv*	unlängst; vor kurzem
недалеко́ *adv*	nicht weit, unweit
неде́ля, -и *f*	Woche
на э́той неде́ле	*in dieser Woche*
на про́шлой неде́ле	*in der vergangenen Woche*
че́рез неде́лю	*in einer Woche*
ка́ждые две неде́ли	*alle zwei Wochen*
два ра́за в неде́лю	*zweimal in der Woche*
недове́рие, -я *n*	Mißtrauen

недово́льный, -ая, -ое [-лен, -льна]	unzufrieden
Шеф о́чень недово́лен тобо́й.	*Der Chef ist mit dir sehr unzufrieden.*
недоста́ток, -тка *m*	Fehler
У ка́ждого челове́ка свой недоста́тки.	*Jeder Mensch hat seine Fehler.*
физи́ческий недоста́ток	*körperlicher Fehler*
не́жный, -ая, -ое [-жен, -жна́, -жно, -жны/-жны́]	zärtlich; zart
незави́симость, -и *f*	Unabhängigkeit
незави́симый, -ая, -ое [-им]	unabhängig
незнако́мый, -ая, -ое [-о́м]	unbekannt
не́когда *adv*	[aus Zeitmangel]
Мне не́когда.	*Ich habe keine Zeit.*
не́которые, -ых *pl*	einige; manche
Некото́рые предпочита́ют ходи́ть пешко́м.	*Manche gehen lieber zu Fuß.*
Не́которые из вас сомнева́ются, коне́чно, в э́том.	*Einige von euch bezweifeln das selbstverständlich.*
некраси́вый, -ая, -ое [-и́в]	häßlich
некраси́вое лицо́	*ein nicht gerade hübsches Gesicht*
некраси́вый посту́пок	*häßliche Tat*
нельзя́ *adv*	man darf/soll nicht; es ist verboten; man kann nicht
Вам нельзя́ встава́ть.	*Sie dürfen nicht aufstehen.*
Нельзя́ так говори́ть.	*Man darf/sollte nicht so reden.*
Здесь нельзя́ кури́ть.	*Hier darf man nicht rauchen.*
С э́тим нельзя́ не согласи́ться.	*Dagegen läßt sich nichts einwenden.*
Дела́ обстоя́т как нельзя́ лу́чше.	*Meine Angelegenheiten könnten nicht besser sein.*
неме́дленно *adv*	sofort, unverzüglich
На́до предупреди́ть его́ неме́дленно.	*Wir müssen ihn unverzüglich in Kenntnis setzen.*
Возвраща́йся неме́дленно.	*Komm sofort zurück!*
Прошу́ отве́тить неме́дленно.	*Ich bitte um umgehende Antwort.*
немно́жко *adv*	ein wenig, ein bißchen
Да́й мне немно́жко отдохну́ть.	*Gönn mir etwas Erholung!*
Оста́лось ещё немно́жко.	*Es bleibt nur noch ein bißchen.*
немо́й, -а́я, -о́е [нем, -а́, не́мо]	stumm

ненави́деть, -и́жу, -и́дишь *impt*	hassen
не́нависть, -и *f*	Haß
необходи́мость, -и *f*	Notwendigkeit
необходи́мый, -ая, -ое [-и́м]	notwendig
Надо приня́ть все необходи́мые ме́ры.	*Man muß alle notwendigen Maßnahmen ergreifen.*
Мне необходи́ма твоя́ по́мощь.	*Ich brauche deine Hilfe.*
Я счита́ю э́то кра́йне необходи́мым.	*Ich halte das für dringend notwendig.*
необыкнове́нный, -ая, -ое [-е́нен, -е́нна]	ungewöhnlich, außergewöhnlich
Всё, что с на́ми происхо́дит, необыкнове́нно.	*Alles, was mit uns passiert, ist außergewöhnlich.*
неожи́данно *adv*	unerwartet; plötzlich
Для меня́ э́то бы́ло соверше́нно неожи́данно.	*Für mich war das vollkommen unerwartet.*
Неожи́данно он вошёл.	*Plötzlich ist er reingekommen.*
неожи́данный, -ая, -ое [-а́н, -анна]	unerwartet; überraschend
неподви́жный, -ая, -ое [-жен, -жна]	unbeweglich
непра́вильный, -ая, -ое [-лен, -льна]	unrichtig, falsch
Мы при́няли непра́вильное реше́ние.	*Wir haben eine Fehlentscheidung getroffen.*
непра́вильный глаго́л	*unregelmäßiges Verb*
непра́вильная фо́рма	*unregelmäßige Form*
непреры́вно *adv*	ununterbrochen, dauernd
неприя́тный, -ая, -ое [-тен, -тна]	unangenehm
Ну и неприя́тный тип э́тот Петро́в!	*Was für unangenehmer Typ ist Petrow!*
Лу́чше не спра́шивай, а то мо́жешь попа́сть в неприя́тное положе́ние.	*Besser nicht fragen, du könntest in eine mißliche Lage geraten.*
не́рвничать, -чаю, -чаешь *impt*	nervös sein
не́рвный, -ая, -ое [-вен, -вна́, -вно]	nervös
нереши́тельный, -ая, -ое [-лен, -льна]	unentschlossen, unentschieden
несерьёзный, -ая, -ое [-зен, -зна]	leichtsinnig, nicht ernst
не́сколько [1]	ein paar

не́сколько челове́к	*ein paar Menschen*
не́сколько раз	*etliche Male*
не́сколько[2] *adv*	etwas, ein wenig
Нам удало́сь сде́лать не́сколько бо́льше, чем мы ожида́ли.	*Es ist uns gelungen, etwas mehr zu schaffen als erwartet.*
Я позвоню́ не́сколько по́зже.	*Ich rufe dich ein wenig später wieder an.*
несправедли́вость, -и *f*	Ungerechtigkeit
несправедли́вый, -ая, -ое [-и́в]	ungerecht
нести́, -су́, -сёшь [нёс, несла́] *impt*	tragen
Куда́ ты э́то несёшь?	*Wohin bringst du das?*
Кто бу́дет нести́ отве́тственность за э́то?	*Wer wird die Verantwortung dafür übernehmen?*
несча́стный, -ая, -ое [-тен, -тна]	unglücklich
несча́стье, -я *n*	Unglück
к несча́стью	*zum Unglück/unglücklicherweise*
Несча́стье мне с тобо́й!	*Ich habe meine liebe Not mit dir.*
Вот ещё несча́стье!	*Das fehlte noch!*
нетерпели́вый, -ая, -ое [-и́в]	ungeduldig
неудо́бный, -ая, -ое [-бен, -бна]	unbequem
неудо́бное кре́сло	*ein unbequemer Sessel*
неудо́бный вопро́с	*eine unbequeme Frage*
неудо́бная ли́чность	*eine unbequeme Person*
неуспе́х, -а *m*	Mißerfolg
Э́то тота́льный неуспе́х.	*Das ist ein totaler Mißerfolg.*
нефть, -и *f*	Erdöl
нехоро́ший, -ая, -ее [-о́ш, -ошá]	nicht gut, schlecht; nicht schön
Нехоро́ший он челове́к.	*Er ist kein guter Mensch.*
Так поступа́ть нехорошо́.	*Es ist (immer) schlecht, so zu handeln.*
Не беспоко́й де́душку, он чу́вствует себя́ нехорошо́.	*Stör Opa nicht, es geht ihm schlecht!*
Ле́на нехороша́ собо́й, но ...	*Lena ist nicht hübsch, aber ...*
неча́янно *adv*	unabsichtlich
неча́янный, -ая, -ое [-а́янна, -а́янно]	unabsichtlich; unerwartet; aus Versehen
Его́ неча́янный прихо́д заста́л меня́ враспло́х.	*Sein unerwartetes Eintreffen hat mich kalten Fußes erwischt.*

Прости́те, я сде́лал э́то нечáянно.	*Pardon, ich habe das nicht absichtlich getan.*
нея́сный, -ая, -ое [-сен, -сна]	unklar; mißverständlich
нигде́ *adv*	nirgends, nirgendwo
Э́того нигде́ не найти́.	*Das ist nirgends zu finden.*
ни́же [*komp von* ни́зкий/ни́зко] *adv; prep (G)*	niedriger; kleiner
Мой брат ни́же меня́.	*Mein Bruder ist kleiner als ich.*
Це́ны на ры́нке ни́же.	*Die Preise auf dem Markt sind niedriger.*
Смотри́ ни́же.	*Siehe unten. (s. u.)*
э́тажом ни́же	*einen Stock tiefer*
Температу́ра де́сять гра́дусов ни́же нуля́.	*Die Temperatur ist zehn Grad unter Null.*
ни́жний, -яя, -ее	unter (-er, -e, -es), Unter-
ни́жняя по́лка	*das untere Regalbrett*
ни́жний этáж	*Erdgeschoß*
ни́жняя пала́та (парла́мента)	*Unterhaus*
ни́зкий, -ая, -ое [-зок, -зка́, -зко, -зки/-зки́; ни́же]	niedrig; tief; klein; schlecht
ни́зкого ро́ста	*von kleinem Wuchs*
ни́зкий покло́н	*tiefe Verbeugung*
ни́зкие це́ны	*niedrige Preise*
ни́зкое давле́ние	*Unterdruck*
ни́зкое ка́чество	*schlechte Qualität*
ни́тка, -и *f*	Faden
ничего́ *unv pron*	nichts
Меня́ уж ничего́ не интересу́ет.	*Ich bin an nichts mehr interessiert.*
Ничего́ не помо́жет.	*Gar nichts hilft.*
Я не ви́жу ничего́ осо́бенного.	*Ich sehe nichts besonderes.*
Ничего́ подо́бного я не говори́л.	*Nichts dergleichen habe ich gesagt.*
Ничего́ хоро́шего.	*Nichts Gutes.*
но́вость, -и *f*	Neuheit
но́вости в нау́ке	*das Neue in der Wissenschaft*
Э́то не но́вость!	*Das ist nicht neu.*
но́вый, -ая, -ое [нов, нова́, но́во, но́вы/новы́]	neu
нога́, -и́ [*a/sg* но́гу; *pl* но́ги, ног, нога́м]	Fuß; Bein
нож, -а́ *m*	Messer
но́жницы, -иц *pl*	Schere

но́мер, -а [*pl* -а́, -о́в] *m*	Nummer; Hotelzimmer
но́рма, -ы *f*	Norm
но́рмы поведе́ния	*Verhaltensnormen (gutes Benehmen)*
но́рма произноше́ния	*Aussprachenorm*
но́рма при́были	*Gewinnmarge*
вы́ше/ни́же но́рмы	*über/unter der Norm (z. B. Übergewicht, Unterernährung, hoher Blutdruck)*
не соотве́тствующий но́рме	*nicht normgerecht*
норма́льно *adv*	normal
норма́льный, -ая, -ое [-лен, -льна]	normal, Normal-
И ты счита́ешь э́то норма́льным?	*Und du findest das normal?*
Не удивля́йся, э́то её норма́льное поведе́ние.	*Wundere dich nicht, das ist ihr übliches Verhalten.*
норма́льная температу́ра	*Normaltemperatur*
нос, -а [о но́се, в (на) носу́; *pl* -ы, -о́в] *m*	Nase
вздёрнутый нос	*eine Stupsnase*
И не задира́й нос!	*Und sei nicht so hochnäsig!*
Переста́нь води́ть меня́ за́ нос!	*Hör auf, mich an der Nase herumzuführen!*
носи́ть, ношу́, но́сишь *impt*	tragen
носи́ть ребёнка на рука́х	*ein Kind auf dem Arm tragen*
Я ношу́ только шёлковые руба́шки.	*Ich trage immer nur Seidenhemden.*
Выходи́ за меня́, на рука́х бу́ду носи́ть!	*Heirate mich, ich werde dich auf Händen tragen!*
Я так уста́л, но́ги едва́ но́сят.	*Ich bin so müde, ich kann mich kaum noch auf den Füßen halten.*
носово́й плато́к	Taschentuch
носо́к, -ска́ [*g/pl* -ско́в] *m*	Socke; Strumpf
но́та, -ы *f*	Note
ночь, -и [о но́чи, в ночи́; *pl* -и, -е́й] *f*	Nacht
но́чью *adv*	nachts, in der Nacht, bei Nacht
нра́виться, -влюсь, -вишься *impt*	gefallen
Мне э́то нра́вится.	*Das gefällt mir.*
Ты мне нра́вишься.	*Du gefällst mir.*
нужда́ться, -а́юсь, -а́ешься *impt*	brauchen; benötigen

Я нужда́юсь в деньга́х.	*Ich brauche Geld.*
Я ни в чём не нужда́юсь.	*Ich brauche nichts.*
ну́жно *adv*	ich muß, ich brauche
Мне ну́жно ещё сто рубле́й.	*Ich brauche noch 100 Rubel.*
Мне ну́жно тебе́ что́-то сказа́ть.	*Ich muß dir was sagen.*
Нам не ну́жно бо́льше об э́том говори́ть.	*Darüber brauchen wir nicht mehr zu reden.*
ну́жный, -ая, -ое [-жен, -жна́, -жно, -жны/-жны́]	nötig; notwendig
Ты мне ну́жен. А я тебе́?	*Ich brauche dich. Und du mich?*
ны́нешний, -яя, -ее	heutig, gegenwärtig, derzeitig
в ны́нешнем году́	*dieses Jahr*
ны́нешнее положе́ние	*die derzeitige Lage*
ны́нче *adv*	jetzt
ню́хать, -аю, -аешь *impt*	riechen

О

о́ба [обо́их] м/н, о́бе[обе́их] *f*	beide
Держи́ обе́ими рука́ми!	*Halte das mit beiden Händen!*
Смотри́ в о́ба!	*Sei ganz vorsichtig!*
обвине́ние, -я *n*	Beschuldigung; Anklage
предъяви́ть обвине́ние	*Anklage erheben*
обвини́ть, -ню́, -ни́шь [-нённый (-ён, -ена́)] *pt*	anklagen; beschuldigen
impt обвиня́ть, -я́ю, -я́ешь	
Вас обвиня́ют в кра́же.	*Sie sind des Diebstahls angeklagt.*
Я обвиня́ю.	*Ich klage an.*
В чём ты меня́ обвиня́ешь?	*Wessen beschuldigst du mich?*
обду́мать, -аю, -аешь [-анный] *pt*	überlegen; ausdenken; überdenken
impt обду́мывать, -аю, -аешь	
Обду́майте своё реше́ние ещё раз.	*Überdenken Sie Ihre Entscheidung noch einmal!*
обе́д, -а *m*	Mittagessen
обе́дать, -аю, -аешь *impt*	zu Mittag essen
обезья́на, -ы *f*	Affe
обеспе́чить, -чу, -чишь [-ченный] *pt*	versorgen mit etw.; sorgen für etw.
обеспе́чивать, -аю, -аешь	
обеспоко́ить, -о́ю, -о́ишь [-о́енный] *pt*	stören; beunruhigen

s. беспоко́ить	
Извини́те, что обеспоко́ил Вас.	*Entschuldigen Sie, daß ich Sie gestört habe.*
Его́ отка́з не на шу́тку обеспоко́ил меня́.	*Seine Absage hat mich besonders beunruhigt.*
обеща́ние, -я *n*	Versprechen
обеща́ть, -а́ю, -а́ешь [-е́щанный] *pt & impt*	versprechen
Обеща́л, сде́лай!	*Versprochen ist versprochen und wird nicht gebrochen.*
оби́да, -ы *f*	Beleidigung
оби́деть, -и́жу, -и́дишь [-и́женный] *pt* *impt* обижа́ть, -а́ю, -а́ешь	beleidigen
оби́деться, -и́жусь, -и́дишься *pt* *impt* обижа́ться, -а́юсь, -а́ешься	beleidigt sein
оби́дный, -ая, -ое [-ден, -дна]	beleidigend
о́блако, -а [*pl* -а́, -о́в] *n*	Wolke
ни́зкие облака́	*tiefhängende Wolken*
кучевы́е облака́	*Haufenwolken*
слои́стые облака́	*Schichtwolken*
областно́й, -а́я, -о́е	Distrikt-
о́бласть, -и [*pl* -и, -е́й] *f*	Gebiet; Bereich; Verwaltungsbezirk
Моско́вская о́бласть	*Verwaltungsbezirk Moskau*
в о́бласти психоло́гии	*auf dem Gebiet der Psychologie*
о́бласть зна́ния	*Wissensgebiet*
о́блик, -а *m*	Bild (einer Stadt/eines Dorfes); Gestalt
обману́ть, -ану́, -а́нешь [-а́нутый] *pt* *impt* обма́нывать, -аю, -аешь	täuschen; betrügen
Почему́ ты меня́ обману́л?	*Warum hast du mich getäuscht?*
Вне́шность обма́нывает.	*Der Schein trügt.*
обме́н, -а *m*	Austausch; Tausch
обменя́ть, -я́ю, -я́ешь *pt* *impt* обме́нивать, -аю, -аешь	tauschen; (Geld) wechseln
обня́ть, обниму́, обни́мешь [о́бнял, обняла́, о́бняло] *pt* *impt* обнима́ть, -а́ю, -а́ешь	umarmen, in die Arme nehmen
обогна́ть, обгоню́, обго́нишь [-а́л, -ала́, -а́ло] *pt* *impt* обгоня́ть, -я́ю, -я́ешь	überholen

обо́и, -ев *pl* — Tapeten
оборо́на, -ы *f* — Verteidigung; Abwehr
противовозду́шная оборо́на — *Luftabwehr/Flak*
обра́доваться, -дуюсь, -дуешься *pt* — sich freuen, erfreut sein
s. ра́доваться
о́браз, -а *m* — Gestalt; Art, Weise
Бог со́здал челове́ка по своему́ образу́ и подо́бию. — *Gott hat den Menschen nach seinem Vor- und Ebenbild geschaffen.*
Мы в Росси́и де́лаем э́то ины́м о́бразом. — *In Rußland machen wir das anders.*
У тебя́ интере́сный о́браз мышле́ния. — *Du hast eine interessante Denkweise.*
о́браз жи́зни — *Lebensweise*
поэти́ческий о́браз — *poetische Gestalt*
образова́ние, -я *n* — Ausbildung, Bildung
сре́днее образова́ние — *Mittelschulbildung*
вы́сшее образова́ние — *Hochschulbildung*
обрати́ться, -ащу́сь, -ти́шься *pt* — sich wenden an; jdn./etw. (gut, falsch, etc.) behandeln
обраща́ться, -а́юсь, -а́ешься
Обрати́тесь с э́тим вопро́сом к дире́ктору. — *Wenden Sie sich in dieser Frage an den Direktor!*
Как ты со мной обраща́ешься?! — *Wie behandelst du mich eigentlich?!*
обра́тно *adv* — zurück; rückwärts; umgekehrt; entgegengesetzt
туда́ и обра́тно — *hin und zurück*
отда́ть обра́тно — *zurückgeben*
на обра́тном пути́ — *auf dem Rückweg*
в обра́тном поря́дке — *in umgekehrter Reihenfolge*
в обра́тную сто́рону — *in entgegengesetzter Richtung*
обстано́вка, -и *f* — Möblierung, Einrichtung; Lage, Situation
обстоя́тельство, -а *n* — Umstand
обсуди́ть, -ужу́, -у́дишь [-ужде́нный (-ён, -ена́)] *pt* — besprechen
impt обсужда́ть, -а́ю, -а́ешь
обсуди́ть пробле́му/обсуди́ть ситуа́цию — *ein Problem besprechen/eine Situation besprechen*
о́бувь, -и *f* — Schuhe
обуча́ть, -а́ю, -а́ешь *impt* — unterrichten; lehren
обуче́ние, -я *n* — Lehre; Unterricht

общéственный, -ая, -ое	gesellschaftlich
óбщество, -а *n*	Gesellschaft
óбщий, -ая, -ее [общ, общá, óбще]	gemeinsam, gemein; allgemein
Э́то в нáших óбщих интерéсах.	*Das ist in unserem gemeinsamen Interesse.*
О́бщее впечатлéние хорóшее.	*Der Gesamteindruck ist gut.*
Я не хочу́ имéть с ним ничегó óбщего.	*Ich will mit ihm nichts zu tun haben.*
Я надéюсь, что мы найдём óбщий язы́к.	*Ich hoffe, daß wir eine gemeinsame Sprache finden.*
В óбщем, всё хорошó.	*Im Allgemeinen ist alles gut.*
объедини́ть, -ню́, -ни́шь [-нённый (-ён, -енá)] *pt* *impt* объединя́ть, -я́ю, -я́ешь	vereinigen
объём, -а *m*	Volumen, Rauminhalt
объём пáмяти (эВМ)	*Speicherkapazität*
во всём объёме	*in vollem Umfang*
объéхать, -éду, -éдешь *pt* *impt* объезжáть, -áю, -áешь	um etw. herumfahren; überholen
объяви́ть, -явлю́, -я́вишь[-я́вленный] *pt* *impt* объявля́ть, -я́ю, -я́ешь	bekanntgeben; ankündigen
объяви́ть войну́	*den Krieg erklären*
объявлéние, -я *n*	Erklärung; Anzeige, Inserat; Anschlag
объявлéние войны́	*Kriegserklärung*
помести́ть объявлéние в газéту	*ein Inserat in die Zeitung setzen*
повéсить объявлéние на доскé	*die Anschläge am schwarzen Brett lesen*
объяснéние, -я *n*	Erklärung
объясни́ть, -ню́, -ни́шь [-нённый (-ён, -енá] *pt* *impt* объясня́ть, -я́ю, -я́ешь	erklären
обыкновéнный, -ая, -ое [-éнен, -éнна]	gewöhnlich, üblich
Я, как и все, сáмый обыкновéнный человéк.	*Ich bin wie alle, ein ganz gewöhnlicher Mensch.*
обы́чно *adv*	gewöhnlich; üblicherweise
Встрéтимся, как обы́чно, в шесть.	*Treffen wir uns wie gewöhnlich um 6!*
Я обы́чно ложу́сь пóздно.	*Üblicherweise gehe ich spät ins Bett.*

обы́чный, -ая, -ое [-чен, -чна]	gewöhnlich; üblich
обьяза́тельный, -ая, -ое [-лен, -льна]	obligatorisch
обя́занность, -и *f*	Aufgabe, Pflicht
служе́бные обя́занности	*Dienstpflichten/berufliche Aufgaben*
Э́то не вхо́дит в мои́ обя́занности.	*Das gehört nicht zu meinen Aufgaben.*
обя́занный, -ая, -ое [-ан, -ана]	verpflichtet
обяза́тельно *adv*	unbedingt; auf jeden Fall; obligatorisch
Ты до́лжен обяза́тельно с ним договори́ться.	*Du mußt dich unbedingt mit ihm absprechen.*
Ты придёшь сего́дня ве́чером? – Обяза́тельно.	*Kommst du heute abend? – Bestimmt.*
обяза́тельный, -ая, -ое [-лен, -льна]	obligatorisch
о́вощи, -е́й *pl*	Gemüse
овца́, -ы [*pl* о́вцы, ове́ц, о́вцам] *f*	Schaf
ого́нь, огня́ *m*	Feuer
огоро́д, -а *m*	Gemüsegarten
ограниче́ние, -я *n*	Begrenzung
ограниче́ние ско́рости	*Geschwindigkeitsbeschränkung*
без ограниче́ний	*ohne Beschränkung*
ограни́чить, -чу, -чишь [-ченный] *pt* *impt* ограни́чивать, -аю, -аешь	beschränken; begrenzen
огро́мный, -ая, -ое [-мен, -мна]	riesig, Riesen-
огро́мное де́рево	*ein riesiger Baum*
огро́мный успе́х	*Riesenerfolg*
огуре́ц, -рца́ *m*	Gurke
оде́ть, -е́ну, -е́нешь [оде́тый] *pt* *impt* одева́ть, -а́ю, -а́ешь	jdm. anziehen
Оде́нь ребёнка потепле́е.	*Zieh das Kind warm an!*
оде́ться, -е́нусь, -е́нешься *pt* *impt* одева́ться, -а́юсь, -а́ешься	sich anziehen
одея́ло, -а *n*	Decke, Bettdecke
стёганое одея́ло	*Steppdecke*
одина́ковый, -ая, -ое [-ов]	gleich, identisch
одино́кий, -ая, -ое [-о́к]	einsam
одино́чество, -а *n*	Einsamkeit

однáжды *adv*	einst, einstmals; eines Tages; einmal
Однáжды, мнóго лет томý назáд ...	*Es war einmal vor vielen Jahren ...*
Я тóлько однáжды вúдел егó.	*Ich habe ihn nur einmal gesehen.*
одновремéнно *adv*	gleichzeitig; zur gleichen Zeit
одóбрить, -рю, -ришь [-ренный] *pt*	gutheißen, zustimmen
impt одобря́ть, -я́ю, -я́ешь	
Я одобря́ю твой вы́бор.	*Ich bin mit deiner Wahl einverstanden.*
одолжúть, -жý, -жúшь *pt*	(ver)leihen; (aus)leihen
impt одáлживать, -аю, -аешь	
Отéц одолжúл мне двéсти мáрок.	*Mein Vater hat mir zweihundert Mark geliehen.*
Я одолжúл у отцá двéсти мáрок.	*Ich habe mir von meinem Vater zweihundert Mark geliehen.*
оживлённый, -ая, -ое [-ён, -ённа]	lebendig (im Sinne von lebhaft); belebt
оживлённая бесéда	*lebendige Unterhaltung*
ожидáть, -áю, -áешь *impt*	erwarten
Я не ожидáл тебя́ здесь увúдеть.	*Ich habe nicht erwartet, dich hier zu treffen.*
Я ожидáю с нетерпéнием твой приéзд.	*Ich erwarte sehnlichst deine Ankunft.*
Как я и ожидáл.	*Das habe ich nicht anders erwartet.*
óзеро, -а [*pl* озёра, озёр, озёрам] *n*	See (der)
означáть, -áет [*1. & 2. Pers. ungbr.*] *impt*	bedeuten
Э́то покá ничегó не означáет.	*Das heißt noch nichts.*
оказáться, -ажýсь, -áжешься *pt*	sich erweisen
impt окáзываться, -аюсь, -аешься *(I)*	
Э́то оказáлось решáющим.	*Das erwies sich als entscheidend.*
Я оказáлся вы́нужденным э́то сдéлать.	*Ich sah mich genötigt/gezwungen, das zu machen/tun.*
Оказáлось, что ...	*Es stellte sich heraus, daß ...*
Я оказáлся здесь совершéнно случáйно.	*Ich bin ganz zufällig hier.*
океáн, -а *m*	Ozean

мирово́й океа́н — *Weltmeer*
окно́, -а́ [*pl* о́кна, о́кон, о́кнам] *n* — Fenster; Fensterscheibe
Закро́й окно́, хо́лодно. — *Mach das Fenster zu, es ist kalt.*
Де́ти опя́ть разби́ли окно́. — *Die Kinder haben schon wieder das Fenster kaputtgemacht.*
В пя́тницу у меня́ окно́ с двух до четырёх. — *Am Freitag habe ich Freistunde von zwei bis vier Uhr.*
о́коло *prep (G)*; *adv* — [in der Nähe von] (z. B. neben, etwa, gegen)
Сядь о́коло меня́. — *Setz dich zu mir!*
О́ля позвони́ла о́коло шести́. — *Olja hat gegen sechs angerufen.*
О́коло до́ма большо́й сад. — *In der Nähe des Hauses gibt es einen großen Garten.*
Что́бы э́то сде́лать, мне ну́жно о́коло ме́сяца. — *Um das zu machen/schaffen, brauche ich ungefähr einen Monat.*
окре́стность, -и *f* — Umgebung
окруже́ние, -я *n* — Umgebung; Einkesselung
окружи́ть, -жу́, -жи́шь [-ужённый (-ён, -ена́)] *pt* *impt* окружа́ть, -а́ю, -а́ешь — einkreisen, einkesseln
окружи́ть любо́вью и внима́нием — *mit Liebe und Aufmerksamkeit überschütten*
оле́нь, -я *m* — Hirsch
се́верный оле́нь — *Rentier*
опа́сность, -и *f* — Gefahr
опа́сность для жи́зни — *Lebensgefahr*
опа́сный, -ая, -ое [-сен, -сна] — gefährlich
о́пера, -ы *f* — Oper
опера́тор, -а *m* — Kameramann
опера́ция, -и *f* — Operation
опера́ция на се́рдце — *Herzoperation*
ба́нковская опера́ция — *Bankoperation [beliebige Bankhandlung]*
спаса́тельная опера́ция — *Rettungsoperation*
деса́нтная опера́ция — *Landungsoperation/Landeoperation*
описа́ть, -ишу́, -и́шешь [-и́санный] *pt* *impt* опи́сывать, -аю, -аешь — beschreiben
определе́ние, -я *n* — Definition
определённо *adv* — bestimmt; entschieden; definitiv
Я определённо про́тив. — *Ich bin entschieden/definitiv dagegen.*

Э́то был определённо не он.	*Das war er bestimmt nicht.*
определи́ть, -лю́, -ли́шь [-лённый (-ён, -ена́)] *pt* *impt* определя́ть, -я́ю, -я́ешь	bestimmen; definieren
опубликова́ть, -ку́ю, -ку́ешь[-о́ванный] *pt* *s.* публикова́ть	publizieren, veröffentlichen
опусти́ть, -ущу́, -у́стишь [-у́щенный] *pt* *impt* опуска́ть, -а́ю, -а́ешь	senken; herunterlassen; einwerfen; sinken lassen
Со́ня опусти́ла го́лову и запла́кала.	*Sonja senkte den Kopf und begann zu weinen.*
о́пыт, -а *m*	Erfahrung; Experiment
о́пытный, -ая, -ое [-тен, -тна]	erfahren; (wissenschaftliche) Versuchs-
Фаде́ев о́пытный специали́ст, он спра́вится с э́тим.	*Fadeew ist ein erfahrener Spezialist, er schafft das.*
Ната́лия о́чень о́пытная же́нщина.	*Natalija ist eine sehr erfahrene Frau.*
опы́тные да́нные	*Versuchsergebnisse*
опя́ть *adv*	wieder, noch einmal
ора́нжевый, -ая, -ое	orange
организа́ция, -и *f*	Organisation
Мой оте́ц рабо́тает в строи́тельной организа́ции.	*Mein Vater arbeitet in einem Bauunternehmen.*
организова́ть, -у́ю, -у́ешь [-о́ванный] *pt & impt*	organisieren
оригина́льный, -ая, -ое [-лен, -льна]	originell
орке́стр, -а *m*	Orchester; Kapelle
ору́жие, -я *n*	Waffe
я́дерное ору́жие	*Atomwaffen*
освети́ть, -вещу́, -вети́шь [-ещённый (-ён, -ена́)] *pt* *impt* освеща́ть, -а́ю, -а́ешь	beleuchten, ausleuchten
Э́та ко́мната пло́хо освещена́.	*Dieses Zimmer ist schlecht beleuchtet.*
освободи́ть, -ожу́, -оди́шь [-ождённый (-ён, -ена́)] *pt* *impt* освобожда́ть, -а́ю, -а́ешь	befreien
осе́нний, -ая, -ее	herbstlich, Herbst-
осе́нние ли́стья	*Herbstlaub*

óсень, -и *f*	Herbst
ра́нняя/по́здняя о́сень	*Früh-/Spätherbst*
золота́я о́сень	*goldener Oktober*
о́сенью *adv*	im Herbst
осмотре́ть, -отрю́, -о́тришь *pt*	etw. ansehen; besichtigen; untersuchen
impt осма́тривать, -аю, -аешь	
Э́тот зал мы уже́ осмотре́ли.	*In diesem Saal haben wir schon alles gesehen.*
Врач осмотре́л меня́ и ничего́ не нашёл.	*Der Arzt hat mich untersucht und nichts gefunden.*
осно́ва, -ы *f*	Grundlage
основа́ние, -я *n*	Grund; Anlaß
Я не ви́жу основа́ния, ста́вить дире́кцию в изве́стность.	*Ich sehe keinen Grund, die Direktion zu informieren.*
На како́м основа́нии Вы при́няли э́то реше́ние?	*Auf welcher Grundlage haben Sie diese Entscheidung getroffen?*
основа́ть, -ную́, -нуёшь [-о́ванный] *pt*	gründen
impt осно́вывать, -аю, -аешь	
основно́й, -а́я, -о́е	Grund-, Haupt-
В э́том основно́й вопро́с.	*Das ist der entscheidende Punkt.*
основно́е противоре́чие	*Grundwiderspruch*
основна́я черта́	*grundsätzlicher Charakterzug*
основна́я оши́бка	*wesentlicher Fehler, Hauptschwäche*
В основно́м всё я́сно.	*Im Grunde ist alles klar.*
осо́бенно *adv*	besonders
Ты смо́тришь ка́к-то осо́бенно.	*Du guckst irgendwie komisch.*
Э́то осо́бенно интере́сно.	*Das ist besonders interessant.*
осо́бенный, -ая, -ое	besonders; ungewöhnlich
Э́то был како́й-то осо́бенный звук.	*Das war ein ungewöhnliches Geräusch.*
Шеф не отлича́ется осо́бенной усту́пчивостью.	*Der Chef ist nicht besonders kooperativ.*
Я не ви́жу ничего́ осо́бенного.	*Ich sehe nichts Besonderes.*
осо́бый, -ая, -ое	besonders
осо́бые приме́ты	*besondere Merkmale*
осо́бое мне́ние	*Sondervotum*
оспо́рить, -рю, -ришь [-ренный] *pt*	bestreiten
impt оспа́ривать, -аю, -аешь	

оста́вить, -влю, -вишь [-вленный] *pt*	lassen
impt оставля́ть, -я́ю, -я́ешь	
Я оста́вил кни́гу в маши́не.	*Ich habe das Buch im Auto gelassen.*
Оста́вь меня́ в поко́е!	*Laß mich in Ruhe!*
Роди́тели мне ничего́ не оста́вили, пришло́сь начина́ть с нуля́.	*Meine Eltern haben mir nichts hinterlassen, ich mußte bei Null anfangen.*
Оста́вим э́тот разгово́р.	*Lassen wir dieses Gespräch!*
Я никогда́ не оста́влю тебя́ в беде́.	*Ich werde dich nie im Stich lassen.*
останови́ться, -овлю́сь -о́вишься *pt*	stehenbleiben; haltmachen;zum Stehen kommen;verweilen
impt остана́вливаться, -аюсь, -аешься	
На перекрёстке я останови́лся и не знал, куда́ мне да́льше идти́.	*Ich blieb an der Kreuzung stehen und wußte nicht, wohin ich weiter gehen sollte.*
Часы́ останови́лись.	*Die Uhr ist stehengeblieben.*
Мы останови́лись в гости́нице.	*Wir haben ein Zimmer in einem Hotel genommen.*
Сего́дня не бу́дем остана́вливаться на э́том вопро́се.	*Heute werden wir nicht auf diese Frage eingehen.*
Наш вы́бор останови́лся на Вас.	*Unsere Wahl fiel auf Sie.*
остано́вка, -и *f*	Haltestelle; Station
авто́бусная остано́вка	*Bushaltestelle*
коне́чная остано́вка	*Endstation*
оста́ться, -а́нусь, -а́нешься *pt*	bleiben
impt остава́ться, -аю́сь, -ёшься	
Ты иди́, я оста́нусь ещё немно́жко.	*Geh schon, ich bleibe noch ein bißchen.*
Я оста́нусь с тобо́й.	*Ich bleibe bei dir.*
С тех пор прошло́ мно́го вре́мени, но боль оста́лась.	*Seitdem ist viel Zeit vergangen, aber der Schmerz ist geblieben.*
От него́ оста́лись то́лько э́ти пи́сьма.	*Von ihm sind nur diese Briefe geblieben.*
Я остаю́сь при своём мне́нии.	*Ich bleibe bei meiner Meinung.*
осторо́жный, -ая, -ое [-жен, -жна]	vorsichtig
Будь осторо́жен с ним.	*Sei vorsichtig mit ihm!*

Осторо́жно!	*Vorsicht!*
о́стров, -а [*pl* -á, -óв] *m*	Insel
остроу́мный, -ая, -ое [-мен, -мна]	geistreich, scharfsinnig, witzig
о́стрый, -ая, -ое [остр, остра́, о́стро]	scharf; spitz
о́стрый нож	*scharfes Messer*
о́стрый ум	*scharfer Verstand*
Па́вел остёр на язы́к.	*Pawel hat eine spitze Zunge.*
о́страя боль	*ein heftiger Schmerz*
о́строе блю́до	*ein scharfes Gericht*
осуди́ть, -ужу́, -у́дишь [-уждённый (-ён, -ена́)] *pt* осужда́ть, -а́ю, -а́ешь	verurteilen
Я тебя́ не осужда́ю.	*Ich mache dir keinen Vorwurf.*
Все Ва́ши попы́тки осуждены́ на прова́л.	*Alle Ihre Versuche sind zum Mißerfolg verdammt.*
Его осуди́ли?	*Haben Sie ihn verurteilt?*
осуществи́ть, -влю́, -ви́шь [-влённый (-ён, -ена́)] *pt* осуществля́ть, -я́ю, -я́ешь	verwirklichen, realisieren; durchführen
осуществи́ть наме́рение/план/прое́кт	*Absicht/Plan/Projekt verwirklichen/realisieren*
от *prep (G)*	von; aus
От кого́ ты э́то узна́л?	*Von wem hast du das gehört?*
табле́тки от ка́шля	*Tabletten gegen Husten*
от бо́ли/го́ря/ра́дости	*vor Schmerz/Leid/Freude*
Я бу́ду до́ма от двух до пяти́.	*Ich werde von zwei bis fünf zu Hause sein.*
от одного́ конца́ до друго́го	*von einem Ende zum andern*
отвезти́, -езу́, -езёшь [-ёз, -езла́; -зённый (-ён, -ена́)] *pt* *impt* отвози́ть, -ожу́, -о́зишь	fortbringen, wegbringen (mit einem Fahrzeug)
Куда́ Вас отвезти́?	*Wohin darf ich Sie bringen?*
отве́т, -а *m*	Antwort
отве́тить, -ве́чу, -ве́тишь *pt* *impt* отвеча́ть, -а́ю, -а́ешь	antworten; beantworten
На э́то я не отве́чу.	*Darauf antworte ich nicht.*
отве́тственность, -и *f*	Verantwortung
отве́тственный, -ая, -ое [-вен, -венна]	verantwortlich
отда́ть, -а́м, -а́шь, -а́ст, -адим, -ади́те, -аду́т [о́тдал, -ла́] *pt* *impt* отдава́ть, -даю́, -даёшь	zurückgeben

отда́ть долг	*Schulden begleichen*
отда́ть си́лы/жизнь рабо́те	*seine (ganze) Kraft/Leben der Arbeit opfern*
отда́ть в ремо́нт/в химчи́стку	*zur Reparatur/zur Reinigung bringen*
отде́л, -а *m*	Abteilung
заве́дующий отде́лом	*Abteilungsleiter*
отдохну́ть, -ну́, -нёшь *pt* *impt* отдыха́ть, -а́ю, -а́ешь	sich erholen, sich ausruhen
Отдохни́те немно́жко.	*Ruhen Sie sich ein bißchen aus!*
о́тдых, -а *m*	Erholung, Rast, Ruhe; Entspannung
Тепе́рь, по́сле опера́ции, Вы нужда́етесь в о́тдыхе.	*Jetzt, nach der Operation, brauchen Sie Erholung.*
Це́лых три ме́сяца мы рабо́тали без о́тдыха.	*Volle drei Monate haben wir gearbeitet, ohne uns Ruhe zu gönnen.*
оте́ц, отца́ *m*	Vater
отказа́тся, -ажу́сь, -а́жешься *pt* *impt* отка́зываться, -аюсь, -аешься	aufgeben
Я отказа́лся от свои́х прав.	*Ich habe auf meine Rechte verzichtet.*
отказа́ть, -ажу́, -а́жешь [-а́занный] *pt* *impt* отка́зывать, -аю, -аешь	verweigern; ablehnen; zurückweisen
Я не могу́ ей ни в чём отказа́ть.	*Ich kann ihr nichts abschlagen.*
Она́ отказа́ла ему́ уже́ три ра́за.	*Sie hat ihn schon dreimal zurückgewiesen.*
открове́нный, -ая, -ое [-е́нен, -е́нна]	aufrichtig, offen
Тепе́рь я бу́ду говори́ть с Ва́ми соверше́нно открове́нно.	*Jetzt werde ich mit Ihnen ganz aufrichtig sprechen.*
откры́тие, -я *n*	Entdeckung
откры́тка, -и *f*	Ansichtskarte
откры́ть, -ро́ю, -ро́ешь [-ы́тый] *pt* *impt* открыва́ть, -а́ю, -а́ешь	öffnen, aufmachen; eröffnen; entdecken
Я откро́ю окно́, ду́шно.	*Ich mache das Fenster auf, die Luft ist schlecht.*
Колу́мб откры́л Аме́рику.	*Kolumbus hat Amerika entdeckt.*
Я откро́ю тебе́ оди́н секре́т.	*Ich verrate dir ein Geheimnis.*

Спасúбо, что откры́л мне глазá.	*Ich danke dir, daß du mir die Augen geöffnet hast.*
откры́ть вы́ставку	*eine Veranstaltung eröffnen*
откýда	woher
Откýда Вы?	*Wo kommen Sie her?*
Откýда мне знать?	*Woher kann ich das wissen?*
отличáться, -áюсь, -áешься *impt*	sich unterscheiden
отлúчие, -я *n*	Unterschied, Differenz; Auszeichnung
отлúчно *adv*	ausgezeichnet, hervorragend
Вы отлúчно спрáвились.	*Wir haben das ausgezeichnet bewältigt.*
Я чýвствую себя́ отлúчно.	*Ich fühle mich ausgezeichnet.*
Я получúл «отлúчно» по фúзике.	*In Physik habe ich die Note „ausgezeichnet“ bekommen.*
отлúчный, -ая, -ое [-чен, -чна]	ausgezeichnet, hervorragend
отмéтить, -мéчу, -мéтишь[-мéченный] *pt* *impt* отмечáть, -áю, -áешь	anmerken; bemerken
отмéтить отсýтствующих	*Abwesenheit eintragen (in der Schule/Uni etc.)*
Слéдует отмéтить, что ...	*Man muß darauf hinweisen, daß ...*
Нельзя́ не отмéтить ...	*Es kann nicht unerwähnt bleiben ...*
отметúть пéрвую получку	*seinen Einstand geben [das erste Gehalt feiern]*
отнестú, -сý, -сёшь [-ёс, -еслá; -сённый (-ён, -енá)] *pt* *impt* относúть, -ошý, -óсишь	(hin)tragen, (hin)bringen
Отнесúте э́то письмó дирéктору на пóдпись.	*Bringen Sie den Brief zum Direktor zur Unterschrift!*
Э́ту рýкопись мóжно отнестú к 13-ому вéку.	*Dieses Manuskript könnte man dem 13. Jahrhundert zuordnen.*
относúтельный, -ая, -ое [-лен, -льна]	relativ
Всё относúтельно.	*Alles ist relativ.*
отношéние, -я *n*	Beziehung; Verhältnis
отоплéние, -я *n*	Heizung
паровóе отоплéние	*Zentralheizung*
центрáльное отоплéние	*Zentralheizung*
оторвáть, -вý, -вёшь [-áл, -алá, -áло; отóрванный] *pt* *impt* отрывáть, -áю, -áешь	abreißen; abbrechen; losreißen

Оторви́те лист от тетра́ди и пиши́те.	*Reißt ein Blatt aus dem Heft raus und schreibt!*
Ему́ оторва́ло ру́ку.	*Ihm wurde eine Hand abgerissen.*
Я не могу́ оторва́ть глаз от э́той карти́ны.	*Ich kann die Augen nicht von diesem Bild abwenden.*
Не отрыва́й меня́ от рабо́ты.	*Halte mich nicht von der Arbeit ab!*
отпра́здновать, -ную, -нуешь [-анный] *pt* *s.* пра́здновать	feiern
о́тпуск, -а [*pl* -а́, -о́в] *m*	Urlaub
Я взял три ме́сяца о́тпуск за свой счёт.	*Ich habe drei Monate unbezahlten Urlaub genommen.*
отрази́ть, -ажу́, -ази́шь [-ажённый (-ён, -ена́)] *pt* *impt* отража́ть, -а́ю, -а́ешь	spiegeln; wiedergeben
отрица́тельный, -ая, -ое [-лен, -льна]	negativ
отступи́ть, -уплю́, -у́пишь *pt* *impt* отступа́ть, -а́ю, -а́ешь	zurückweichen; nachgeben
отсу́тствие, -я *n*	Abwesenheit
Никто́ не заме́тил его́ отсу́тствия.	*Niemand hat sein Fehlen bemerkt.*
У меня́ уже́ три отсу́тствия.	*Ich habe schon dreimal gefehlt./ Ich habe drei Fehlstunden.*
оправда́тельный пригово́р из-за отсу́тствия доказа́тельств	*Freispruch wegen Mangels an Beweisen*
отсу́тствовать, -твую, -твуешь *impt*	abwesend sein; fehlen
Кто отсу́тствует?	*Wer fehlt?*
отсю́да *adv*	von hier (aus, ab); daraus
Отсю́да пло́хо ви́дно.	*Das ist von hier aus schlecht zu sehen.*
Отсю́да сле́дует, что ...	*Daraus folgt, daß ...*
отту́да *adv*	von dort(her), von da; daher; von drüben
отча́янный, -ая, -ое [-ян, -янна]	verzweifelt
оча́янный посту́пок	*eine kühne Tat*
отча́яться, -а́юсь, -а́ешься *pt* *impt* отча́иваться, -аюсь, -аешься	verzweifeln; verzweifelt sein
Я соверше́нно отча́ялся.	*Ich bin vollkommen verzweifelt.*

Не отча́ивайся.	*Verzweifle nicht!*
о́тчество, -а *n*	[Vatersname]
отъе́зд, -а *m*	Abfahrt
официа́льный, -ая, -ое [-лен, льна]	offiziell
официа́нт, -а *m,* официа́нтка, -и *f*	Kellner(in)
офо́рмить, -млю, -мишь [-мленный] *pt* *impt* оформля́ть, -я́ю, -я́ешь	(alle Papiere) besorgen; für die richtige Form sorgen
худо́жественно офо́рмленная кни́га	*ein künstlerisch gestaltetes Buch*
офо́рмить догово́р	*einen Vertrag aufsetzen*
охвати́ть, -ачу́, -а́тишь [-а́ченный] *pt* *impt* охва́тывать, -аю, -аешь	ergreifen, erfassen; umfassen
Пожа́р охвати́л весь дом.	*Der Brand hat das ganze Haus erfaßt.*
Меня́ охвати́л страх.	*Die Angst packte mich.*
охо́та, -ы *f*	Jagd
охо́та на медве́дей	*Bärenjagd*
ходи́ть на охо́ту	*auf die Jagd gehen*
охо́тник, -а *m*	Jäger
оцени́ть, -еню́, -е́нишь [-ённый (-ён, -ена́)] *pt* *impt* оце́нивать, -аю, -аешь	einschätzen; bewerten
оце́нка, -и *f*	Einschätzung; (Schul)Note
отзы́вчивый, -ая, -ое [-ив]	teilnahmsvoll
очарова́ние, -я *n*	Charme, Reiz
очарова́тельный, -ая, -ое[-лен, -льна]	reizend, charmant, entzückend
Ната́лия Петро́вна – очарова́тельная же́нщина.	*Natalija Petrowna ist eine charmante Frau.*
У моего́ де́душки очарова́тельный до́мик в гора́х.	*Mein Opa hat ein reizendes Häuschen im Gebirge.*
очеви́дно *adv*	offensichtlich
Уже́ шесть, он, очеви́дно, не придёт.	*Es ist schon sechs Uhr, offensichtlich kommt er nicht.*
Очеви́дно на́до найти́ друго́е реше́ние.	*Offensichtlich muß man einen anderen Beschluß finden.*
очеви́дный, -ая, -ое [-ден, -дна]	offensichtlich
очеви́дный факт	*offensichtliche Tatsache*

очеви́дная и́стина	*unbestrittene Wahrheit*
очеви́дное противоре́чие	*offensichtlicher Widerspruch*
очеви́дное нежела́ние	*offensichtlich zur Schau gestellte Unlust*
о́чень *adv*	sehr
не о́чень	*nicht so sehr*
Понра́вилось тебе́? – Не то что́бы о́чень.	*Hat dir das gefallen? – Nicht besonders.*
о́чередь, -и [*pl* -и, -е́й] *f*	Schlange
За чем о́чередь?	*Wofür stehen Sie an?*
очи́стить, очи́щу, очи́стишь *pt* *s.* чи́стить	schälen; pellen; schuppen
очки́, -о́в *pl*	Brille
Я ношу́ очки́.	*Ich trage eine Brille.*
ошиби́ться, -бу́сь, -бёшься [-и́бся, -и́блась] *pt* *impt* ошиба́ться, -а́юсь, -а́ешься	sich vertun
Мне ка́жется, что Вы ошиба́етесь.	*Mir scheint, Sie täuschen sich.*
Вы оши́блись но́мером.	*Sie haben sich in der Nummer geirrt.*
оши́бка, -и *f*	Fehler; Irrtum
Вы почти́ не де́лаете граммати́ческих оши́бок.	*Sie machen kaum grammatische Fehler.*
Я до́рого поплати́лся за оши́бку.	*Ich habe für meinen Fehler teuer bezahlt.*
Мы все у́чимся на оши́бках.	*Wir alle lernen aus Fehlern.*
Извини́те, произошла́ оши́бка.	*Entschuldigen Sie bitte, wir haben uns vertan.*

П

па́дать, -аю, -аешь *impt*	fallen
Баро́метр па́дает.	*Das Barometer fällt.*
Це́ны на проду́кты пита́ния па́дают.	*Die Lebensmittelpreise sinken.*
Я уже́ па́даю от уста́лости.	*Ich bin so müde, ich fall gleich um.*
Не па́дай ду́хом!	*Kopf hoch!*
паке́т, -а *m*	Paket; Päckchen
пала́тка, -и *f*	Zelt
па́лец, -льца *m*	Finger; Zehe

большо́й па́лец — *Daumen*
указа́тельный па́лец — *Zeigefinger*
безымя́нный па́лец — *Ringfinger*
соса́ть па́лец — *Daumen lutschen*
Я зна́ю его́ как свой пять па́льцев. — *Ich kenne ihn wie meine Westentasche.*

пальто́ *unv n* — Mantel

па́мятник, -а *m* — Denkmal
па́мятник Пу́шкину — *Puschkin-Denkmal*
надгро́бный па́мятник — *Grabmal*
па́мятник архитекту́ры — *Baudenkmal*
охра́на па́мятников — *Denkmalschutz*

па́мять, -и *f* — Gedächtnis; Andenken
У меня́ плоха́я па́мять. — *Ich habe ein schlechtes Gedächtnis.*
Возьми́ э́то кольцо́ на па́мять. — *Nimm diesen Ring als Erinnerung!*

па́па, -ы *m* — Papa

па́ра, -ы *f* — Paar
Я купи́ла три па́ры сапо́г. — *Ich habe drei Paar Stiefel gekauft.*
влюблённая па́ра — *Liebespaar*

парикма́хер, -а *m*, парикма́херша, -и *f* — Friseur, -seuse

парк, -а *m* — Park

парла́мент, -а *m* — Parlament

парохо́д, -а *m* — Dampfer; Boot, Schiff

па́рта, -ы *f* — Schulbank

парти́йный, -ая, -ое [-и́ен, -и́йна] — Partei-

па́ртия, -и *f* — Partei

па́спорт, -а [*pl* -а́, -о́в] *m* — Paß, Reisepaß
заграни́чный па́спорт — *Reisepaß*

пассажи́р, -а *m*, пассажи́рка, -и *f* — Passagier(in); Fahrgast

пасту́х, -а́ *m* — Hirt

паха́ть, пашу́, па́шешь *impf* — pflügen

па́хнуть, -ну, -нешь [пах/па́хнул, па́хла] *impf (I)* — riechen
Чем па́хнет здесь? — *Wonach riecht es hier?*
Э́то де́ло па́хнет неприя́тностями. — *Das riecht nach Unannehmlichkeiten.*

па́чка, -и *f* — Päckchen
Па́чку сигаре́т, пожа́луйста. — *Ein Päckchen Zigaretten bitte!*
па́чка макаро́н — *eine Packung Nudeln*

па́чкать, -аю, -аешь *impt*	schmutzig machen
Не па́чкай кни́гу.	*Mach das Buch nicht schmutzig!*
Я не хо́чу па́чкать э́тим ру́ки.	*Ich will mir die Hände nicht beschmutzen.*
пе́вец, -вца́ *m,* певи́ца, -ы *f*	Sänger(in)
о́перный пе́вец	*Opernsänger*
педаго́г, -а *m*	Pädagoge
педаго́гика, -и *f*	Pädagogik
педагоги́ческий, -ая, -ое	pädagogisch
пейза́ж, -а *m*	Landschaft; Landschaftsgemälde, Landschaftsbild
пенсионе́р, -а *m,* пенсионе́рка, -и *f*	Rentner(in)
пе́нсия, -и *f*	Rente, Pension
Мой де́душка уже́ на пе́нсии.	*Mein Großvater ist schon in Pension.*
Чере́з два го́да я выхожу́ на пе́нсию.	*In zwei Jahren gehe ich in Rente.*
пе́пел, -пла *m*	Asche
пе́пельница, -ы *f*	Aschenbecher
перевезти́, -зу́, -зёшь [-ёз, -езла́; -зённый (-ён, -ена́)] *pt* перевози́ть, -ожу́, -о́зишь	befördern, transportieren (nur mit einem Fahrzeug)
перево́дчик, -а *m,* перево́дчица, -ы *f*	Übersetzer(in); Dolmetscher(in)
перегово́ры, -ов *pl*	Verhandlungen
пе́ред *prep (I)*	vor
Я останови́лся пе́ред две́рью.	*Ich blieb vor der Tür stehen.*
принима́ть пе́ред едо́й	*vor dem Essen einnehmen*
Пе́ред тем как уйти́, я должна́ тебе́ ещё что-то сказа́ть.	*Bevor ich gehe, muß ich dir noch etwas sagen.*
овеча́ть пе́ред зако́ном	*sich vor Gericht verantworten*
Я винова́т пе́ред тобо́й.	*Ich bin in deiner Schuld.*
переда́ть, -а́м, -а́шь, -а́ст, -ади́м, -ади́те, -аду́т *pt* *impt* передава́ть, -даю́, -даёшь	senden; jdm. etw. durch/über jdn. bringen/schicken
Как передаёт Ре́йтер, ...	*Wie „Reuter" mitteilt ...*
Спаси́бо за кни́гу, мне её вчера́ переда́ли.	*Danke für das Buch, gestern hat man es mir gebracht.*
Передава́йте приве́т роди́телям.	*Grüßen Sie Ihre Eltern von mir!*
переда́ча, -и *f*	Sendung

радиопереда́ча	*Radiosendung*
телевизио́нная переда́ча	*Fernsehsendung*
пере́дний, -яя, -ее	Vorder-
пере́дняя часть	*Vorderteil*
пере́дние но́ги	*Vorderfüße*
пере́дний план	*Vordergrund*
пере́дний ход	*Vorwärtsgang*
пере́дняя, -ей *f*	Flur, Diele; Vorraum; Vorzimmer
перее́хать, -е́ду, -е́дешь *pt* *impt* переезжа́ть, -а́ю, -а́ешь	überfahren; umziehen
Сего́дня трамва́ем перее́хало ребёнка.	*Die Straßenbahn hat heute ein Kind überfahren.*
Мы перее́хали на но́вую кварти́ру.	*Wir sind in eine neue Wohnung gezogen.*
пережи́ть, -иву́, -ивёшь [пережи́л, -жила́, -жи́ло; пережи́тый] *pt* *impt* пережива́ть, -а́ю, -а́ешь	durchmachen; überleben
За э́ти го́ды я мно́гое пережи́л.	*In diesen Jahren habe ich sehr viel durchgemacht.*
Я пережи́л всех свои́х ро́дственников.	*Ich habe alle meine Verwandten überlebt.*
перекрёсток, -тка *m*	Kreuzung
переме́на, -ы *f*	Änderung, Veränderung, Wechsel
переме́на пого́ды	*Wetterwechsel, Wetterumschlag*
больши́е переме́ны	*große Veränderungen*
Наблюда́ется переме́на к лу́чшему.	*Eine Wendung zum Besseren ist zu beobachten.*
Вам нужна́ переме́на кли́мата.	*Sie brauchen Luftveränderung.*
Поговори́м об э́том на переме́не по́сле уро́ка матема́тики.	*Wir reden darüber in der Pause, nach der Mathe-Stunde.*
перемести́ть, -ещу́, -ести́шь [-ещённый (ён, -ена́)] *pt* *impt* перемеща́ть, -а́ю, -а́ешь	umstellen, versetzen
переоде́ться, -е́нусь, -е́нешься *pt* *impt* переодева́ться, -а́юсь, -а́ешься	sich umziehen
переписа́ть, -ишу́, -и́шешь [-и́санный] *pt* *impt* перепи́сывать, -аю, -аешь	noch einmal schreiben

переса́дка, -и *f*	Umsteigen
пересе́сть, -ся́ду, -ся́дешь *pt* *impt* переса́живаться, -аюсь, -аешься	sich woanders hinsetzen; umsteigen
Вам ну́жно пересе́сть на Колхо́зной.	*Sie müssen an der Haltestelle „Kolchoznaja" umsteigen.*
переста́ть, -а́ну, -а́нешь *pt* *impt* перестава́ть, -таю́, -таёшь	aufhören
переу́лок, -лка *m*	Gasse; kleine Straße
перехо́д, -а *m*	Übergang; Fußgängerübergang (z. B. Zebrastreifen)
пе́рец, -рца (-рцу) *m*	Paprika
пери́од, -а *m*	Periode
послевое́нный пери́од	*die Nachkriegszeit*
перо́, -а́ [*pl* пе́рья, -ьев] *n*	Feder
перро́н, -а *m*	Bahnsteig
пе́рсик, -а *m*	Pfirsich; Pfirsichbaum
перча́тка, -и *f*	Handschuh
пе́сня, -и *f*	Lied
пе́сни Шу́берта	*die Lieder von Schubert*
песо́к, -ска́ (-ску́) *m*	Sand
пёстрый, -ая, -ое [пёстр, пестра́, пёстро/пестро́]	bunt
пету́х, -а́ *m*	Hahn
петь, пою́, поёшь *impt*	singen
Адамо́ поёт о любви́.	*Adamo singt über die Liebe.*
печа́льный, -ая, -ое [-лен, -льна]	traurig
печа́льный взгляд	*ein tieftrauriger Blick*
печа́льный результа́т	*ein trauriges Ergebnis*
печа́тать, -аю, -аешь *impt*	drucken; in einem Presseerzeugnis stehen; publizieren
печа́тать на маши́нке	*Schreibmaschine tippen*
Журна́л «Тест» не печа́тает рекла́м.	*In der Zeitschrift „TEST" gibt es keine Werbung.*
печа́ть[1], -и *f*	Stempel
печа́ть[2] , -и *f*	Presse
печёный, -ая, -ое	gebacken
пече́нье, -я *n*	Plätzchen
пе́чка, -и *f*	Herd; Ofen
печь[1], пеку́, печёшь, пеку́т [пёк, пекла́] *impt*	backen
печь хлеб	*Brot backen*

Со́лнце печёт. — *Die Sonne brennt/sticht.*
печь[2], -и [о пе́чи, в печи́; *pl* -и, -е́й] *f* — Herd; Ofen
пешехо́д, -а *m* — Fußgänger
пешко́м *adv* — zu Fuß
пеще́ра, -ы *f* — Grotte, Höhle
пи́во, -а *n* — Bier
пиджа́к, -а́ *m* — Weste (eines Anzugs)
пиро́г, -а́ *m* — Pirogge [gedecktes Teiggericht]
пиро́жное, -ого *n* — (Kuchen)Teilchen
пирожо́к, -жка́ *m* — (russische) Frühlingsrolle, Piroschok
писа́тель, -я *m*, писа́тельница, -ы *f* — Schriftsteller(in)
писа́ть, пишу́, пи́шешь *impt* — schreiben; malen
пистоле́т, -а *m* — Pistole
пи́сьменный, -ая, -ое — schriftlich
письмо́, -а́ [*pl* пи́сьма, -сем, -сьмам] *n* — Brief
заказно́е письмо́ — *Einschreibebrief*
пить, пью, пьёшь [пил, пила́ , пи́ло] *impt* — trinken
Я пью за твоё здоро́вье. — *Ich trinke auf dein Wohl.*
пи́ща, -и *f* — Essen, Kost
пла́вать, -аю, -аешь *impt* — schwimmen
Я до́лго пла́вал. — *Ich bin lange geschwommen.*
плака́т, -а *m* — Plakat
пла́кать, пла́чу, пла́чешь *impt* — weinen
Не плачь. — *Weine nicht.*
план, -а *m* — Plan
плане́та, -ы *f* — Planet
пласти́нка, -и *f* — Schallplatte
пластма́сса, -ы *f* — Plastik
пла́та, -ы *f* — Zahlung
за́работная пла́та — *Lohn/Gehalt*
кварти́рная пла́та — *Miete*
пла́та за прое́зд — *Fahrpreis*
пла́та за прока́т — *Leihgebühr*
плати́ть, плачу́, пла́тишь *impt* — bezahlen, zahlen
плато́к, -тка́ *m* — Halstuch, Kopftuch
носово́й плато́к — *Taschentuch*
пла́тье, -я *f* — Kleid
плащ, -а́ *m* — Regenmantel
племя́нник, -а *m*, племя́нница, -ы *f* — Neffe, Nichte

плен, -а *m*	Gefangenschaft
пле́нный, -ого *m*	Kriegsgefangener
плечо́, -а́ [*pl* пле́чи, плеч, плеча́м] *n*	Schulter
плита́, -ы́ [*pl* пли́ты, пли́там] *f*	Herd
электри́ческая плита́	*Elektroherd*
га́зовая плита́	*Gasherd*
плод, -а́ *m*	Frucht
ци́трусовые плоды́	*Zitrusfrüchte*
запре́тный плод	*die verbotene Frucht*
«Плоды́ просвеще́ния»	*„Früchte der Bildung"*
пло́тник, -а *m*	Zimmermann
пло́хо *adv*	schlecht, schlimm, übel
Я пло́хо себя́ чу́вствую.	*Ich fühle mich schlecht.*
Всё э́то пло́хо ко́нчится.	*Das alles wird schlimm enden.*
плохо́й, -а́я, -о́е [плох, -а́, -о; ху́же]	schlecht, schlimm
Де́душка о́чень плох.	*Opa ist sehr krank.*
Твои́ дела́ пло́хи.	*Es steht schlimm um dich.*
Со мно́й шу́тки пло́хи.	*Mit mir ist schlecht Kirschen essen.*
С э́тим шу́тки пло́хи.	*Damit ist nicht zu spaßen.*
плоха́я пого́да	*schlechtes Wetter*
пло́щадь, -и [*pl* -и, -е́й] *f*	Platz
база́рная пло́щадь	*Marktplatz*
плыть, плыву́, плывёшь [плыл, -ыла́, -ы́ло] *impf*	schwimmen; fahren
Плывём обра́тно к бе́регу!	*Komm, wir schwimmen zurück zum Strand!*
Кора́бль плывёт под англи́йским фла́гом.	*Das Schiff fährt unter englischer Flagge.*
плыть по тече́нию	*mit dem Strom schwimmen*
плыть про́тив тече́ния	*gegen den Strom schwimmen*
пляж, -а *m*	Strand
по *prep (D)*	auf; in; wegen
по невнима́нию/боле́зни	*wegen Unaufmersamkeit/Krankheit*
погла́дить по голове́	*über den Kopf streichen*
идти́ по бе́регу	*den Strand entlanggehen*
экза́мен по матема́тике	*Prüfung in Mathematik*
по про́сьбе/жела́нию/вы́бору/рожде́нию	*auf Bitte/Wunsch/nach Wahl/von Geburt*
побе́да, -ы *f*	Sieg
удержа́ть побе́ду над враго́м	*den Sieg über den Feind erringen/davontragen*

победи́тель, -я *m*, победи́тельница, -ы *f*	Sieger(in)
Победи́телей не су́дят.	*Wer gewinnt, hat recht.*
победи́ть, -и́шь, -и́т *pt* *impt* побежда́ть, -а́ю, -а́ешь	siegen; besiegen, schlagen
поблагодари́ть, -рю́, -ри́шь *pt* *s.* благодари́ть *(A)*	danken, sich bedanken
побри́ться, -ре́юсь, -ре́ешься *pt* *s.* бри́ться	sich rasieren
по́вар, -а [*pl* -а́, -о́в] *m*, повари́ха, -и *f*	Koch, Köchin
поведе́ние, -я *n*	Verhalten, Benehmen
пове́рить, -рю, -ришь *pt* *s.* ве́рить	glauben
Он мне так и не пове́рил.	*Er hat mir trotzdem nicht geglaubt.*
Пове́рь, я э́того сам не хоте́л.	*Glaube es, das habe ich selber nicht gewollt.*
поверну́ть, -ну́, -нёшь *pt* *impt* повора́чивать, -аю, -аешь	umdrehen; umkehren; abbiegen
поверну́ть напра́во	*nach rechts abbiegen*
поверну́ть нале́во	*nach links abbiegen*
Поверни́те наза́д.	*Bitte wenden Sie!*
поверну́ться, -ну́сь, -ёшься *pt* *impt* повора́чиваться, -аюсь, -аешься	sich umdrehen
пове́рхность, -и *f*	Oberfläche
пове́сить, -е́шу, -е́сишь [-е́шенный] *pt* *s.* ве́шать	aufhängen
повлия́ть, -я́ю, -я́ешь *pt* *s.* влия́ть	beeinflussen
по́вод, -а *m*	Vorwand
поворо́т, -а *m*	Kurve
круто́й поворо́т	*Haarnadelkurve*
повторе́ние, -я *n*	Wiederholung
повтори́ть, -рю́, -ри́шь [-рённый (-ён, -ена́)] *pt* *impt* повторя́ть, -я́ю, -я́ешь	noch einmal sagen; wiederholen
повы́сить, -ы́шу, -ы́сишь [-ы́шенный] *pt* *impt* повыша́ть, -а́ю, -а́ешь	erhöhen; steigern

повы́сить зарпла́ты/це́ны/нало́ги — *Lohn/Gehalt/Preise/Steuern erhöhen*

повы́ситься, -ы́сится [*1. & 2. Pers. ungbr.*] *pt* — höher werden, steigen, zunehmen
impt повыша́ться, -а́ется
Це́ны постоя́нно повыша́ются. — *Die Preise steigen ständig.*
Повы́силась производи́тельность труда́. — *Die Arbeitsproduktivität ist gestiegen.*
Температу́ра повы́силась. — *Die Temperatur ist gestiegen.*
Потребле́ние питьево́й воды́ постоя́нно повыша́ется. — *Der Verbrauch an Trinkwasser nimmt ständig zu.*

повыше́ние, -я *n* — Erhöhung, Steigerung; Zunahme
повыше́ние цен — *Preissteigerung*
повыше́ние жи́зненного у́ровня — *die Erhöhung des Lebensniveaus*
повыше́ние зарпла́ты — *Lohnerhöhung*
повыше́ние температу́ры — *Temperaturerhöhung*
повыше́ние по слу́жбе — *Beförderung*

погаси́ть, -ашу́, -а́сишь [-а́шенный] *pt* — löschen; ausmachen
s. гаси́ть

поги́бнуть, -ну, -нешь [-ги́б, -ги́бла] *pt* — im Krieg oder bei einem Unfall sterben
impt погиба́ть, -а́ю, -а́ешь

погла́дить, -а́жу, -а́дишь [-а́женный] *pt* — bügeln; streicheln
s. гла́дить
Я уже́ всё погла́дила. — *Ich habe schon alles gebügelt.*
Ма́ма погла́дила меня́ по голове́ и ничего́ не сказа́ла. — *Mama hat mir den Kopf gestreichelt und nichts gesagt.*

пого́да, -ы *f* — Wetter
хоро́шая пого́да — *schönes Wetter*
плоха́я пого́да — *schlechtes Wetter*
сво́дка пого́ды — *Wetterbericht*
прогно́з пого́ды — *Wettervorhersage*
Кака́я за́втра бу́дет пого́да? — *Was werden wir morgen für Wetter haben?*

под *prep* (И; А) — unter
Кни́га лежи́т под столо́м. — *Das Buch liegt unter dem Tisch.*
Ви́лка упа́ла под сто́л. — *Die Gabel ist unter den Tisch gefallen.*
под руково́дством/кома́ндой — *unter der Leitung von/ unter dem Kommando*

под у́тро/ве́чер/коне́ц	*gegen Morgen/Abend/Ende*
под но́сом	*unter deinen Augen*
подари́ть, -арю́, -а́ришь [-а́ренный] *pt* *s.* дари́ть	schenken
пода́рок, -рка *m*	Geschenk
пода́ть, -а́м, -а́шь, -а́ст, -ади́м, -ади́те, -аду́т *pt* *impt* подава́ть, -даю́, -даёшь	jdm. etw. reichen, geben
пода́ть ру́ку	*die Hand geben*
Пода́й мне, пожа́луйста, слова́рь.	*Gib mir bitte das Wörterbuch!*
Я пода́м жа́лобу на Вас.	*Ich werde mich über Sie beschweren.*
По́дано!	*Es ist angerichtet.*
подборо́док, -дка *m*	Kinn
двойно́й подборо́док	*Doppelkinn*
подва́л, -а *m*	Keller
по́двиг, -а *m*	Heldentat
подгото́вить, -влю, -вишь [-вленный] *pt* *impt* подгота́вливать, -аю, -аешь	vorbereiten
подгото́виться, -влюсь, -вишься; -вленный] *pt* *impt* подгота́вливаться, -аюсь, -аешься	sich vorbereiten
подгото́вка, -и *f*	Vorbereitung; Vorbildung
поддержа́ть, -ержу́, -е́ржишь [-е́ржанный] *pt* *impt* подде́рживать, -аю, -аешь	unterstützen
подде́ржка, -и *f*	Unterstützung
поде́йствовать, -твую, -твуешь *pt* *s.* де́йствовать	wirken
Снотво́рное поде́йствовало.	*Das Schlafmittel hat gewirkt.*
Мои́ слова́ на него́ ника́к не поде́йствовали.	*Meine Worte haben auf ihn überhaupt keine Wirkung gehabt.*
подели́ть, -делю́, -де́лишь [-лённый (-ён, -ена́)] *pt* *s.* дели́ть	teilen
Мы ника́к не мо́жем подели́ть насле́дство.	*Wir können das Erbe überhaupt nicht aufteilen.*

поджа́рить, -рю, -ришь *pt* *s.* жа́рить	anbraten
подня́ть, -ниму́, -ни́мешь [по́днял, -яла́, -яло; по́днятый] *pt*	heben; hochheben; aufheben
impt поднима́ть, -а́ю, -а́ешь	
Заче́м бро́сил ру́чку? Подними́!	*Warum hast du den Kugelschreiber auf den Boden geworfen, heb ihn auf!*
Кто пе́рвый по́днял ру́ку?	*Wer hat sich zuerst gemeldet?*
подня́ть вопро́с	*eine Frage aufwerfen*
подня́ть шум	*Lärm machen*
подня́ть настрое́ние	*die Stimmung heben*
подня́ться, -ниму́сь, -ни́мешься [-я́лся/-ялся́, -яла́сь] *pt*	(hinauf)steigen, hinaufgehen; sich erheben; steigen
impt поднима́ться, -а́юсь	
Подни́мемся на терра́су.	*Gehen wir auf die Terrasse!*
Поднимись ко мне на второ́й эта́ж.	*Komm zu mir herauf!*
Я поднялся́ наве́рх.	*Ich bin nach oben gegangen.*
Прису́тствующие подняли́сь с мест.	*Die Anwesenden erhoben sich von den Sitzen.*
Це́ны опя́ть подняли́сь.	*Die Preise sind wieder gestiegen.*
подо́бный, -ая, -ое [-бен, -бна]	ähnlich; solch
подо́бным о́бразом	*in ähnlicher Weise*
в подо́бных слу́чаях	*in solchen Fällen*
Подо́бное поведе́ние, мя́гко говоря́, стра́нно.	*Solch ein Benehmen ist, gelinde gesagt, seltsam.*
Ничего́ подо́бного!	*Nichts dergleichen!*
и тому́ подо́бное (и т. п.)	*und ähnliches (u. ä.)*
подойти́, -ойду́, -ойдёшь [-ошёл, -ошла́] *pt*	herankommen, herantreten; sich nähern; passen
impt подходи́ть, -ожу́, -о́дишь	
Не подходи́ к окну́.	*Bleib weg vom Fenster!/Geh nicht zu nah ans Fenster!*
Подойди́те ко мне.	*Kommen Sie näher!*
Э́тот га́лстук подхо́дит к твое́й руба́шке.	*Diese Krawatte paßt zu deinem Hemd.*
Я не ве́рю, что э́та руба́шка мне подойдёт.	*Ich glaube nicht, daß dieses Hemd mir paßt.*
подоко́нник, -а *m*	Fensterbrett
подписа́ть, -ишу́, -и́шешь [-и́санный] *pt*	unterzeichnen, unterschreiben

impt подпи́сывать, -аю, -аешь

подписáться, -ишу́сь, -и́шешься *pt* — unterschreiben
impt подпи́сываться, -аюсь, -аешься

пóдпись, -и *f* — Unterschrift

подрóбность, -и *f* — Detail; Einzelheit
до мельчáйших подрóбностей — *bis ins Detail gehen*
Не вдавáйся в подрóбности! — *Fasse dich kürzer!*

подру́га, -и *f* — Freundin

подружи́ться, -жу́сь, -жи́шься/-жишься *pt* — sich befreunden, Freundschaft schließen

подснéжник, -а *m* — Schneeglöckchen

подсóлнечник, -а *m* — Sonnenblume

подтверди́ть, -ржу́, -рди́шь [-рждённый (-ён, -енá)] *pt* — bestätigen
impt подтверждáть, -áю, -áешь
Обвиня́емый подтверди́л свои́ показáния. — *Der Angeklagte hat seine Aussagen bestätigt.*

поду́мать, -аю, -аешь *pt* — nachdenken; denken; über etw. nachdenken
s. ду́мать
Ты хорошó об э́том поду́мал? — *Hast du gut darüber nachgedacht?*
Не торопи́сь, поду́май ещё раз. — *Nimm dir Zeit, überleg noch mal!*
Я поду́мал, что ты оби́делся. — *Ich habe mir gedacht, daß du dich beleidigt fühlst.*
И не поду́маю извиня́ться. — *Es fällt mir gar nicht ein, mich zu entschuldigen.*
Поду́мать тóлько: скóлько лет не ви́делись! — *Man bedenke bloß, wieviel Jahre wir uns nicht gesehen haben!*

поду́шка, -и *f* — Kissen

подхóд, -а *m* — Vorgehensweise

подходя́щий, -ая, -ее [-я́щ] — passend, geeignet
Мне тру́дно найти́ подходя́щие словá. — *Ich habe Schwierigkeiten, die passenden Worte zu finden.*
Э́то вряд ли сáмый походя́щий подáрок. — *Ist das wirklich das beste Geschenk?*

подъéзд, -а *m* — Eingang; Aufgang

пóезд, -а [*pl* -á, -óв] *m* — Zug (Eisenbahn)
скóрый пóезд — *Schnellzug*

пассажи́рский пóезд	*Personenzug*
Скажи́те, пожáлуйста, когдá отправля́ется пóезд на Ри́гу?	*Wann bitte fährt der Zug nach Riga ab?*
при́городный пóезд	*Vorortzug*
поéздка, -и *f*	Reise
поéсть, -ем, -éшь, -éст, -еди́м, -еди́те, -едя́т [-éл] *pt* *s.* ест[1]	etwas essen
Сначáла поéшь, потóм поговори́м.	*Iß erst was, dann reden wir!*
поéхать, -éду, -éдешь *pt*	(hin)fahren
пожалéть, -éю, -éешь *pt* *s.* жалéть	Mitleid haben; bedauern
Пожалéй меня́!	*Habe Mitleid mit mir!*
Ты ещё пожалéешь об э́том!	*Das wirst du noch bedauern.*
пожáр, -а *m*	Brand
пожелáть, -áю, -áешь *s.* желáть	wünschen; wollen
Он не пожелáл прийти́.	*Er wollte nicht kommen.*
Он пожелáл мне дóлгой и счастли́вой жи́зни.	*Er hat mir ein glückliches und langes Leben gewünscht.*
пожéртвовать, -твую, -твуешь *pt* *s.* жéртвовать	opfern
Я пожéртвовал для тебя́ лу́чшими годáми своéй жи́зни.	*Ich habe dir die besten Jahre meines Lebens geopfert.*
Им прóсто пожéртвовали.	*Sie haben ihn einfach geopfert.*
пожилóй, -áя, -óе	älterer Mensch
Он ужé пожилóй.	*Er ist schon ein älterer Mensch.*
пожилóй вóзраст	*fortgeschrittenes Alter*
позабóтиться, -óчусь, -óтишься *pt* *s.* забóтиться	sorgen, Sorge tragen für
Не беспокóйся, я позабóчусь об э́том.	*Mach dir keine Sorgen, ich kümmere mich darum.*
Я позабóчусь, чтóбы тебя́ никтó не беспокóил.	*Ich paß auf, daß dich niemand stört.*
позави́довать, -дую, -дуешь *pt*	beneiden
Тебé не позави́дуешь.	*Du bist nicht zu beneiden.*
позáвтракáть, -аю, -аешь *pt*	frühstücken
позавчерá *adv*	vorgestern

позади́ *adv; prep (G)* — hinter
Са́мое тру́дное оста́лось позади́. — *Das Schwerste haben wir hinter uns.*

позва́ть, -зову́, -зовёшь *pt* *s.* звать — rufen; einladen
Я позову́ тебя́, когда́ он придёт. — *Ich rufe dich, wenn er kommt.*
Позови́те кого́-нибудь на по́мощь. — *Rufen Sie jemanden um Hilfe!*
Ста́рый друг позва́л меня в суббо́ту на у́жин. — *Ein alter Freund hat mich am Samstag zum Abendessen eingeladen.*

позволе́ние, -я *n* — Erlaubnis

позво́лить, -лю, -лишь [-ленный] *pt* позволя́ть, -я́ю, -я́ешь — erlauben
Позво́льте закури́ть. — *Darf ich hier rauchen?*
Мы мо́жем себе́ э́то позво́лить? — *Können wir uns das erlauben?*

позвони́ть, -ню́, -ни́шь *pt* *s.* звони́ть — klingeln; telefonieren, anrufen
Почему́ ты не позвони́л? — *Warum hast du mich nicht angerufen?*

поздне́е *adv* — später

по́здний, -яя, -ее — spät; verspätet
в по́здний час — *zu später Stunde*
по́здней о́сенью — *Spätherbst*
до по́здней но́чи — *bis tief in die Nacht hinein*

по́здно *adv* — spät

поздоро́ваться, -аюсь, -аешься *pt* *s.* здоро́ваться — (be)grüßen; jdm. guten Tag sagen; einander begrüßen

поздра́вить, -влю, -вишь [-вленный] *pt* *impt* поздравля́ть, -я́ю, -я́ешь — gratulieren
Я поздравля́ю Вас от всего́ се́рдца. — *Ich gratuliere Ihnen von ganzem Herzen.*

поздравле́ние, -я *n* — Glückwunsch

познако́миться, -млюсь, -мишься *pt* *s.* знако́миться — kennenlernen
Я познако́мился с краси́вой де́вушкой. — *Ich habe ein hübsches Mädchen kennengelernt.*

пойти́, -йду́, -йдёшь [пошёл, -шла́] *pt*	gehen, hingehen
Пошли́!	*Gehen wir!*
Пошёл вон!	*Pack dich!*
пока́ *konj; adv*	während; solange; bis
На́м на́до пойти́ в посо́льство, пока́ ты здесь.	*Wir müssen zur Botschaft gehen, solange du da bist.*
Жди́те, пока́ вас позову́т.	*Warten Sie bitte, bis Sie gerufen werden!*
Пока́ ничего́ неизве́стно.	*Bis jetzt weiß man noch nichts davon.*
показа́ть, -ажу́, -а́жешь [-а́занный] *pt*	zeigen
impt пока́зывать, -аю, -аешь	
показа́ться, -ажу́сь, -а́жешься *pt*	scheinen, den Anschein haben; den Eindruck machen
s. каза́ться	
поки́нуть, -ну, -нешь [-утый] *pt*	verlassen
impt покида́ть, -а́ю, -а́ешь	
Оте́ц поки́нул семью́.	*Der Vater hat die Familie verlassen.*
покля́сться, -яну́сь, -янёшься *pt*	schwören
s. кля́сться	
Ты мне покля́ся в э́том.	*Du hast mir das geschworen.*
поко́й, -я *m*	Ruhe
Оста́вь меня́ в поко́е!	*Laß mich in Ruhe!*
С тех пор я не зна́ю поко́я.	*Seitdem habe ich keine Ruhe.*
Э́тот вопро́с не даёт мне поко́я.	*Diese Frage läßt mir keine Ruhe.*
поколе́ние, -я *n*	Generation
покра́сить, -а́шу, -а́сишь [-а́шенный] *pt*	(an)streichen, färben
s. кра́сить	
покры́ть, -ро́ю, -ро́ешь [-ы́тый] *pt*	bedecken; decken; zudecken
impt покрыва́ть, -а́ю, -а́ешь	
На у́тро всё бы́ло покры́то сне́гом.	*Am nächsten Morgen war alles mit Schnee bedeckt.*
Весно́й наконе́ц покро́ем дом.	*Im Frühling decken wir endlich das Haus.*
Я наде́юсь, что э́та су́мма покро́ет Ва́ши расхо́ды.	*Ich hoffe, die Summe reicht, um Ihre Kosten abzudecken.*
И не пыта́йтесь покры́ть соо́бщников!	*Und versuchen Sie nicht, Ihre Mittäter zu decken!*

покупа́тель, -я *m*	Käufer(in)
покупа́тельница, -ы *f*	
Покупа́тель всегда́ прав.	*Der Kunde ist König.*
покупа́ть, -а́ю, -а́ешь *impt*	kaufen, einkaufen
s. купи́ть	
поку́пка, -и *f*	Einkauf
поку́пка в креди́т	*Kreditkauf*
поку́пка за нали́чный расчёт	*Barkauf*
де́лать поку́пки	*einkaufen*
поку́шать, -аю, -аешь *pt*	etwas essen
s. ку́шать	
пол-	halb, halb-
Я приду́ че́рез полчаса́.	*Ich komme in einer halben Stunde.*
полкило́ я́блок	*ein halbes Kilo Äpfel*
Мы встре́тимся полвторо́го.	*Wir treffen uns um halb acht.*
пол[1], -а [на полу́; *pl* полы́, поло́в] *m*	Fußboden
парке́тный пол	*Parkettfußboden*
доща́тый пол	*Bohlenfußboden*
пол[2], -а [*pl* по́лы, поло́в] *m*	Geschlecht
сла́бый пол	*das schwache Geschlecht*
полго́да, полуго́да *m*	Halbjahr
по́лдень, полу́дня/по́лдня *m*	Mittag
по́ле, -я [*pl* -я́, -е́й] *n*	Feld
ржано́е по́ле	*Roggenfeld*
вспа́ханное по́ле	*Acker*
по́ле би́твы	*Schlachtfeld*
футбо́льное по́ле	*Fußballplatz*
по́ле зре́ния	*Gesichtsfeld*
полево́й, -а́я, -о́е	Feld-
полевы́е рабо́ты	*Feldarbeiten*
полевы́е цветы́	*Feldblumen*
поле́зный, -ая, -ое [-зен, -зна]	nützlich, nutzbringend; Nutz-
Разгово́р с тобо́й был мне о́чень поле́зен.	*Das Gespräch mit dir hat mir sehr geholfen.*
поле́зная жила́я пло́щадь	*Nutzfläche (einer Wohnung, eines Hauses)*
коэффицие́нт поле́зного де́йствия	*Nutzeffekt*
поле́зное ископа́емое	*Rohstoffe*
ползти́, -зу́, -зёшь [полз, ползла́] *impt*	kriechen; [sich langsam bewegen]
поликли́ника, -и *f*	Poliklinik

поли́тик, -а *m*	Politiker(in)
поли́тика, -и *f*	Politik
полити́ческий, -ая, -ое	politisch
полито́лог, -а *m*	Politologe
политоло́гия, -и *f*	Politologie
поли́ть, -лью́, -льёшь [по́лил/ поли́л, -ла́, по́лило/поли́ло] *pt*	bewässern; gießen; sprengen
impt полива́ть, -а́ю, -а́ешь	
полице́йский, -ая, -ое	Polizei-; Polizist
полице́йский уча́сток	*Polizeirevier*
Мой оте́ц рабо́тал 20 лет полице́йским.	*Mein Vater hat 20 Jahre als Polizist gearbeitet.*
поли́ция, -и *f*	Polizei
по́лка, -и *f*	Fach, Regal; Liegebank
кни́жная по́лка	*Bücherregal*
по́лночь, полу́ночи/полно́чи *f*	Mitternacht
в по́лночь	*um Mitternacht*
Уже́ за по́лночь.	*Es ist schon nach Mitternacht.*
по́лный, -ая, -ое [по́лон, полна́, по́лно/полно́]	voll; ausreichend (z. B. Antwort)
полови́на, -ы *f*	Hälfte
Произво́дство должно́ увели́читься в два с полови́ной ра́за.	*Die Produktion muß sich auf das Dreieinhalbfache erhöhen.*
На э́то мне пона́добилось три с полови́ной часа́.	*Dafür habe ich dreieinhalb Stunden gebraucht.*
Я приду́ в полови́не второ́го.	*Ich komme um halb zwei.*
положе́ние, -я *n*	Lage; Situation
положи́тельный, -ая, -ое [-лен, -льна]	positiv
полоса́, -ы́ *f*	Streifen
полоте́нце, -а *n*	Handtuch; Badetuch
махро́вое полоте́нце	*Frotteetuch*
ку́хонное полоте́нце	*Wischtuch*
полотно́, -а́ [*pl* -о́тна, -о́тен, -о́тнам] *n*	Stoff; Gemälde, Bild; Segel
поло́ть, полю́, по́лешь [по́лотый] *impt*	jäten
поло́ть гря́дки	*Unkraut jäten*
получи́ть, -учу́, -у́чишь [-у́ченный] *pt*	bekommen, kriegen, erhalten
impt получа́ть, -а́ю, -а́ешь	
полчаса́, получа́са *m*	eine halbe Stunde

пóльза, -ы *f*	Nutzen
Э́то говори́т в твою́ пóльзу.	*Das spricht zu deinen Gunsten/ für dich.*
Я уве́рен, что э́то пойдёт тебé на пóльзу.	*Ich bin sicher, daß dir das von Nutzen sein wird.*
Какáя пóльза от э́того?	*Was nutzt das?*
Счёт 2 : 1 в нáшу пóльзу.	*Zwei zu eins für uns.*
пóльзоваться, -зуюсь, -зуешься *impt* *(I)*	benutzen, gebrauchen
Я никогдá не пóльзуюсь э́тим стирáльным порошкóм.	*Dieses Waschpulver benutze ich nie.*
Пьéса определённо пóльзуется успéхом.	*Das Theaterstück ist bestimmt erfolgreich.*
пóльзоваться вся́ким удóбным слу́чаем	*jede Gelegenheit wahrnehmen*
Я пóльзуюсь слу́чаем сообщи́ть Вам, что ...	*Ich benutze die Gelegenheit, Ihnen mitzuteilen, daß ...*
пóльзоваться всéми правáми	*alle Rechte in Anspruch nehmen*
полюби́ть, -юблю́, -ю́бишь *pt* *s.* люби́ть	anfangen zu lieben; -gern zu haben
С тех пóр я полюби́ла э́тот гóрод.	*Seitdem liebe ich diese Stadt.*
поменя́ть, -я́ю, -я́ешь *pt* *s.* меня́ть	wechseln
помешáть, -áю, -аешь *s.* мешáть[1]	stören; hindern
помешáть, -áю, -áешь *pt* *s.* мешáть[1]	stören; hindern
Ты помешáл моéй карьéре.	*Du hast meine Karriere verhindert.*
помещéние, -я *n*	Raum
жилóе помещéние	*Wohnraum*
служéбное помещéние	*Dienstraum*
помидóр, -а *m*	Tomate
пóмнить, -ню, -нишь *impt*	sich immer noch erinnern
Я хорошó Вас пóмню.	*Ich kann mich noch gut an Sie erinnern.*
Я не пóмню, как э́то бы́ло.	*Ich habe vergessen, wie das war.*
Мир пóмнит об у́жасах Вторóй мировóй войны́.	*Die Welt hat die Greuel des zweiten Weltkriegs nicht vergessen.*
по-мóему *adv*	meiner Meinung nach
По-мóему, так лу́чше.	*Meiner Meinung nach ist das besser so.*
Я сдéлаю по-мóему.	*Ich mach das, wie ich will.*

помоли́ться, -лю́сь, -о́лишься *pt*	beten
s. моли́ться	
помо́чь, -огу́, -о́жешь, -о́гут [-о́г, -огла́] *pt*	helfen
impt помога́ть, -а́ю, -а́ешь	
помо́щник, -а *m*	Gehilfe; Hilfe (eine Person)
по́мощь, -и *f*	Hilfe
На по́мощь!	*Hilfe!*
Я нужда́юсь в твое́й по́мощи.	*Ich brauche deine Hilfe.*
Никто́ не пришёл на по́мощь.	*Keiner ist zu Hilfe gekommen.*
На́до вы́звать «Ско́рую по́мощь».	*Wir müssen die Ambulanz/den Rettungswagen rufen.*
оказа́ть пе́рвую по́мощь	*Erste Hilfe leisten*
помы́ть, -мо́ю, -мо́ешь [-ы́тый] *pt*	waschen; abwaschen, spülen; putzen
s. мыть	
пона́добиться, -блюсь, -бишься *pt*	brauchen
Не уходи́, ты мне пона́добишься.	*Geh noch nicht, ich brauch dich noch!*
Э́то мо́жет ещё пона́добиться.	*Das kann man noch brauchen.*
пониже́ние, -я *n*	Sinken, Fallen
пониже́ние рабо́чей зарпла́ты	*das Sinken des Lohnniveaus*
пониже́ние ка́чества	*Verschlechterung der Qualität*
пониже́ние температу́ры	*Temperaturrückgang*
пониже́ние атмосфе́рного давле́ния	*Luftdrucksenkung*
пониже́ние в зва́нии	*Degradierung*
пони́зиться, -ни́зится [*1. & 2. Pers. ungbr.*] *pt*	sinken, fallen
impt понижа́ться, -а́ется	
Жи́зненный у́ровень пони́зился.	*Der Lebensstandard ist gesunken.*
Температу́ра понижа́ется.	*Die Temperatur fällt.*
понра́виться, -влюсь, -вишься	gefallen
s. нра́виться	
Я уве́рен, что она́ тебе́ понра́вится.	*Ich bin sicher, daß sie dir gefallen wird.*
поню́хать, -аю, -аешь *pt*	riechen
s. ню́хать	
Поню́хай!	*Riech mal!*

поня́тие, -я *n*	Begriff; Verstand
Поня́тия не име́ю, где его́ мо́жно найти́.	*Ich habe keine Ahnung, wo er sein könnte.*
поня́тный, -ая, -ое [-тен, -тна]	verständlich
Твоя́ реа́кция мне не совсе́м поня́тна.	*Deine Reaktion ist für mich nicht ganz verständlich.*
Я не пришёл по вполне́ поня́тным причи́нам.	*Ich hatte verständliche Gründe, nicht zu kommen.*
поня́ть, пойму́, поймёшь [по́нял, -ала́, -яло; по́нятый] *pt*	verstehen
impt понима́ть, -а́ю, -а́ешь	
Тебе́ не поня́ть.	*Das wirst du nicht verstehen./Du kannst das nicht verstehen.*
Говори́те ме́дленнее, пожа́луйста, я Вас пло́хо понима́ю.	*Sprechen Sie bitte langsamer, ich verstehe Sie schlecht!*
Его́ не поймёшь.	*Man wird aus ihm nicht klug.*
Нетру́дно поня́ть, что ...	*Es läßt sich unschwer erkennen, daß ...*
пообе́дать, -аю, -аешь *pt* *s.* обе́дать	zu Mittag essen
попа́сть, -аду́, -адёшь [-а́л] *pt*	kommen, geraten
impt попада́ть, -а́ю, -а́ешь	
А ты как сюда́ попа́л?	*Was machst du denn hier?*
попа́сть в беду́	*[in ein Unglück geraten]*
поперёк *adv; prep (G)*	quer; quer durch, quer über
разре́зать поперёк	*quer schneiden*
вста́ть кому́-л. поперёк доро́ги	*sich jdm. in die Quere stellen*
знать вдоль и поперёк	*durch und durch kennen*
попра́виться, -влюсь, -вишься *pt*	gesund werden; sich erholen; zunehmen
impt поправля́ться, -я́юсь, -я́ешься	
Больно́й начина́ет поправля́ться.	*Der Kranke ist auf dem Wege der Besserung.*
Ско́ро ты совсе́м попра́вишься.	*Bald wirst du ganz gesund.*
Я попра́вилась на два килогра́мма.	*Ich habe zwei Kilo zugenommen.*
Поправля́йтесь!	*Gute Besserung!*
попро́бовать, -бую, -буешь *pt* *s.* про́бовать	probieren; versuchen

попроси́ть, -прошу́, -про́сишь s. проси́ть	bitten
Я попрошу́ Вас быть то́чным.	*Ich bitte Sie, pünktlich zu sein.*
Мо́жно Вас о чём-то попроси́ть?	*Darf ich Sie um etwas bitten?*
попроси́ть разреше́ния	*um Erlaubnis bitten*
попыта́ться, -а́юсь, -а́ешься *pt* s. пыта́ться	versuchen
попы́тка, -и *f*	Versuch
пора́ *adv*	es ist/wird Zeit, es ist an der Zeit
Давно́ пора́ об э́том поду́мать.	*Es ist schon lange Zeit, darüber nachzudenken.*
До каки́х пор бу́дет всё э́то продолжа́ться?	*Wie lange wird das noch dauern?*
С каки́х пор э́то так?	*Seit wann ist das so?*
С тех пор я его́ не ви́дел.	*Seitdem habe ich ihn nicht mehr gesehen.*
до сих пор	*bis jetzt*
пораже́ние, -я *n*	Niederlage
порва́ть, -ву́, -вёшь [-а́л, -ала́, -а́ло; по́рванный] *pt*	zerreißen; abbrechen
Бо́же мой, ты опя́ть порва́л брю́ки!	*Mein Gott, du hast wieder deine Hose zerrissen!*
Нелегко́ порва́ть с про́шлым.	*Es ist nicht leicht, die Verbindung zur Vergangenheit abzubrechen.*
поросёнок, -нка [*pl* -ся́та, -я́т] *n*	Ferkel
порт, -а [о по́рте, в порту́; *pl* по́рты, порто́в] *m*	Hafen
по́ртить, -рчу, -ртишь *impt*	verderben
Не сто́ит по́ртить себе́ из-за э́того настрое́ние.	*Es lohnt sich nicht, sich seine Laune deswegen verderben zu lassen.*
по́ртить, -рчу, -ртишь *impt*	verderben
портно́й, -о́го *m*, портни́ха, -и *f*	Schneider(in)
портре́т, -а *m*	Porträt
портфе́ль, -я *m*	Schultasche
поря́док, -дка *m*	Ordnung; (Haus/Geschäfts)ordnung; Reihenfolge
Соблюда́йте поря́док!	*Beachten Sie die Hausordnung!*
Приведи́ свою́ ко́мнату в поря́док.	*Bring dein Zimmer in Ordnung!*
в алфави́тном поря́дке	*in alphabetischer Folge*
посади́ть, -ажу́, -а́дишь [-а́женный] *pt* s. сажа́ть	pflanzen; setzen; anbauen; einsperren

посади́ть де́рево — *einen Baum pflanzen*
посади́ть в тюрьму́ — *ins Gefängnis bringen*

по-сво́ему *adv* — auf meine/deine/seine/... Weise
Га́ля по-сво́ему краси́ва. — *Gallia ist auf ihre Art hübsch.*
Ты всё равно́ сде́лаешь по-сво́ему. — *Du wirst es sowieso so machen, wie du willst.*

посели́ться, -лю́сь, -ли́шься *pt* — einziehen
impt поселя́ться, -я́юсь, -я́ешься

посети́тель, -я *m*, посети́тельница, -ы *f* — Besucher; Gast

посети́ть, -сещу́, -сети́шь *pt* — besuchen; besichtigen
impt посеща́ть, -а́ю, -а́ешь

посеще́ние, -я *n* — Besuch

посла́ть, пошлю́, пошлёшь *pt* — schicken, zuschicken; abschicken
impt посыла́ть, -а́ю, -а́ешь
посла́ть по по́чте/по́чтой — *per Post schicken*

по́сле *prep (G)* — nach

после́дний, -яя, -ее — letzt(-er, -e, -es), zuletzt
после́дний уча́стник в состяза́нии — *der letzte Teilnehmer im Wettkampf*
Я говорю́ тебе́ э́то в после́дний раз. — *Ich sage dir das zum letzten Mal.*
Э́то моё после́днее сло́во. — *Das ist mein letztes Wort.*
Э́та была́ после́дняа ка́пля. — *Das hat das Faß zum Überlaufen gebracht.*
в после́дний моме́нт — *in der letzten Minute*

послеза́втра *adv* — übermorgen

послу́шный, -ая, -ое [-шен, -шна] — gehorsam, brav, lieb

посмотре́ть, -отрю́, -о́тришь *pt* — hinsehen; anblicken
s. смотре́ть
Почему́ ты на меня́ так посмотре́ла? — *Warum hast du mich so angeguckt?*
Посмотри́ мне в глаза́. — *Sieh mir in die Augen!*
Э́то мы ещё посмо́трим! — *Das werden wir noch sehen!*

посове́товать, -тую, -туешь *pt* — raten
s. сове́товать
Что́ Вы мне тепе́рь посове́туете? — *Wozu raten Sie mir jetzt?*

посочу́вствовать, -твую, -твуешь *pt* — mitfühlen; nachfühlen; bemitleiden
s. сочу́вствовать

поспеши́ть, -шу́, -ши́шь *pt* — sich beeilen
s. спеши́ть
Поспеши́, нас уже́ ждут. — *Beeil dich, man wartet schon auf uns!*
Мне ка́жется, ты поспеши́л с отве́том. — *Mir scheint, du hast übereilt geantwortet.*

поссо́риться, -рюсь, -ришься *pt* — sich streiten, sich zanken; sich entzweien
s. ссо́риться
Вчера́ мы опя́ть поссо́рились. — *Gestern haben wir uns wieder gestritten.*
Серге́й к нам бо́льше не захо́дит, вы что, поссо́рились? — *Sergej kommt nicht mehr zu uns nach Hause, habt ihr euch zerstritten?*

пост, -а́ [о по́сте, на посту́; *pl* -ы́, -о́в] *m* — Posten; (hoher) Posten, Stelle
назна́чить на пост дире́ктора — *jdn. als Direktor einstellen*

поста́вить, -влю, -вишь [-вленный] *pt* — stellen
s. ста́вить

постара́ться, -а́юсь, -а́ешься *pt* — sich Mühe geben, sich anstrengen; sich bemühen
s. стара́ться
Постара́йся на э́тот раз не опа́здывать. — *Bemühe dich, diesmal nicht zu spät zu kommen!*

постаре́ть, -е́ю, -е́ешь *pt* — altern; älter werden, alt werden
s. старе́ть

посте́ль, -и *f* — Bett
встать с посте́ли — *(aus dem Bett) aufstehen*
убра́ть посте́ль — *das Bett machen*

постепе́нно *adv* — nach und nach, allmählich

постира́ть, -а́ю, -а́ешь [-и́ранный] *pt* — waschen
s. стира́ть

постоя́нно *adv* — ständig, immer wieder, stets, laufend

постоя́нный, -ая, -ое [-нен, -нна] — ständig, dauernd
постоя́нное местожи́тельство — *ständiger Wohnort*
постоя́нная рабо́та — *Dauerstellung*
постоя́нный ток — *Gleichstrom*
постоя́нный гость — *Stammgast*
постоя́нный страх — *ständige Angst*

постро́ить, -о́ю, -о́ишь [-о́енный] *pt* *s.* стро́ить	bauen
поступи́ть, -уплю́, -у́пишь *pt* *impt* поступа́ть, -а́ю, -а́ешь	handeln (tun, machen)
Почему́ ты так поступи́л?	*Warum hast du so gehandelt?*
В 1978-ом году́ я поступи́л в университе́т.	*Ich bin im Jahre 1978 zu Uni gegangen.*
посу́да, -ы *f*	Geschirr
посчита́ть, -а́ю, -а́ешь *pt* *s.* счита́ть	zählen
посы́лка, -и *f*	Sendung
по-тво́ему *adv*	deiner Meinung nach
По-тво́ему, он мне солга́л, да?	*Deiner Meinung nach hat er mich belogen, ja?*
Тогда́ сде́лай по-тво́ему.	*Dann mach das, wie du willst!*
потеря́ть, -я́ю, -я́ешь [-е́рянный] *pt* *s.* теря́ть	verlieren
потоло́к, -лка́ *m*	Zimmerdecke
потолсте́ть, -е́ю, -е́ешь *pt* *s.* толсте́ть	dick(er) werden; zunehmen
Я ещё потолсте́ла.	*Ich bin noch dicker geworden.*
пото́м *adv*	nachher, später; dann
Поговори́м об э́том пото́м.	*Darüber reden wir nachher.*
Пото́м он ушёл.	*Dann ist er gegangen.*
поторопи́ться, -оплю́сь, -о́пишься *pt* *s.* торопи́ться	sich beeilen
Поторопи́сь!	*Beeil dich!*
Ты поторопи́лся с вы́водами.	*Deine Schlußfolgerung ist übereilt.*
потра́тить, -а́чу, -а́тишь *pt* *s.* тра́тить	ausgeben; aufwenden
Мы потра́тили на э́то ку́чу вре́мени.	*Das hat uns viel Zeit gekostet.*
потре́бовать, -бую, -буешь *pt* *s.* тре́бовать	fordern, verlangen
поу́жинать, -аю, -аешь *pt* *s.* у́жинать	zu Abend essen
Мы то́лько что поу́жинали.	*Wir haben gerade zu Abend gegessen.*
похвали́ть, -алю́, -а́лишь [-а́ленный] *pt* *s.* хвали́ть	loben

похва́статься, -аюсь, -аешься *pt*	angeben, prahlen
s. хва́статься	
походи́ть, -ожу́, -о́дишь *impt*	ähneln, ähnlich sein
Э́то ни на что не похо́же!	*Das ist unglaublich.*
похо́жий, -ая, -ее [-о́ж]	ähnlich
Сын похо́ж на отца́, а до́чка на меня́.	*Mein Sohn ähnelt seinem Vater, meine Tochter mir.*
Э́то на него́ не похо́же.	*Das sieht ihm nicht ähnlich.*
Э́то ни на что не похо́же!	*Das macht man einfach nicht.*
Похо́же, пойдёт дождь.	*Es sieht nach Regen aus.*
по́хороны, -о́н, -она́м *pl*	Beerdigung, Begräbnis
похуде́ть, -е́ю, -е́ешь *pt*	abnehmen
*s.*худе́ть	
Врач сказа́л, что мне на́до похуде́ть.	*Der Arzt hat gesagt, daß ich abnehmen muß.*
Ты совсе́м похуде́л.	*Du bist sehr dünn geworden.*
Я похуде́ла на два килогра́мма.	*Ich habe zwei Kilo abgenommen.*
поцелова́ть, -лу́ю, -лу́ешь *pt*	küssen
s. целова́ть	
поцелова́ться, -лу́юсь, -лу́ешься *pt*	sich küssen
s. целова́ться	
по́чва, -ы *f*	Boden, Grund, Land
чернозёмная по́чва	*Schwarzerde*
гли́нистая по́чва	*Lehmboden*
на э́той по́чве	*auf dieser Grundlage*
почини́ть, -ню́, -и́нишь [-и́ненный] *pt*	reparieren; überholen; flicken
s. чини́ть	
почи́нка, -и *f*	Reparatur
почи́стить, -чи́щу, -чи́стишь [-и́щенный] *pt*	putzen, reinigen; säubern; schälen
s. чи́стить	
Ты почи́стил зу́бы?	*Hast du dir die Zähne geputzt?*
Давно́ пора́ почи́стить сад.	*Es ist höchste Zeit, den Garten zu säubern.*
по́чка, -и *f*	Knospe
по́чта, -ы *f*	Post
возду́шная по́чта	*Luftpost*
отпра́вить по по́чте	*per Post schicken*
Мне на́до пойти́ на по́чту.	*Ich muß zur Post.*
Я рабо́таю на по́чте.	*Ich arbeite auf der Post.*

По́чта ещё не пришла́.	*Die Post ist noch nicht da.*
почтальо́н [льё], -а *m*	Briefträger(in)
почти́ *adv*	fast, nahezu, beinahe
Сего́дня я почти́ ничего́ не сде́лала.	*Heute habe ich fast nichts geschafft.*
Я почти́ ему́ пове́рил.	*Ich hätte ihm beinahe geglaubt.*
почто́вый я́щик *m*	Briefkasten
почу́вствовать, -твую, -твуешь *pt* s. чу́вствовать	fühlen, empfinden, spüren
пошути́ть, -учу́, -у́тишь *pt* s. шути́ть	scherzen
Я то́лько пошути́л.	*Ich habe das doch nur im Scherz gesagt.*
поэ́зия, -и *f*	Poesie
поэ́т, -а *m*, поэте́сса [тэ́], -ы *f*	Dichter(in)
появи́ться, -явлю́сь, -я́вишься *pt* появля́ться, -я́юсь, -я́ешься	auftauchen (Schwierigkeiten, Probleme u. ä.)
по́яс, -а *m*	Gürtel; Gurt
климати́ческий по́яс/ часово́й по́яс	*Klimazone/Zeitzone*
пра́вда, -ы *f*	Wahrheit; wahr
Я не реша́юсь сказа́ть ему́ пра́вду в глаза́.	*Ich traue mich nicht, ihm die Wahrheit ins Gesicht zu sagen.*
Здесь нет смы́сла иска́ть пра́вды.	*Es hat keinen Sinn, hier nach Gerechtigkeit zu suchen.*
Э́то пра́вда, что он говори́т?	*Ist das wahr, was er sagt?*
Ты мне солга́л, не пра́вда ли?	*Du hast mich belogen, nicht wahr?*
Пра́вда?	*Wirklich?*
пра́вило, -а *n*	Regel
пра́вила у́личного движе́ния	*Straßenverkehrsordnung*
пра́вила хоро́шего то́на	*Anstandsregeln*
пра́вила игры́	*Spielregeln*
по всем пра́вилам	*wie es sich gehört*
Нет пра́вила без иключе́ний.	*Keine Regel ohne Ausnahme.*
пра́вильный, -ая, -ое [-лен, -льна]	richtig, korrekt; regelmäßig
пра́вильные черты́ лица́	*ebenmäßige Gesichtszüge*
пра́вильное произноше́ние	*korrekte Aussprache*
пра́вильный отве́т	*richtige Antwort*
пра́вильный глаго́л	*regelmäßiges Verb*
пра́вильная фо́рма	*regelmäßige Form*
прави́тельство, -а *n*	Regierung

пра́во, -а *n*	Recht; Rechtswissenschaft
междунаро́дное пра́во	*Völkerrecht*
права́ челове́ка	*Menschenrechte*
правосла́вный, -ая, -ое	orthodox
правосу́дие, -я *n*	Justiz
пра́вый[1], -ая, -ое	recht(-er, -e, -es)
пра́вая рука́	*die rechte Hand*
по пра́вую ру́ку	*rechter Hand, rechts, zur Rechten*
пра́вый[2], -ая, -ое [прав, права́, пра́во]	recht haben
Ты был прав.	*Du hast recht gehabt.*
Вы соверше́нно пра́вы.	*Sie haben vollkommen recht.*
пра́здник, -а *m*	Feiertag, Fest
семе́йный пра́здник	*Familienfest*
национа́льный пра́здник	*Nationalfeiertag*
религио́зный пра́здник	*religiöser Feiertag*
С пра́здником!	*Frohes Fest!*
Бу́дет и на на́шей у́лице пра́здник.	*Auch unsere Saat wird eines Tages aufgehen.*
пра́здничный, -ая, -ое [-чен, -чна]	festlich, Festtags-
пра́здничный стол	*festlich gedeckter Tisch*
пра́здничное настрое́ние	*festliche Stimmung/Festtagsstimmung*
пра́здничная оде́жда	*Festtagskleidung*
пра́здновать, -ную, -нуешь *impt*	feiern
пра́ктика, -и *f*	Praxis; Praktikum
практи́чный, -ая, -ое [-чен, -чна]	praktisch
пребыва́ние, -я *n*	Aufenthalt
преврати́ться, -ащу́сь, -ати́шься *pt* *impt* превраща́ться, -а́юсь, -а́ешься	sich verwandeln
пре́данный, -ая, -ое [-ан, -анна]	ergeben; anhänglich, treu
предви́деть, -и́жу, -и́дишь [-и́денный] *pt*	vorsehen; voraussehen
Тру́дно предви́деть ход собы́тий.	*Es ist schwer, den Lauf der Ereignisse vorauszusehen.*
Мы вря́д ли уло́жимся в предви́денные сро́ки.	*Ich vermute, daß wir das in den vorgesehenen Fristen nicht schaffen.*

преде́л, -а *m*	Grenze
предложе́ние[1], -я *n*	Vorschlag
предложе́ние[2], -я *n*	Satz
предложи́ть, -ожу́, -о́жишь [-о́женный] *pt* *impt* предлага́ть, -а́ю, -а́ешь	vorschlagen
Я хочу́ что́-то предложи́ть.	*Ich habe einen Vorschlag.*
предложи́ть кого́-л. на пост дире́ктора	*jdn. für die Stelle des Direktors vorschlagen*
предме́т, -а *m*	Gegenstand, Sache, Ding; Fach, Lehrfach
предме́ты широ́кого потребле́ния	*Konsumgüter*
предме́ты пе́рвой необходи́мости	*Güter des täglichen Bedarfs*
предме́ты дома́шнего обихо́да	*Haushaltsartikel*
предме́т спо́ра	*Streitobjekt*
факультати́вный предме́т	*Wahlfach*
предпоче́сть, -чту́, -чтёшь [-чёл, -чла́] *pt* *impt* предпочита́ть, -а́ю, -а́ешь	lieber mögen, vorziehen
Что́ ты предпочита́ешь – теа́тр или о́перу?	*Gehst du lieber ins Theater oder in die Oper?*
Я предпочита́ю промолча́ть.	*Ich ziehe vor, nichts dazu zu sagen.*
Я предпочита́ю рабо́тать с мужчи́нами.	*Ich arbeite lieber mit Männern zusammen.*
предприя́тие, -я *n*	Betrieb, Unternehmen
предрассу́док, -дка *m*	Vorurteil
представи́тель, -я *m*	Vertreter, Repräsentant
Моне́ – представи́тель импрессиони́зма.	*Monet ist ein Vertreter des Impressionismus.*
представле́ние, -я *n*	Vorstellung
У тебя́ нет ни мале́йшего представле́ния, наско́лько э́то сло́жно.	*Du hast nicht die geringste Vorstellung, wie schwierig das ist.*
предупреди́ть, -ежу́, -еди́шь [-еждённый (-ён, -ена́)] *pt* *impt* предупрежда́ть, -а́ю, -а́ешь	warnen
Почему́ ты меня́ не предупреди́л?	*Warum hast du mich nicht gewarnt?*

Я предупрежда́ю тебя́ в после́дний раз.	*Ich sag dir das zum letzten Mal.*
предупрежде́ние, -я *n*	Warnung
предыду́щий, -ая, -ее	vorig, vorhergehend, vorausgehend
в предыду́щие го́ды	*in den vorigen Jahren*
предыду́щий ме́сяц	*der vorige Monat*
предыду́щий год	*Vorjahr*
на предыду́щей страни́це	*auf der vorhergehenden Seite*
пре́жде *adv; prep (G)*	früher, einst; vor; bevor
Пре́жде всё бы́ло про́ще.	*Früher war alles einfacher.*
как и пре́жде	*wie früher*
Пре́жде я позвоню́ ему́ и пото́м ...	*Zuerst rufe ich ihn an und dann ...*
пре́жде сро́ка	*vor Ablauf der Frist*
Пре́жде чем отве́тить, поду́майте ещё раз.	*Bevor Sie antworten, überlegen Sie nochmal!*
президе́нт, -а *m*	Präsident
преиму́щество, -а *n*	Vorteil; Vorfahrt
прекра́сный, -ая, -ое [-сен, -сна]	herrlich, wunderschön, wunderbar
пре́лесть, -и *f*	reizend sein
Ребёнок у Вас про́сто пре́лесть!	*Ihr Kind ist einfach süß!*
Кака́кая пре́лесть э́то пла́тье!	*Was für ein reizendes Kleid das ist!*
Ты про́сто пре́лесть!	*Du bist einfach reizend!*
преподава́тель, -я *m*, преподава́тельница, -ы *f*	Lehrer(in); Hochschullehrer(in)
преподава́тель ру́сского языка́	*Russischlehrer*
препода́ть, -а́м, -а́шь, -а́ст, -ади́м, -ади́те, -аду́т *pt* *impt* преподава́ть, -даю́, -даёшь	unterrichten
прерва́ть, -ву́, -вёшь [-а́л, -ала́, -а́ло; пре́рванный] *pt* *impt* прерыва́ть, -а́ю, -а́ешь	unterbrechen
Не прерыва́йте меня́ всё вре́мя.	*Unterbrechen Sie mich nicht immer!*
Я прерва́л свя́зи со все́ми ста́рыми знако́мыми.	*Ich habe meine Beziehungen zu allen meinen alten Bekannten abgebrochen.*
пре́сса, -ы *f*	Presse
преступле́ние, -я *n*	Verbrechen

уголо́вное преступле́ние	*Kapitalverbrechen*
престу́пник, -а *m*, престу́пница, -ы *f*	Verbrecher(in)
приблизи́тельно *adv*	ungefähr; ca.
Я истра́тил приблизи́тельно пятьсо́т рубле́й.	*Ich habe ungefähr fünfhundert Rubel ausgegeben.*
Я позвоню́ за́втра приблизи́тельно в э́то вре́мя.	*Ich rufe dich morgen ungefähr zur gleichen Zeit an.*
прибли́зиться, -и́жусь, -и́зишься *pt* *impt* приближа́ться, -а́юсь, -а́ешься	sich nähern, sich näherkommen
прибо́р, -а *m*	Gerät; Apparat; Gedeck; Besteck
привезти́, -зу́, -зёшь [-ёз, -езла́; -езённый (-ён, -ена́)] *pt* *impt* привози́ть, -ожу́, -о́зишь	anfahren; bringen, mitbringen (mit einem Fahrzeug)
привести́, -еду́, -едёшь [-ёл, -ела́; -едённый (-ён, -ена́)] *pt* *impt* приводи́ть, -ожу́, -о́дишь	hin-/her-/mitbringen (nur jdn.)
приве́т, -а *m*	Gruß
Са́ша проси́л переда́ть тебе́ приве́т.	*Sascha läßt dich grüßen.*
Передава́йте от меня́ приве́т Ва́шим роди́телям.	*Grüßen Sie Ihre Eltern von mir!*
Приве́т! Как дела́?	*Hallo, wie geht's?*
привы́кнуть, -ну, -нешь [-ы́к, -ы́кла] *pt* *impt* привыка́ть, -а́ю, -а́ешь	sich an etw. gewöhnen
Нелегко́ к э́тому привы́кнуть.	*Es ist nicht leicht, sich daran zu gewöhnen.*
привы́чка, -и *f*	Gewohnheit
пригласи́ть, -ашу́, -аси́шь [-ашённый (-ён, -ена́)] *pt* *impt* приглаша́ть, -а́ю, -а́ешь	einladen
приглаше́ние, -я *n*	Einladung
пригото́вить, -влю, -вишь *pt* *s.* гото́вить	vorbereiten; zubereiten
приду́мать, -аю, -аешь [-анный] *pt* *impt* приду́мывать, -аю, -аешь	ausdenken
Приду́май что-нибу́дь.	*Denk dir was aus!*
Ты э́то приду́мал, пра́вда?	*Das hast du dir nur ausgedacht, oder?*

(радио)**приёмник**, -а *m*	Radio
приéхать, -éду, -éдешь *pt*	(an)kommen; angefahren [angereist] kommen
impt приезжáть, -áю, -áешь	
Отéц приéхал пятичасовы́м пóездом.	*Mein Vater ist mit dem Zug um 5 Uhr angekommen.*
Когдá ты приéдешь в Москвý?	*Wann kommst du nach Moskau?*
Лýчше не приезжáй.	*Komm besser nicht!*
приз, -а [*pl* -ы́, -óв] *m*	Preis
признáть, -áю, -áешь [при́знанный] *pt*	anerkennen
impt признавáть, -наю́, -наёшь	
признáть/признавáть чью-л. правотý	*jdm. zustimmen*
Фрáнция признáла Хорвáтию.	*Frankreich hat Kroatien anerkannt.*
прийти́, придý, придёшь [пришёл, -шлá] *pt*	kommen, ankommen
impt приходи́ть, -ожý, -óдишь	
Я придý к тебé сегóдня вéчером.	*Heute abend komme ich zu dir.*
Тóлько Сáша пришёл на вокзáл.	*Nur Sascha ist am Bahnhof angekommen.*
Момéнт для э́того ещё не пришёл.	*Die Zeit dafür ist noch nicht gekommen.*
Мне ничегó не прихóдит в гóлову.	*Mir fällt nichts ein.*
Приди́ в себя́!	*Komm zu dir!*
прийти́сь, придётся [пришлóсь] *pt*	müssen
impt приходи́ться, -óдится	
Тогдá придётся позвони́ть шéфу.	*Dann müssen wir den Chef anrufen.*
Пришлóсь приня́ть предложéние.	*Ich mußte dem Vorschlag zustimmen.*
прикáз, -а *m*	Befehl
Прикáз есть прикáз.	*Befehl ist Befehl.*
приказáть, -ажý, -áжешь [-áзанный] *pt*	befehlen
impt прикáзывать, -аю, -аешь	

Ты не мо́жешь мне прика́зывать.	*Du hast mir nichts zu befehlen!*
приключе́ние, -я *n*	Abenteuer
примене́ние, -я *n*	Anwendung, Verwendung; Gebrauch
о́бласть примене́ния	*Verwendungsbereich*
примене́ние тео́рии на пра́ктике	*die Umsetzung der Theorie in der Praxis*
с примене́нием вооружённой си́лы	*unter Einsatz bewaffneter Kräfte*
примени́ть, -, -еню́, -е́нишь [-нённый (-ён, -ена́)] *pt* *impt* применя́ть, -я́ю, -я́ешь	anwenden, verwenden; gebrauchen
приме́р, -а *m*	Beispiel
приме́рить, -рю, -ришь *pt* *impt* примеря́ть, -я́ю, -я́ешь	anprobieren
Хоти́те приме́рить?	*Möchten Sie anprobieren?*
принадлежа́ть, -жу́, -жи́шь *impt* (D)	gehören
принести́, -су́, -сёшь [-ёс, -есла́; -есённый (-ён, -ена́)] *pt* *impt* приноси́ть, -ошу́, -о́сишь	bringen, mitbringen; holen
при́нцип, -а *m*	Grundsatz, Prinzip
Оте́ц – челове́к с при́нципами.	*Mein Vater ist ein Mann von Prinzipien.*
Э́то про́тив мои́х при́нципов.	*Das ist gegen meine inneren Grundsätze.*
в при́нципе	*im Prinzip*
принципиа́льный, -ая, -ое [-лен, -льна]	prinzipiell; prinzipienfest, prinzipientreu
принципиа́льный челове́к	*ein prinzipienfester Mensch*
принципиа́льный вопро́с	*eine grundsätzliche/prinzipielle Frage*
У нас с Ва́ми принципиа́льные разногла́сия.	*Wir haben grundsätzlich verschiedene Meinungen.*
приня́ть, приму́, при́мешь [при́нял, -яла́, -яло] *pt* *impt* принима́ть, -а́ю, -а́ешь	annehmen; empfangen
приня́ть пода́рок	*ein Geschenk annehmen*
Врач принима́ет с ча́су до шести́.	*Der Arzt arbeitet von 1 bis 6 Uhr.*
Принима́ть три ра́за в день пе́ред едо́й.	*Dreimal täglich vor dem Essen einnehmen.*
приня́ть реше́ние	*eine Entscheidung treffen*

приня́ть зако́н	*ein Gesetz verabschieden*
приобрести́, -рету́, -ретёшь [-рёл, -рела́; -ретённый] *pt*	(mit Mühe) bekommen; erlangen
impt приобрета́ть, -а́ю, -а́ешь	
Как Вам удало́сь приобрести́ э́ту кни́гу?	*Wie ist es Ihnen gelungen, dieses Buch zu bekommen?*
приобрета́ть всё бо́льшее значе́ние	*immer größere Bedeutung bekommen*
приобрести́ друзе́й	*Freunde gewinnen*
приобрести́ изве́стность	*Berühmtheit erlangen*
приро́да, -ы *f*	Natur
зако́н приро́ды	*Naturgesetz*
охра́на приро́ды	*Naturschutz*
присла́ть, пришлю́, пришлёшь *pt*	schicken, zuschicken; abschicken
impt присыла́ть, -а́ю, -а́ешь	
Ба́бушка присла́ла мне пода́рок.	*Oma hat mir ein Geschenk geschickt.*
Нам присла́ли двух но́вых сотру́дников.	*Man hat uns zwei neue Mitarbeiter geschickt.*
присни́ться, -сню́сь, -сни́шься *pt*	träumen
s. сни́ться	
Мне присни́лся стра́нный сон.	*Ich hatte einen seltsamen Traum.*
Мне присни́лось, что...	*Mir träumte, daß...*
прису́тствие, -я *n*	Anwesenheit
прису́тствовать, -твую, -твуешь *impt*	anwesend sein
притормози́ть, -ожу́, -зи́шь [-ожённый (-ён, -ена́)] *pt*	bremsen
s. тормози́ть	
прихо́жая, -ей *f*	Diele, Flur; Vorraum; Vorzimmer
причеса́ться, -ешу́сь, -е́шешься *pt*	sich kämmen
impt причёсываться, -аюсь, -аешься	
причи́на, -ы *f*	Ursache; Grund
прия́тель, -я *m*	Freund
прия́тно *adv*	angenehm
Очень прия́тно.	*Sehr angenehm!*
Прия́тно вспо́мнить.	*Angenehm, sich daran zu erinnern.*
прия́тный, -ая, -ое [-тен, -тна]	angenehm

проблéма, -ы *f* — Problem
прóбовать, -бую, -буешь *impt* — probieren; versuchen
провéрить, -рю, -ришь [-ренный] *pt* *impt* проверя́ть, -я́ю, -я́ешь — nachgucken; kontrollieren; testen
провéрка, -и *f* — Kontrolle; Test
провести́, -еду́, -едёшь [-ёл, -ела́; -едённый] *pt* *impt* проводи́ть, -ожу́, -óдишь — hindurchführen; durchführen; verbringen
провести́ врéмя/óтпуск/кани́кулы/два часа́ — *Zeit/Urlaub/Ferien/zwei Stunden*
провести́ собра́ние — *eine Versammlung abhalten*
На́до провести́ кампа́нию прóтив ма́ссовых увольнéний. — *Wir müssen eine Kampagne gegen die Massenentlassungen durchführen.*
програ́мма, -ы *f* — Programm
прогрéсс, -а *m* — Fortschritt
прогресси́вный, -ая, -ое [-вен, -вна] — fortschrittlich; progressiv
прогу́лка, -и *f* — Spaziergang
продавéц, -вца́ *m*, продавщи́ца, -ы *f* — Verkäufer(in)
прода́ть, -а́м, -а́шь, -а́ст, -ади́м, -ади́те, -аду́т [прóдал, -ала́] *pt* *impt* продава́ть, -аю́, -аёшь — verkaufen
продиктова́ть, -ту́ю, -ту́ешь[-óванный] *pt* s. диктова́ть — diktieren
продолжа́ть, -а́ю, -а́ешь *impt* *pt* продóлжить, -жу, -жишь — fortsetzen; weitermachen
Я продолжа́ю с ним встреча́ться. — *Ich treffe mich immer noch mit ihm.*
Почему́ ты не продóлжил исслéдования? — *Warum hast du die Forschungen nicht weitergemacht?*
продолжа́ться, -а́ется *impt* *pt* продóлжиться, -жится [*1.&2. Pers. ungebr.*] — dauern
Э́то продолжа́ется ужé два гóда. — *Das dauert schon zwei Jahre.*
Скóлько ещё продóлжится заседа́ние. — *Wie lange wird die Sitzung noch dauern?*
продолжéние, -я *n* — Fortsetzung

Продолже́ние сле́дует	*Fortsetzung folgt*
проду́кт, -а *m*	Produkt, Erzeugnis
проду́кты *pl*	Produkte; Lebensmittel
проду́кция, -и *f*	Produktion; Produkt, Erzeugnis
валова́я проду́кция	*Bruttoerzeugung*
гото́вая проду́кция	*Fertigwaren*
промы́шленная проду́кция	*Industriegüter*
вы́пуск проду́кции	*Produktionsausstoß*
рост проду́кции	*Produktionszuwachs*
прое́зд, -а *m*	(Fahr)Strecke; Durch-/Einfahrt
пра́во преиму́щественного прое́зда	*Vorfahrt*
бесплáтный прое́зд	*kostenlose Beförderung*
де́ньги за прое́зд	*Fahrpreis*
прое́кт, -а *m*	Projekt
прозра́чный, -ая, -ое [-чен, -чна]	durchsichtig
проигра́ть, -а́ю, -а́ешь *pt*	(ein Spiel/einen Einsatz) verlieren; verspielen
impt прои́грывать, -аю, -аешь	
«Дина́мо»-Ки́ев проигра́л «Спартаку́»-Москва́.	*Dynamo Kiew hat gegen Spartak Moskau verloren.*
произведе́ние, -я *n*	Werk
произведе́ние иску́сства	*Kunstwerk*
производи́ть, -ожу́, -о́дишь *impt*	produzieren; erzeugen, herstellen
pt произвести́, -еду́, -едёшь [-ёл, -ела́; -едённый (-ён, -ена́)]	
произво́дство, -а *n*	Produktion, Erzeugung
сре́дства произво́дства	*Produktionsmittel*
сери́йное произво́дство	*Serienproduktion*
эксперимента́льное произво́дство	*Probebetrieb*
произво́дство ста́ли	*Stahlerzeugung*
совме́стное произво́дство	*Koproduktion, Gemeinschaftsproduktion*
произнести́, -су́, -сёшь [-ёс, -есла́; -есённый (-ён, -ена́)] *pt*	aussprechen
impt произноси́ть, -ошу́, -о́сишь	
Попро́буйте пра́вильно произнести́ сло́во.	*Versuchen Sie, das Wort richtig auszusprechen!*

Президе́нт произнёс речь. — *Der Präsident hat eine Rede gehalten.*

произойти́, -ойдёт [-ошёл, -шла́] [*1.&2. Pers. ungebr.*] *pt* *impt* происходи́ть, -о́дит — geschehen, passieren, sich ereignen

происше́ствие, -я *n* — Unfall

пройти́, пройду́, пройдёшь [прошёл, -ла́; про́йденный] *pt* *impt* проходи́ть, -ожу́, -о́дишь — durchgehen; vergehen; durchnehmen

Проходи́те, пожа́луйста. — *Bitte gehen Sie durch!*

С тех пор прошло́ мно́го вре́мени. — *Seit damals ist viel Zeit vergangen.*

Э́то мы не проходи́ли. — *Das haben wir nicht durchgenommen.*

прокля́сть, -яну́, -янёшь [про́клял, -яла́, -я́ло; про́клятый] *pt* *impt* проклина́ть, -а́ю, -а́ешь — fluchen; jdm. etw. Böses wünschen (verfluchen)

Будь оно́ про́клято! — *Verdammt noch mal!*

Я проклина́ю э́тот дура́цкий университе́т. — *Ich verfluche diese blöde Universität.*

промы́шленность, -и *f* — Industrie

тяжёлая промы́шленность — *Schwerindustrie*

лёгкая промы́шленность — *[Leichtindustrie] (Lebensmittel-, Textil-, Konsumgüterindustrie u. ä.)*

промы́шленный, -ая, -ое — Industrie-, industriell

промы́шленное предприя́тие — *Industriebetrieb*

пропа́сть, -аду́, -адёшь [-] *pt* — verlorengehen, wegkommen; verschwinden

пропада́ть, -а́ю, -а́ешь

Кни́га пропа́ла. — *Das Buch ist weg.*

Моя́ маши́на пропа́ла. — *Mein Auto ist verschwunden.*

У меня́ пропа́ла охо́та занима́ться э́тим. — *Die Lust, mich damit zu beschäftigen, ist mir vergangen.*

Куда́ ту пропа́л? — *Wo bist du denn hingeraten?*

Мы пропа́ли! — *Wir sind verloren.*

прописа́ть, -ишу́, -и́шешь [-и́санный] *pt* *impt* пропи́сывать, -аю, -аешь — anmelden; verschreiben

прописа́ть но́вого жильца́ — *einen neuen Einwohner anmelden*

прописа́ть антибио́тик — *ein Antibiotikum verschreiben*

пропусти́ть, -ущу́, -у́стишь [-у́щенный] *pt* *impt* пропуска́ть, -а́ю, -а́ешь	verpassen
проси́ть, прошу́, про́сишь *impt*	bitten
Переста́нь проси́ть меня́ об э́том.	*Hör auf, mich darum zu bitten!*
Прошу́ внима́ния.	*Ich bitte um Aufmerksamkeit.*
просну́ться, -ну́сь, -нёшься *pt* *impt* просыпа́ться, -а́юсь, -а́ешься	aufwachen, wach werden
Сего́дня я просну́лся ра́но.	*Heute bin ich früh aufgewacht.*
проспе́кт[1], -а *m*	breite Allee
проспе́кт[2], -а *m*	Prospekt
прости́ть, прощу́, прости́шь [прощённый (ён, -ена́)] *pt* *impt* проща́ть, -а́ю, -а́ешь	verzeihen
Я не могу́ себе́ э́того прости́ть.	*Ich kann mir das nicht verzeihen.*
просто́й, -а́я, -о́е [прост, проста́, про́сто, про́сты/просты́]	einfach
просто́й вопро́с	*eine einfache Frage*
просто́й сме́ртный	*ein gewöhnlicher Sterblicher*
Просты́м гла́зом ви́дно.	*Das kann man mit bloßem Auge sehen.*
Я согласи́лся по той просто́й причи́не, что ...	*Ich war einverstanden [aus dem einfachen Grund, daß], weil ...*
просто́рный, -ая, -ое [-рен, -рна]	geräumig
просто́рный зал	*ein geräumiger Saal*
простра́нство, -а *n*	Raum
жи́зненное простра́нство	*Lebensraum*
косми́ческое простра́нство	*Weltraum*
простуди́ться, -ужу́сь, -у́дишься *pt* *impt* простужа́ться, -а́юсь, -а́ешься	sich erkälten
простыня́, -и́ [*pl* про́стыни, просты́нь, простыня́м] *f*	Bettlaken, Bettuch
про́сьба, -ы *f*	Bitte
протеста́нт, -а *m*, протеста́нтка, -и *f*	Protestant(in)
Я протеста́нт.	*Ich bin evangelisch.*
протеста́нтский, -ая, -ое	protestantisch

протестова́ть, -ту́ю, -ту́ешь *impt*	protestieren
Я протесту́ю про́тив тако́го реше́ния.	*Ich protestiere gegen so einen Beschluß.*
проти́вник, -а *m*	Gegner
противопоста́виться, -влюсь, -вишься *pt* *impt* противопоставля́ться, -я́юсь, -я́ешься	sich widersetzen
противоре́чие, -я *n*	Widerspruch
В э́том те́ксте есть вну́треннее противоре́чие.	*In diesem Text gibt es einen inneren Widerspruch.*
профе́ссия, -и *f*	Beruf
Ва́ша профе́ссия?/Вы кто по профе́ссии?	*Was sind Sie von Beruf?*
профе́ссор, -а *m*	Professor
профсою́з, -а *m*	Gewerkschaft
профсою́зный, -ая, -ое	gewerkschaftlich, Gewerkschafts-
прохо́жий, -его *m*, прохо́жая, -ей *f*	Passant(in)
проце́сс, -а *m*	Prozeß; Entwicklung
прочита́ть, -а́ю, -а́ешь [-и́танный] *pt* *s.* чита́ть	lesen; vorlesen
про́чный, -ая, -ое [-чен, -чна́, -чно, -чны́/-чны́]	haltbar; dauerhaft; fest
проше́дшее, -его *n*	Vergangenheit; das Vergangene
Проше́дшее не вернёшь.	*Man kann die Vergangenheit nicht zurückholen.*
проше́дший, -ая, -ее	vergangen; verflossen
про́шлое, -ого *n*	Vergangenheit
в про́шлом...	*früher ...*
В про́шлом всё бы́ло намно́го ху́же.	*In der Vergangenheit war alles viel schlechter.*
про́шлый, -ая, -ое	vergangen; verflossen
на про́шлой неде́ле	*vorige Woche*
Э́то де́ло про́шлое.	*Das gehört schon der Vergangenheit an.*
пруд, -а́ [в пруду́] *m*	Teich
пры́гать, -аю, -аешь *impt*	hüpfen
пры́гнуть, -ну, -нешь *pt* *s.*пры́гать	springen
Я пры́гнул.	*Ich bin gesprungen.*
пря́мо *adv*	geradeaus; direkt; offen

Езжа́йте пря́мо.	*Fahren Sie geradeaus!*
Скажу тебе́ пря́мо, э́то мне не нра́вится.	*Ich sag dir ganz offen, das gefällt mir nicht.*
Ты попа́л пря́мо в цель.	*Du hast den Kern der Sache getroffen.*
прямо́й, -а́я, -о́е [прям, пряма́, пря́мо]	gerade; aufrichtig
В прямо́й ю́бке ты вы́глядишь ещё лу́чше.	*In einem geradefallenden Rock siehst du noch besser aus.*
Столь прямо́го вопро́са я не ожида́л.	*So eine direkte Frage habe ich nicht erwartet.*
прямо́й челове́к	*ein aufrichtiger Mensch*
в прямо́м смы́сле сло́ва	*im wahren Sinne des Wortes*
прямо́й нос	*eine gerade Nase*
прямоуго́льный, -ая, -ое	rechteckig
пря́тать, пря́чу, пря́чешь *impt*	verstecken
психо́лог, -а *m*	Psychologe
психологи́че́ский, -ая, -ое	psychologisch
психоло́гия, -и *f*	Psychologie
пти́ца, -ы *f*	Vogel
пе́вчая пти́ца	*Singvogel*
перелётная пти́ца	*Zugvogel*
дома́шняя пти́ца	*Geflügel*
Будь осторо́жен с ним, он ва́жная пти́ца.	*Sei vorsichtig mit ihm, er ist ein großes Tier!*
пу́блика, -и *f*	Publikum
публика́ция, -и *f*	Publikation
публикова́ть, -ку́ю, -ку́ешь [-ко́ванный] *impt*	publizieren, veröffentlichen
пуга́ть, -а́ю, -а́ешь *impt*	Angst machen
Бу́дущее пуга́ет меня́.	*Die Zukunft macht mir Angst.*
пу́говица, -ы *f*	Knopf
пункт, -а *m*	Punkt
нача́льный/коне́чный пункт	*Ausgangs-/Endpunkt*
пусто́й, -а́я, -о́е [пуст, пуста́, пу́сто]	leer
Круго́м пу́сто.	*Hier gibt's nichts./Ich bin allein.*
пусты́е наде́жды	*vergebliche Hoffnungen*
оста́ться с пусты́ми рука́ми	*mit leeren Händen bleiben*
перелива́ть из пусто́го в поро́жнее	*leeres Stroh dreschen*
Ты для меня́ пусто́е ме́сто.	*Für mich bist du inexistent.*
пусты́ня, -и *f*	Wüste
путёвка, -и *f*	Kurschein; [Urlaubsschein]

Я доста́л две путёвки в Крым.	*Ich habe zwei Urlaubsscheine für die Krim besorgt.*
путеше́ствие, -я *n*	Reise; Erlebnisreise
путеше́ствие с о́тдыхом	*Urlaubsreise*
Мы соверши́ли путеше́ствие по Во́лге.	*Wir haben eine Wolgareise gemacht.*
путеше́ствовать, -твую, твуешь *impt*	reisen; eine Erlebnisreise machen
путь, -и́ [путём, о пути́; *pl* пути́, -е́й, -я́м] *m*	Weg
пути́ сообще́ния	*Verkehrswege*
железнодоро́жный путь	*Eisenbahnlinie*
станцио́нный путь	*Bahnhofsgleis*
Счастли́вого пути!	*Glückliche Reise!*
на обра́тном пути́	*auf dem Rückweg*
пуши́стый, -ая, -ое [-и́ст]	flauschig, flaumig
пуши́стые во́лосы	*flaumige Haare*
пуши́стая ткань	*flauschiger Stoff*
пуши́стый снег	*flockiger Schnee*
пчела́, -ы [*pl* пчёлы, пчёл, пчёлам] *f*	Biene
пшени́ца, -ы *f*	Weizen
ярова́я пшени́ца	*Sommerweizen*
ози́мая пшени́ца	*Winterweizen*
пылесо́с, -а *m*	Staubsauger
пыль, -и [о пыли, в пыли́] *f*	Staub
Ты вы́терла пыль?	*Hast du Staub geputzt?*
пыта́ться, -а́юсь, -а́ешься *impt*	versuchen; probieren
пье́са, -ы *f*	Theaterstück
пятно́, -а́ [*pl* пя́тна, -тен, -тнам] *n*	Fleck

Р

рабо́тать, -аю, -аешь *impt*	arbeiten; berufstätig sein; funktionieren, laufen
Где Вы рабо́таете?	*Wo arbeiten Sie?*
Автома́т не рабо́тает.	*Der Automat ist außer Betrieb.*
рабо́тник, -а *m*	Arbeiter(in); Angestellte(r); Beamter, Beamtin
нау́чный рабо́тник	*Wissenschaftler*
администрати́вный рабо́тник	*Verwaltungsangestellte(r)*
профсою́зный рабо́тник	*Gewerkschaftsfunktionär(in)*

рабо́тница, -ы *f*	Arbeiterin
работода́тель, -я *m*	Arbeitgeber
рабо́чий[1], -его *m*	Arbeiter
квалифици́рованный рабо́чий	*Facharbeiter*
неквалифици́рованный рабо́чий	*ungelernter Arbeiter*
сезо́нный рабо́чий	*Saisonarbeiter*
подсо́бный рабо́чий	*Hilfsarbeiter*
рабо́чий[2], -ая, -ее	Arbeits-, Arbeiter-
рабо́чий класс	*Arbeiterklasse*
восьмичасово́й рабо́чий день	*achtstündiger Arbeitstag*
равни́на, -ы *f*	Ebene; Flachland
равноду́шно *adv*	gleichgültig
рад, -а, -о, -ы *(D)*	froh
Я ра́да, что ты пришёл.	*Ich bin froh, daß du gekommen bist.*
Рад Вас ви́деть.	*Ich freue mich, Sie zu sehen.*
Я ра́да твоему́ успе́ху.	*Ich freue mich über deinen Erfolg.*
ра́дио *unv n*	Rundfunk; Radio
ра́дио и телеви́дение	*Radio und Fernsehen*
ра́доваться, -дуюсь, -дуешься *impt*	sich freuen
ра́достный, -ая, -ое [-тен, -тна]	freudig
ра́достное собы́тие	*ein freudiges Ereignis*
ра́достный взгляд	*ein froher/freudiger Blick*
ра́дость, -и *f*	Freude
ра́дуга, -и *f*	Regenbogen
раз, -а [*pl* -ы́, раз, раза́м] *m*	mal
три ра́за в день	*dreimal täglich*
вся́кий раз, когда́ ...	*jedesmal, wenn ...*
на э́тот раз	*diesmal*
ни ра́зу	*kein einziges Mal*
раз и навсегда́	*ein für allemal*
разби́ть, -зобью́, -зобьёшь [-и́тый] *pt*	(zer)schlagen, zerbrechen; schlagen; zerstören
impt разбива́ть, -а́ю, -а́ешь	
Смотри́, не урони́ ча́шку, а то разобьёшь.	*Paß auf, daß die Tasse nicht runterfällt, sie könnte zerbrechen.*
разби́ть вра́жескую а́рмию	*die gegnerische Armee schlagen*
разби́ть пала́тку	*ein Zelt aufschlagen*
разби́ть сад	*einen Garten anlegen*
разби́ть жизнь	*das Leben zerstören*

разбуди́ть, -ужу́, -у́дишь [-у́женный] *pt s.* буди́ть	wecken
развесели́ться, -лю́сь, -ли́шься *pt*	gute Laune kriegen; in Stimmung kommen
развести́сь, -еду́сь, -едёшься [-ёлся, -ела́сь] *pt* *impt* разводи́ться, -ожу́сь, -о́дишься	sich scheiden lassen
Если ты бу́дешь так продолжа́ть, я разведу́сь.	*Wenn du so weiter machst, laß ich mich scheiden.*
развива́ющийся, -аяся, -ееся	sich entwickelnd
разви́тие, -я *n*	Entwicklung
разви́ть, -зовью́, -зовьёшь [-и́л, -ила́, -и́ло] *pt* *impt* развива́ть, -а́ю, -а́ешь	fördern; üben; ausbilden; trainieren
Мари́на о́чень музыка́льна, на́до развива́ть её дарова́ние.	*Marina ist sehr musikalisch, wir sollten Ihre Begabung fördern.*
развива́ющее обуче́ние	*Förderunterricht*
разви́ться, -зовью́сь, -зовьёшься [-и́лся, -ила́сь] *pt* *impt* разива́ться, -а́юсь, -а́ешься	sich entwickeln
развлече́ние, -я *n*	Unterhaltung
разво́д, -а *m*	Scheidung
разгова́ривать, -аю, -аешь *impt*	sprechen, reden; sich unterhalten
Я разова́ривала с сосе́дкой до обе́да.	*Ich habe mit der Nachbarin bis mittags gesprochen.*
Мы разгова́ривали о диноза́врах.	*Wir haben uns über die Dinosaurier unterhalten.*
разгово́р, -а *m*	Gespräch
раздели́ть, -лю́, -е́лишь [-лённый (-ён, -ена́)] *pt* *impt* разделя́ть, -я́ю, -я́ешь	teilen; verteilen; dividieren
раздели́ть студе́нтов на гру́ппы	*die Studenten in Gruppen auf/einteilen*
раздели́ть на ра́вные ча́сти	*gleichmäßig aufteilen*
раздели́ть пятна́дцать на три	*fünfzehn durch drei dividieren/teilen*
Я по́лностью разделя́ю Ва́ше мне́ние	*Ich bin vollkommen Ihrer Meinung*
разде́ться, -е́нусь, -е́нешься *pt* *impt* раздева́ться, -а́юсь, -а́ешься	sich ausziehen

Разде́ньтесь, пожа́луйста. — *Machen Sie sich bitte frei!*

различи́ть, -чу́, -чи́шь *pt* *impt* различа́ть, -а́ю, -а́ешь — unterscheiden

Може́т э́то был и он, в темноте́ не различи́шь. — *Kann sein, daß er das war, im Dunkeln kann man das nicht unterscheiden.*

Нас мно́гое различа́ет. — *Uns unterscheidet viel.*

разли́чный, -ая, -ое [-чен, -чна] — verschieden

На́ши мне́ния соверше́нно разли́чны. — *Wir sind vollkommen verschiedener Meinung.*

разменя́ть, -я́ю, -я́ешь *pt* *impt* разме́нивать, -аю, -аешь — (Wohnung) tauschen; Geld wechseln

Вы не могли́ бы разменя́ть мне сто ма́рок? — *Können Sie mir einen 100 Mark-Schein wechseln?*

разме́р, -а *m* — Größe; Ausmaß

Како́й у Вас разме́р? — *Welche Größe haben Sie?*

разме́ры бе́дствия — *Ausmaß der Katastrophe*

в небольшо́м разме́ре — *in geringem Ausmaß*

ра́зница, -ы *f* — Unterschied, Differenz

Я не ви́жу никако́й ра́зницы. — *Ich sehe keinen Unterschied.*

Ра́зница в во́зрасте не столь суще́ственна. — *Der Altersunterschied ist nicht so wichtig.*

Кака́я ра́зница! — *Das macht keinen Unterschied./ Das ist vollkommen egal.*

ра́зный, -ая, -ое — verschieden

У нас с тобо́й ра́зные взгля́ды. — *Wir beide haben verschiedene Ansichten.*

Мы рабо́таем в ра́зных ко́мнатах. — *Wir arbeiten in verschiedenen Zimmern.*

разорва́ть, -ву́, -вёшь [-а́л, -ала́, -а́ло; -о́рванный] *pt* *impt* разрыва́ть, -а́ю, -а́ешь — zerreißen

Почему́ ту разорва́л письмо́? — *Warum hast du den Brief zerrissen?*

разорва́ть на куски́ — *in Stücke reißen*

разочарова́ние, -я *n* — Enttäuschung

разочарова́ть, -ру́ю, -ру́ешь [-о́ванный] *pt* *impt* разочаро́вывать, -аю, -аешь — enttäuschen

разреше́ние, -я *n* — Erlaubnis

разреши́ть, -шу́, -ши́шь [-шённый (-ён, -ена́)] *pt* — erlauben; lösen

impt разреша́ть, -а́ю, -а́ешь	
Я не разреша́ю э́того.	*Ich erlaube das nicht.*
Я никогда́ не разрешу́ э́того.	*Ich werde das nie erlauben.*
Наконе́ц мы разреши́ли спор.	*Wir haben den Streit endlich beigelegt.*
Невозмо́жно разреши́ть конфли́кт в Бо́снии.	*Der Konflikt in Bosnien ist unlösbar.*
разруше́ние, -я *n*	Zerstörung
разру́шить, -шу, -шишь [-шенный] *pt*	zerstören
impt разруша́ть, -а́ю, -а́ешь	
ра́зум, -а *m*	Vernunft
разу́мный, -ая, -ое [-мен, -мна]	vernünftig
райо́н, -а *m*	Bezirk; Region
жило́й райо́н	*Wohnviertel*
каменноу́гольный райо́н	*Steinkohlenrevier*
засу́шливый райо́н	*Trockengebiet*
райо́н боевы́х де́йствий	*Gefechtsbereich*
рак, -а *m*	Krebs
речно́й рак	*Flußkrebs*
морско́й рак	*Krebs*
Я покажу́ тебе́, где ра́ки зиму́ют.	*Ich werde dir zeigen, wo es lang geht.*
ра́на, -ы *f*	Wunde
огнестре́льная ра́на	*Schußwunde*
ре́заная ра́на	*Schnittwunde*
ра́на от уку́са	*Bißwunde*
ра́нее [*komp von* ра́но] *adv*	früher
ра́неный, -ого *m*	Verletzter, Verwundeter
ра́нить, -ню, -нишь [-ненный] *impt*	verletzen, verwunden
ра́нний, -яя, -ее	früh; Früh-
ра́нним у́тром	*am frühen Morgen*
ра́нние фру́кты	*Frühobst*
с ра́ннего де́тства	*von früher Kindheit an*
ра́но *adv*	früh
ра́но и́ли по́здно	*über kurz oder lang*
ра́ньше [*komp von* ра́но] *adv*	früher
Ра́ньше я то́же об э́том не ду́мал.	*Früher habe ich auch nicht daran gedacht.*
Я верну́сь не ра́ньше семи́.	*Ich komme nicht vor sieben Uhr.*
расписа́ние, -я *n*	Plan
расписа́ние поездо́в	*Fahrplan*
расписа́ние уро́ков [заня́тий]	*Stundenplan*

распоряжéние, -я *n*	Verordnung
рассвéт, -а *m*	Morgendämmerung
рассерди́ться, -сержу́сь, -сéрдишься *pt* *s.* серди́ться	böse werden
рассéянный, -ая, -ое [-ян, -янна]	zerstreut; unaufmerksam; unkonzentriert
расскáз, -а *m*	Erzählung
рассказáть, -ажу́, -áжешь [-áзанный] *pt* *impt* расскáзывать, -аю, -аешь	erzählen
рассмотрéть, -отрю́, -óтришь [-óтренный] *pt* *impt* рассмáтривать, -аю, -аешь	ansehen, angucken; betrachten
рассмотрéть вопрóс	*die Frage aufwerfen*
расстáться, -áнусь, -áнешься *pt* *impt* расставáться, -таю́сь, таёшься	sich trennen
Давáй расстáнемся друзья́ми.	*Laß uns als Freunde auseinandergehen!*
Я ужé расстáлся с э́той надéждой.	*Ich habe diese Hoffnung schon aufgegeben.*
Я не могу́ расстáться с э́той дурáцкой привы́чкой.	*Ich kann diese blöde Angewohnheit nicht ablegen.*
рассчи́тывать, -аю, -аешь *impt*	mit jdm./etw. rechnen, auf jdn. zählen
Я так на негó рассчи́тывал!	*Ich habe so auf ihn gezählt!*
Не рассчи́тывай на меня́, я э́того не сдéлаю.	*Du brauchst nicht mit mir zu rechnen, so was mache ich nicht.*
растáять, -тáет [*1.&2. Pers. ungebr.*] *pt* *s.* тáять	aufgetaut sein, geschmolzen sein (Eis/Schnee)
растéние, -я *n*	Pflanze
расти́, -ту́, -тёшь *impt*	wachsen; gedeihen; größer werden
растоя́ние, -я *n*	Distanz; Entfernung; Abstand
расчёска, -и *f*	Kamm
рáтуша, -и *f*	Rathaus
рвать, рву́, рвёшь [рвал, рвалá, рвáло] *impt*	zerreißen
рвать цветы́	*Blumen pflücken*
рвать одéжду	*Kleider zerreißen*

рвать отношéния	*ein Verhältnis abbrechen*
реáкция, -и *f*	Reaktion
реализáция, -и *f*	Realisierung, Verwirklichung
реализовáть, -зýю, -зýешь [-óванный] *pt & impt*	realisieren, verwirklichen
реалúст, -а *m*, реалúстка, -и *f*	Realist(in)
реáльный, -ая, -ое [-лен, -льна]	wirklich, real
реáльная действúтельность	*die reale Wirklichkeit*
ребёнок, -нка [*pl* ребя́та, ребя́та/дéти, детéй] *m*	Kind
У меня́ трóе детéй.	*Ich habe drei Kinder.*
груднóй ребёнок	*Säugling*
Ребя́та, не поднимáйте шýму.	*Kinder, macht keinen Lärm!*
ревнúвый, -ая, -ое [-úв]	eifersüchtig
ревновáть, -нýю, -нýешь *impt*	eifersüchtig sein
революция, -и *f*	Revolution
регулúровать, -рую, -руешь [-анный] *impt*	regeln
регулúровать движéние	*den Verkehr regeln*
регулирóвщик, -а *m*	Schutzmann, Verkehrspolizist
регуля́рно *adv*	regelmäßig
редáктор, -а *m*	Redakteur(in)
глáвный редáктор	*Chefredakteur*
рéдкий, -ая, -ое [-док, -дкá, -дко; рéже; редчáйший]	selten
рéдко [рéже] *adv*	selten
режúм, -а *m*	Regime, Herrschaftssystem; Ordnung
при цáрском режúме	*während der Zarenzeit*
постéльный режúм	*Bettruhe*
режиссёр, -а *m*	Regisseur
ассистéнт режиссёра	*Regieassistent*
рéзать, рéжу, рéжешь [-анный] *impt*	schneiden
резúна, -ы *f*	Gummi
рéзкий, -ая, -ое [-зок, -зкá, -зко]	hastig; heftig;
рéзкое движéние	*hastige Bewegung*
рéзкий свет	*grelles Licht*
рéзкий тон	*schriller Ton*
рéзкая крúтика	*scharfe Kritik*
рéзкое понижéние цен	*Preissturz*
результáт, -а *m*	Ergebnis

река́, -и́ [*a/sg* ре́ку/реку́; *pl* ре́ки, рек, ре́кам] *f*	Fluß
рекла́ма, -ы *f*	Werbung
рекомендова́ть, -ду́ю, -ду́ешь [-о́ванный] *pt & impt*	empfehlen
реко́рд, -а *m*	Rekord
религио́зный, -ая, -ое	religiös
рели́гия, -и *f*	Religion
ремо́нт, -а *m*	Reparatur; Überholung; Renovierung
капита́льный ремо́нт	*Generalüberholung*
теку́щий ремо́нт	*laufende Instandsetzung/Erhaltungsarbeiten*
расхо́ды на ремо́нт	*Reparaturkosten*
Закры́то на ремо́нт.	*Wegen Renovierung geschlossen.*
отда́ть в ремо́нт	*in Reparatur geben*
репорта́ж, -а *m*	Reportage
ресни́ца, -ы *f*	Wimper
респу́блика, -и *f*	Republik
рестора́н, -а *m*	Restaurant, Gaststätte
рефо́рма, -ы *f*	Reform
реце́пт, -а *m*	Rezept
Я вы́пишу Вам реце́пт.	*Ich schreibe Ihnen ein Rezept.*
речно́й, -а́я, -о́е	Fluß-
речно́е судохо́дство	*Flußschiffahrt*
речь, -и *f*	Rede, Ansprache
Речь идёт о моём сы́не.	*Es geht um meinen Sohn./Wir reden über meinen Sohn.*
Коне́чно, я тебе́ помогу́, о чём речь.	*Natürlich helfe ich dir, darüber brauchen wir nicht zu reden.*
реше́ние, -я *n*	Entscheidung; Lösung
Мы должны́ приня́ть реше́ние.	*Wir müssen eine Entscheidung treffen.*
Реше́ние э́того вопро́са не зави́сит от меня́.	*Die Lösung dieser Frage hängt nicht von mir ab.*
реши́ть, -шу́, -ши́шь [-шённый (-ён, -ена́)] *pt* *impt* реша́ть, -а́ю, -а́ешь	entscheiden
Я реши́л оста́ться до́ма.	*Ich habe mich entschieden, zu Hause zu bleiben.*
реши́ть зада́чу/вопро́с/пробле́му	*Aufgabe/Frage/Problem lösen*
реши́ться, -шу́сь, -шишься *pt* *impt* реша́ться, -а́юсь, -а́ешься	sich entschließen

рис, -а *m*	Reis
риск, -а *m*	Risiko
идти́ на риск	*ein Risiko eingehen*
взять на себя́ риск	*ein Wagnis auf sich nehmen*
с ри́ском	*mit Risiko*
без ри́ска	*risikolos*
риско́ванный, -ая, -ое [-ан, -анна]	riskant
рискова́ть, -ку́ю, -ку́ешь *impt*	riskieren
В э́той ситуа́ции лу́чше не рискова́ть.	*Es ist besser, in dieser Situation nichts zu riskieren.*
Ты ниче́м не риску́ешь.	*Du wagst nichts.*
Ты риску́ешь потеря́ть рабо́ту.	*Du riskierst den Verlust deiner Arbeitsstelle.*
рисова́ть, -су́ю, -су́ешь *impt*	zeichnen; malen; schildern
рисова́ть с нату́ры	*nach der Natur zeichnen*
рису́нок, -нка *m*	Zeichnung
ритм, -а *m*	Rhythmus
ро́бкий, -ая, -ое [-бок, -бка́, -бко]	zaghaft, scheu, schüchtern
ро́вно *adv*	genau
У меня́ ро́вно ты́сяча рубле́й.	*Ich habe genau tausend Rubel.*
Я пришёл ро́вно в два.	*Ich bin Punkt zwei gekommen.*
Я ро́вно ничего́ не по́нял.	*Ich habe gar nichts verstanden.*
ро́вный, -ая, -ое [-вен, -вна́, -вно]	eben, glatt
ро́вное ме́сто	*eine ebene Stelle*
ро́вная пове́рхность	*glatte Oberfläche*
ро́дина, -ы *f*	Heimat
роди́тели, -ей *pl*	Eltern
роди́ть, рожу́, роди́шь [-и́л, -ила́/-и́ла, -и́ло; рождённый] *pt & impt*	ein Kind kriegen/zur Welt bringen
impt рожа́ть, -а́ю, -а́ешь	
Та́ня родила́ ма́льчика.	*Tanja hat einen Jungen gekriegt.*
Я рождён в э́том го́роде.	*Ich bin in dieser Stadt geboren.*
роди́ться, рожу́сь, роди́шься [-и́лся, -ила́сь/-и́лась, -ило́сь/-и́лось] *pt & impt*	geboren werden
Я роди́лся 28 ию́ня 1976 го́да.	*Ich bin am 28. Juni 1976 geboren.*
ро́за, -ы *f*	Rose; Rosenstrauch, Rosenstock
ча́йная ро́за	*Teerose*
ди́кая ро́за	*wilde Rose*

выю́щаяся ро́за	*Kletterrose*
Нет ро́зы без шипо́в	*Keine Rosen ohne Dornen*
ро́зовый, -ая, -ое	rosa
роль, -и *f*	Rolle
рома́н, -а *m*	Roman
рома́шка, -и *f*	Kamille
роса́, -ы́ *f*	Tau
У́тром упа́ла роса́.	*Morgens ist Tau gefallen.*
Трава́ мо́края от росы́.	*Das Gras ist feucht von Tau.*
ро́скошь, -и *f*	Luxus, Pracht
Автомоби́ль – э́то не ро́скошь, а сре́дство передвиже́ния.	*Ein Auto ist kein Luxus, sondern ein Transportmittel.*
Кака́я ро́скошь!	*Was für eine Pracht!*
рост, -а (-у) *m*	Wachsen, Wachstum; Wuchs, Größe
Вы меня́ легко́ узна́ете: я сре́днего ро́ста, с бородо́й и в очка́х.	*Sie werden mich leicht erkennen, ich bin mittelgroß, mit Bart und Brille.*
рост инфля́ции	*das Steigen der Inflation*
рот, рта [о рте, во рту] *m*	Mund
по́лость рта	*Mundhöhle*
дыша́ть ртом	*durch den Mund atmen*
Все слу́шали Ле́ну рази́нув рот.	*Alle haben Tanja mit offenem Mund zugehört.*
Что с И́горем, он как воды́ в рот набра́л.	*Was ist mit Igor, er ist stumm wie ein Fisch.*
Вам не уда́стся зажа́ть мне рот!	*Sie schaffen nicht, mich mundtot zu machen!*
руба́шка, -и *f*	Hemd
ру́бль, -я́ *m*	Rubel
рука́, -и́ [*a/sg* ру́ку; *pl* ру́ки, рук, рука́м] *f*	Hand; Arm
У старика́ кре́пкие мозо́листые ру́ки.	*Der Greis hat kräftige, schwielige Hände.*
рука́в, -а́ *m*	Ärmel
руководи́ть, -ожу́, -оди́шь *impt* (I)	leiten, führen
руководи́ть предприя́тием	*einen Betrieb leiten*
Руководи́ть людьми́ нелегко.	*Menschen führen ist nicht leicht.*
ру́сый, -ая, -ое [рус]	dunkelblond, hellbraun
руче́й, -чья́ *m*	Bach
го́рный руче́й	*Bergbach*
ру́чка, -и *f*	Kugelschreiber, Kuli; Füller

ру́шиться, -ится [*1.&2. Pers. ungbr.*] *impt*	einstürzen; kaputtgehen
ры́ба, -ы *f*	Fisch
морска́я ры́ба	*Seefisch*
моро́женая ры́ба	*tiefgefrorener Fisch*
све́жая ры́ба	*Frischfisch*
Чу́вствовать себя́ как ры́ба в воде́	*Sich wie ein Fisch im Wasser fühlen*
Ни ры́ба ни мя́со	*Weder Fisch noch Fleisch*
ры́нок, -нка *m*	Markt; Markthalle
рюкза́к, -а́ *m*	Rucksack
рю́мка, -и *f*	[kleines Glas mit Fuß für Wein oder Wodka]
ряд, -а (-у) [в ря́де/в ряду́; *pl* ряды́, -о́в] *m*	Reihe
Места́ у на́с в деся́том ряду́.	*Unsere Plätze sind in Reihe 10.*
В це́лом ря́де слу́чаев.	*In einer ganzen Reihe von Fällen.*
ря́дом *adv*	nebeneinander; nebenan, nahe bei
Сядь ря́дом.	*Setz dich neben mich!/Setz dich daneben!*
Мы стоя́ли ря́дом.	*Wir standen nebeneinander.*
Ря́дом с до́мом парк.	*Nicht weit vom Haus ist ein Park.*
Он живе́т ря́дом.	*Er wohnt nebenan.*
сплошь и ря́дом	*auf Schritt und Tritt*

С

с *prep (G; I)*	mit; von; ab, seit
С твое́й по́мощью я э́то сде́лаю.	*Mit deiner Hilfe schaffe ich das.*
Я не хочу́ спо́рить с тобо́й.	*Ich will mit dir nicht diskutieren.*
Магази́н закры́т с часу до трёх.	*Der Laden ist von eins bis drei geschlossen.*
со вчера́шнего дня́	*seit gestern*
с сего́дняшнего дня	*ab morgen*
сад, -а [о са́де, в саду́; *pl* -ы́, -о́в] *m*	Garten
зи́мний сад	*Wintergarten*
разби́ть сад	*einen Garten anlegen*
сажа́ть, -а́ю, -а́ешь *impt*	setzen; pflanzen; anbauen; einsperren
сажа́ть цветы́	*Blumen pflanzen*
сажа́ть в тюрьму́	*ins Gefängnis bringen*

сала́т, -а *m*	Salat
салфе́тка, -и *f*	Serviette
самолёт, -а *m*	Flugzeug
самостоя́тельный, -ая, -ое [-лен, -льна]	selbständig
самоуве́ренный, -ая, -ое [-ен, -енна]	zu selbstsicher
са́мый, -ая, -ое	am ... [Superlativ eines attributiven Adjektivs]
Тепе́рь я покажу́ Вам са́мый изве́стный мост во Флоре́нции.	*Jetzt zeige ich Ihnen die bekannteste Brücke von Florenz.*
Наш дом нахо́дится у са́мого вокза́ла.	*Unser Haus ist genau am Bahnhof.*
санита́р, -а *m*, санита́рка, -и *f*	Sanitäter(in)
сантиме́тр, -а *m*	Zentimeter
сапо́г, -а́ [*pl* -и́, сапо́г] *m*	Stiefel
са́хар, -а (-у) *m*	Zucker
сва́дьба, -ы *f*	Hochzeit; Hochzeitsfeier
свари́ть, сварю́, сва́ришь [сва́ренный] *pt* *s.* вари́ть	kochen
све́дение, -я *n*	Auskunft, Information
све́жий, -ая, -ее [свеж, свежа́, свежо́, све́жи/свежи́]	frisch
све́жий хлеб	*frisches Brot*
свёкла, -ы *f*	Rübe
столо́вая свёкла	*rote Rübe*
кормова́я свёкла	*Futterrübe*
са́харная свёкла	*Zuckerrübe*
све́рху *adv*	oben; von oben
свет, -а *m*	Licht
Зажги́ свет.	*Mach das Licht an!*
Вы́ключи свет.	*Mach das Licht aus!*
свети́ть, свечу́, све́тишь *impt*	scheinen; leuchten
Со́лнце све́тит.	*Die Sonne scheint.*
све́тлый, -ая, -ое [-тел, -тла́, -тло]	hell; klar
све́тлые глаза́	*helle Augen*
све́тлая комната	*helles Zimmer*
све́тлый ум	*heller Kopf*
светофо́р, -а *m*	Ampel
свида́ние, -я *n*	Treffen; Rendez-vous
назна́чить свида́ние	*ein Rendez-vous ausmachen*

До свидáния.	*Auf Wiedersehen!*
свидéтель, -я *m*, свидéтельница, -ы *f*	Zeuge, Zeugin
свинúна, -ы *f*	Schwein(efleisch)
свинья́, -й [*pl* свúньи, свинéй, свúньям, свúньями] *f*	Schwein
свúтер, -а *m*	Pullover
свобóда, -ы *f*	Freiheit
свобóдный, -ая, -ое [-ден, -дна]	frei
свя́занный, -ая, -ое [-ан, -ана]	gebunden, verbunden
Э́то дéло свя́зано с рúском.	*Diese Sache ist mit Risiko verbunden.*
Всё здесь для меня́ свя́зано с дéтством.	*Alles hier erinnert mich an meine Kindheit.*
Я свя́зан по рукáм и по ногáм.	*Mir sind die Hände gebunden.*
связáть, свяжу́, свя́жешь *pt*	zusammenbinden; verbinden; in Zusammenhang bringen
impt свя́зывать, -аю, -аешь	
Свяжúте меня́, пожáлуйста, с Москвóй.	*Ich brauche eine Verbindung nach Moskau.*
Свяжúте меня́, пожáлуйста, с дирéктором.	*Verbinden Sie mich bitte mit dem Direktor!*
Вы не моглú бы связáть меня́ с э́тим человéком?	*Könnten Sie mich nicht mit diesem Mann in Verbindung bringen?*
связáть, свяжу́, свя́жешь *pt* *s.* вязáть	stricken; häkeln
связáться, свяжу́сь, свя́жешься *pt*	[sich verbinden]
impt свя́зываться, -аюсь, -аешься	
Я ужé два часá пытáюсь связáться с Москвóй.	*Seit 2 Stunden habe ich versucht, eine Verbindung nach Moskau zu bekommen.*
связь, -и [о свя́зи, в связú] *f*	Beziehung; Verbindung
сгорéть, -рю́, -рúшь *pt* *s.* горéть	abbrennen; verbrennen
сдáться, сдáмся, сдáшься, сдáстся, сдадúмся, сдадúтесь, сдаду́тся *pt*	sich ergeben; aufgeben
impt сдавáться, сдаю́сь	
сдáча, -и *f*	Rest(geld)
Возьмúте сдáчу.	*Ihr Restgeld bitte!*

сде́лать, -аю, -аешь [-анный] *pt* s. де́лать | machen, tun
Я э́того не сде́лаю. | *Ich mache das nicht.*
Что я тебе́ сде́лал? | *Was habe ich dir getan?*

се́вер, -а *m* | Norden
на се́вере | *im Norden*
на се́вер | *nach Norden*
на Кра́йнем Се́вере | *im hohen Norden*

се́верный, -ая, -ое | nördlich, Nord-
се́верной широты́ | *nördlicher Breite*
се́верный ве́тер | *Nordwind*

сего́дня *adv* | heute

сего́дняшний, -яя, -ее | heutig

седо́й, -а́я, -о́е | weißhaarig; grauhaarig

сезо́н, -а *m* | Jahreszeit; Saison
театра́льный сезо́н | *Theatersaison*

сейча́с *adv* | gleich, sofort; jetzt
Я сейча́с приду́. | *Ich komme gleich.*
А сейча́с, за де́ло. | *Und jetzt an die Arbeit!*

секрета́рь, -я́ *m,* секрета́рша, -и *f* | Sekretär(in)

секу́нда, -ы *f* | Sekunde
в счи́танные секу́нды | *in Sekundenschnelle*

селёдка, -и *f* | Hering

село́, -а́ [*pl* сёла, сёл, сёлам] *n* | Dorf

се́льский, -ая, -ое | Dorf-, Land-; ländlich

се́льское хозя́йство | Landwirtschaft

сельскохозя́йственный, -ая, -ое | landwirtschaftlich, Landwirtschafts-
сельскохозя́йственные рабо́ты | *landwirtschaftliche Arbeiten*
сельскохозя́йственный рабо́чий | *Landarbeiter*
сельскохозя́йственные маши́ны | *Landmaschinen*

семе́йный, -ая, -ое | Familien-
семе́йная жизнь | *Familienleben*
семе́йный круг | *Familienkreis*
семе́йное положе́ние | *Familienstand*

семе́стр, -а *m* | Semester

семья́, -и́ [*pl* се́мьи, семе́й, се́мьям] *f* | Familie
Мужчи́на – глава́ семьи́. | *Der Mann ist das Oberhaupt der Familie.*

се́но, -а *n*	Heu
серде́чный, -ая, -ое[-чен, -чна]	herzlich
серди́ться, сержусь, се́рдишься *impt*	böse sein
Не серди́сь на меня́, но ...	*Sei mir bitte nicht böse, aber ...*
Почему́ мне серди́ться?	*Warum soll ich böse sein?*
се́рдце [рц], -а [*pl* -дца́, -де́ц, -дца́м] *n*	Herz
У меня́ отлегло́ от се́рдца.	*Ein Stein fiel mir vom Herzen.*
от всего́ се́рдца	*von ganzem Herzen*
серебро́, -а́ *n*	Silber
сере́бряный, -ая, -ое	silbern, Silber-
сере́бряное кольцо́	*Silberring*
сере́бряные пря́ди	*silberne Strähnen*
сере́бряная сва́дьба	*Silberhochzeit*
середи́на, -ы *f*	Mitte
в са́мой середи́не	*genau in der Mitte*
золота́я середи́на	*die goldene Mitte*
се́рый, -ая, -ое	grau
серьёзный , -ая, -ое [-зен, -зна]	ernst, ernsthaft
се́ссия, -и *f*	Prüfungszeit
сестра́, -ы́ [*pl* сёстры, сестёр, сёстрам] *f*	Schwester
сесть, ся́ду, ся́дешь [сел; сядь] *pt* *impt* сади́ться, сажу́сь, сади́шься	sich setzen; einsteigen
Сади́тесь, пожа́луйста!	*Setzen Sie sich bitte!*
Сади́тесь в маши́ну, я Вас отвезу́.	*Steigen Sie ein, ich fahre Sie!*
сжа́тый, -ая, -ое [сжат]	knapp; kurz
сжать , сожну́, сожнёшь [сжа́тый] *pt* *s.* жать[2]	mähen
сза́ди *adv; prep (G)*	hinten; von hinten; hinter
Словари́ сза́ди.	*Die Wörterbücher stehen hinten.*
Он прибли́зился к ней сза́ди.	*Er näherte sich ihr von hinten.*
сза́ди до́ма	*hinter dem Haus*
сигаре́та, -ы *f*	Zigarette
сиде́ть, сижу́, сиди́шь *impt*	sitzen
си́ла, -ы *f*	Kraft, Stärke
си́льный, -ая, -ое[си́лен/ силён, сильна́, си́льно, си́льны/сильны]	stark, kräftig, heftig

Ну и си́льный же э́тот па́рень!	*Das ist aber ein kräftiger Junge!*
Я в э́том не силён.	*Das ist meine Schwäche.*
си́льная боль	*heftiger Schmerz*
си́льная гроза́	*ein schweres Gewitter*
Э́то сли́шком си́льно ска́зано.	*Das ist zu stark ausgedrückt.*
симпати́чный, -ая, -ое[-чен, -чна]	sympathisch
симфо́ния, -и *f*	Sinfonie
си́ний, -яя, -ее	blau
сире́нь, -и *f*	Flieder
систе́ма, -ы *f*	System
полити́ческая систе́ма	*politisches System*
ситуа́ция, -и *f*	Situation
сия́ть, -я́ю, -я́ешь *impt*	glänzen; strahlen
Сия́ет со́лнце.	*Und es strahlt die Sonne.*
сия́ть ра́достью	*vor Freude strahlen*
ска́зка, -и *f*	Märchen
скала́, -ы [*pl* ска́лы, скал, ска́лам] *f*	Felsen
ска́терть, -и *f*	Tischdecke
скоре́е [*komp von* ско́ро] *adv*	schneller; früher, eher
скоре́е, чем я ожида́л	*eher, als ich erwartete*
как мо́жно скоре́е	*so bald/schnell wie möglich*
ско́ро *adv*	schnell; bald
ско́рость, -и *f*	Geschwindigkeit; Gang
скоси́ть, скошу́, ско́сишь [ско́шенный] *pt* *s.* коси́ть	mähen; schneiden
скри́пка, -и *f*	Geige, Violine
конце́рт для скри́пки	*Violinkonzert*
скро́мный, -ая, -ое [-мен, -мна́, -мно]	bescheiden
ску́ка, -и *f*	Langeweile
Я умира́ю от ску́ки.	*Ich sterbe vor Langeweile.*
скульпту́ра, -ы *f*	Skulptur; Bildhauerei; Statue
скупо́й, -а́я, -о́е [скуп, скупа́, ску́по]	geizig
скупо́й челове́к	*ein geiziger Mensch*
Оте́ц скуп на слова́.	*Mein Vater sagt nicht viel.*
скуча́ть, -а́ю, -а́ешь *impt*	sich langweilen; sich nach jdm./etw. sehnen
У меня́ сто́лько дел, скуча́ть не́когда.	*Ich habe so viel zu tun, ich habe keine Zeit, mich zu langweilen.*

Я скучáю по тебé.	*Ich sehne mich nach dir.*
скýчно [шн] *adv*	langweilig
Мне никогдá не скýчно.	*Mir ist nie langweilig.*
скýчный [шн], -ая, -ое [-чен, -чнá, -чно, -чны]	langweilig
слáбый, -ая, -ое [слаб, слабá, слабó, слáбы]	schwach; schlecht; dünn, leicht
слáбая пáмять	*schlechtes Gedächtnis*
слáбое здорóвье	*zarte Gesundheit*
слáбый ученúк	*ein schwacher Schüler*
слáбый чай	*dünner Tee*
слáбый табáк	*leichter Tabak*
слáва, -ы *f*	Ruhm
слáдкий, -ая, -ое [-док, -дкá, -дко; слáще]	süß
слéва *adv*	links; von links
слéва от нас	*links von uns*
слéва напрáво	*von links nach rechts*
след, слéда(-у) [*pl* -ы́, -óв] *m*	Spur
напáсть на след преступлéния	*einem Verbrechen auf die Spur kommen*
напрáвить по лóжному слéду	*auf die falsche Fährte führen*
заместú следы́	*die Spuren verwischen*
по горя́чим следáм	*einer heißen Spur folgen*
Егó и след простыл.	*Er ist längst über alle Berge.*
слéдовать, -дую, -дуешь *impt*	folgen
Прошý, слéдуйте за мной.	*Bitte folgen Sie mir!*
Неприя́тности слéдовали однá за другóй.	*Die Unannehmlichkeiten kamen eine nach der anderen.*
Я не знáю ужé, какóму совéту мне слéдовать.	*Ich weiß nicht mehr, welchem Rat ich folgen soll.*
Отсю́да слéдует, что ...	*Daraus folgt, daß ...*
Не слéдует забывáть, что вопрóс остаётся открытым.	*Man soll nicht vergessen, daß die Frage offen bleibt.*
слéдствие, -я *n*	Folge
причúна и слéдствие	*Ursache und Folge*
слéдующий, -ая, -ее	folgend(-er, -e, -es), nächst(-er, -e, -es)
на слéдующий день	*am nächsten Tag*
в слéдуюший раз	*das nächste Mal*
Слéдующий, пожáлуйста.	*Der Nächste bitte!*
слéдующим óбразом	*folgendermaßen*
слезá, -ы́ *f*	Träne

Слёзы кати́лись по его́ лицу́.	*Tränen kullern über seine Wangen.*
слепо́й, -а́я, -о́е [слеп, слепа́, сле́по]	blind
сле́сарь, -я [*pl* -я́, -е́й] *m*	Schlosser
сле́сарь-сбо́рщик	*Montageschlosser*
сле́сарь-ремо́нтник	*Reparaturschlosser*
сли́ва, -ы *f*	Pflaume; Pflaumenbaum
сли́шком *adv*	zu, zu viel, zu sehr
Я сли́шком уста́л.	*Ich bin zu müde.*
Я сли́шком э́того хочу́.	*Ich wünsch mir das zu sehr.*
Э́то уже́ сли́шком.	*Das war zu viel.*
слова́рь, -я́ *m*	Wörterbuch; Wortschatz
сло́во, -а *n*	Wort
не сдержа́ть сло́ва	*sein Wort brechen*
Че́стное сло́во!	*Ehrenwort!*
Я не зна́ю э́того сло́ва.	*Ich kenne dieses Wort nicht.*
сложи́ть, сложу́, сло́жишь [сло́женный] *pt*	falten, zusammenfalten, knicken; addieren
impt скла́дывать, -аю, -аешь	
сло́жный, -ая, -ое [-жен, -жна́, -жно]	kompliziert
слой, -я [*pl* -и́, -ёв] *m*	Schicht
обще́ственные слои́	*die Gesellschaftsschichten*
сломать , -а́ю, -а́ешь *pt* s.лома́ть	(zer)brechen; kaputt machen
Со зло́сти де́душка слома́л стул.	*Opa hat vor Wut den Stuhl kaputt gemacht.*
Я слома́л себе́ ру́ку.	*Ich habe mir den Arm gebrochen.*
Ты слома́л все мои́ представле́ния о се́ксе.	*Du hast alle meine Vorstellungen über Sex durcheinandergebracht.*
слон, -а́ *m*	Elefant
слу́жащий, -его *m*, слу́жащая, -ей *f*	Angestellte(r)
слух, -а *m*	Gehör; Gerücht
Я пло́хо воспринима́ю на слух.	*Gehörtes kann ich schlecht behalten.*
У моего́ бра́та абсолю́тный слух.	*Mein Bruder hat das absolute Gehör.*
Хо́дят слу́хи, что ...	*Es geht das Gerücht, daß ...*
Воло́дя весь обрати́лся в слух.	*Wolodja hörte ganz aufmerksam zu.*
слу́чай, -я *m*	Fall
несча́стный слу́чай	*Unglücksfall*

Я по́льзуюсь слу́чаем познако́мить вас.	*Ich nehme die Gelegenheit wahr, Sie miteinander bekannt zu machen.*
Я не хочу́ упусти́ть э́тот слу́чай.	*Ich will diese Gelegenheit nicht versäumen/verpassen.*
Ни в ко́ем слу́чае не де́лай э́того.	*Mach das auf keinen Fall!*
в лу́чшем/ху́дшем слу́чае	*im besten/schlimmsten Fall; bestenfalls/schlimmstenfalls*
случа́йно *adv*	zufällig
Я соверше́нно случа́йно узна́л об э́том.	*Ich habe das ganz zufällig erfahren.*
случа́йность, -и *f*	Zufälligkeit; Zufall
случа́йный, -ая, -ое [-а́ен, -а́йна]	zufällig
случа́йное знако́мство	*Zufallsbekanntschaft*
Я здесь соверше́нно случа́йно.	*Ich bin ganz zufällig vorbeigekommen.*
случи́ться, -и́тся *pt* *impt* случа́ться, -а́ется [*1. & 2. Pers. ungbr.*]	geschehen, passieren, sich ereignen
слу́шатель, -я *m*, слу́шательница, -ы *f*	Hörer(in)
слу́шать, -аю, -аешь *impt*	hören; zuhören
Я могу́ часа́ми слу́шать Ба́ха.	*Ich kann stundenlang Bach hören.*
Ты меня́ слу́шаешь?	*Hörst du mir zu?*
слы́шать, -шу, -шишь *impt*	hören
Говори́ гро́мче, я тебя́ не слы́шу.	*Sprich lauter, ich höre dich nicht!*
слы́шно *adv*	hörbar
Ничего́ не слы́шно.	*Es ist nichts zu hören.*
Говори́ гро́мче, мне пло́хо слы́шно.	*Sprich lauter, ich höre schlecht!*
Ну, что слы́шно?	*Na, gibt's was Neues?*
смастери́ть, -рю́, -ри́шь *pt* *s.* мастери́ть	basteln
сме́лость, -и *f*	Kühnheit, Mut
сме́лый, -ая, -ое [смел, смела́, сме́ло]	mutig, tapfer
сме́на, -ы *f*	Wechsel; Wechseln
смерте́льный, -ая, -ое [-лен, -льна]	tödlich
смерте́льная боле́знь	*tödliche Krankheit*

смерте́льная ра́на	*tödliche Verletzung*
смерть, -и [*pl* -и, -е́й] *f*	Tod
смета́на, -ы *f*	Crème fraiche, Sauerrahm
сме́ть, сме́ю, сме́ешь *impt*	wagen; sich trauen
Я не сме́ю э́то сде́лать.	*Das wage ich nicht zu tun.*
И не смей ещё раз так со мной разгова́ривать!	*Wage dich nicht noch mal, so mit mir zu reden!*
смех, -а *m*	Lachen; Gelächter
смешно́ *adv*	komisch
Мне не смешно́.	*Ich finde das nicht komisch.*
Всё э́то бы́ло бы смешно́, е́сли бы ...	*Das könnte komisch sein, wenn ...*
смешно́й, -ая, -ое [-шо́н, -шна́]	komisch; lustig; lächerlich
смешно́й анекдо́т	*ein lustiger Witz*
У тебя́ смешны́е взгля́ды.	*Du hast komische Ansichten.*
То, что ты говори́шь, про́сто смешно́.	*Was du sagst, ist einfach lächerlich.*
Не ста́вь себя́ в смешно́е положе́ние.	*Mach dich nicht lächerlich.*
Э́то смешна́я су́мма.	*Das ist eine lächerliche Summe.*
смея́ться, смею́сь, смеёшься *impt*	lachen
Я смея́лся до слёз.	*Ich habe Tränen gelacht.*
Чему́ ты смеёшься, я не ви́жу ничего́ смешно́го.	*Warum lachst du, es gibt nichts zu lachen.*
Почему́ ты смеёшься, ра́зве для тебя́ нет ничего́ свято́го.	*Warum lachst du, ist dir denn nichts heilig?*
сморо́дина, -ы *f*	Johannisbeere; Johannisbeerstrauch
чёрная сморо́дина	*schwarze Johannisbeere*
кра́сная сморо́дина	*rote Johannisbeere*
смотре́ть, смотрю́, смо́тришь *impt*	gucken, schauen; ansehen;
Не смотри́ на меня́ так.	*Kuck mich nicht so an.*
Смотри́, снег пошёл!	*Kuck mal, es fängt an zu schneien.*
Ка́к Вы на э́то смо́трите?	*Was halten Sie davon?*
Ты на меня́ не смотри́!	*Nimm dir an mir kein Beispiel!*
смути́ться, смущу́сь, смути́шься *pt* *impt* смуща́ться, -а́юсь, -а́ешься	verlegen werden/sein
снача́ла *adv*	zuerst, anfangs
снег, -а (-у) [-а́, -о́в] *m*	Schnee
Идёт снег.	*Es schneit.*

Пошёл снег.	*Es begann zu schneien.*
Снег та́ет.	*Der Schnee schmilzt.*
как сне́г на́ голову	*wie ein Blitz aus heiterem Himmel*
снежи́нка, -и *f*	Schneeflocke
сне́жный, -ая, -ое [-жен, -жна]	Schnee-
сне́жный покро́в	*Schneedecke*
сне́жная ба́ба	*Schneemann*
сни́зу *adv*	unten; von unten
сни́ться, снюсь, сни́шься *impt*	träumen
У меня́ тако́е чу́вство, что всё э́то мне сни́тся.	*Ich habe das Gefühl, daß das alles nur ein Traum ist.*
Мне ничего́ не сни́тся.	*Ich träume nicht.*
сно́ва *adv*	wieder; von Anfang an
сно́ва и сно́ва	*immer wieder*
Я стал объясня́ть сно́ва.	*Ich habe meine Erklärungen von Anfang an wiederholt.*
снять, сниму́, сни́мешь [снял, сняла́, сня́ло] *pt* *impt* снима́ть, -а́ю, -а́ешь	herunterholen; ausziehen
Фильм снят в 1984-ом году́.	*Der Film ist 1984 aufgenommen worden.*
сня́ть пиджа́к	*seine Weste ausziehen*
соба́ка, -и *f*	Hund
дворо́вая соба́ка	*Hofhund*
Спроси́ лу́чше у Воло́ди, он на э́том соба́ку съел.	*Frage besser Wolodja, er ist ein Meister in diesem Fach.*
Тебя́ с соба́ками не сы́щешь.	*Dich findet man nie.*
Я уста́л, как соба́ка.	*Ich bin hundemüde.*
собра́ние, -я *n*	Versammlung; Sammlung
собра́ть, -беру́, -берёшь [-а́л, -ала́, -а́ло; со́бранный] *pt* *impt* собира́ть, -а́ю, -а́ешь	sammeln; aufsammeln
собра́ть на совеща́ние	*zu einer Sitzung einladen*
собра́ться, -беру́сь, -берёшься [-а́лся, -ала́сь, -ало́сь] *pt* *impt* собира́ться, -а́юсь, -а́ешься	sich versammeln; sich fertigmachen; beabsichtigen
Дава́йте соберёмся за́втра у меня́.	*Treffen wir uns morgen bei mir.*
Мы уже́ собрали́сь в доро́гу.	*Wir sind schon reisefertig.*
Я собира́юсь уе́хать на неде́лю.	*Ich beabsichtige, für eine Woche fortzufahren.*

Я ника́к не могу́ собра́ться с мы́слями.	*Ich kann meine Gedanken überhaupt nicht sammeln.*
со́бственник, -a *m*, со́бственница, -ы *f*	Eigentümer(in); Besitzer(in)
со́бственность, -и *f*	Eigentum
собы́тие, -я *n*	Ereignis
истори́ческое собы́тие	*ein historisches Ereignis*
соверше́нно *adv*	vollkommen, ganz
Э́то соверше́нно я́сно.	*Das ist vollkommen klar.*
Э́то уже́ соверше́нно друго́е де́ло.	*Das ist schon etwas ganz anderes./Das klingt schon besser/sieht besser aus.*
соверши́ть, -шу́, -ши́шь [-шённый (-ён, -ена́)] *pt* *impt* соверша́ть, -а́ю, -а́ешь	machen, tun
со́весть, -и *f*	Gewissen
У меня́ угрызе́ния со́вести.	*Ich habe ein schlechtes Gewissen.*
Со́весть у меня́ чиста́.	*Mein Gewissen ist rein.*
Э́то бу́дет лежа́ть на твое́й со́вести.	*Das bleibt dir auf dem Gewissen.*
по со́вести говоря́	*mit reinem Gewissen gesagt*
сове́т, -a *m*	Rat
дать кому́-л. сове́т	*jdm. einen Rat geben*
Верхо́вный Сове́т	*der oberste Sowjet*
городско́й сове́т Москвы́	*der Stadtrat von Moskau*
сове́товать, -тую, -туешь *impt (D)*	raten; beraten
Я сове́тую тебе́ вы́ждать.	*Ich rate dir, ein bißchen abzuwarten.*
совеща́ние, -я *n*	Besprechung, Beratung
совреме́нный, -ая, -ое [-е́нен, -е́нна]	modern, heutig, gegenwärtig; zeitgemäß
совсе́м *adv*	ganz
Я совсе́м растеря́лся.	*Ich bin ganz durcheinander.*
Я вас совсе́м не зна́ю.	*Ich kenne Sie gar nicht.*
Э́то не совсе́м так.	*Das ist nicht ganz richtig so.*
Э́то совсе́м не так.	*Das ist durchaus nicht so.*
согласи́ться, -ашу́сь, -аси́шься *pt* *impt* соглаша́ться, -а́юсь, -а́ешься	einverstanden sein, zustimmen
Почему́ ты с э́тим согласи́лся.	*Warum hast du dem zugestimmt?*
содержа́ние, -я *n*	Inhalt

сожале́ние, -я *n*	[Bedauern]; Mitleid
к сожале́нию	*[zum Bedauern] bedauerlicherweise, leider*
Я не нужда́юсь в сожале́нии.	*Ich brauche kein Mitleid.*
К сожале́нию, я должна́ Вам сказа́ть, что ...	*Ich bedaure, Ihnen sagen zu müssen, daß ...*
созда́тель, -я *m*	Schöpfer
созда́ть, -а́м, -а́шь, -а́ст, -ади́м, -и́те, -аду́т [со́здал, -ла́, -ло] *pt* *impt* создава́ть, -даю́, -даёшь	schaffen, erschaffen
созна́ние, -я *n*	Bewußtsein
кла́ссовое созна́ние	*Klassenbewußtsein*
созна́тельно *adv*	bewußt
Я созна́тельно не сказа́л тебе́ ничего́ об э́том.	*Ich habe dir ganz bewußt nichts davon gesagt.*
созна́тельный, -ая, -ое [-лен, -льна]	bewußt
сойти́, сойду́, сойдёшь [сошёл, сошла́] *pt* *impt* сходи́ть, схожу́, схо́дишь	hinuntergehen; herunterkommen; aussteigen
Сходи́ осторо́жно по э́той ле́стнице.	*Geh diese Treppe vorsichtig hinunter!*
Мы сошли́ с горы́ по́здно ве́чером.	*Wir sind spät abends vom Berg abgestiegen.*
Вам ну́жно сойти́ на сле́дующей остано́вке.	*Sie müssen an der nächsten Haltestelle aussteigen.*
Ты что, с ума́ сошёл?	*Was ist mit dir, bist du verrückt geworden?*
сок, -а (-у) *m*	Saft
сократи́ть, -ащу́, -ати́шь [-ащённый (-ён, -ена́)] *pt* *impt* сокраща́ть, -а́ю, -а́ешь	verringern; vermindern; kürzen
сократи́ть текст	*einen Text kürzen*
сократи́ть расхо́ды	*Ausgaben kürzen*
сократи́ть рабо́чий день	*den Arbeitstag verkürzen*
сократи́ть управле́нческий аппара́т	*den Verwaltungsapparat verkleinern*
солга́ть, лгу́, лжёшь [лгал, -лгала́, лга́ло] *impt*	lügen
Ты опя́ть солга́л.	*Du hast schon wieder gelogen.*
солда́т, -а *m*	Soldat

солёный, -ая, -ое	salzig
солёные огурцы́	*saure Gurken*
со́лнечный, -ая, -ое [-чен, -чна]	sonnig; Sonnen-
со́лнечные лучи́	*Sonnenstrahlen*
со́лнечные очки́	*Sonnenbrille*
Сего́дня со́лнечно.	*Heute ist es sonnig.*
со́лнце [о́н], -а *m*	Sonne
восхо́д со́лнца	*Sonnenaufgang*
захо́д со́лнца	*Sonnenuntergang*
Со́лнце всхо́дит/взошло́.	*Die Sonne geht auf/ist aufgegangen.*
Со́лнце захо́дит/зашло́.	*Die Sonne geht unter/ist untergegangen.*
солове́й, -вья́ *m*	Nachtigall
соло́ма, -ы *f*	Stroh
соль, -и *f*	Salz
сомнева́ться, -а́юсь, -а́ешься *impt*	zweifeln; bezweifeln
Нигили́ст сомнева́ется во всём.	*Ein Nihilist bezweifelt alles.*
Я не сомнева́юсь, что Вы пра́вы.	*Ich bin sicher, daß Sie recht haben.*
Я сомнева́юсь, что он придёт.	*Ich bin nicht sicher, ob er kommt.*
сомне́ние, -я *n*	Zweifel
без сомне́ния	*zweifellos*
Э́то вне вся́кого сомне́ния.	*Das ist über jeden Zweifel erhaben.*
Я бы не стал подверга́ть э́то сомне́нию, е́сли не ...	*Ich hätte daran nicht gezweifelt, wenn nicht ...*
сон, сна́ *m*	Schlaf; Traum
сообрази́ть, -ажу́, -ази́шь [-ажённый (-ён, -ена́)] *pt* *impt* соображ́ать, -а́ю, -а́ешь	überlegen; nach Überlegung verstehen
Я как-то не сообрази́л спроси́ть его́ об э́том.	*Ich habe irgendwie nicht daran gedacht, ihn zu fragen.*
сообщи́ть, -щу́, -щи́шь [-щённый (-ён, -ена́)] *pt* *impt* сообща́ть, -а́ю, -а́ешь	informieren; mitteilen; benachrichtigen
Та́ня сообща́ет нам, что выхо́дит за́муж.	*Tanja teilt uns mit, daß sie heiratet.*
Настоя́щим сообща́ем Вам, что ...	*Hiermit teilen wir Ihnen mit, daß ...*

сооруже́ние, -я *n*	Anlage
соотве́тствовать, -твую, -твуешь *impt*	entsprechen
Э́то не соотве́тствует мои́м первонача́льным наме́рениям.	*Das entspricht nicht meinen ursprünglichen Absichten.*
Э́то не соотве́тствует и́стине.	*Das entspricht nicht der Wahrheit.*
сопровожда́ть, -а́ю, -а́ешь *impt*	begleiten
сорва́ть, -ву́, -вёшь [-а́л, -ала́, -а́ло; со́рванный] *pt* *impt* срыва́ть, -а́ю, -а́ешь	pflücken
Я сорва́л я́блоко.	*Ich habe einen Apfel gepflückt.*
соревнова́ние, -я *n*	Wettkampf
сороково́й, -а́я, -о́е	der vierzigste
сорт, -а [*pl* -а́, -о́в] *m*	Sorte
сосе́д, -а *m*, сосе́дка, -и *f*	Nachbar(in)
соси́ска, -и *f*	Würstchen
сосна́, -ы [*pl* со́сны, со́сен] *f*	Kiefer; Föhre
Заблуди́ться в трёх со́снах	*[aus einer unkomplizierten Lage keinen Ausweg wissen]*
состоя́ние, -я *n*	Zustand; Lage; Vermögen
физи́ческое/психи́ческое состоя́ние	*physischer/psychischer Zustand*
Состоя́ние больно́го о́чень серьёзно.	*Der Zustand des Kranken ist ganz ernst.*
Я не в состоя́нии тебе́ помо́чь.	*Ich bin nicht in der Lage, dir zu helfen.*
Э́тот дом сто́ит це́лое состоя́ние.	*Dieses Haus kostet ein Vermögen.*
Тепе́рь в Росси́и мо́жно нажи́ть сотоя́ние.	*Jetzt kann man in Rußland ein richtiges Vermögen machen.*
сосчита́ть, -а́ю, -а́ешь *pt* *s.* счита́ть	zählen
сотру́дник, -а *m*, сотру́дница, -ы *f*	Mitarbeiter(in)
со́ус, -а *m*	Soße
сохрани́ть, -ню́, -ни́шь [-нённый (-ён, -ена́)] *pt* *impt* сохраня́ть, -я́ю, -я́ешь	[einen Zustand erhalten] (s. Beispiele)
сохрани́ть мир	*den Frieden bewahren*
сохрани́ть споко́йствие	*Ruhe halten*
сохрани́ть в па́мяти	*in Erinnerung behalten*

сохрани́ть семью́ — *eine Familie zusammenhalten*

социали́ст, -а *m*, социали́стка, -и *f* — Sozialist(in)

социалисти́ческий, -ая, -ое — sozialistisch

социа́льный, -ая, -ое — sozial

социа́льная поли́тика прави́тельства — *die Sozialpolitik der Regierung*

социо́лог, -а *m* — Soziologe

социологи́ческий, -ая, -ое — soziologisch

социоло́гия, -и *f* — Soziologie

сочине́ние, -я *n* — Werk

собра́ние сочине́ний — *Gesamtwerk*

сочине́ние (шко́льное) — *Schulaufsatz*

сочу́вствие, -я *n* — Mitgefühl, Teilnahme, Anteilnahme

Я сде́лал э́то то́лько из сочу́вствия к тебе́. — *Ich habe das nur aus Mitgefühl zu dir getan.*

сочу́вствовать, -твую, -твуешь *impt* — mitfühlen; nachfühlen; bemitleiden

Я Вам сочу́вствую. — *Herzliches Beileid./Das tut mir für Sie leid.*

сою́з, -а *m* — Bündnis

спа́льня, -и *f* — Schlafzimmer

спасти́, -су́, -сёшь [спас, спасла́; -сённый (-ён, -ена́)] *pt* спаса́ть, -а́ю, -а́ешь — retten

спасти́ жизнь — *das Leben retten*

спать, сплю, спишь [спал, спала́, спа́ло] *impt* — schlafen

спе́лый, -ая, -ое [спел, спела́, спело] — reif

спеть, спою́, споёшь [спе́тый] *pt* — singen

s. петь

специали́ст, -а *m*, специали́стка, -и *f* — Spezialist(in)

специа́льность, -и *f* — Fach

специа́льный, -ая, -ое [-лен, -льна] — speziell

спеши́ть, -шу́, -ши́шь *impt* — sich beeilen

Извини́ меня́, я спешу́. — *Entschuldige mich, ich hab's eilig.*

Не спеши́. — *Nimm dir Zeit.*

Часы́ у меня́ спеша́т. — *Meine Uhr geht vor.*

спина́, -ы [*a/sg* спи́ну; *pl* спи́ны, спин, спи́нам] *f* — Rücken

спи́сок, -ска *m*	Liste
спи́чка, -и *f*	Streichholz
споко́йно *adv*	ruhig
Я отношу́сь к э́тому соверше́нно споко́йно.	*Ich reagiere darauf ganz ruhig.*
Мне на́до э́то споко́йно обду́мать.	*Ich muß das in Ruhe überlegen.*
Здесь ти́хо и споко́йно.	*Hier ist es still und ruhig.*
споко́йный, -ая, -ое [-о́ен, -о́йна]	ruhig
Фе́дя споко́йный челове́к.	*Fedja ist ein gelassener Mensch.*
Мо́ре сего́дня споко́йно.	*Das Meer ist heute still.*
Мы провели́ три споко́йных дня.	*Wir haben drei ruhige Tage verbracht.*
Бу́дьте споко́йны!	*Sie können ganz ruhig sein.*
со споко́йной со́вестью	*mit gutem Gewissen*
спор, -а *m*	Auseinandersetzung
спо́рить, -рю, -ришь *impt*	streiten
Не спо́рь со мно́й.	*Streite nicht mit mir!*
О вку́сах не спо́рят.	*Über Geschmack läßt sich nicht streiten.*
спорт, -а *m*	Sport
занима́ться спо́ртом	*Sport treiben*
спорти́вный, -ая, -ое	sportlich, Sport-
спортсме́н [рцм], -а *m*, спортсме́нка, -и *f*	Sportler(in)
спосо́бность, -и *f*	Fähigkeit, Begabung
у́мственные спосо́бности	*geistige Fähigkeiten*
покупа́тельная спосо́бность населе́ния	*die Kaufkraft der Bevölkerung*
спосо́бный, -ая, -ое [-бен, -бна]	fähig, begabt
Са́ша не спосо́бен на таку́ю по́длость.	*Sascha ist zu einer solchen Gemeinheit nicht fähig.*
спра́ва *adv*	rechts, von rechts
спра́ва от меня́	*rechts von mir*
Маши́на вы́скочила спра́ва.	*Das Auto tauchte von rechts auf.*
справедли́вость, -и *f*	Gerechtigkeit
справедли́вый, -ая, -ое [-и́в]	gerecht
Оте́ц строг, но справедли́в.	*Mein Vater ist streng, aber gerecht.*
спроси́ть, -ошу́, -о́сишь *pt* *impt* спра́шивать, -аю, -аешь	fragen; testen (in der Schule)
Спроси́ его́, мо́жет ли о́н за́втра прийти́.	*Frage ihn, ob er morgen abend kommen kann.*

Я не зна́ю, спроси́ лу́чше у Ве́ры. — *Ich weiß nicht, frage besser Vera!*

Пойди́ в канцеля́рию и спроси́ господи́на Петро́ва. — *Gehe in das Büro und frage nach Herrn Petrow!*

спря́тать, спря́чу, спря́чешь [-анный] *pt* — verstecken
s. пря́тать

спусти́ться, спущу́сь, спу́стишься *pt* — heruntersteigen; hinuntersteigen(gehen), absteigen
impt спуска́ться, -а́юсь, -а́ешься

Спусти́тесь вниз по э́той ле́стнице. — *Gehen Sie diese Treppe hinunter!*

сравне́ние, -я *n* — Vergleich
в сравне́нии с/по сравне́нию с — *im Vergleich zu/verglichen mit*

сравни́ть, -ню́, -ни́шь [-нённый (-ён, -ена́)] *pt* — vergleichen
impt сра́внивать, -аю, -аешь

сраже́ние, -я *n* — Schlacht

сра́зу *adv* — sofort, sogleich; gleichzeitig
Я сра́зу позвоню́ ему́. — *Ich rufe ihn sofort an.*
Не всё сра́зу. — *Nicht alles auf einmal.*

сре́дний, -яя, -ее — Mittel-, mittlerer; Durchschnitts-, durchschnittlich
мужчи́на сре́дних лет — *ein Mann in den mittleren Jahren*
сре́дняя температу́ра — *Durchschnittstemperatur*
сре́дние века́ — *Mittelalter*

сре́дство, -а *n* — Mittel
сре́дства передвиже́ния — *Transportmittel*

сро́чный, -ая, -ое [-чен, -чна] — dringend, eilig

ссо́ра, -ы *f* — Streit
Мне надое́ли э́ти ве́чные ссо́ры. — *Ich bin die ewigen Streitereien satt.*
Э́то ты и́щешь ссо́ры. — *Das bist du doch, der Streit sucht.*

ссо́риться, -рюсь, -ришься *impt* — sich streiten, streiten; sich zanken, zanken

ста́вить, -влю, -вишь *impt* — stellen

стадио́н, -а *m* — Stadion

стака́н, -а *m* — Glas (für Wasser, Cola, Senf, Limonade u. ä.)

стара́ться, -а́юсь, -а́ешься *impt* — sich Mühe geben; sich bemühen
Я стара́юсь изо всех сил. — *Ich tue mein Bestes.*

Не стара́йся, ты ему́ всё равно́ не помо́жешь.	*Gib dir keine Mühe, du kannst ihm sowieso nicht helfen!*
старе́ть, -е́ю, -е́ешь *impt*	altern, älter werden; alt werden
стари́нный, -ая, -ое	sehr alt, antik
Влади́мир и Су́здаль – стари́нные ру́сские города́.	*Wladimir und Susdal sind sehr alte russische Städte.*
стари́нный обы́чай	*alter Brauch*
ста́рость, -и *f*	hohes Alter
ста́рший, -ая, -ее [ста́рше]	älter
Э́то мой ста́рший брат.	*Das ist mein älterer Bruder.*
Он ста́рше меня́ на пять лет.	*Er ist 5 Jahre älter als ich.*
ста́рый, -ая, -ое [стар, стара́, ста́ро, ста́ры]	alt
ста́туя, -и *f*	Statue
ста́ть, ста́ну, ста́нешь *pt* *impt* станови́ться, -овлю́сь, -о́вишься	werden
статья́, -и́ *f*	Artikel
крити́ческая статья́	*Literaturkritik*
ста́я, -и *f*	Schwarm
стекло́, -а́ [*pl* стёкла, стёкол, стёклам] *n*	Glas; Scheibe
стена́, -ы [*a/sg* сте́ну; *pl* сте́ны, стен, сте́нам] *f*	Wand; Mauer
степь, -и [о сте́пи, в степи́; *pl* -и, -е́й] *f*	Steppe; Heide
стиль, -я *m*	Stil
стира́ть, -а́ю, -а́ешь [сти́ранный] *impt*	waschen
стихотворе́ние, -я *n*	Gedicht
сто́имость, -и *f*	Preis; Wert
потреби́тельная сто́имость	*Gebrauchswert*
приба́вочная сто́имость	*Mehrwert*
сто́ить, -о́ю, -о́ишь *impt*	kosten; sich lohnen
Ско́лько сто́ит э́то?	*Was kostet das?*
Сто́ит об э́том поду́мать.	*Es lohnt sich, darüber nachzudenken.*
стол, -а́ *m*	Tisch
пи́сьменный стол	*Schreibtisch*
приглаша́ть к столу́	*zu Tisch bitten*
накры́ть (на) стол	*den Tisch decken*
пода́ть на стол	*auftragen, auftischen*
убра́ть со стола́	*den Tisch abräumen*
столи́ца, -ы *f*	Hauptstadt

столкну́ться, -ну́сь, -нёшься *pt impt* ста́лкиваться, -аюсь, -аешься — zusammenstoßen

столо́вая, -ой *f* — Eßzimmer, Speisezimmer; Kantine
студе́нческая столо́вая — *Mensa*

сто́лько *adv* — soviel
Ско́лько обеща́л, сто́лько и принёс. — *Soviel wie ich versprochen habe, habe ich auch mitgebracht.*
Я зна́ю сто́лько же, ско́лько и ты. — *Ich weiß nicht mehr als du.*
Где ты был сто́лько вре́мени? — *Wo bist du solange gewesen?*

сто́рож, -а *m* — Wächter; Wärter
Мой дя́дя рабо́тает сто́рожем в музе́е. — *Mein Onkel ist Museumswärter.*
ночно́й сто́рож — *Nachtwächter*
тюре́мный сто́рож — *Gefängniswärter*

стоя́нка, -и *f* — Parkplatz; Taxistand

стоя́ть, стою́, стои́шь *impt* — stehen
Почему́ ты стои́шь? Сади́сь! — *Warum stehst du? Setz dich!*
Стой! — *Halt!*

страда́ть, -а́ю, -а́ешь *impt* — leiden
Ле́на страда́ет ревмати́змом. — *Lena leidet an Rheuma.*
Почему́ я должна́ из-за него́ страда́ть? — *Warum soll ich seinetwegen leiden?*

страна́, -ы́ [*pl* стра́ны, стран, стра́нам] *f* — Land

страни́ца, -ы *f* — Seite

стра́нный, -ая, -ое [-а́нен, -анна́, -а́нно] — seltsam
Что за стра́нные вопро́сы! — *Was für seltsame Fragen!*
Ты стал каки́м-то стра́нным. — *Du bist irgendwie seltsam geworden.*

стра́стный, -ая, -ое [-тен, -тна́, -тно] — leidenschaftlich

страх, -а *m* — Angst

страхова́ние, -я *n* — Versicherung
страхова́ние жи́зни — *Lebensversicherung*

страхова́ть, страху́ю, страху́ешь [страхо́ванный] *impt* — versichern

стра́шный, -ая, -ое [-шен, -шна́, -шно, -шны/-шны́] — fürchterlich, furchtbar, schrecklich
Мы живём в стра́шное вре́мя. — *Wir leben in einer fürchterlichen Zeit.*

Бо́же мой, у тебя́ стра́шный вид!	*Mein Gott, du siehst fürchterlich aus.*
стреля́ть, -я́ю, -я́ешь *impt*	schießen
стреми́ться, -млю́сь, -ми́шься *impt*	streben
стреми́ться к звёздам	*zu den Sternen streben*
стро́гий, -ая, -ое [строг, строга́, стро́го; стро́же; строжа́йший]	streng
стро́го секре́тно	*streng geheim*
стро́го запреща́ется	*streng verboten*
стро́гие ме́ры	*scharfe Maßnahmen*
стро́го говоря́	*strenggenommen*
строи́тель, -я *m*	Bauarbeiter
строи́тельство, -а *n*	Baugewerbe
Я рабо́тал в строи́тельстве.	*Ich habe im Baugewerbe gearbeitet.*
стро́ить, -о́ю, -о́ишь *impt*	bauen; aufbauen
Э́тот дом стро́ят уже́ пя́тый год.	*An diesem Haus wird schon seit fünf Jahren gebaut.*
Я давно́ переста́л стро́ить пла́ны на бу́дущее.	*Ich habe schon lange aufgehört, Pläne für die Zukunft zu schmieden.*
Переста́нь стро́ить гла́зки ше́фу.	*Hör auf, dem Chef schöne Augen zu machen!*
Не строй из себя́ дурака́.	*Stell dich nicht dumm!*
стро́ить возду́шные за́мки	*Luftschlösser bauen*
стро́йка, -и *f*	Bau; Bauen; Baustelle
Я прорабо́тал два го́да на стро́йке.	*Ich habe zwei Jahre auf einer Baustelle gearbeitet.*
стро́йный, -ая, -ое [-о́ен, -ойна́, -о́йно]	schlank; harmonisch, gut gebaut
строка́, -и́ *f*	Zeile
структу́ра, -ы *f*	Struktur
студе́нт, -а *m*, студе́нтка, -и *f*	Student(in)
стул, -а [*pl* -лья, -льев] *m*	Stuhl
ступе́нька, -и *f*	Stufe
стыди́ться, стыжу́сь, стыди́шься *impt*	sich schämen
сты́дно *adv*	[es ist ein Grund zur Scham]
Мне сты́дно.	*Ich schäme mich.*
Сты́дно лгать.	*Lügen ist eine Scham.*
суд, -а́ *m*	Gericht
суди́ть, сужу́, су́дишь *impt*	beurteilen; verurteilen; verklagen

Я не решáюсь суди́ть, кто прав. — *Ich traue mir nicht zu, zu beurteilen, wer recht hat.*
Сýдя по сообщéниям в печáти ... — *Soweit der Presse zu entnehmen ist ...*
Я бýду суди́ть Вас за оби́ду. — *Ich werde Sie wegen Beleidigung verklagen.*
Не суди́ меня́. — *Bitte verurteile mich nicht.*
Суди́те сáми. — *Beurteilen Sie das selbst!*

сýдно, -а *n* — Schiff
судьбá, -ы́ *f* — Schicksal, Vorhersehung, Los
судья́, -и́ [*pl* сýдьи, судéй, сýдьям] *m* — Richter(in); Schiedsrichter
сýмка, -и *f* — (Hand)Tasche
сýмма, -ы *f* — Summe
суп, -а *m* — Suppe
сурóвый, -ая, -ое [-óв] — hart, rauh; streng
сурóвая зимá — *harter Winter*
сурóвый кли́мат — *rauhes Klima*
сурóвая действи́тельность — *die rauhe Wirklichkeit*
сурóвое наказáние — *strenge Strafe*
сурóвый пригово́р — *strenges Urteil*
сýтки, -ок *pl* — vierundzwanzig Stunden
сухóй, -áя, -óе [сух, сухá, сýхо; сýше] — trocken; vertrocknet
сухáя кóжа — *trockene Haut*
сухáя погóда — *trockenes Wetter*
сухóй кли́мат — *trockenes Klima*
сухóе дéрево — *dürrer Baum*
суши́ть, сушý, сýшишь [сýшенный] *impt* — trocknen
существовáть, -твýю, -твýешь *impt* — existieren; es gibt ...
сфéра, -ы *f* — Sphäre; Bereich
сфотографи́ровать, -рую, -руешь *pt* — fotografieren
s. фотографи́ровать
сцéна, -ы *f* — Bühne; Szene
счастли́вый, -ая, -ое [счáстлив/счастли́в] — glücklich, froh
Я счастли́вый человéк. — *Ich bin ein glücklicher Mensch.*
Я счáстлива, что ты здесь. — *Ich bin froh, daß du da bist.*
Э́то сáмый счастли́вый день в моéй жи́зни. — *Das ist der glücklichste Tag in meinem Leben.*
Э́то счастли́вая случáйность. — *Das ist ein glücklicher Zufall.*

сча́стье, -я *n* — Glück
Я ве́рю, что э́то принесёт тебе́ сча́стье. — *Ich glaube, daß dir das Glück bringt.*
Како́е сча́стье, что мы познако́мились. — *Was für ein Glück, daß wir uns kennengelernt haben.*
К сча́стью, он о́чень дискре́тный челове́к. — *Zum Glück ist er ein sehr diskreter Mensch.*
Твоё сча́стье, что дочь тебя́ понима́ет. — *Du hast Glück, daß deine Tochter dich versteht.*

счесть, сочту́, сочтёшь [счёл, сочла́] *pt* — meinen; halten für; zählen
impt счита́ть, -а́ю, -а́ешь
Я не счёл э́то ну́жным. — *Ich habe das für notwendig gehalten.*

счёт, -а (-у) [*pl* счета́, -о́в] *m* — Rechnung
Вы́пишите, пожа́луйста, счёт. — *Machen Sie bitte die Rechnung fertig!*
Счёт, пожа́луйста. — *Zahlen, bitte!*
Я бы хоте́л откры́ть счёт в ва́шем ба́нке. — *Ich würde gerne bei Ihnen ein Konto eröffnen.*
Я хочу́ закры́ть счёт. — *Ich möchte mein Konto auflösen.*

сшить, сошью́, сошьёшь *pt* *s.* шить — nähen

съесть, съем, съешь *pt* *s.* есть[1] — essen; aufessen

сыгра́ть, -а́ю, -а́ешь *pt* *s.* игра́ть — spielen
Дава́й сыгра́ем в ша́хматы. — *Laß uns eine Partie Schach spielen!*

сын, -а [*pl* сыновья́, -е́й] *m* — Sohn

сыр, -а (-у) [*pl* -ы́, -о́в] *m* — Käse

сыро́й, -а́я, -о́е [сыр, сыра́, сыро] — feucht; roh
сыра́я пого́да — *feuchtes Wetter*
сыро́е мя́со — *rohes Fleisch*

сюда́ *adv* — hierher
Иди́ сюда́. — *Komm her!*
туда́ и сюда́ — *hin und her*

Т

таба́к, -а́ *m* — Tabak

таи́нственный, -ая, -ое [-вен, -венна] — geheimnisvoll

так *adv; part* — so

Так оно́ и есть. — *So ist es.*
Де́ло обстои́т так. — *So steht die Sache.*
Я был так разочаро́ван. — *Ich war so enttäuscht.*
Ты не ска́жешь, так я скажу́. — *Sagst du es nicht, so sag ich es.*
Как так? — *Wieso?*

та́кже *adv* — auch; auch ... ebenfalls
Мы та́кже согла́сны. — *Wir sind auch einverstanden.*
Дом, а та́кже сад принадлежа́т мне. — *Das Haus und auch der Garten gehören mir.*

тако́й, -а́я, -о́е — solch; so ein; ein solcher; so
С таки́м реше́нием я не согла́сен. — *Mit so einer Entscheidung bin ich nicht einverstanden.*
Таки́м я ви́жу тебя́ впервы́е. — *So sehe ich dich zum ersten Mal.*
Тако́й большо́й ма́льчик, а пла́чет. — *So ein großer Junge, und weint.*
У меня́ то́чно тако́е же пла́тье. — *Ich habe genau dasselbe Kleid.*
Ты стал таки́м изве́стным. — *Du bist so bekannt geworden.*

такси́ *unv n* — Taxi
пойма́ть такси́ — *ein Taxi erwischen (erwischt haben)*

такти́чный, -ая, -ое [-чен, -чна] — taktvoll

тала́нт, -а *m* — Talent

тала́нтливый, -ая, -ое [-ив] — begabt, befähigt; talentiert

там *adv* — dort, da
там и сям — *hier und dort/hier und da*
то там, то сям — *mal hier, mal da*

та́нец, -нца *m* — Tanz

танцева́ть, -цу́ю, -цу́ешь *impt* — tanzen

таре́лка, -и *f* — Teller

тащи́ть, тащу́, та́щишь *impt* — schleppen

та́ять, та́ет [*1. & 2. Pers. ungebr.*] *impt* — tauen; schmelzen (Eis/Schnee)
Та́ет. — *Es taut.*

твёрдый, -ая, -ое [твёрд, тверда́, твёрдо; твёрже] — hart

творе́ц, -рца́ *m* — Schöpfer

тво́рческий, -ая, -ое — schöpferisch
тво́рческая де́ятельность — *schöpferische Tätigkeit*

тво́рчество, -а *n* — Schaffen

теа́тр, -а *m* — Theater
о́перный теа́тр — *Opernhaus*
ку́кольный теа́тр — *Puppentheater*

драмати́ческий теа́тр	*Schauspielhaus*
текст, -а *m*	Text
телеви́дение, -я *n*	Fernsehen
телеви́зор, -а *m*	Fernseher
Я ре́дко смотрю́ телеви́зор.	*Ich sehe selten fern.*
телегра́мма, -ы *f*	Telegramm
телегра́мма-мо́лния	*Blitztelegramm*
телёнок, -нка [*pl* теля́та, -я́т] *n*	Kalb
телефо́н, -а *m*	Telefon
но́мер телефо́на	*Telefonnummer*
спа́ренный телефо́н	*Doppelanschluß [2 Parteien erhalten eine Telefonleitung, aber 2 Nummern]*
позвони́ть по телефо́ну	*anrufen*
Телефо́н за́нят.	*Die Nummer ist besetzt.*
Вас про́сят к телефо́ну.	*Sie werden am Telefon verlangt.*
телефо́нный, -ая, -ое	Telefon-, telefonisch
телефо́нная кни́га	*Telefonbuch*
телефо́нный разгово́р	*Telefongespräch*
телефо́нная инстала́ция	*telefonische Einrichtung*
те́ло, -а [*pl* тела́, тел, тела́м] *n*	Körper
теля́тина, -ы *f*	Kalb(fleisch)
те́ма, -ы *f*	Thema
темно́ *adv*	dunkel
Зажги́ свет, уже́ темно́.	*Mach das Licht an, es ist schon dunkel!*
Темно́ хоть глаза́ вы́коли.	*Es ist stockdunkel.*
темнота́, -ы́ *f*	Dunkelheit
К сча́стью, мы разби́ли пала́тку до темноты́.	*Zum Glück haben wir das Zelt vor dem Dunkelwerden aufgeschlagen.*
Я бою́сь темноты́.	*Ich habe Angst vor der Dunkelheit.*
в темноте́	*im Dunkeln*
тёмный, -ая, -ое [тёмен, темна́, темно́]	dunkel
тёмные глаза́	*dunkle Augen*
тёмная ли́чность	*eine nicht greifbare Persönlichkeit*
температу́ра, -ы *f*	Temperatur; Fieber
максима́льная температу́ра	*Maximaltemperatur*
сре́дняя температу́ра	*Durchschnittstemperatur*
У больно́го температу́ра.	*Der Kranke hat Fieber.*
ме́рить температу́ру	*Fieber messen*
тень, -и [в тени́; *pl* те́ни, тене́й] *f*	Schatten

Да́же в тени́ жа́рко.	*Sogar im Schatten ist es heiß.*
Лес – ца́рство тене́й.	*Der Wald ist ein Schattenreich.*
Нет ни те́ни сомне́ния.	*Das unterliegt keinem Zweifel.*
Я уже́ свое́й те́ни бою́сь.	*Ich fürchte mich schon vor meinem eigenen Schatten.*
Он сле́дует за мной как тень.	*Er folgt mir wie ein Schatten.*
тео́рия, -и *f*	Theorie
тепе́рь *adv*	jetzt
Тепе́рь уже́ сли́шком по́здно.	*Jetzt ist es schon viel zu spät.*
Я тепе́рь пойду́.	*Ich gehe jetzt.*
А тепе́рь?	*Und nun?*
тепло́ *adv*	warm
На у́лице тепло́.	*Draußen ist es warm.*
тёплый, -ая, -ое [тёпел, тепла́, тепло́]	warm
термо́метр, -а *m*	Thermometer
терпели́вый, -ая, -ое [-и́в]	geduldig
терпе́ние, -я *n*	Geduld
Терпе́ние и труд всё перетру́т.	*Mit Geduld und Spucke kann man alles erreichen.*
Не выводи́ меня́ из терпе́ния!	*Ich bin am Ende meiner Geduld, hör auf!*
терра́са, -ы *f*	Terrasse
террито́рия, -и *f*	Territorium
теря́ть, -я́ю, -я́ешь *impt*	verlieren
те́сто, -а *n*	Teig
тетра́дка, -и *f*	Heft
тетра́дь, -и *f*	Heft
тётя, -и *f*	Tante
те́хник, -а *m*	Techniker(in)
те́хника, -и *f*	Technik
те́хникум, -а *m*	Technikum
техни́ческий, -ая, -ое	technisch
тече́ние, -я *n*	Strömung
морско́е тече́ние	*Meeresströmung*
плы́ть по тече́нию	*mit dem Strom schwimmen*
плы́ть про́тив тече́ния	*gegen den Strom schwimmen*
литерату́рное тече́ние	*literarische Strömung*
течь, течёт, теку́т [тёк, текла́] [*1. & 2. Pers ungbr.*] *impt*	fließen
вода́ течёт	*das Wasser fließt*
вре́мя течёт	*die Zeit verrinnt/vergeht*
бо́чка течёт	*das Faß leckt*
тигр, -а *m*	Tiger

тип, -а *m*	Typ
Я не выношу́ люде́й тако́го ти́па.	*Ich kann solche Menschen nicht riechen.*
Како́й он неприя́тный тип!	*Was ist das für unangenehmer Typ!*
Он не моего́ ти́па.	*Er ist nicht mein Typ.*
типи́чный, -ая, -ое [-чен, -чна]	typisch
ти́хий, -ая, -ое [тих, тиха́, ти́хо; ти́ше]	leise; still
Слы́шно лишь ти́хое журча́ние ручья́.	*Man hört nur das leise Gemurmel des Baches.*
Ночь была́ тиха́.	*Die Nacht war still.*
Я услы́шал её ти́хие шаги́.	*Ich habe ihre leisen Schritte gehört.*
В ти́хом о́муте че́рти во́дятся.	*Stille Wasser sind tief.*
ти́хо *adv*	leise; still
Говори́ ти́хо, все уже́ спят.	*Sprich leise, alle schlafen schon!*
Вдруг ста́ло ти́хо.	*Es ist plötzlich still geworden.*
тишина́, -ы́ *f*	Stille
Цари́т тишина́.	*Es herrscht Stille.*
Ничего́ не наруша́ло тишины́.	*Nichts störte die Stille.*
Соблюда́йте тишину́.	*Ruhe bitte !*
ткань, -и *f*	Stoff
това́р, -а *m*	Ware
тогда́ *adv; konj*	damals; dann
Тогда́ я жил в Берли́не.	*Damals habe ich in Berlin gelebt.*
И тогда́ я ушёл.	*Und dann bin ich weggegangen.*
Е́сли так, тогда́ я согла́сен.	*Wenn so, dann bin ich einverstanden.*
то́же *adv*	auch; ebenfalls
Я то́же пойду́.	*Ich gehe auch dahin.*
то́карь, -я [*pl* -я́, -е́й] *m*	Dreher; Drechsler
толка́ть, -а́ю, -а́ешь *impt* *pt* толкну́ть, -ну́, -нёшь	stoßen; schieben
толпа́, -ы́ [*pl* то́лпы, толп, то́лпам] *f*	Menschenmenge
Ты ви́дел толпу́ у кинотеа́тра?	*Hast du die Menge vor dem Kino gesehen?*
толсте́ть, -е́ю, -е́ешь *impt*	dick werden; zunehmen
то́лстый, -ая, -ое [толст, толста́, то́лсто, то́лсты]	dick, fett
то́лько *adv; part*	nur; erst
Э́то то́лько нача́ло.	*Das ist erst der Anfang.*
То́лько ты мо́жешь мне помо́чь.	*Nur du kannst mir helfen.*
Ты то́лько попро́буй!	*Versuch das nur!*

Я то́лько вошёл.	*Ich bin gerade gekommen.*
не то́лько ..., но и ...	*nicht nur ..., sondern auch ...*
то́лько что	eben erst; gerade
Я то́лько что узна́л об э́том.	*Ich habe das eben erst erfahren.*
Я то́лько что его́ ви́дел.	*Ich habe ihn gerade gesehen.*
тон, -а [*pl* -а́/-ы, -о́в] *m*	Ton; Farbton
то́нкий, -ая, -ое [-нок, -нка́, -нко; то́ньше; тонча́йший]	dünn; fein
то́нкие черты́ лица́	*feine Gesichtszüge*
то́нкая та́лия	*schlanke Taille*
то́нкий шёлк	*dünne Seide*
то́нкий за́пах	*feiner Geruch*
то́нкий намёк	*eine leise Andeutung*
то́поль, -я [*pl* -я́, -е́й] *m*	Pappel
торгова́ть, -гу́ю, -гу́ешь *impt*	Handel treiben
торго́вец, -вца *m*	Händler; Einzelhändler
у́личный торго́вец	*Straßenhändler*
ме́лкий торго́вец	*Kleinhändler*
кру́пный торго́вец	*Großhändler*
торго́вля, -и *f*	Handel
Мой оте́ц рабо́тает в торго́вле.	*[Mein Vater arbeitet im Handel.]*
тормози́ть, -ожу́, -ози́шь *impt*	bremsen; aufhalten
торопи́ться, -оплю́сь, -о́пишься *impt*	sich beeilen
Тебе́ не ну́жно торопи́ться.	*Du brauchst dich nicht zu beeilen.*
Куда́ Вы торо́питесь?	*Wohin gehen Sie so eilig?*
торт, -а *m*	Kuchen; Torte
тоска́, -и́ *f*	Schwermut; Sehnsucht
то́чка, -и *f*	Punkt
то́чно *adv*	genau, pünktlich; präzis(e)
Серге́й позвони́л то́чно в пять часо́в.	*Sergej hat um Punkt fünf Uhr angerufen.*
По́сле почи́нки мои́ часы́ иду́т соверше́нно то́чно.	*Seit der Reparatur geht meine Uhr ganz genau.*
Мне нужна́ то́чно така́я бума́га.	*Ich brauche auch genau solches Papier.*
Он отве́тил мне то́чно так же.	*Er hat mir genauso geantwortet.*
У нас то́чно така́я же стира́льная маши́на.	*Wir haben die gleiche/genau dieselbe Waschmaschine.*
то́чный, -ая, -ое [-чен, -чна́, -чно]	genau; pünktlich; präzis(e)
то́чное вре́мя	*genaue Zeit*
то́чные нау́ки	*exakte Wissenschaften*

То́ля никогда́ не опа́здывает, он всегда́ то́чен.	*Tolja kommt nie zu spät, er ist immer pünktlich.*
трава́, -ы́ [*pl* тра́вы, трав, тра́вам] *f*	Gras; Kraut
ни́зкая трава́	*kurzes Gras*
лека́рственные тра́вы	*Heilkräuter*
паху́чие тра́вы	*Kräuter*
траге́дия, -и *f*	Tragödie
траги́чный, -ая, -ое [-чен, -чна]	tragisch
традицио́нный, -ая, -ое [-о́нен, -о́нна]	traditionell
тради́ция, -и *f*	Tradition
тра́ктор, -а *m*	Traktor
трамва́й, -я *m*	Straßenbahn
транзи́стор, -а *m*	Kofferradio
тра́нспорт, -а *m*	Transport; Personenverkehr; Güterverkehr
тра́тить, -а́чу, -а́тишь *impt*	ausgeben; aufwenden
Мы тра́тим сли́шком мно́го де́нег на бензи́н.	*Wir geben viel zu viel Geld für Benzin aus.*
тра́тить вре́мя/уси́лия	*Zeit/Mühe aufwenden*
тре́бование, -я *n*	Forderung
тре́бовательный, -ая, -ое [-лен, -льна]	anspruchsvoll
На́до быть тре́бовательным в пе́рвую о́чередь к самому́ себе́.	*Man muß zuallererst gegen sich selbst anspruchsvoll sein.*
тре́бовать, -бую, -буешь *impt (G)*	fordern, verlangen
тре́нер, -а *m*	Trainer
тренирова́ться, -ру́юсь, -ру́ешься *impt*	trainieren, üben
тро́гательный, -ая, -ое [-лен, -льна]	rührend
Твоя́ забо́та обо мне́ тро́гательна.	*Du kümmerst dich rührend um mich.*
тро́гать, -аю, -аешь *impt* *pt* тро́нуть, -ну, -нешь	berühren, anfassen
Рука́ми не тро́гать!	*Berühren verboten!*
Не тро́гай мои́ ве́щи.	*Fassen Sie meine Sachen nicht an!*
Фе́дя меня́ па́льцем не тро́нул.	*Fedja hat mich nicht berührt.*
тролле́йбус, -а *m*	O-Bus

тропи́нка, -и *f*	Pfad
лесна́я тропи́нка	*ein Pfad im Wald*
тротуа́р, -а *m*	Bürgersteig
тру́бка, -и *f*	Pfeife
труд, -а́ *m*	Arbeit; Werk
у́мственный труд	*geistige Arbeit*
физи́ческий труд	*körperliche Arbeit*
труды́ Ка́нта	*das Werk von Kant*
труди́ться, тружу́сь, тру́дишься *impt*	arbeiten; tätig sein
тру́дно *adv*	schwer
Тру́дно сказа́ть.	*Schwer zu sagen.*
Тру́дно пове́рить э́тому.	*Das ist kaum zu glauben.*
тру́дность, -и *f*	Schwierigkeit
тру́дный, -ая, -ое [-ден, -дна́, -дно, -дны/-дны́]	schwer, schwierig
Э́то о́чень тру́дный вопро́с.	*Das ist eine sehr schwierige Frage.*
Ты вы́ручил меня́ в тру́дную мину́ту.	*Du hast mir in schwerer Stunde geholfen.*
Тру́дный ты челове́к!	*Du bist ganz schön schwierig!*
тру́дный ребёнок	*ein schwieriges Kind*
трудово́й, -а́я, -о́е	Arbeits-; arbeitend
трудова́я дисципли́на	*Arbeitsdisziplin*
трудово́й догово́р	*Arbeitsvertrag*
трудово́е населе́ние	*werktätige Bevölkerung*
трудолюби́вый, -ая, -ое [-и́в]	fleißig
трудя́щийся, -егося *m*	berufstätig sein
трус, -а *m*	Feigling
Ты жа́лкий трус!	*Du bist ein erbärmlicher Feigling.*
трусли́вый, -ая, -ое [-и́в]	feige
тря́пка, -и *f*	Lappen, Wischtuch, Putztuch, Putzlappen; Klamotten
туале́т, -а *m*	Toilette; Kleidung; Klo
туда́ *adv*	dahin, dorthin
Не ходи́ туда́.	*Gehe nicht dahin!*
туда́ и обра́тно	*hin und zurück*
биле́т туда́ и обра́тно	*Rückfahrkarte*
тума́н, -а *m*	Nebel
густо́й тума́н	*dichter Nebel*
На дворе́ тума́н.	*Draußen ist es nebelig.*
тупо́й, -а́я, -о́е [туп, тупа́, ту́по]	stumpf
тупо́й у́гол	*stumpfer Winkel*
тупа́я боль	*dumpfer Schmerz*
тупо́й взгляд	*ein stumpfsinniger Blick*

тури́зм, -а *m*	Tourismus
тури́ст, -а *m*, тури́стка, -и *f*	Tourist(in)
туристи́ческий, -ая, -ое	touristisch
тут *adv*	hier; dann, da
ту́фли, ту́фель *pl* [*sg* ту́фля, -и]	Schuhe
ту́ча, -и *f*	Wolke
дождева́я ту́ча	*Regenwolke*
грозова́я ту́ча	*Gewitterwolke*
тюльпа́н, -а *m*	Tulpe
тюрьма́, -ы́ *f*	Gefängnis
посади́ть в тюрьму́	*ins Gefängnis werfen/stecken*
вы́пустить из тюрьмы́	*aus dem Gefängnis entlassen*
убежа́ть из тюрьмы́	*aus dem Gefängnis abhauen/ fliehen*
тяжело́ *adv*	schwer
Свекро́вь у меня́ тяжело́ больна́.	*Meine Schwiegermutter ist schwer krank.*
Мне тяжело́ об э́том вспомина́ть	*Es fällt mir schwer, mich daran zu erinnern.*
У меня́ тяжело́ на душе́.	*Es ist mir schwer ums Herz.*
С ним тяжело́ рабо́тать.	*Es ist schwer, mit ihm zu arbeiten.*
Помоги́, мне тяжело́ нести́.	*Hilf mir bitte, das ist zu schwer für mich!*
тя́жёлый, -ая, -ое [-жёл, -жела́]	schwer; schwierig
Наступи́ли тяжёлые времена́.	*Schwere Zeiten sind gekommen.*
Врач сказа́л, что Ви́ктор в тяжёлом состоя́нии.	*Der Arzt hat gesagt, daß der Zustand von Viktor ernst ist.*
Для меня́ э́то был тяжёлый уда́р.	*Für mich war das ein harter Schicksalsschlag.*
Тяжёлый ты, одна́ко, челове́к.	*Du bist aber ganz schön schwierig.*
тяжёлая промы́шленность	*Schwerindustrie*
тяну́ть, тяну́, тя́нешь *impt*	ziehen

У

у *prep (G)*	neben, an; bei
Жди меня́ у вхо́да.	*Warte am Eingang auf mich!*
Ба́бушка лю́бит сиде́ть у окна́.	*Die Oma sitzt gern am Fenster.*
Мне мо́жно переночева́ть у тебя́?	*Darf ich bei dir übernachten?*

У меня́ дво́е дете́й.	*Ich habe zwei Kinder.*
У меня́ укра́ли де́ньги.	*Mir ist das Geld gestohlen worden.*
убеди́ть, -и́шь, -и́т [-еждённый (-ён, -ена́)] *pt*	überzeugen; überreden
impt убежда́ть, -а́ю, -а́ешь	
Не стара́йся, ты меня́ не убеди́шь.	*Streng dich nicht an, du wirst mich nicht überzeugen!*
Он убеди́л меня́ в свое́й правоте́.	*Er hat mich davon überzeugt, daß das stimmt.*
убеди́ться, -и́шься *pt*	sich überzeugen
impt убежда́ться, -а́юсь, -а́ешься	
уби́йство, -а *n*	Mord
уби́йца, -ы *m/f*	Mörder(in)
уби́ть, убью́, убьёшь [уби́тый] *pt*	töten; morden; ermorden
impt убива́ть, -а́ю, -а́ешь	
Хоть убе́й, ничего́ не понима́ю.	*Auch wenn du mich umbringst, ich verstehe nichts.*
убо́рка, -и *f*	Aufräumen; Hausputz; Ernte
убо́рная, -ой *f*	Toilette, Klo
убо́рщица, -ы *f*	Putzfrau
убра́ть, уберу́, уберёшь [-а́л, -ала́, -а́ло; у́бранный] *pt*	wegnehmen; aufräumen
impt убира́ть, -а́ю, -а́ешь	
Убери́ свои́ ве́щи отсю́да.	*Nimm deine Klamotten weg!*
Мне на́до убра́ть ко́мнату.	*Ich muß das Zimmer aufräumen.*
уважа́ть, -а́ю, -а́ешь *impt*	achten, ehren; respektieren
Я уважа́ю свои́х роди́телей.	*Ich achte meine Eltern.*
Я уважа́ю твоё мне́ние.	*Ich respektiere deine Meinung.*
уваже́ние, -я *n*	Achtung; Respekt
по́льзоваться уваже́нием	*angesehen sein*
при всём моём уваже́нии к тебе́	*trotz aller Achtung vor dir*
с уваже́нием	*mit Hochachtung/hochachtungsvoll*
увели́читься, -ится [*1. & 2. Pers. ungbr.*] *pt*	zunehmen; größer werden
impt увели́чиваться, -ается	
уве́ренность, -и *f*	Sicherheit
уве́ренный, -ая, -ое [-рен, -ренна]	sicher; überzeugt
уве́ренным го́лосом/ша́гом	*mit sicherer Stimme/mit sicherem Schritt*

Ты уве́рен, что э́то наш по́езд?	*Bist du sicher, daß das der richtige Zug ist?*
Я твёрдо уве́рен в успе́хе.	*Ich bin des Erfolges ganz sicher.*
уви́деть, уви́жу, уви́дишь *pt* *s.* ви́деть	sehen
Извини́, я тебя́ не уви́дел.	*Ich habe dich nicht gesehen, entschuldige bitte.*
уво́лить, -лю, -лишь [-ленный] *pt*	entlassen, jdm. kündigen
impt увольня́ть, -я́ю, -я́ешь	
уговори́ть, -рю́, -ри́шь [-рённый (-ён, -ена́)] *pt*	überreden
impt угова́ривать, -аю, -аешь	
Фе́дя уговори́л меня́ пойти́ с ним в кино́.	*Fedja hat mich überredet, mit ihm ins Kino zu gehen.*
у́гол, угла́ [об угле́, в (на) углу́] *m*	Ecke; Winkel
Встре́тимся на углу́.	*Treffen wir uns da an der Ecke!*
прямо́й/о́стрый/тупо́й у́гол	*rechter/spitzer/stumpfer Winkel*
уголо́к, -лка́ *m*	Winkel
живопи́сный уголо́к	*malerischer Winkel*
у́голь, у́гля (угля́) [*pl* у́гли, -ей] *m*	Kohle
угости́ть, -ощу́, -ости́шь [-ощённый (-ён, -ена́)] *pt*	bewirten
impt угоща́ть, -а́ю, -а́ешь	
угрожа́ть, -а́ю, -а́ешь *impt*	drohen
Что́ тебе́ угрожа́ет?	*Wovor hast du Angst?*
Я и не собира́лся тебе́ угрожа́ть.	*Ich wollte dir nicht drohen.*
Ты́-то чем мо́жешь мне угрожа́ть?	*Womit kannst du mir schon drohen?*
уда́рить, -рю, -ришь [-ренный] *pt*	schlagen
impt ударя́ть, -я́ю, -я́ешь	
И тогда́ он уда́рил меня́ в лицо́/по лицу́.	*Und dann schlug er mir ins Gesicht.*
уда́ться, уда́стся, удаду́тся [уда́лся, удала́сь] [*1. & 2. Pers. ungbr.*] *pt*	gelingen
impt удава́ться, удаётся	
Как э́то тебе́ удало́сь?	*Wie ist dir das gelungen?*
Мне не удало́сь пое́хать в Москву́.	*Mir ist es nicht gelungen, nach Moskau zu fahren.*

Сла́ва бо́гу, удало́сь!	*Es ist geschafft, Gott sei Dank.*
Кни́га удала́сь нам на сла́ву.	*Dieses Buch ist uns ausgezeichnet gelungen.*
уда́ча, -и *f*	Erfolg, Glück
Жела́ю уда́чи!	*Viel Erfolg!*
уда́чный, -ая, -ое [-чен, -чна]	gelungen, erfolgreich
уда́чный рису́нок	*ein gelungenes Bild/gut getroffenes Bild*
уда́чная попы́тка	*ein gelungener Versuch*
удиви́тельный, -ая, -ое [-лен, -льна]	merkwürdig; bewundernswert; erstaunlich
удиви́ть, -влю́, -ви́шь *pt* *impt* удивля́ть, -я́ю, -я́ешь	erstaunen
Меня́ уже́ ниче́м не удиви́шь.	*Mich kann nichts mehr zum Erstaunen bringen.*
удиви́ться, -влю́сь, -ви́шься *pt* *impt* удивля́ться, -я́юсь, -я́ешься	erstaunt sein, erstaunen
Я удивля́юсь своему́ терпе́нию.	*Ich bin über meine Geduld erstaunt.*
Чему́ ты удивля́ешься?	*Was findest du erstaunlich daran?*
удо́бный, -ая, -ое [-бен, -бна]	bequem
На́до вы́ждать удо́бный слу́чай.	*Man muß den richtigen Augenblick abwarten.*
Так жить удо́бно.	*Es ist bequem, so zu leben.*
Когда́ Вам удо́бно?	*Wann paßt es Ihnen?*
удобре́ние, -я *n*	Düngen; Dünger
удовлетворе́ние, -я *n*	Befriedigung, Zufriedenheit
удово́льствие, -я *n*	Vergnügen
Игра́ доста́вила мне удово́льствие.	*Das Spiel hat mir Spaß gemacht.*
Я приду́ с удово́льствием.	*Ich komme gern.*
уе́хать, уе́ду, уе́дешь *pt* *impt* уезжа́ть, -а́ю, -а́ешь	abfahren, wegfahren, abreisen, verreisen
Я уе́хал в три часа́.	*Ich bin um drei Uhr abgefahren.*
Когда́ ты уезжа́ешь?	*Wann fährst du ab?*
Мне уже́ надое́ло, дава́й уе́дем отсю́да.	*Mir reichts, laß uns weiterfahren!*
Я бро́шу всё и уе́ду в дере́вню.	*Ich werfe alles hin und verzieh mich aufs Land.*
ужа́сно *adv*	schrecklich, grauenvoll
Э́то ужа́сно!	*Das ist ja schrecklich.*
ужа́сный, -ая, -ое [-сен, -сна]	schrecklich, furchtbar, grauenhaft

Что с тобо́й, ты вы́глядишь ужа́сно.	*Was ist mit dir, du siehst schrecklich aus.*
В э́том пальто́ ты вы́глядишь ужа́сно.	*In diesem Mantel siehst du schrecklich aus.*
Ужа́сный ты челове́к!	*Du bist ein unmöglicher Typ.*
ужа́сный шум	*schrecklicher Lärm*
ужа́сные бо́ли	*schreckliche Schmerzen*
уже́ *adv*	schon
Уже́ пора́.	*Es ist schon Zeit.*
Ты уже́ не ребёнок.	*Du bist schon kein Kind mehr.*
уже́ давно́	*schon längst*
у́жин, -а *m*	Abendessen
у́жинать, -аю, -аешь *impt*	zu Abend essen
у́зкий, -ая, -ое [у́зок, узка́, у́зко, у́зки/узки́; у́же]	eng; kurz
узна́ть, -а́ю, -а́ешь *pt* узнава́ть, -наю́, -наёшь	erkennen; erfahren
уйти́, уйду́, уйдёшь [ушёл, ушла́] *pt* *impt* уходи́ть, -ожу́, -о́дишь	weggehen, gehen
Уйди́ отсю́да!	*Geh weg!*
Не уходи́!	*Bleib hier!*
уйти́ в о́тпуск	*in Urlaub gehen*
уйти́ со сце́ны	*von der Bühne abtreten*
На э́то у меня́ ушло́ мно́го вре́мени.	*Das hat mich viel Zeit gekostet.*
указа́ть, укажу́, ука́жешь [ука́занный] *pt* *impt* ука́зывать, -аю, -аешь	hinweisen
указа́ть на оши́бку	*auf einen Fehler hinweisen*
Вы мо́жете указа́ть мне доро́гу на Абра́мцево?	*Können Sie mir den Weg nach Abramzewo zeigen?*
Не ука́зывай па́льцем!	*Man zeigt nicht mit nacktem Finger auf angezogene Leute!*
укра́сть, -аду́, -адёшь [-а́денный] *pt* *s.* красть	stehlen, klauen
украше́ние, -я *n*	Schmuck; Schmuckstück
у́лица, -ы *f*	Straße; Gasse
Я живу́ на у́лице Го́рького, дом 15.	*Ich wohne Gorkistraße 15.*
у́лица односторо́ннего движе́ния	*Einbahnstraße*
улучше́ние, -я *n*	Verbesserung

улучше́ние пого́ды	*Wetterbesserung*
улучше́ние междунаро́дных отноше́ний	*Verbesserung der internationalen Beziehungen*
улу́чшить, -шу, -шишь [-шенный] *pt* *impt* улучша́ть, -а́ю, -а́ешь	bessern; verbessern
улу́чшиться, -ится [*1. & 2. Pers. ungebr.*] *pt* *impt* улучша́ться, -а́ется	sich verbessern, besser werden
Положе́ние улу́чшилось.	*Die Lage ist besser geworden.*
Состоя́ние больно́го улучша́ется.	*Der Zustand des Kranken bessert sich.*
Пого́да улу́чшится.	*Das Wetter wird besser.*
улы́бка, -и *f*	Lächeln
Улы́бка не схо́дит с её лица́.	*Sie lächelt immer.*
улыбну́ться, -ну́сь, -нёшься *pt* *impt* улыба́ться, -а́юсь, -а́ешься	lächeln
Улыбни́сь.	*Lächle doch mal!*
Сча́стье улыбну́лось ему́.	*Das Glück war ihm hold.*
ум, -а́ *m*	Verstand, Vernunft; Sinn
Всё на́до де́лать с умо́м.	*Man muß alles mit Verstand machen.*
Мне ничего́ не прихо́дит на ум.	*Mir kommt nichts in den Sinn.*
Ты в своём уме́?	*Bist du bei Sinnen?*
вели́кий ум	*ein großer Geist*
склад ума́	*Mentalität*
уме́ние, -я *n*	Fähigkeit, Können
уме́ньшиться, -шусь, -шишься *pt* *impt* уменьша́ться, -а́юсь, -а́ешься	weniger werden, sich vermindern
умере́ть, умру́, умрёшь [у́мер, умерла́, у́мерло; уме́рший] *pt* *impt* умира́ть, -а́ю, -а́ешь	sterben
уме́ть, -е́ю, -е́ешь *impt*	können
у́мный, -ая, -ое [умён, умна́, у́мно]	klug
умы́ть, умо́ю, умо́ешь [умы́тый] *pt* *impt* умыва́ть, -а́ю, -а́ешь	waschen
умы́ть лицо́/ше́ю/ру́ки	*Gesicht/Hals/Hände waschen*
универма́г, -а *m*	Warenhaus, Kaufhaus

университéт, -а *m*	Universität
уничтóжить, -жу, -жишь [-женный] *pt*	vernichten
impt уничтожáть, -áю, -áешь	
упáсть, упадý, упадёшь *pt* *s.* пáдать	fallen; sinken
Я упáл с дéрева.	*Ich bin vom Baum gefallen.*
Цéны рéзко упáли.	*Die Preise sind stark gesunken.*
Температýра упáла.	*Die Temperatur ist gefallen.*
уплати́ть, -ачý, -áтишь *pt* *s.* плати́ть	zahlen, bezahlen
упóрно *adv*	hartnäckig, beharrlich
Он упóрно молчи́т.	*Er schweigt beharrlich.*
Мы труди́лись упóрно весь год.	*Wir haben das ganze Jahr hart gearbeitet.*
употреби́ть, -блю́, -би́шь [-лённый (-ён, -енá)] *pt*	benutzen, verwenden, gebrauchen
impt употребля́ть, -я́ю, -я́ешь	
употреблéние, -я *n*	Gebrauch; Anwendung
управлéние, -я *n*	Regieren, Regierung
управля́ть, -я́ю, -я́ешь *impt* *(I)*	leiten; regieren
управля́ть странóй	*ein Land regieren*
управля́ть маши́ной	*autofahren [ein Auto lenken]*
управля́ть фи́рмой	*eine Firma leiten*
управля́ющий, -ая, -ее	regierend
упражнéние, -я *n*	Übung
упражня́ться, -я́юсь, -я́ешься *impt*	üben; trainieren
упрёк, -а *m*	Vorwurf
упрекнýть, -нý, -нёшь *pt*	vorwerfen
impt упрекáть, -áю, -áешь	
Тебé нé в чём себя́ упрекнýть.	*Du hast dir nichts vorzuwerfen.*
Я не упрекáю тебя́.	*Ich mache dir keine Vorwürfe.*
упря́мый, -ая, -ое [-я́м]	dickköpfig, eigensinnig
ýровень, -вня *m*	Höhe (als Maß); Niveau
ýровень воды́	*Wasserstand*
ýровень радиоакти́вности	*die Höhe der Radioaktivität*
ýровень образóванности	*Ausbildungsniveau*
урожáй, -я *m*	Ernte
урóк, -а *m*	Unterrichtsstunde; Lektion
урони́ть, -ню́, урóнишь *pt*	fallen lassen
уси́лие, -я *n*	Mühe
Э́то стóило мне немáло уси́лий.	*Das hat mich nicht wenig Mühe gekostet.*

Я сде́лаю э́то без уси́лия.	*Ich mache das mühelos.*
усло́вие, -я *n*	Bedingung; Bedingungen
при одно́м усло́вии	*nur unter einer Bedingung*
услы́шать, -шу, -шишь *pt* *s.* слы́шать	hören; erfahren
Я опя́ть не услы́шал буди́льника.	*Ich habe wieder den Wecker nicht gehört.*
От кого́ ты э́то услы́шал?	*Von wem hast du das gehört?*
успе́ть, -е́ю, -е́ешь *pt*	etw. [in einer bestimmten Zeit] schaffen
impt успева́ть, -а́ю, -а́ешь	
Мы уже́ не успе́ем на по́езд.	*Wir erreichen den Zug nicht mehr.*
успе́х, -а *m*	Erfolg
успе́шно *adv*	erfolgreich, mit Erfolg
успе́шный, -ая, -ое [-шен, -шна]	erfolgreich
успоко́ить, -о́ю, -о́ишь [-о́енный] *pt*	beruhigen
impt успока́ивать, -аю, -аешь	
уста́лость, -и *f*	Müdigkeit
уста́лый, -ая, -ое	müde, ermüdet; erschöpft
У тебя́ уста́лый вид.	*Du siehst müde aus.*
уста́ть, -а́ну, -а́нешь *pt*	müde werden
impt устава́ть, -аю́, -аёшь	
Я бы́стро устаю́.	*Ich werde schnell müde.*
Я уста́л от спо́ров.	*Ich habe das Streiten satt.*
Я уста́л ждать.	*Ich bin das Warten leid.*
у́стный, -ая, -ое	mündlich
устро́ить, -о́ю, -о́ишь [-о́енный] *pt*	veranstalten; organisieren
impt устра́ивать, -аю, -аешь	
устро́ить кого́-л. на рабо́ту	*jdm. eine Stelle besorgen*
Э́то меня́ не устра́ивает.	*Das paßt mir nicht.*
Жена́ устро́ила мне вчера́ тако́й сканда́л!	*Meine Frau hat mir gestern so eine Szene gemacht.*
устро́ить конце́рт	*ein Konzert veranstalten/organisieren*
устро́иться, -, -о́юсь, -о́ишься *pt*	sich einrichten; in Ordnung kommen, sich regeln
impt устра́иваться, -аюсь, -аешься	
Мы уже́ хорошо́ устро́ились на но́вой кварти́ре.	*Wir haben uns in der neuen Wohnung schon gut eingerichtet.*
Наконе́ц я устро́ился на рабо́ту.	*Endlich habe ich Arbeit gefunden.*

Не пережива́й, всё устро́ится. — *Mach dir keine Sorgen, es wird schon alles gehen.*

уступи́ть, -уплю́, -у́пишь [-у́пленный] *pt* — einlenken; nachgeben
impt уступа́ть, -а́ю, -а́ешь
уступи́ть/уступа́ть ме́сто в авто́бусе/по́езде/трамва́е — *im Bus/im Zug/in der Straßenbahn einen Platz frei machen/Platz machen*
Мне́ уступи́ть? Никогда́! — *Ich nachgeben? Nie!*

усту́пка, -и *f* — Einlenken, Nachgeben
Прави́тельство пошло́ на усту́пки. — *Die Regierung ist auf Kompromisse eingegangen.*

усы́, -о́в *pl* [*sg* ус, у́са] — Schnurrbart

уте́шить, -шу, -шишь [-шенный] *pt* — trösten
impt утеша́ть, -а́ю, -а́ешь
Брось, ты меня́ не уте́шишь. — *Laß das, du kannst mich nicht trösten!*

у́тка, -и *f* — Ente

утоми́тельный, -ая, -ое [-лен, -льна] — anstrengend
Все э́ти разгово́ры смерте́льно утоми́тельны. — *Alle diese Gespräche sind schrecklich anstrengend.*

у́тренний, -яя, -ее — Morgen-, morgendlich; Vormittags-
у́треннее заседа́ние — *Vormittagssitzung*
у́треняя заря́ — *Morgenröte/Morgenrot*

у́тро, у́тра [с/до/от утра́, у́тру(к утру́); *pl* у́тра, утр, у́трам (по утра́м)] *n* — Morgen
ка́ждое у́тро — *jeden Morgen*
по утра́м — *morgens*
под у́тро — *gegen Morgen*

у́тром *adv* — morgens, am Morgen

утю́г, -а́ *m* — Bügeleisen

уха́живать за кем-н. — den Hof machen
Ви́ктор уха́живает за Ната́шей уже́ це́лый год. — *Viktor macht schon seit einem Jahr Natascha den Hof.*

уха́живать, -аю, -аешь *impt* — pflegen; sorgen; den Hof machen
Кто бу́дет уха́живать за детьми́? — *Wer wird sich um die Kinder kümmern?*
Ви́ктор уже́ давно́ уха́живает за Ле́ной. — *Viktor macht Lena schon lange den Hof.*

у́хо, у́ха [*pl* у́ши, уше́й] *n* — Ohr

ухудше́ние, -я *n* — Verschlechterung, Verschlimmerung

ухудше́ние состоя́ния больно́го	*Verschlimmerung des Zustands des Kranken*
ухудше́ние пого́ды	*Wetterverschlechterung*
ухудше́ние экономи́ческих отноше́ний	*Verschlechterung der wirtschaftlichen Beziehungen*
ухýдшиться, -ится [*1. & 2. Pers. ungbr.*] *pt*	sich verschlechtern, schlechter werden
impt ухудша́ться, -а́ется	
Состоя́ние больно́го ухýдшилось.	*Die Lage des Kranken hat sich verschlimmert.*
Пого́да ухýдшится.	*Das Wetter wird schlechter.*
уча́ствовать, -твую, -твуешь *impt*	teilnehmen
уча́стие, -я *n*	Teilnahme
усло́вия уча́стия	*Teilnahmebedingungen*
уча́щийся, -егося *m*	Lernender
учёба, -ы *f*	Lernen; Studium; Lehre
уче́бник, -а *m*	Lehrbuch
уче́бный, -ая, -ое	Lehr-; Studien-; Schul-; Unterrichts-
Уче́бный год начина́ется 1-ого сентября́.	*Das Schuljahr beginnt am 1. September.*
уче́бный план	*Lehrplan; Studienverlaufsplan*
уче́бный предме́т	*Unterrichtsfach*
уче́ние, -я *n*	Lernen; Studium; Lehre
учени́к, -а́ *m*, учени́ца, -ы *f*	Schüler(in); Lehrling
Ле́на – учени́ца восьмо́го кла́сса.	*Lena ist Schülerin der Klasse 8.*
учёный, -ого *m*	Wissenschaftler
учрежде́ние, -я *n*	(Dienst)Stellung
уче́сть, учтý, учтёшь [учёл, учла́] *pt*	berücksichtigen
impt учи́тывать, -аю, -аешь	
учи́лище, -а *n*	Schule
вое́нное учи́лище	*Militärschule*
вы́сшее техни́ческое учи́лище	*Fachhochschule*
педагоги́ческое учи́лище	*Pädagogische Hochschule*
учи́тель, -я [*pl* -я́, -е́й] *m*, учи́тельница, -ы *f*	Lehrer(in)
учи́ть, учý, ýчишь *impt*	lernen; lehren, beibringen
На́до регуля́рно учи́ть уро́ки.	*Man muß regelmäßig seine Lektionen lernen.*
Я учý Ната́шу рýсскому языкý.	*Ich gebe Natascha Russischunterricht.*

Я учу́ дочь води́ть маши́ну.	*Ich bringe meiner Tochter Autofahren bei.*
учи́ться, учу́сь, у́чишься *impt*	lernen; studieren
Моя́ дочь у́чится в седьмо́м кла́ссе.	*Meine Tochter ist Schülerin der Klasse 7.*
Ва́ня у́чится пло́хо.	*Wanja lernt schlecht.*
Я ещё учу́сь.	*Ich studiere noch./Ich gehe noch zur Schule.*
учти́вый, -ая, -ое [-и́в]	höflich
ую́т, -а *m*	Gemütlichkeit; Wohnlichkeit
ую́тный, -ая, -ое [-тен, -тна]	gemütlich, wohnlich

Ф

фа́брика, -и *f*	Fabrik
Я рабо́таю на фа́брике.	*Ich arbeite in einer Fabrik.*
факт, -а *m*	Tatsache, Faktum
факульте́т, -а *m*	Fakultät
фами́лия, -и *f*	Familienname; Nachname; Familie
Как Ва́ша фами́лия?	*Wie heißen Sie?*
Моя́ де́вичья фами́лия – Росто́ва.	*Mein Mädchenname ist Rostowa.*
И́мя и фами́лия	*Vor- und Zuname*
фанта́зия, -и *f*	Phantasie
Никола́й – челове́к с фанта́зией.	*Nikolai hat Phantasie.*
фа́ра, -ы *f*	Scheinwerfer
фе́рма, -ы *f*	Bauernhof
фе́рмер, -а *m*	Farmer
фиа́лка, -и *f*	Veilchen
фигу́ра, -ы *f*	Figur; (geometrische) Figur
фи́зик, -а *m*	Physiker
фи́зика, -и *f*	Physik
физи́ческий, -ая, -ое	physikalisch
физкульту́ра, -ы *f*	Sport
фило́соф, -а *m*	Philosoph
филосо́фия, -и *f*	Philosophie
филосо́фский, -ая, -ое	philosophisch
филосо́фский ка́мень	*[philosophischer Stein] der Stein der Weisen*
фильм, -а *m*	Film
флаг, -а *m*	Flagge; Fahne
флот, -а *m*	Marine; Handelsmarine

торго́вый флот	*Handelsmarine*
фойе́ *unv n*	Foyer
фонта́н, -а *m*	Springbrunnen
фо́рма, -ы *f*	Form
фо́рмула, -ы *f*	Formel
фортепья́но *unv n*	Klavier
фотоаппара́т, -а *m*	Fotoapparat
фотографи́ровать, -рую, -руешь *impt*	fotografieren
фотогра́фия, -и *f*	Foto
фру́кты, -ов *pl*	Obst, Früchte
све́жие фру́кты	*frisches Obst*
заса́харенные фру́кты	*kandierte Früchte*
сушёные фру́кты	*Trockenobst*
заморо́женные фру́кты	*tiefgefrorenes Obst*
фу́нкция, -и *f*	Funktion
футбо́л, -а *m*	Fußball
футболи́ст, -а *m*	Fußballspieler

Х

хала́т, -а *m*	Morgenmantel, Bademantel; Kittel (von Ärzten)
хара́ктер, -а *m*	Charakter, Wesen
У тебя́, одна́ко, тяжёлый хара́ктер.	*Du bist aber schwierig.*
Самоуве́ренность – типи́чная черта́ его́ хара́ктера.	*Selbstsicherheit ist sein typischer Charakterzug.*
Э́то не в моём хара́ктере.	*Das liegt nicht in meinem Wesen.*
характеризова́ть, -зу́ю, -зу́ешь [-о́ванный] *pt & impt*	charakterisieren
характе́рный, -ая, -ое [-рен, -рна]	charakteristisch, kennzeichnend
хвали́ть, -алю́, -а́лишь *impt*	loben
хва́статься, -аюсь, -аешься *impt*	angeben, prahlen
хвост, -а́ *m*	Schwanz
Держи́ хвост пистоле́том!	*Halt die Ohren steif!*
виля́ть хвосто́м	*sich einschmeicheln*
поджа́ть хвост	*klein beigeben/den Schwanz einziehen*
хи́мик, -а *m*	Chemiker

хими́ческий, -ая, -ое	chemisch
хи́мия, -и *f*	Chemie
хи́трый, -ая, -ое [хитёр, хитра́, хи́тро]	schlau
Моя́ сестра́ намно́го хитре́е меня́.	*Meine Schwester ist viel schlauer als ich.*
хлеб, -а *m*	Brot
хло́пок, -пка *m*	Baumwolle
ходи́ть, хожу́, хо́дишь *impt*	gehen; fahren
Он часа́ми ходи́л одино́ко по у́лицам.	*Er ging stundenlang einsam durch die Straßen.*
Переста́нь ходи́ть взад-вперёд!	*Hör auf, hin und her zu gehen!*
Я предпочита́ю ходи́ть в джи́нсах.	*Ich trage lieber Jeans.*
Почему́ ты не хо́дишь бо́льше в теа́тр?	*Warum gehst du nicht mehr ins Theater?*
По́сле двена́дцати авто́бусы не хо́дят.	*Nach Mitternacht fahren keine Busse mehr.*
хозя́ин, -а [*pl* -я́ева, -я́ев] *m*	Besitzer; Hausherr
Хозя́ин до́ма встре́тил нас приве́тливо.	*Der Hausherr hat uns freundlich empfangen.*
Кто хозя́ин э́того ле́са?	*Wer ist der Besitzer dieses Waldes?*
Я сам себе́ хозя́ин.	*Ich bin mein eigener Herr.*
Тепе́рь ты уже́ хозя́ин положе́ния.	*Jetzt bist du schon Herr der Situation.*
хозя́йство, -а *n*	Wirtschaft; Hof
дома́шнее хозя́йство	*Haushalt*
единоли́чное хозя́йство	*Bauernhof (im Familienbesitz)*
хо́лод, -а (-у) [*pl* -а́, -о́в] *m*	Kälte
соба́чий хо́лод	*arg kalt*
холоди́льник, -а *m*	Eisschrank, Kühlschrank
хо́лодно *adv*	kalt, kühl
Хо́лодно.	*Es ist kalt.*
Мне хо́лодно.	*Mir ist kalt.*
холо́дный, -ая, -ое [хо́лоден, холодна́, хо́лодно, хо́лодны/холодны́]	kalt
холо́дная вода́	*kaltes Wasser*
холо́дная весна́	*kalter Frühling*
холо́дное блю́до	*kaltes Gericht*
холо́дный приём	*ein kalter Empfang*
холо́дная война́	*der kalte Krieg*

хоро́ший, -ая, -ее [-о́ш, -ошá, -ошó; лу́чше; лу́чший]	gut; schön; hübsch
хоро́ший челове́к	*ein guter Mensch*
Пого́да сего́дня хоро́шая.	*Das Wetter ist heute schön.*
О́ля невероя́тно хорошá собо́й.	*Olja ist ungewöhnlich hübsch.*
Хорошо́, что ты пришёл.	*Es ist schön, daß du gekommen bist.*
хорошо́ *adv*	gut; schön
Ты хорошо́ вы́глядишь.	*Du siehst gut aus.*
О́чень хорошо́!	*Sehr gut!*
Э́то бы́ло хорошо́ скáзано.	*Das war gut gesagt.*
Как хорошо́, не прáвда ли?	*Wie schön, nicht wahr?*
Хорошо́ то, что хорошо́ кончáется.	*Ende gut, alles gut.*
хоте́ть, хочу́, хо́чешь, хо́чет, хоти́м, хоти́те, хотя́т *impt*	wollen; möchten
Я хочу́, чтóбы ты пошёл со мно́й.	*Ich wünsche, daß du mit mir gehst.*
Я не хочу́ его́ бо́льше ви́деть.	*Ich will ihn nicht mehr sehen.*
Я хочу́ быть всегдá с тобо́й.	*Ich möchte immer bei dir sein.*
Как хо́чешь!	*Wie du willst.*
хоте́ться, хо́чется *unpers impt*	Lust haben auf ...; mögen ... ; wollen ...
Мне хо́чется моро́женого.	*Ich habe Lust auf ein Eis.*
Мне хо́чется спать.	*Ich will schlafen.*
христиáнский, -ая, -ое	christlich
христиáнское уче́ние	*die christliche Lehre*
хру́пкий, -ая, -ое [-пок, -пкá, -пко; хру́пче]	zerbrechlich; zart
худе́ть, -е́ю, -е́ешь *impt*	abnehmen
По́сле боле́зни я стáла худе́ть.	*Nach der Krankheit begann ich abzunehmen.*
худо́жник, -а *m*, худо́жница, -ы *f*	Künstler(in); Maler(in), Kunstmaler(in)
худо́й, -áя, -о́е [худ, худá, ху́до; худе́е]	mager, dünn
ху́же [*komp von* плохо́й/пло́хо]	schlimmer; schlechter
Ху́же не́куда.	*Schlimmer könnte es nicht sein.*
Тем ху́же для тебя́.	*Um so schlechter für dich.*
С кáждым днём всё ху́же и ху́же.	*Mit jedem Tag wurde es schlimmer und schlimmer.*

Ц

цвести́, цветёт [цвёл, цвела́] [*1.&2. Pers. ungbr.*] *impt*	blühen, in Blüte stehen
цвет, -а [*pl* -а́, -о́в] *m*	Farbe
цветно́й, -а́я, -о́е	farbig; Farb-
цветно́й фильм	*Farbfilm*
цветны́е мета́ллы	*Buntmetalle*
цветна́я металлурги́я	*Buntmetallindustrie*
цвето́к, -тка́ [*pl* цветы́, -о́в; цветки́, -о́в] *m*	Blume; Blüte
целико́м *adv*	ganz; vollkommen, völlig
Я цели́ком отда́лся рабо́те.	*Ich habe mich ganz der Arbeit hingegeben.*
целова́ть, -лу́ю, -лу́ешь *impt*	küssen
целова́ться, -лу́юсь, -лу́ешься	sich küssen
це́лый, -ая, -ое [цел, цела́, це́ло]	ganz, voll
Це́лый ме́сяц не хва́тит на э́то де́ло.	*Ein ganzer Monat reicht dafür nicht.*
Я вы́пил це́лый стака́н во́дки.	*Ich habe ein ganzes Glas Wodka getrunken.*
Моя́ дочь це́лыми дня́ми шля́ется по у́лицам.	*Meine Tochter bummelt den ganzen Tag durch die Straßen.*
К сча́стью, мы оста́лись це́лы и невреди́мы.	*Zum Glück sind wir heil und ganz geblieben.*
це́лые чи́сла	*die ganzen Zahlen*
цель, -и *f*	Ziel
цена́, -ы́ [*a/sg* це́ну; *pl* це́ны, цен, це́нам]	Preis
Це́ны на проду́кту пита́ния си́льно повы́сились.	*Die Preise für Lebensmittel sind stark gestiegen.*
цени́ть, ценю́, це́нишь *impt*	schätzen
Она́ не о́чень тебя́ це́нит.	*Sie schätzt dich nicht besonders.*
це́нность, -и *f*	Wert
це́нный, -ая, -ое [-нен, -нна]	wertvoll
центр, -а *m*	Zentrum
центр го́рода	*Stadtmitte*
областно́й центр	*Gebietshauptstadt*
краево́й центр	*Regionshauptstadt*
администрати́вный центр	*Verwaltungszentrum*

культу́рный центр	*Kulturzentrum*
центра́льный, -ая, -ое [-лен, -льна]	zentral, Zentral-
цепо́чка, -и *f*	(Hals)Kette
це́рковь, -кви [*pl* -и, -е́й] *f*	Kirche
правосла́вная це́рковь	*orthodoxe Kirche*
католи́ческая це́рковь	*katholische Kirche*
цивилиза́ция, -и *f*	Zivilisation
цирк, -а *m*	Zirkus
ци́фра, -ы *f*	Ziffer
цыплёнок, -нка [*pl* -ля́та, -лят] *n*	Hähnchen
жа́реный цыплёнок	*Brathähnchen*
Цыпля́т по о́сени счита́ют.	*Man soll den Tag nicht vor dem Abend loben.*

Ч

ча́й, -я (-ю) *m*	Tee
Я возьму́ стака́н ча́я и два бутербро́да – с колбасо́й и с сы́ром.	*Ich nehme ein Glas Tee und zwei Brote: eins mit Salami und eins mit Käse.*
ча́йник, -а *m*	Teekanne; Wasserkessel
час, -а (-у) [2, 3 ... часа́; *pl* -ы́, -о́в]	Stunde; Uhr
че́рез час	*in einer Stunde*
час но́чи	*ein Uhr nachts*
Кото́рый час?	*Wie spät ist es?*
приёмные часы́	*Sprechstunden*
час пик	*Hauptverkehrszeit*
ча́стный, -ая, -ое	privat, Privat-
ча́стная со́бственность	*Privateigentum*
ча́стная перепи́ска	*Privatkorrespondenz*
Э́то моё ча́стное де́ло.	*Das geht nur mich was an./Das ist Privatsache.*
Я здесь как ча́стное лицо́.	*Ich bin ganz privat hier.*
ча́стный вопро́с/слу́чай	*Frage/Fall von partikulärem Interesse*
ча́сто [ча́ще] *adv*	oft, häufig
ча́ще всего́	*meistens*
ча́стый, -ая, -ое [част, часта́, ча́сто; ча́ще]	häufig
часть, -и *f*	Teil

Э́то то́лько небольша́я часть всего́, что произошло́.	*Das ist nur ein kleines bißchen von dem, was wirklich passiert ist.*
Симфо́ния в четырёх частя́х	*Symphonie in vier Sätzen*
часы́, -о́в *pl*	Uhr
ча́шка, -и *f*	Tasse
чек, -а *m*	Kassenzettel, Bon; Scheck
челове́к, -а [*pl* лю́ди, люде́й, лю́дям, людьми́, о лю́дях] *m*	Mensch
чемода́н, -а *m*	Koffer
Я уже́ уложи́ла чемода́н.	*Ich habe den Koffer schon gepackt.*
чемпио́н, -а *m*, чемпио́нка, -и *f*	Champion, Meister
че́рез *prep (A)*	durch
чере́шня, -и [*g/pl* -шен] *f*	Kirsche; Kirschbaum
черни́ла, -и́л *pl*	Tinte
чёрный, -ая, -ое	schwarz
черта́, -ы́ *f*	Strich; Zug; Grenze
Как я могу́ забы́ть черты́ её лица́!	*Wie kann ich ihr Gesicht vergessen!*
Терпе́ние – его́ основна́я черта́.	*Geduld ist sein Wesenszug.*
Дом нахо́дится в черте́ го́рода.	*Das Haus ist innerhalb der Stadtgrenze.*
провести́ черту́	*einen Strich ziehen*
в о́бщих черта́х	*im Großen und Ganzen*
чертёж, -ежа́ *m*	Zeichnung
че́стный, -ая, -ое[че́стный, честна́, че́стно]	ehrlich
Са́ша – че́стный челове́к, на него́ мо́жно положи́ться.	*Sascha ist ein ehrlicher Mensch, man kann sich auf ihn verlassen.*
Я поступи́л соверше́нно че́стно.	*Ich habe mich ganz ehrlich verhalten.*
Че́стно говоря́, мне э́то не нра́вится.	*Ehrlich gesagt, das gefällt mir nicht.*
Че́стное сло́во!	*Ehrenwort!*
чёткий, -ая, -ое [чёток, четка́, чётко]	deutlich
чино́вник, -а *m*	Beamter, Beamtin
число́, -а́ [*pl* чи́сла, -сел, -слам] *n*	Zahl

чи́стить, чи́щу, чи́стишь *impt*	putzen, reinigen; säubern
чи́стить зу́бы	*Zähne putzen*
чи́стить о́бувь	*Schuhe putzen*
чи́стить карто́шку	*Kartoffeln schälen*
чи́стить ры́бу	*Fische schuppen*
чи́стый, -ая, -ое [чист, чиста́, чи́сто, чи́сты/чисты́]	sauber, rein
Здесь всё чи́сто.	*Hier ist alles sauber.*
Мне ну́жен чи́стый бланк.	*Ich brauche ein Blankoformular.*
Э́то чи́стая пра́вда.	*Das ist die reine Wahrheit.*
на чи́стом во́здухе	*an der frischen Luft*
чита́тель, -я *m*, чита́тельница, -ы *f*	Leser(in)
чита́ть, -а́ю, -а́ешь *impt*	lesen; vorlesen
Он прекра́сно чита́ет Пу́шкина.	*Er trägt Puschkin wunderbar vor.*
чита́ть вслух	*laut lesen*
чита́ть про себя́	*still lesen*
член, -а *m*	Miglied
член фами́лии	*Familienmitglied*
член па́ртии	*Parteimitglied*
член городско́го сове́та	*Mitglied im Stadtrat*
чу́вство, -а *n*	Gefühl
чу́вствовать, -твую, -твуешь *impt*	fühlen; empfinden; spüren
чуде́сный, -ая, -ое [-сен, -сна]	wunderbar
Пого́да сего́дня чуде́сная.	*Wir haben heute wunderbares Wetter.*
чу́дный, -ая, -ое [-ден, -дна]	wundervoll; herrlich, wunderschön
чужо́й, -а́я, -о́е	fremd
Я наде́ла по оши́бке чужо́е пальто́.	*Ich habe mich vertan und einen fremden Mantel angezogen.*
чуло́к, -лка́ [*g/pl* чуло́к] *m*	Strumpf
чу́ть *adv*	kaum
Он чуть слы́шит.	*Er hört kaum.*
Чуть то́лько он вошёл, как разгово́р прерва́лся.	*Kaum war er eingetreten, wurde das Gespräch unterbrochen.*

Ш

шаг, -а [*pl* -и́, -о́в] *m*	Schritt
Ни ша́гу да́льше!	*Keinen Schritt weiter!*

шага́ть, -а́ю, -а́ешь *impt*	schreiten; gehen
шага́ть в но́гу	*im Gleichschritt gehen*
шампа́нское, -ого *n*	Champagner; Sekt
ша́пка, -и *f*	Mütze
шар, -а [*pl* -ы́, -о́в] *m*	Kugel; Ballon
билья́рдный шар	*Billardkugel*
земно́й шар	*Erdball*
ша́хматы, -ат *pl*	Schachspiel
шахтёр, -а *m*	Bergmann
шёлк, -а *m*	Seide
шёлковый, -ая, -ое	Seiden-
шёлковые во́лосы	*seidige Haare*
шепта́ть, шепчу́, ше́пчешь *impt*	flüstern
шерсть, -и *f*	Wolle
шерстяно́й, -а́я, -о́е	Woll-
шестидеся́тый, -ая, -ое	der sechzigste
страни́ца шестидеся́тая	*Seite sechzig*
в шестидеся́тые го́ды	*in den sechziger Jahren*
шеф, -а *m*	Chef
ше́я, -и *f*	Hals
От ра́дости Ви́ка бро́силась мне на ше́ю.	*Vor Freude ist Wika mir um den Hals gefallen.*
До каки́х пор ты бу́дешь сиде́ть у меня́ на ше́е?	*Wie lange willst du mir noch auf der Tasche liegen?*
слома́ть(сверну́ть) себе́ ше́ю	*sich den Hals brechen*
ширина́, -ы́ *f*	Breite
широ́кий, -ая, -ое [-о́к, -ока́, -око́/-о́ко; ши́ре]	breit; weit
шить, шью, шьёшь [ши́тый] *impt*	nähen
шкаф, -а [в (на) шкафу́; *pl* -ы, -о́в] *m*	Schrank
платяно́й шкаф	*Kleiderschrank*
кни́жный шкаф	*Bücherschrank*
стенно́й шкаф	*Wandschrank*
шко́ла, -ы *f*	Schule
шко́льник, -а *m*, шко́льница, -ы *f*	Schüler(in)
шко́льный, -ая, -ое	schulisch
шко́льные го́ды	*Schuljahre*
шко́льные друзья́	*Klassenkameraden*
шля́па, -ы *f*	Hut

Де́ло в шля́пе.	*Das Ding ist geritzt.*
шни́цель, -я *m*	Schnitzel
шни́цель по-ве́нски	*Wiener Schnitzel*
шокола́д, -а *m*	Schokolade
шоссе́ [сэ́] *unv n*	Chaussee
шофёр, -а *m*	Fahrer, Autofahrer
шофёр такси́	*Taxifahrer*
штраф, -а *m*	Geldstrafe
штрафова́ть, -фу́ю, -фу́ешь *impt*	bestrafen (mit einer Geldstrafe)
шум, -а (-у) *m*	Lärm; Geräusch
шум волн	*das Rauschen der Wellen*
В кла́ссе а́дский шум.	*Im Klassenzimmer ist Höllenlärm.*
Заче́м поднима́ть сто́лько шу́му?	*Warum darüber soviel Lärm machen?*
мно́го шу́му из ничего́	*viel Lärm um nichts*
шуме́ть, -млю́, -ми́шь *impt*	lärmen
шу́мный, -ая, -ое [-мен, -мна́, -мно]	laut; lärmend
шути́ть, шучу́, шу́тишь *impt*	scherzen
Я шучу́.	*Das meine ich nicht ernst.*
Э́тим не шу́тят.	*Damit scherzt man nicht.*
Чем чёрт не шу́тит!	*Nichts ist unmöglich!*
шу́тка, -и *f*	Scherz

Щ

ще́дрый, -ая, -ое [щедр, щедра́, ще́дро]	freigiebig, großzügig
щека́, -и́ [*a/sg* щёку; *pl* щёки, щёк, щека́м] *f*	Wange, Backe
щено́к, -нка́ [*pl* -нки́, -нко́в/-ня́та, -ня́т] *m*	Hündchen; junger Hund
щётка, -и *f*	Bürste
зубна́я щётка	*Zahnbürste*
платяна́я щётка	*Kleiderbürste*
щи, щей, щам, ща́ми, о щах *pl*	Kohlsuppe

Э

эгои́ст, -а *m*, эгои́стка, -и *f*	Egoist(in)
экза́мен, -а *m*	Examen, Prüfung

эконóмика, -и *f*	Wirtschaft
экономи́ческий, -ая, -ое	wirtschaftlich
экрáн, -а *m*	Leinwand; Bildschirm
на мáлом экрáне	*im Fernsehen*
экскýрсия, -и *f*	Ausflug; Exkursion
Мы éдем на экскýрсию в Грýзию.	*Wir machen eine Exkursion nach Georgien.*
Здесь мóжно записáться на экскýрсию по Москвé.	*Hier kann man sich für eine Stadtrundfahrt durch Moskau anmelden.*
эксперимéнт, -а *m*	Experiment
эксплози́я, -и *f*	Explosion
электри́ческий, -ая, -ое	elektrisch
электри́чество, -а *n*	Elektrizität; Strom
элемéнт, -а *m*	Element
элементáрный, -ая, -ое [-рен, -рна]	elementar
энерги́чный, -ая, -ое [-чен, -чна]	energisch, tatkräftig
энéргия, -и *f*	Energie
эпóха, -и *f*	Epoche
э́ра, -ы *f*	Ära
до нáшей э́ры	*vor Christus*
нáша э́ра	*nach Christi Geburt*
этáж, -á *m*	Etage, Stock
пéрвый этáж	*Erdgeschoß*
вторóй этáж	*erster Stock*
Я живý на трéтьем этажé.	*Ich wohne im zweiten Stock.*
дом в три этажá	*ein dreigeschossiges Haus*
этáп[1], -а *m*	Abschnitt; Entwicklungsstufe
Кто победи́л в пéрвом этáпе ралли́ «Пари́ж-Дакáр»?	*Wer hat die erste Etappe bei Paris-Dakar gewonnen?*
этáп[2], -а *m*	Stufe

Ю

ю́бка, -и *f*	Rock
юг, -а *m*	Süden
на ю́ге	*im Süden*
ю́жный, -ая, -ое	südlich, Süd-
ю́жной широты́	*südlicher Breite*
ю́жный вéтер	*Südwind*

ю́мор, -а *m* — Humor
Ты соверше́нно лишён чу́вства ю́мора. — *Du hast überhaupt keinen Humor.*
облада́ть чу́вством ю́мора — *Humor haben*
име́ть чу́вство ю́мора — *Humor haben*

ю́ность, -и *f* — Jugend

юри́ст, -а *m* — Jurist(in)

я́блоко, -а *n* — Apfel

я́блоня, -и *f* — Apfelbaum

Я

явля́ться, -я́юсь, -я́ешься *impt* — sein
Э́то явля́ется очередны́м доказа́тельством его́ правоты́. — *Das ist ein weiterer Beweis für seine richtige Ansicht.*

я́вный, -ая, -ое [я́вен, я́вна] — offensichtlich
я́вная ложь — *eine offensichtliche Lüge*
я́вная несправедли́вость — *eine offensichtliche Ungerechtigkeit*
я́вный враг — *ein offensichtlicher Feind*

я́года, -ы *f* — Beere
я́годы — *Beerenfrüchte*
Вы с ним одного́ по́ля я́года. — *Ihr seid vom selben Schlag.*

яд, -а *m* — Gift

язы́к[1], -а́ [*pl* языки́, -о́в] *m* — Zunge
Покажи́те язы́к. — *Strecken Sie bitte die Zunge heraus!*
обло́женный язы́к — *belegte Zunge*

язы́к[2], -а́ *m* — Sprache

яйцо́, -а́ [*pl* я́йца, яи́ц, я́йцам] *n* — Ei

я́ркий, -ая, -ое [я́рок, ярка́, я́рко; я́рче] — leuchtend; auffällig
я́ркий приме́р — *ein schlagendes Beispiel*
я́ркое описа́ние — *eine treffende Beschreibung*
я́ркие тона́ — *schreiende Farben*

я́сный, -ая, -ое [я́сен, ясна́, я́сно, я́сны/ясны́] — klar
я́сное не́бо — *klarer Himmel*
У меня́ нет я́сного представле́ния об э́том. — *Ich habe keine klare Vorstellung davon.*

Э́то бы́ло соверше́нно я́сно. — *Das war vollkommen klar.*
Как гром средь я́сного не́ба. — *Wie ein Blitz aus heiterem Himmel.*

я́щик, -а *m* — Kasten; Kiste; Schublade
вы́двинуть я́щик — *eine Schublade aufmachen*
задви́нуть я́щик — *eine Schublade zumachen*

Der Aufbauwortschatz

Der Mensch als Individuum

1 Die Biographie des Menschen

Angaben zur Person

а́дрес · актёр · бульва́р · взро́слый · во́зраст · год · господи́н · госпожа́ граждани́н · докуме́нт · жена́ · жена́тый · же́нский · жи́тель · жить звать · и́мя · иностра́нец · като́лик · лицо́ · ли́чный · ме́сто · мла́дший муж · мужско́й · национа́льность · образова́ние · о́тчество · по́дпись пол · правосла́вный · проспе́кт · протеста́нт · профе́ссия · ребёнок роди́ться · ста́рший · страна́ · у́лица · фами́лия

анке́тные да́нные *pl*	Personalien
вдове́ц, -вца́ *m*, вдова́, -ы́ *f*	Witwe(r)
вероисповеда́ние, -я *n*	Religion, Glaubensbekenntnis
год рожде́ния	Geburtsjahr
гражда́нство, -а *n*	Staatsbürgerschaft, Staatsangehörigkeit
приня́ть неме́цкое гражда́нство	*die deutsche Staatsbürgerschaft annehmen*
де́вичья фами́лия	Mädchenname
зва́ние, -я *n*	Titel
учёное зва́ние	*wissenschaftlicher Grad*
дворя́нское зва́ние	*Adelstitel*
почётное зва́ние	*Ehrentitel*
ме́сто рожде́ния	Geburtsort
ме́сто жи́тельства	Wohnort, Wohnsitz
несовершенноле́тний, -яя, -ее	minderjährig; Minderjährige(r)
осо́бые приме́ты *pl*	besondere Kennzeichen
происходи́ть из	stammen aus
разведённый, -ая	geschieden
рожде́ние, -я *n*	Geburt
год рожде́ния	*Geburtsjahr*
Когда́ у тебя́ день рожде́ния?	*Wann hast du Geburtstag?*
по рожде́нию	*von Geburt*
совершенноле́тний, -яя, -ее	volljährig
супру́г, -а *m*, супру́га, -и *f*	Gatte, Gattin

удостовере́ние ли́чности	Personalausweis
холосто́й, -ая, -ое [хо́лост]	unverheiratet, Junggesellen-
Мой ста́рший брат хо́лост.	*Mein älterer Bruder ist unverheiratet.*
холоста́я жизнь	*Junggesellenleben*
холостя́к, -а́ *m*	Junggeselle
христиа́нин, -а [*pl* -а́не, -а́н] *m*, христиа́нка, -и *f*	Christ(in)

Berufe

агроно́м · адвока́т · арти́ст · архите́ктор · бизнесме́н · бригади́р бухга́лтер · вое́нный[2] · врач · де́лать · дипло́м · дире́ктор · дирижёр заве́дующий · инжене́р · колхо́зник · компози́тор · корреспонде́нт крестья́нин · кри́тик · лётчик · машини́стка · медсестра́ · мини́стр моря́к · музыка́нт · нача́льник · официа́нт · парикма́хер · пенсионе́р пе́нсия · перево́дчик · писа́тель · пло́тник · по́вар · портно́й почтальо́н · преподава́тель · продаве́ц · рабо́тница · рабо́чий реда́ктор · режиссёр · санита́р · секрета́рь · сле́сарь · сто́рож строи́тель · студе́нт · судья́ · те́хник · то́карь · торго́вец · трудя́щийся убо́рщица · учени́к · учи́тель · фе́рмер · шахтёр · шофёр · юри́ст

апте́карь, -я *m*	Apotheker(in)
аттеста́т зре́лости	Reifezeugnis, Abitur (Abschluß der Zehnjahresschule)
вахтёр, -а *m*, вахтёрша, -и *f*	Wächter(in)
военнослу́жащий, -его *m*	Soldat
гео́лог, -а *m*	Geologe
гла́вный реда́ктор	Chefredakteur
де́ятель иску́сства	Künstler(in)
до́ктор, -а [*pl* -а́, -о́в] *m*	Arzt, Ärztin; Doktor
домохозя́йка, -и *f*	Hausfrau
домрабо́тница, -ы *f*	Hausmädchen, Putzfrau
жестя́нщик, -а *m*	Klempner
земледе́лец, -льца *m*	Landmann
зубно́й врач	Zahnarzt, -ärztin
ка́менщик, -а *m*	Maurer
комба́йнер, -а *m*	Mähdrescherfahrer
комме́рческий дире́ктор	Geschäftsführer
конди́тер, -а *m*	Konditor(in)
контролёр, -а *m*, контролёрша, -и *f*	Kontrolleur(in)
космона́вт, -а *m*	Kosmonaut
купе́ц, -пца́ *m*	Kaufmann

маля́р, -á *m*	Maler(in), Anstreicher(in)
машини́ст, -a *m*	Maschinist; Lokomotivführer
мэ́р, -a *m*	Bürgermeister
мясни́к, -á *m*	Metzger
нау́чный рабо́тник	Wissenschaftler
пе́карь, -я *m*	Bäcker(in)
пограни́чник, -a *m*	Grenzsoldat, Grenzer
пожа́рник, -a *m*	Feuerwehrmann
пожа́рный, -ого *m*	Feuerwehrmann
предпринима́тель, -я *m*	Unternehmer
программи́ст, -a *m*	Programmierer
промы́шленник, -a *m*	Industrieller
руководя́щий рабо́тник	leitender Angestellter
рыба́к, -á *m*, рыба́чка, -и *f*	Fischer(in)
садо́вник, -a *m*	Gärtner(in)
садово́д, -a *m*	Gärtner(in); Gartenbauer, -bäuerin
свиде́тельство, -a *n*	Zeugnis
сельскохозя́йственный рабо́чий	Landarbeiter(in)
сре́дние ка́дры *pl*	mittlere Angestellte
стажёр, -a *m*	Praktikant(in)
стенографи́ст, -a *m*, стенографи́стка, -и *f*	Stenograf(in)
столя́р, -á *m*	Tischler
стюарде́сса [дэ́], -ы *f*	Stewardeß
суде́бный сле́дователь	Untersuchungsrichter(in)
ткачи́ха, -и *f*	Weberin
торго́вка, -и *f*	Einzelhändlerin
фото́граф, -a *m*	Fotograf(in)
хиру́рг, -a *m*	Chirurg(in)
электроте́хник, -a *m*	Elektriker
ювели́р, -a *m*	Juwelier(in)

Nationen und Nationalitäten

австри́ец, -и́йца *m*, австри́йка, -и *f*	Österreicher(in)
австри́йский, -ая, -ое	österreichisch
А́встрия, -и *f*	Österreich
Аме́рика, -и *f*	Amerika
америка́нец, -нца *m*, америка́нка, -и *f*	Amerikaner(in)
америка́нский, -ая, -ое	amerikanisch
англи́йский, -ая, -ое	englisch

англича́нин, -а *m*, англича́нка, -и *f*	Engländer(in)
А́нглия, -и *f*	England
белору́с, -а *m*, белору́ска, -и *f*	Weißrusse(in)
белору́сский, -ая, -ое	weißrussisch
Белару́сь, -и *f*	Weißrußland
бельги́ец, -и́йца *m*, бельги́йка, -и *f*	Belgier(in)
бельги́йский, -ая, -ое	belgisch
Бе́льгия, -и *f*	Belgien
болга́рин, -а *m*, болга́рка, -и *f*	Bulgare(in)
Болга́рия, -и *f*	Bulgarien
болга́рский, -ая, -ое	bulgarisch
брита́нец, -нца *m*, брита́нка, -и *f*	Brite(in)
брита́нский, -ая, -ое	britisch
Великобрита́ния, -и *f*	Großbritannien
венге́рский, -ая, -ое	ungarisch
венгр, -а *m*, венге́рка, -и *f*	Ungar(in)
Ве́нгрия, -и *f*	Ungarn
Герма́ния, -и *f*	Deutschland
голла́ндец, -дца *m*, голла́ндка, -и *f*	Holländer(in)
Голла́ндия, -и *f*	Holland
голла́ндский, -ая, -ое	holländisch
грек, -а *m*, греча́нка, -и *f*	Grieche(in)
Гре́ция, -и *f*	Griechenland
гре́ческий, -ая, -ое	griechisch
Да́ния, -и *f*	Dänemark
да́тский, -ая, -ое	dänisch
датча́нин, -а *m*, датча́нка, -и *f*	Däne, Dänin
евре́й, -я *m*, евре́йка, -и *f*	Jude, Jüdin
испа́нец, -нца *m*, испа́нка, -и *f*	Spanier(in)
Испа́ния, -и *f*	Spanien
испа́нский, -ая, -ое	spanisch
Ита́лия, -и *f*	Italien
италья́нец, -нца *m*, италья́нка, -и *f*	Italiener(in)
италья́нский, -ая, -ое	italienisch
кита́ец, -а́йца *m*, китая́нка, -и *f*	Chinese(in)
Кита́й, -я *m*	China
кита́йский, -ая, -ое	chinesisch
не́мец, -мца *m*, не́мка, -и *f*	Deutscher, Deutsche

неме́цкий, -ая, -ое	deutsch
по́льский, -ая, -ое	polnisch
По́льша, -и *f*	Polen
поля́к, -а *m,* по́лька, -и *f*	Pole(in)
португа́лец, -льца *m,* португа́лка, -и *f*	Portugiese(in)
Португа́лия, -и *f*	Portugal
португа́льский, -ая, -ое	portugiesisch
Приба́лтика, -и *f*	Baltikum
Росси́я, -и *f*	Rußland
румы́н, -а *m,* румы́нка, -и *f*	Rumäne(in)
Румы́ния, -и *f*	Rumänien
румы́нский, -ая, -ое	rumänisch
ру́сский, -ая, -ое	russisch
ру́сский, -ого *m,* ру́сская, -ой *f*	Russe(in)
Я ру́сский.	*Ich bin Russe.*
русскоговоря́щий, -ая, -ое	russischsprechend
серб, -а *m,* се́рбка, -и *f*	Serbe(in)
Се́рбия, -и *f*	Serbien
се́рбский, -ая, -ое	serbisch
слова́к, -а *m,* слова́чка, -и *f*	Slowake(in)
Слова́кия, -и *f*	Slowakei
слова́цкий, -ая, -ое	slowakisch
СНГ (Содру́жество Незави́симых Госуда́рств)	Gemeinschaft Unabhängiger Staaten (GUS)
США (Соединённые Шта́ты Аме́рики)	Vereinigte Staaten, USA
Швейца́рия, -и *f*	Schweiz
Украи́на, -ы *f*	Ukraine
украи́нец, -нца *m,* украи́нка, -и *f*	Ukrainer(in)
украи́нский, -ая, -ое	ukrainisch
Фра́нция, -и *f*	Frankreich
францу́з, -а *m,* францу́женка, -и *f*	Franzose, Französin
францу́зский, -ая, -ое	französisch
хорва́т, -а *m,* хорва́тка, -и *f*	Kroat(in)
Хорва́тия, -и *f*	Kroatien
хорва́тский, -ая, -ое	kroatisch
чех, -а *m,* че́шка, -и *f*	Tscheche(in)
Че́хия, -и *f*	Tschechei
че́шский, -ая, -ое	tschechisch
швейца́рец, -рца *m,* швейца́рка, -и *f*	Schweizer(in)

швейцарский, -ая, -ое	Schweizer-
Э́то швейца́рский па́спорт.	*Das ist ein Schweizer Paß.*
япо́нец, -нца *m*, япо́нка, -и *f*	Japaner(in)
Япо́ния, -и *f*	Japan
япо́нский, -ая, -ое	japanisch

Der Mensch als geistiges und körperliches Wesen

2 Aussehen und Charakter des Menschen

Allgemeine Begriffe

взволнова́ться · вне́шность · во́зраст · де́вочка · де́вушка · де́тский душа́ · же́нский · же́нщина · ли́чность · ма́льчик · мужчи́на · на́вык о́браз · поведе́ние · показа́ться · похо́жий · привы́чка · спосо́бность тип · типи́чный · уме́ние · хара́ктер · черта́

зре́лость, -и *f*	Reife
До зре́лости ему́ ещё далеко́.	*Er ist noch ziemlich unreif.*
каза́ться, кажу́сь, ка́жешься *impt (I)*	scheinen; den Anschein haben; den Eindruck machen
Он то́лько ка́жется наи́вным.	*Er scheint nur naiv zu sein.*
Э́то мне ка́жется любопы́тным.	*Das scheint mir interessant.*
Ка́жется, я не спра́влюсь.	*Wie es scheint, schaffe ich es nicht.*
Ка́жется, ты ошиба́ешься.	*Du scheinst dich zu irren.*
мане́ра, -ы *f*	Art, Weise; Manieren, Umgangsformen
Её мане́ра говори́ть раздража́ет меня́.	*Ihre Art zu sprechen nervt mich.*
У Никола́я удиви́тельно плохи́е мане́ры.	*Nikolaj hat erstaunlich schlechte Manieren.*
нрав, -а *m*	Charakter, Wesen
У моего́ дя́ди весёлый нрав.	*Mein Onkel ist ein lustiger Mensch.*
подро́сток, -тка *m*	Jugendliche(r), Teenager
склад, -а *m*	Geisteshaltung, Einstellung
То́ля – челове́к друго́го скла́да.	*Tolja ist aus anderem Holz geschnitzt.*
склад ума́	*Denkart*

скло́нность, -и *f*	Neigung, Veranlagung; Anlagen
Твоя́ скло́нность к ве́чным спо́рам дово́льно-таки утоми́тельна.	*Deine Veranlagung, ununterbrochen zu streiten, ist ziemlich anstrengend.*
У ма́льчика бесспо́рная скло́нность к му́зыке.	*Der Junge hat zweifellos Anlagen zur Musik.*
сойти́ за	gelten als, gehalten werden für
Мари́и со́рок лет, но она́ вполне́ мо́жет сойти́ за тридцатиле́тнюю.	*Maria ist 40, aber man hält sie wirklich für 30.*
состоя́ние души́	Seelenzustand
черта́ хара́ктера	Charakterzug
ю́ноша, -и *m*	junger Mann; Jüngling

Positive Eigenschaften

аккура́тный · акти́вный · благоро́дный · ве́жливый · ве́рный · весёлый внима́тельный · во́ля · воображе́ние · воспита́ние · воспи́танный ге́ний · го́рдость · до́брый · досто́йный · живо́й · интеллиге́нтность интеллиге́нтный · интере́сный · и́скренний · компете́нтный культу́рный · ми́лый · му́жественный · мя́гкий · не́жный · о́пытный оригина́льный · осторо́жный · остроу́мный · открове́нный отзы́вчивый · очарова́ние · послу́шный · практи́чный · пре́данный принципиа́льный · прия́тный · прямо́й · разу́мный · реали́ст самостоя́тельный · серде́чный · симпати́чный · скро́мный · сме́лость сме́лый · созна́тельный · споко́йный · спосо́бный · справедли́вый стра́стный · стро́гий · такти́чный · тала́нтливый · терпели́вый терпе́ние · то́чный · тре́бовательный · трудолюби́вый · ум · у́мный учти́вый · фанта́зия · хоро́ший · ще́дрый · энерги́чный · ю́мор

амбицио́зный, -ая, -ое [-зен, -зна]	ehrgeizig
гостеприи́мный, -ая, -ое [-мен, -мна]	gastfreundlich
да́ма, -ы *f*	Dame
Еле́на Андре́евна – настоя́щая да́ма.	*Elena Andreewna ist eine richtige Dame.*
де́ятельный, -ая, -ое [-лен, -льна]	aktiv, tatkräftig
доброде́тель, -и *f*	Tugend
доброжела́тельный, -ая, -ое [-лен, -льна]	wohlwollend
добросерде́чный, -ая, -ое [-чен, -чна]	gutherzig

добросо́вестный, -ая, -ое [-тен, -тна]	gewissenhaft
доброта́, -ы́ *f*	Güte, Herzensgüte
жизнера́достность, -и *f*	Lebensfreude, Lebenslust
жизнера́достный, -ая, -ое [-тен, -тна]	lebensfroh, lebenslustig
заба́вный, -ая, -ое [-вен, -вна]	lustig, spaßig, komisch
Кло́уны в ци́рке так заба́вный.	*Die Clowns im Zirkus sind so lustig.*
забо́тливый, -ая, -ое [-ив]	sorgsam, besorgt
здра́вый смы́сл	gesunder Menschenverstand
зре́лый, -ая, -ое [зрел, -а́, -о]	reif
Мой сын уже́ вполне́ зре́лый челове́к.	*Mein Sohn ist schon ein vollkommen reifer Mensch.*
В зре́лом во́зрасте челове́к ви́дит мир ины́ми глаза́ми.	*Im reifen Alter sieht man die Welt mit anderen Augen.*
и́скренность, -и *f*	Aufrichtigkeit, Ehrlichkeit
компете́нтность, -и *f*	Kompetenz, Sachkenntnis
корре́ктный, -ая, -ое [-тен, -тна]	korrekt
ла́сковый, -ая, -ое [-ов]	zärtlich
Пе́тя – на ре́дкость ла́сковый ребёнок.	*Petja ist ein selten zärtliches Kind.*
любозна́тельный, -ая, -ое [-лен, -льна]	wissensdurstig, wißbegierig
мечта́тель, -я *m*	Träumer
му́жество, -а *n*	Mut
мягкосерде́чный, -ая, -ое [-чен, -чна]	weichherzig
нахо́дчивый, -ая, -ое [-ив]	schlagfertig; findig
не́жность, -и *f*	Zärtlichkeit
незауря́дный, -ая, -ое [-ден, -дна]	außergewöhnlich, originell; hervorragend
Бори́с Ельцин – незауря́дная ли́чность.	*Boris Jelzin ist eine ungewöhnliche Persönlichkeit.*
У ребёнка незауря́дные математи́ческие спосо́бности.	*Das Kind hat außerordentliche mathematische Fähigkeiten.*
образо́ванный, -ая, -ое [-ан, -анна]	gebildet
обходи́тельный, -ая, -ое [-лен, -льна]	liebenswürdig, höflich
общи́тельный, -ая, -ое [-лен, -льна]	umgänglich

одарённый, -ая, -ое [-ён, -ённа]	begabt
оптими́зм, -а *m*	Optimismus
оптими́ст, -а *m*, оптими́стка, -и *f*	Optimist(in)
поря́дочность, -и *f*	Anständigkeit
Ему́ не хвата́ет поря́дочности.	*Es fehlt ihm an Anständigkeit.*
поря́дочный, -ая, -ое [-чен, -чна]	anständig
романти́чный, -ая, -ое [-чен, -чна]	romantisch
самостоя́тельность, -и *f*	Selbständigkeit
сде́ржанный, -ая, -ое [-ан, -анна]	beherrscht
Он все́гда о́чень сде́ржан в свои́х реа́кциях.	*Er ist sehr beherrscht in seinen Reaktionen.*
скро́мность, -и *f*	Bescheidenheit
такт, -а *m*	Taktgefühl
такти́чность, -и *f*	Taktgefühl, Feingefühl
трудолю́бие, -я *n*	Fleiß
уме́лый, -ая, -ое	geschickt, gewandt
у́мница, -ы *m/f*	kluger Kopf
услу́жливый, -ая, -ое [-ив]	gefällig
усту́пчивый, -ая, -ое [-ив]	nachgiebig; entgegenkommend
хра́брый, -ая, -ое [храбр, храбра́, хра́бро]	tapfer; mutig; kühn
челове́чность, -и *f*	Menschlichkeit
Челове́чность – ре́дкость в на́ше вре́мя.	*Menschlichkeit findet man heute selten.*
Челове́чество и челове́чность – ве́щи несовмести́мые.	*Menschheit und Menschlichkeit passen nicht zusammen.*
челове́чный, -ая, -ое [-чен, -чна]	menschlich, human
че́стность, -и *f*	Ehrlichkeit
честь, -и *f*	Ehre
челове́к че́сти	*ein/e Mann/Frau von Ehre*
чувстви́тельность, -и *f*	Empfindlichkeit, Empfindsamkeit
чувстви́тельный, -ая, -ое [-лен, -льна]	empfindsam, empfindlich
энерги́чность, -и *f*	Tatkraft, Energie
энтузиа́ст, -а *m*	jmd., der etw. aus Enthusiasmus tut

Negative Eigenschaften

глу́пый · гру́бый · дура́к · дурно́й · жа́дный · жесто́кий · заду́мчивый занóсчивый · засте́нчивый · злой · избало́ванный · капри́зный лицеме́рный · любопы́тный · любопы́тство · небре́жный невоспи́танный · неприя́тный · не́рвный · нереши́тельный несерьёзный · нетерпели́вый · плохо́й · рассе́янный · ревни́вый ро́бкий · самоуве́ренный · скупо́й · ску́чный · сла́бый · смешно́й тру́дный · трус · тяжёлый · упря́мый · утоми́тельный · хи́трый · эгои́ст

беззабо́тный, -ая, -ое [-тен, -тна] — sorglos; keine Sorgen haben

безнра́вственный, -ая, -ое [-вен, -венна] — unmoralisch, unsittlich, sittenlos

безразли́чие, -я *n* — Gleichgültigkeit, Indifferenz

безуча́стный, -ая, -ое [-тен, -тна] — teilnahmslos; gleichgültig, indifferent

беста́ктный, -ая, -ое [-тен, -тна] — taktlos

бесцеремо́нный, -ая, -ое [-нен, -нна] — rücksichtslos; ungeniert

бесчу́вственный, -ая, -ое [-вен, -венна] — gefühllos, gefühlskalt

высокоме́рный, -ая, -ое [-рен, -рна] — hochmütig, überheblich

вя́лый, -ая, -ое [вял] — schlaff, träge

зауря́дный, -ая, -ое [-ден, -дна] — mittelmäßig

зауря́дный челове́к — *ein Durchschnittsmensch*

зауря́дный писа́тель — *ein mittelmäßiger Schriftsteller*

на́глость, -и *f* — Unverschämtheit, Frechheit, Unverfrorenheit

надме́нный, -ая, -ое [-е́нен, -е́нна] — hochmütig, arrogant

наи́вный, -ая, -ое [-вен, -вна] — naiv

насме́шливый, -ая, -ое [-ив] — spottend

неве́жливый, -ая, -ое [-ив] — unhöflich

невыноси́мый, -ая, -ое [-и́м] — unerträglich, unausstehlich

некульту́рный, -ая, -ое [-рен, -рна] — ungebildet; ungeschliffen

необразо́ванный, -ая, -ое [-ван, -ванна] — ungebildet

неотёсанный, -ая, -ое [-сан, -санна] — ungeschliffen

неря́шливый, -ая, -ое [-ив]	schlampig, unordentlich, schludrig, nachlässig
неспосо́бный, -ая, -ое [-бен, -бна]	unfähig
Не му́чьте ма́льчика, он соверше́нно неспосо́бен к му́зыке.	*Lassen Sie den Jungen in Ruhe, er hat kein Talent zur Musik.*
нече́стный, -ая, -ое [-тен, -тна́, -тно]	unehrlich, unredlich
пасси́вный, -ая, -ое [-вен, -вна]	passiv, untätig
посре́дственный, -ая, -ое [-вен, -венна]	mittelmäßig
проти́вный, -ая, -ое [-вен, -вна]	widerlich, ekelhaft
пья́ный, -ая, -ое [пьян, пьяна́, пья́но]	betrunken
Когда́ я пьян, а пьян всегда́ я ...	*Wenn ich betrunken bin, und betrunken bin ich immer ...*
Я пьян от любви́.	*Ich bin vor Liebe trunken.*
Мне надое́ли э́ти пья́ные разгово́ры.	*Ich habe genug von den Gesprächen mit diesen Betrunkenen.*
сентимента́льный, -ая, -ое [-лен, -льна]	sentimental
сла́бость, -и *f*	Schwäche
слабохара́ктерный, -ая, -ое [-рен, -рна]	mit schwachem Charakter
сноб, -а *m*	Snob, versnobt
сумасше́дший, -ая, -ее	wahnsinnig, verrückt
Мо́жет я и сумасше́дший, но я э́то сде́лаю.	*Vielleicht bin ich verrückt, aber ich mache es.*
театра́льный, -ая, -ое [-лен, -льна]	Theater-; theatralisch
эгоисти́чный, -ая, -ое [-чен, -чна]	egoistisch

Äußere Merkmale

безобра́зный · бле́дный · большо́й · борода́ · бровь · взгляд · вид во́лосы · вы́глядеть · высо́кий · вы́ше · глаз · гря́зный · губа́ · дли́нный ка́рий · кашта́новый · ко́жа · коро́ткий · краси́вый · красота́ · кре́пкий кру́глый · курно́сый · лицо́ · лоб · лы́сый · ма́ленький · небольшо́й невысо́кий · некраси́вый · нехоро́ший · ни́же · ни́зкий · нога́ · нос очки́ · па́лец · подборо́док · пожило́й · пра́вильный · пре́лесть · рост рука́ · ру́сый · све́тлый · седо́й · си́ла · си́льный · ста́рый · стро́йный тёмный · то́лстый · то́нкий · ужа́сный · усы́ · фигу́ра · чи́стый · ше́я

белоку́рый, -ая, -ое [-у́р]	hellblond
бесфо́рменный, -ая, -ое [-мен, -менна]	unförmig
блонди́н, -а *m*, блонди́нка, -и *f*	Blonde, Blondine
вне́шний вид	Äußere, Aussehen
глаза́стый, -ая, -ое [-а́ст]	großäugig
загоре́лый, -ая, -ое	braungebrannt
коса́, -ы́ [*a/sg* ко́су; *pl* ко́сы, кос] *f*	Zopf
пу́хлый, -ая, -ое	[rundlich und weich]
пу́хлые гу́бы	*schwellende Lippen*
румя́ный, -ая, -ое [-я́н]	rotwangig
ры́жий, -ая, -ее [рыж, рыжа́, ры́же]	rothaarig
светловоло́сый, -ая, -ое	hellblond
сму́глый, -ая, -ое [смугл, смугла́, сму́гло]	von bräunlicher (dunkler) Gesichtsfarbe
тёмноволо́сый, -ая, -ое	dunkelhaarig
хорошо́ сло́женный	gut gebaut
ху́денький, -ая, -ое	schmächtig
элега́нтный, -ая, -ое [-тен, -тна]	elegant

3 Körperliche Tätigkeiten

Bewegung im Raum

бег · бе́гать · бежа́ть · верну́ться · возврати́ться/возвраща́ться войти́/входи́ть · вы́йти/выходи́ть · гуля́ть · дви́гаться · движе́ние е́хать · идти́ · исче́знуть/исчеза́ть · ката́ться · лета́ть · лете́ть находи́ться · останови́ться/остана́вливаться · оста́ться/остава́ться пла́вать · плыть · подня́ться/поднима́ться · подойти́/подходи́ть пое́хать · пойти́ · ползти́ · положе́ние · прибли́зиться/приближа́ться прие́хать/приезжа́ть · прийти́/приходи́ть · прогу́лка · пройти́/проходи́ть · пропа́сть/пропада́ть · растоя́ние · сойти́/сходи́ть · уе́хать/уезжа́ть · уйти́/уходи́ть · упа́сть · ходи́ть

бе́гство, -а *n*	Flucht
бро́ситься, бро́шусь, бро́сишься *pt* *impt* броса́ться, -а́юсь, -а́ешься	sich stürzen
Она бро́силась мне на ше́ю.	*Sie ist mir um den Hals gefallen.*

возвраще́ние, -я *n*	Rückkehr
возвраще́ние на ро́дину	*Heimkehr*
возвраще́ние блу́дного сы́на	*die Heimkehr des verlorenen Sohnes*
вы́бежать, -егу, -ежишь, -егут *pt*	hinauslaufen(rennen); herauslaufen(-rennen)
выбега́ть, -а́ю, -а́ешь	
Мы вы́бежали на у́лицу.	*Wir sind auf die Straße hinausgelaufen.*
вы́рваться, -вусь, -вешься *pt*	sich losreißen; sich befreien; entschlüpfen
вырыва́ться, -а́юсь, -а́ешься	
вы́скочить, -чу, -чишь *pt* *impt* выска́кивать, -аю, -аешь	hinausspringen; herausspringen
Я вы́скочил из окна́ и бро́сился бежа́ть.	*Ich sprang aus dem Fenster und rannte los.*
Пешехо́д внеза́пно вы́скочил из-за стоя́вшей маши́ны.	*Der Fußgänger tauchte plötzlich hinter dem geparkten Auto auf.*
У меня́ соверше́нно вы́скочило из головы́, как его зову́т.	*Es ist mir vollkommen entfallen, wie er heißt.*
добра́ться, -беру́сь, -берёшься [-а́лся, -ала́сь] *pt* *impt* добира́ться, -а́юсь, -а́ешься	[mit Mühe] gelangen, erreichen
Я е́ле добра́лся до до́ма.	*Ich bin mit viel Mühe nach Hause gekommen.*
До тебя́ не доберёшься!	*Bei dir ist nicht anzukommen!*
догна́ть, -гоню́, -го́нишь [-а́л, -ала́, -а́ло] *pt* *impt* догоня́ть, -я́ю, -я́ешь	einholen; nachholen
дойти́, дойду́, дойдёшь [дошёл, дошла́] *pt* *impt* доходи́ть, -ожу́, -о́дишь	gehen bis, gelangen, kommen bis; erreichen; ankommen
Вам ну́жно дойти́ до сле́дующего перекрёстка.	*Sie müssen bis zur nächsten Kreuzung gehen.*
Телегра́мма дошла́ до него́ че́рез три дня.	*Das Telegramm erreichte ihn nach drei Tagen.*
Твои́ объясне́ния не дошли́ до студе́нтов.	*Die Studenten haben deine Erklärungen nicht mitbekommen.*
дости́чь & дости́гнуть, -гну, -гнешь [-сти́г; -гнутый] *pt* *impt* достига́ть, -а́ю *(G)*	erreichen; schaffen; ankommen

заверну́ть, -ну́, -нёшь [-вёрнутый] *pt*	einpacken; abbiegen, einbiegen
impt завора́чивать, -аю, -аешь	
Заверни́те мне кни́гу, пожа́луйста.	*Könnten Sie mir bitte das Buch einpacken?*
Заверни́те за у́гол и уви́дите вокза́л.	*Biegen Sie um die Ecke, und Sie werden den Bahnhof sehen.*
зайти́, -йду́, -йдёшь [-шёл, -шла́] *pt*	(hin)gehen; vorbeigehen, vorbeikommen; besuchen
impt заходи́ть, -ожу́, -о́дишь	
Мне на́до зайти́ в магази́н.	*Ich muß ins Geschäft.*
Я зайду́ сего́дня ве́чером.	*Ich komme heute abend vorbei.*
Я зайду́ за тобо́й в шесть.	*Ich hole dich um sechs ab.*
Почему́ Вы к нам не зайдёте?	*Warum besuchen Sie uns nicht?*
Заходи́те поча́ще!	*Besuchen Sie uns doch öfter!*
исчезнове́ние, -я *n*	Verschwinden
мча́ться, мчусь, мчишься *impt*	rasen
напра́виться, -влюсь, -вишься *pt*	in eine Richtung losgehen
impt направля́ться, -я́юсь, -я́ешься	
Мы напра́вились к ле́су.	*Wir sind in Richtung Wald gegangen.*
обойти́, -йду́, -йдёшь [-ошёл, -ошла́] *pt*	umgehen; um etw. herumgehen
impt обходи́ть, -ожу́, -о́дишь	
опереди́ть, -ежу́, -еди́шь *pt*	zuvorkommen, vorauseilen; überholen; übersteigen
impt опережа́ть, -а́ю, -а́ешь	
отдали́ться, -лю́сь, -ли́шься *pt*	sich entfernen
impt отдаля́ться, -я́юсь, -ля́ешься	
отодви́нуться, -нусь, -нешься *pt*	abrücken, sich zurückziehen; zur Seite rücken
impt отодвига́ться, -а́юсь, -а́ешься	
отойти́, -йду́, -йдёшь [-ошёл, -ошла́] *pt*	beiseite treten; sich zurückziehen
impt отходи́ть, -ожу́, -о́дишь	
Отойди́ от окна́, тебя́ мо́гут уви́деть.	*Weg vom Fenster, man kann dich sehen!*
Я отошёл в сто́рону, что́бы не слы́шать их разгово́р.	*Ich bin weggetreten, um deren Gespräch nicht zu hören.*

По́езд отхо́дит ро́вно в пять.	*Der Zug fährt um Punkt fünf Uhr ab.*
отпра́виться, -влюсь, -вишься *pt* *impt* отправля́ться, -я́юсь, -я́ешься	sich auf den Weg machen
Мы отпра́вились в путь.	*Wir machten uns auf den Weg.*
отста́ть, -а́ну, -а́нешь *pt* *impt* отстава́ть, -таю́, -таёшь	zurückbleiben, nicht nachkommen; nachgehen (Uhr)
очути́ться, -у́тишься *pt*	sich [unerwartet irgendwo] befinden
А ты как здесь очути́лся?	*Was machst du denn hier?*
Я очути́лся в кра́йне нело́вком положе́нии.	*Ich befand mich in einer äußerst peinlichen Lage.*
паде́ние, -я *n*	Fallen; Sturz
свобо́дное паде́ние	*freier Fall*
паде́ние лави́н	*Lawine*
передви́нуться, -нусь, -нешься *pt* *impt* передвига́ться, -а́юсь, -а́ешься	sich bewegen
Я слома́л себе́ но́гу и всё ещё передвига́юсь с трудо́м.	*Ich habe mir das Bein gebrochen und kann immer noch nur mit Mühe gehen.*
перейти́, -ейду́, -ейдёшь [-ешёл, -ешла́] *pt* *impt* переходи́ть, -ожу́, -о́дишь	überqueren; zu etw. übergehen
перемеще́ние, -я *n*	Umstellung, Verschiebung, Verlegung
побежа́ть, -егу́, -ежи́шь, -егу́т *pt* *s.* бежа́ть	(los)rennen, (los)laufen
побыва́ть, -а́ю, -а́ешь *pt*	sich aufhalten; (irgendwo) gewesen sein
Где мы то́лько не побыва́ли за э́ти две неде́ли!	*Wo überall wir in diesen zwei Wochen nur gewesen sind!*
подви́нуться, -нусь, -нешься *pt* *impt* подвига́ться, -а́юсь, -а́ешься	rücken, ein bißchen Platz machen
Подви́нься немно́го!	*Rück ein wenig!*
подъе́хать, -е́ду, -е́дешь *pt* *impt* подъезжа́ть, -а́ю, -а́ешь	sich nähern (nur mit einem Fahrzeug); heranfahren

полете́ть, -лечу́, -лети́шь *pt* s. лете́ть — fliegen; hinfliegen

по́лзать, -аю, -аешь *impt* — kriechen

после́довать, -дую, -дуешь *pt* s. сле́довать — folgen

Он после́довал за мно́й. — *Er ist mir gefolgt.*

Отве́та на мой вопро́с не после́довало. — *Die Antwort auf meine Frage blieb aus.*

Ты, к сожале́нию, не после́довал мои́м сове́там. — *Du bist meinen Ratschlägen leider nicht gefolgt.*

прибы́тие, -я *n* — Ankunft, Eintreffen

прибы́ть, -бу́ду, -бу́дешь [при́был, прибыла́, при́было] *pt*
impt прибыва́ть, -а́ю, -а́ешь — ankommen

Мы благополу́чно при́были в Москву́. — *Wir sind gut in Moskau angekommen.*

По́езд прибыва́ет на четвёртый путь. — *Der Zug hat Einfahrt auf Gleis vier.*

прие́зд, -а *m* — Ankunft

приземли́ться, -лю́сь, -ли́шься *pt*
impt приземля́ться, -я́юсь, -я́ешься — landen

прилете́ть, -лечу́, -лети́шь *pt*
impt прилета́ть, -а́ю, -а́ешь — mit dem Flugzeug kommen

приплы́ть, -ыву́, -ывёшь [-ы́л, -ыла́, -ы́ло] *pt*
impt приплыва́ть, -а́ю, -а́ешь — mit dem Schiff ankommen; an Land schwimmen

прихо́д, -а *m* — Kommen, Eintreffen, Ankunft

Я не ожида́л твоего́ прихо́да. — *Ich habe dein Kommen nicht erwartet.*

прое́хать, -е́ду, -е́дешь *pt*
impt проезжа́ть, -а́ю, -а́ешь — durchfahren; vorbeifahren

сбежа́ть, -егу́, -ежи́шь, -егу́т *pt* — fliehen; weglaufen

Ученики́ сбежа́ли с после́днего уро́ка. — *Die Schüler sind vor der letzten Stunde abgehauen.*

Улы́бка сбежа́ла с её лица́. — *Das Lächeln in ihrem Gesicht war verschwunden.*

сле́довать, -дую, -дуешь *impt* — fahren

По́езд сле́дует до Москвы́. — *Der Zug geht bis Moskau.*

По́езд сле́дует до ста́нции Беля́ево. — *Die U-Bahn fährt nur bis zur Haltestelle Beljaewo.*

Куда́ сле́дует э́тот по́езд? — *Wohin fährt dieser Zug?*

спуск, -а *m* — Abstieg

сходи́ть, -ожу́, -о́дишь *pt* — [gehen und zurückkommen]
Мне на́до то́лько сходи́ть в магази́н и я сра́зу верну́сь. — *Ich muß eben in den Laden gehen und komm' sofort zurück.*

тону́ть, тону́, то́нешь *impt* — ertrinken; (ver)sinken, untergehen

транспорти́ровать, -рую, -руешь [-анный] *pt & impt* — transportieren

убежа́ть, -егу́, -ежи́шь, -егу́т *pt* — davonlaufen, weglaufen; fliehen, flüchten
impt убега́ть, -а́ю, -а́ешь

удали́ться, -лю́сь, -ли́шься *pt* — sich entfernen
impt удаля́ться, -я́юсь, -я́ешься

утону́ть, -ону́, -о́нешь *pt* — ertrinken; untergehen, versinken
s. тону́ть

Bewegung des Körpers

акти́вный · вста́ть/встава́ть · гимна́стика · жест · кива́ть · кивну́ть лежа́ть · лечь/ложи́ться · неподви́жный · пешко́м · пры́гать пры́гнуть · сесть/сади́ться · сиде́ть · стоя́ть · танцева́ть · упражне́ние упражня́ться · шаг · шага́ть

вскочи́ть, -очу́, -о́чишь *pt* — aufspringen, auffahren
impt вска́кивать, -аю, -аешь

вы́прямиться, -млюсь, -мишься *pt* — sich aufrichten
impt выпрямля́ться, -я́юсь, -я́ешься

маха́ть, машу́, ма́шешь *impt* — schwingen; winken

махну́ть, -ну́, -нёшь *pt* — winken
s. маха́ть
Она махну́ла мне руко́й в после́дний раз и скры́лась в толпе́. — *Sie winkte mir zum letzten Mal zu und verschwand in der Menge.*
Я уже́ махну́ла на всё руко́й. — *Ich habe schon alles aufgegeben.*

наклони́ться, -оню́сь, -о́нишься *pt* — sich bücken
impt наклоня́ться, -я́юсь, -я́ешься

неподви́жность, -и *f* — Unbeweglichkeit

огляну́ться, -яну́сь, -я́нешься *pt* — nach hinten gucken; sich umsehen
impt огля́дываться, -аюсь, -аешься

оперéться, обопрýсь, обопрёшься [опёрся, -лáсь] *pt*	sich stützen
impt опирáться, -áюсь, -áешься	
поскользнýться, -нýсь, -нёшься *pt*	ausgleiten, ausrutschen
Я поскользнýлся на снегý.	*Ich bin auf dem Schnee ausgerutscht.*
присéсть, -сяду, -сядешь [-сéл] *pt*	sich setzen, sich hinsetzen
impt приседáть, -áю, -áешь	
прыжóк, -жкá *m*	Sprung
прыжóк в длинý	*Weitsprung*
прыжóк в высотý	*Hochsprung*
прыжóк с шестóм	*Stabhochsprung*
тройнóй прыжóк	*Dreisprung*
одни́м прыжкóм	*mit einem Sprung*
стать на колéни	sich hinknien
стоя́ть на колéнях	knien
упáсть на колéни	auf die Knie fallen

Körperliche Reaktionen und Sinneswahrnehmungen

бóдрый · ви́деть · ви́дно · ви́дный · вы́расти · дрожáть · живóй · жизнь жить · замéтить/замечáть · заснýть/засыпáть · звук · зрéние мёртвый · нюхать · осмотрéть/осмáтривать · отдохнýть/отдыхáть пáхнуть · плáкать · понюхать · посмотрéть · потолстéть · похудéть присни́ться · проснýться/просыпáться · разви́тие · разви́ться/развивáться · расти́ · реáкция · слезá · слух · слýшать · слы́шно смерть · смотрéть · сни́ться · сон · состоя́ние · спать · темнó · темнотá теплó · тёплый · толстéть · трóгать/трóнуть · умерéть/умирáть услы́шать · устáлость · устáлый · устáть/уставáть · худéть · чýвство чýвствовать

бледнéть, -éю, -éешь *impt*	bleich werden, blaß werden; verblassen
быть в фóрме	in Form sein
Сегóдня я не в фóрме.	*Heute bin ich nicht in Form.*
вали́ться с ног от устáлости	vor Müdigkeit umfallen
вспотéть, -éю, -éешь *pt* *s.* потéть	schwitzen; in Schweiß geraten
всхли́пывать, -аю, -аешь *impt*	schluchzen
дотрóнуться, -нусь, -нешься *pt*	berühren, anrühren
impt дотрáгиваться, -аюсь, -аешься	

звон, -а *m*	Klang
звуча́ть, -чи́т [*1.&2. Pers. ungbr.*] *impt*	[tönen]; ertönen; anklingen
В его́ го́лосе звуча́ло разочарова́ние.	*In seiner Stimme klang Entäuschung an.*
Э́то звучи́т хорошо́.	*Das klingt gut.*
красне́ть, е́ю, -е́ешь *impt*	erröten
Я покрасне́л.	*Ich bin rot geworden.*
оцара́паться, -аюсь, -аешься *pt*	sich die Haut abschürfen
Осторо́жно, оцара́паешься.	*Vorsicht, du kannst dich verletzen.*
ощути́ть, -ущу́, -ути́шь *pt*	wahrnehmen, empfinden; fühlen, spüren
impt ощуща́ть, -а́ю, -а́ешь	
ощуще́ние, -я *n*	Empfindung, Empfinden
побеле́ть, -ею, -е́ешь *pt*	weiß werden; bleich werden
побледне́ть, -е́ю, -е́ешь *pt* *s.* бледнеть	erbleichen, blaß werden
покрасне́ть, -е́ю, -е́ешь *pt* *s.* красне́ть	erröten
полне́ть, -е́ю, -е́ешь *impt*	zunehmen
С во́зростом я ста́ла полне́ть.	*Mit dem Alter begann ich zuzunehmen.*
пополне́ть, -е́ю, -е́ешь *pt* *s.* полне́ть	zunehmen
пора́нить, -ню, -нишь *pt*	sich verletzen
Я пора́нил себе́ но́гу.	*Ich habe mich am Bein verletzt.*
поре́зать, -е́жу, -е́жешь [-е́занный] *pt*	schneiden
Я поре́зал себе́ па́лец.	*Ich habe mich in den Finger geschnitten.*
поте́ть, -е́ю, -е́ешь *impt*	schwitzen
приба́вить/прибавля́ть в ве́се	zunehmen
прикосну́ться, -ну́сь, -нёшься *pt*	leicht berühren, anrühren; streifen
impt прикаса́ться, -а́юсь, -а́ешься	
прозвуча́ть, -чи́т [*1.&2. Pers. ungbr.*] *pt*	[tönen]; ertönen; anklingen
В его́ го́лосе прозвуча́ло разочарова́ние.	*In seiner Stimme klang Entäuschung an.*
Э́то звучи́т хорошо́.	*Das klingt gut.*

реаги́ровать, -рую, -руешь *impt*	reagieren
На твоём ме́сте я не стал бы на э́то реаги́ровать.	*An deiner Stelle würde ich darauf nicht reagieren.*
рефле́кс, -а *m*	Reflex
слы́шный, -ая, -ое [-шен, -шна́, -шно, -шны/-шны́]	hörbar, vernehmbar
е́ле слы́шный шёпот	*kaum hörbares Flüstern*
Ка́ждый звук слы́шен.	*Man hört jeden Laut.*
Слы́шны чьи́-то шаги́.	*Ich höre Schritte.*
сопротивля́ться, -я́юсь, -я́ешься *impt*	widerstehen
существова́ние, -я *n*	Existenz
существова́ть, -тву́ю, -тву́ешь *impt*	existieren; es gibt ...
теле́сный, -ая, -ое	körperlich, Körper-
теле́сные повре́ждения	*Körperverletzungen*
чулки́ теле́сного цве́та	*fleischfarbene Strümpfe*
утоми́ть, -млю́, -ми́шь *pt* *impt* утомля́ть, -я́ю, -я́ешь	jdn. ermüden, anstrengen, erschöpfen
ушиби́ться, -бу́сь, -бёшься [уши́бся, уши́блась] *pt* *impt* ушиба́ться, -а́юсь, -а́ешься	sich stoßen, sich verletzen
чу́вственный, -ая, -ое [-вен, -венна]	sinnlich
чу́вственное восприя́тие	*Sinneswahrnehmung*
чу́вственный взгляд	*sinnlicher Blick*
чу́вствовать/почу́вствовать себя́	sich fühlen
Я пло́хо себя́ чу́вствую.	*Ich fühle mich schlecht.*
Как бы ты почу́вствовал себя́ на моём ме́сте?	*Wie würdest du dich an meiner Stelle fühlen?*

4 Umgang mit Dingen

Handwerkliche Herstellung

вы́шить/вышива́ть · вяза́ть · де́лать · изме́рить/измеря́ть · кле́ить кра́сить · мастери́ть · ме́рить · покра́сить · постро́ить · почини́ть проду́кт · проду́кция · производи́ть/произвести́ · произво́дство реализа́ция · реализова́ть · ремо́нт · сде́лать · сшить · чини́ть · шить

вы́строгать, -аю, -аешь *pt* s. строга́ть	hobeln
констру́кция, -и *f*	Konstruktion
копи́ровать, -рую, -руешь *impt*	kopieren
лакирова́ть, -ру́ю, -ру́ешь *impt*	lackieren
лепи́ть, леплю́, ле́пишь *impt*	formen; kneten
лепи́ть скульпту́ру	*eine Skulptur formen*
лепи́ть фигу́рки из во́ска	*kleine Figürchen aus Wachs kneten*
лепи́ть сне́жную ба́бу	*einen Schneemann bauen*
молото́к, -тка́ *m*	Hammer
накле́ить, -е́ю, -е́ишь [-е́енный] *pt* *impt* накле́ивать, -аю, -аешь	aufkleben
накле́ить ма́рку	*eine Briefmarke aufkleben*
отремонти́ровать, -рую, -руешь *pt* s. ремоти́ровать	reparieren; instand setzen; renovieren
отшлифова́ть, -фу́ю, -фу́ешь *pt* s. шлифова́ть	schleifen; feilen
пила́, -ы́ [*pl* пи́лы, пил, пи́лам] *f*	Säge
пили́ть, пилю́, пи́лишь [пи́ленный] *impt*	sägen; feilen
полирова́ть, -ру́ю, -ру́ешь [-о́ванный] *impt*	polieren
про́вод, -а [*pl* -а́, -о́в] *m*	Kabel
ремонти́ровать, -рую, -руешь [-анный] *impt*	reparieren; instand setzen; renovieren
скопи́ровать, -рую, -руешь [-анный] *pt* s. копи́ровать	kopieren
строга́ть, -а́ю, -а́ешь [стро́ганный] *impt*	hobeln
точи́ть, точу́, то́чишь [то́ченный] *impt*	schärfen; schleifen;
точи́ть нож	*ein Messer schleifen*
точи́ть каранда́ш	*einen Bleistift spitzen*
шлифова́ть, -фу́ю, -фу́ешь [-о́ванный] *pt*	schleifen; feilen

Veränderung von Dingen

бить · вы́лить/вылива́ть · вы́сыпать/высыпа́ть · завяза́ть/завя́зывать изменéние · измени́ть/изменя́ть · измени́ться/изменя́ться · испóртить лома́ть · нали́ть/налива́ть · напóлнить/наполня́ть · нарéзать/нареза́ть · оторва́ть/отрыва́ть · па́чкать · порва́ть · пóртить преврати́ться/превраща́ться · разби́ть/разбива́ть · разорва́ть/разрыва́ть · разру́шить/разруша́ть · рвать · рéзать · сложи́ть/скла́дывать · уничтóжить/уничтожа́ть

заверну́ть, -ну́, -нёшь [-вёрнутый] *pt* *impt* завора́чивать, -аю, -аешь	einpacken; abbiegen, einbiegen
Заверни́те мне кни́гу, пожа́луйста.	*Packen Sie mir bitte das Buch ein!*
Заверни́те за у́гол и уви́дите вокза́л.	*Biegen Sie um die Ecke, und Sie werden den Bahnhof sehen.*
испа́чкать, -аю, -аешь [-анный] *pt* *s.* па́чкать	schmutzig machen
Вся ска́терть испа́чкана.	*Die Tischdecke ist voller Flecken.*
копи́ться, кóпится [*1. & 2. Pers. ungbr.*] *impt*	sich ansammeln, sich anhäufen
Деньги кóпятся.	*Das Geld vermehrt sich.*
накопи́ться, -óпится [*1. & 2. Pers. ungbr.*] *pt* *s.* копи́ться	sich ansammeln, sich anhäufen
уста́лость накопи́лась	*die Müdigkeit ist größer und größer geworden*
опы́т накопи́лся	*an Erfahrung reicher werden*
дéньги накопи́лись	*das Geld hat sich vermehrt*
разочарова́ния накопи́лись	*die Enttäuschung ist gewachsen und gewachsen ...*
опорóжни́ть, -ню, -нишь [-нённый] *pt* *impt* опора́жнивать, -аю, -аешь	leer machen, leeren; ausgießen
сóхнуть, -ну, -нешь [сох/сóхнул, сóхла] *impt*	trocknen, trocken werden
упакова́ть, -кую, -ку́ешь [-óванный] *pt* *impt* упакóвывать, -аю, -аешь	einpacken, verpacken

Bewegung von Dingen

бро́сить/броса́ть · ввезти́/ввози́ть · везти́ · ве́шать · вози́ть вы́бросить/выбра́сывать · вы́везти/вывози́ть · вы́нуть/вынима́ть дви́гать/дви́нуть · доста́ть/достава́ть · закры́ть/закрыва́ть · класть/положи́ть · нажа́ть/нажима́ть · нести́ · носи́ть · опусти́ть/опуска́ть отвезти́/отвози́ть · откры́ть/открыва́ть · отнести́/относи́ть перевезти́/перевози́ть · перемести́ть/перемеща́ть · пове́сить пода́ть/подава́ть · подня́ть/поднима́ть · поста́вить · потеря́ть привезти́/привози́ть · пря́тать · снять/снима́ть · спря́тать · ста́вить тащи́ть · толка́ть/толкну́ть · тяну́ть · убра́ть/убира́ть · урони́ть

ввести́, введу́, -дёшь [ввёл, -ела́; введённый (-ён, -ена́)] *pt* *impt* вводи́ть, -ожу́, -о́дишь — in etw. führen; einführen (z. B. Begriff)

взять/брать с собо́й — mitnehmen
К сожале́нию, я не могу́ взять тебя́ с собо́й. — *Leider kann ich dich nicht mitnehmen.*
Не бери́ с собо́й сто́лько де́нег. — *Nimm nicht soviel Geld mit!*

внести́, -су́, -сёшь [внёс, -сла́; -сённый (-ён, -ена́)] *pt* *impt* вноси́ть, вношу́, вно́сишь — hineinbringen, hereinbringen

вы́нести, -су, -сешь [-ес, -ла; -сенный] *pt* *impt* выноси́ть, -ошу́, -о́сишь — hinausbringen
Вы́неси му́сор. — *Bring den Müll nach draußen!*

вы́рвать, -ву, -вешь [-анный] *pt* *impt* вырыва́ть, -а́ю, -а́ешь — ausreißen, herausreißen
Он буква́льно вы́рвал у меня́ письмо́ из рук. — *Er hat mir richtig den Brief aus den Händen gerissen.*
вы́рвать зуб — *Zahn ziehen*
вы́рвать с ко́рнем — *mit den Wurzeln ausreißen/mit Stumpf und Stiel vernichten*

импорти́ровать, -рую, -руешь *pt & impt* — importieren

ки́нуть, -ну, -нешь *pt* *impt* кида́ть, -а́ю, -а́ешь — werfen

на себя́ — Ziehen (Schild an einer Tür)

опроки́нуть, -ну, -нешь [-утый] *pt* *impt* опроки́дывать, -аю, -аешь — (um)stürzen, umwerfen

Я опроки́нул стака́н и зали́л ска́терть молоко́м.	*Ich habe ein Glas Milch umgeworfen und die Tischdecke naß gemacht.*
останови́ть, -овлю́, -о́вишь [-о́вленный] *pt* *impt* остана́вливать, -аю, -аешь	[zum Stehen bringen] (z. B. anhalten, ausschalten u. ä.)
от себя́	Drücken (Schild an einer Tür)
отодви́нуть, -ну, -нешь [-утый] *pt* *impt* отодвига́ть, -а́ю, -а́ешь	wegschieben; verschieben
Отодви́нь кре́сло немно́го от окна́.	*Rück den Sessel ein bißchen vom Fenster ab!*
Отодви́нь стол в сто́рону.	*Rück den Tisch zur Seite!*
Нам придётся отодви́нуть срок.	*Wir müssen den Termin verschieben.*
отстрани́ть, -ню́, -ни́шь [-нённый (-ён, -ена́)] *pt* *impt* отстраня́ть, -я́ю, -я́ешь	beiseite schieben, entfernen
Она́ отстрани́ла мою́ ру́ку.	*Sie hat meine Hand weggeschoben.*
Меня́ отстрани́ли от до́лжности.	*Man hat mich aus meiner Funktion entfernt.*
пасть, паду́, падёшь [пал] *pt*	fallen
прави́тельство па́ло	*die Regierung wurde gestürzt*
го́род пал	*die Stadt ist gefallen*
пасть в бою́	*im Kampf fallen*
перенести́, -су́, -сёшь [-нёс, -несла́; -несённый] *pt* *impt* переноси́ть, -ошу́, -о́сишь	hinübertragen, hinüberbringen
Он перенёс меня́ че́рез ручей.	*Er hat mich über den Bach getragen.*
Перенеси́те ве́щи в ко́мнату.	*Bringen Sie die Sachen in das Zimmer!*
помести́ть, -ещу́, -ести́шь [-ещённый (-ён, -ена́)] *pt* *impt* помеща́ть, -а́ю, -а́ешь	unterbringen
Я помещу́ тебя́ пока́ в мою́ ко́мнату.	*Ich bringe dich vorläufig in meinem Zimmer unter.*
Я не зна́ю куда́ мне э́то помести́ть.	*Ich weiß nicht, wo ich das unterbringen kann.*
придви́нуть, -ну, -нешь [-утый] *pt* *impt* придвига́ть, -а́ю, -а́ешь	(her)anrücken; (her)anschieben [näher rücken]
Придви́нь стул к столу́.	*Rück den Stuhl an den Tisch!*

су́нуть, -ну, -нешь [-утый] *pt* — stecken
impt сова́ть, сую́, суёшь
Я су́нула тебе́ ключи́ в карма́н пиджака́. — *Ich habe dir die Schlüssel in die Westentasche gesteckt.*
Не суй нос всю́ду. — *Steck deine Nase nicht in alle Dinge!*
Не суй нос не в своё де́ло. — *Steck deine Nase nicht in Dinge, die dich nichts angehen!*

ускользну́ть, -ну́, -нёшь *pt* — entschlüpfen; entwischen
impt ускольза́ть, -а́ю, -а́ешь

экспорти́ровать, -рую, -руешь *pt & impt* — exportieren

Gebrauch von Dingen

верну́ть · включи́ть/включа́ть · вы́бор · вы́брать/выбира́ть вы́ключить/выключа́ть · дать/дава́ть · дели́ть · держа́ть · иска́ть испо́льзовать · испыта́ть/испы́тывать · меня́ть · найти́/находи́ть накры́ть/накрыва́ть · обменя́ть/обме́нивать · организова́ть подели́ть · по́льзоваться · поменя́ть · примене́ние · примени́ть/ применя́ть · приобрести́/приобрета́ть · раздели́ть/разделя́ть собра́ть/собира́ть · употреби́ть/употребля́ть · употребле́ние управля́ть

грузи́ть, гружу́, гру́зишь *impt* — (be)laden

демонти́ровать, -рую, -руешь [-анный] *pt & impt* — auseinandernehmen; ausbauen; abbauen

закрепи́ть, -плю́, -пи́шь [-плённый (-ён, -ена́)] *pt* — befestigen, festmachen
impt закрепля́ть, -я́ю, -я́ешь

запусти́ть, -ущу́, -у́стишь [-у́щенный] *pt* — [bewirken, daß etwas beginnt] (s. Beispiele)
impt запуска́ть, -а́ю, -а́ешь
запусти́ть раке́ту — *eine Rakete zünden*
запусти́ть на орби́ту — *in eine Umlaufbahn bringen*
запусти́ть дви́гатель — *den Motor anlassen*
запусти́ть в произво́дство — *in Produktion gehen*

монти́ровать, -рую, -руешь [-анный] *impt* — zusammenbauen; montieren
монти́ровать фильм — *einen Film schneiden*

нагрузи́ть, -ужу́, -у́зишь [-у́женный/-ужённый (-ён, -ена́)] *pt* — beladen; auslasten; verladen
impt нагружа́ть, -а́ю, -а́ешь

накры́ться, -ро́юсь, -ро́ешься *pt* — sich zudecken; sich bedecken
impt накрыва́ться, -а́юсь, -а́ешься
Накро́йся, хо́лодно. — *Decke dich zu, es ist kalt!*
Дождь пошёл, накро́йся мои́м плащо́м. — *Es beginnt zu regnen, nimm meinen Regenmantel!*

обста́вить, -влю, -вишь [-вленный] *pt* — ausstatten, einrichten
impt обставля́ть, -я́ю, -яешь

приспосо́бить, -блю, -бишь [-бленный] *pt* — verwenden, anwenden; anpassen; umwandeln
impt приспоса́бливать, -аю, -аешь

разда́ть, -а́м, -а́шь, -а́ст, -ади́м, -ади́те, -аду́т [-а́л, -ала́, -а́ло] *pt* — austeilen, verteilen
impt раздава́ть, -даю́, -даёшь
разда́ть пода́рки — *Geschenke geben*

распределе́ние, -я *n* — Verteilung; Einteilung, Zuteilung

распредели́ть, -лю́, -ли́шь [-лённый (-ён, -ена́)] *pt* — verteilen, einteilen; aufteilen
impt распределя́ть, -я́ю, -я́ешь
распредели́ть вре́мя — *die Zeit einteilen*
распредели́ть сре́дства — *Mittel verteilen*

реклами́ровать, -рую, -руешь [-анный] *pt & impt* — werben, Reklame machen; reklamieren

эксплуата́ция, -и *f* — Ausbeutung

эксплуати́ровать, -рую, -руешь [-анный] *impt* — ausbeuten

5 Gefühle

Angenehme Gefühle und Emotionen

весели́ться · весёлый · влюби́ться/влюбля́ться · восто́рг восхити́ться/восхища́ться · восхище́ние · дово́льный · иллю́зия люби́ть · любо́вь · мечта́ · наслади́ться/наслажда́ться обра́доваться · поко́й · полюби́ть · пошути́ть · пра́здник пра́здничный · прия́тно · рад · ра́доваться · ра́достный · ра́дость развесели́ться · развлече́ние · смех · смешно́й · смея́ться · споко́йно споко́йный · сча́стье · уве́ренность · уве́ренный · удовлетворе́ние удово́льствие · улы́бка · улыбну́ться/улыба́ться · шути́ть · шу́тка

беззабо́тный, -ая, -ое [-тен, -тна]	sorglos, sorgenfrei
быть в ду́хе	in guter Stimmung sein
Сего́дня шеф в ду́хе.	*Heute ist der Chef in guter Laune.*
наслажде́ние, -я *n*	Genuß
облегче́ние, -я *n*	Erleichterung
оптими́зм, -а *m*	Optimismus
развле́чься, -еку́сь, -ечёшься [-ёкся, -екла́сь] *pt* *impt* развлека́ться, -а́юсь, -а́ешься	Spaß haben; sich amüsieren
рассла́биться, -блюсь, -бишься *pt* *impt* расслабля́ться, -я́юсь, -я́ешься	sich entspannen
Рассла́бься и получи́ удово́льствие.	*Entspann dich und kriege Spaß!*
растро́ганный, -ая, -ое [-ан, -анна]	gerührt
растро́ганный до слёз	*zu Tränen gerührt*
споко́йствие, -я *n*	Ruhe, Stille
Тебе́ ну́жно споко́йствие.	*Du brauchst Ruhe.*
Твоё споко́йствие удивля́ет меня́.	*Deine Gelassenheit wundert mich.*
Сохрани́те споко́йствие.	*Bewahren Sie Ruhe!*
умиле́ние, -я *n*	Rührung
Ба́бушка пла́чет от умиле́ния.	*Großmutter weint vor Rührung.*
хорошо́ себя́ чу́вствовать	sich wohl fühlen

Unangenehme Gefühle und Emotionen

беспоко́ить · беспоко́иться · бо́льно · боя́ться · волне́ние волнова́ться · гнев · го́ре · грусти́ть · гру́стный · жале́ть · забо́та испуга́ть · му́чить · му́читься · надое́сть/надоеда́ть · ненави́деть не́нависть · не́рвничать · несча́стный · обеспоко́ить · оби́да оби́дный · отча́янный · отча́яться/отча́иваться · печа́льный · пла́кать пожале́ть · пуга́ть · разочарова́ние · рассерди́ться · серди́ться ску́чно · смути́ться/смуща́ться · сожале́ние · страда́ть · страх стыди́ться · сты́дно · тоска́ · утоми́тельный

беспоко́йство, -а *n*	Unruhe
Э́то напра́сное беспоко́йство.	*Es gibt keinen Grund zur Unruhe.*

Ты причиня́ешь мне одни́ то́лько беспоко́йства.	*Du stiftest die ganze Zeit Unruhe um mich herum.*
Извини́те за беспоко́йство.	*Entschuldigen Sie die Störung!*
боя́знь, -и *f*	Angst, Furcht
быть в растрёпанных чу́вствах	hin- und hergerissen sein
быть не в ду́хе	in schlechter Stimmung sein
Сего́дня я не в ду́хе.	*Heute bin ich in schlechter Stimmung.*
взбешённый, -ая, -ое [-ён, -ена́]	wütend
встрево́женный, -ая, -ое [-жен, -ена]	beunruhigt
встрево́жить, -жу, -жишь [-о́женный] *pt* s. трево́жить	Sorgen machen; beunruhigen
встрево́житься, -жусь, -жишься *pt* s. трево́житься	sich Sorgen machen
всхли́пывать, -аю, -аешь *impt*	schluchzen
грусть, -и *f*	Traurigkeit
жа́лость, -и *f*	Mitleid
Кака́я жа́лость!	*Sehr schade!*
жаль *unpers*	leid tun; schade
Жаль!	*Schade!*
Мне тебя́ жаль.	*Du tust mir leid.*
злость, -и *f*	Zorn
лить слёзы	Tränen vergießen
му́ка, -и *f*	Qual, Tortur
отча́яние, -я *n*	Verzweiflung
постесня́ться, -я́юсь, -я́ешься *pt* s. стесня́ться	verlegen sein
постыди́ться, -стыжу́сь, -стыди́шься *pt* s. стыди́ться	sich schämen
Хоть бы люде́й постыди́лся!	*Du könntest dich zumindest schämen!*
Постыди́лся бы!	*Du solltest dich schämen!*
потрясённый, -ая, -ое [-ён, -ена́]	schockiert; erschüttert
предчу́вствие, -я *n*	Vorahnung
У меня́ плохо́е предчу́вствие.	*Ich habe kein gutes Gefühl.*

предчу́вствовать, -твую, -твуешь *impt*	ahnen
презира́ть, -а́ю, -а́ешь *impt*	verachten
презре́ние, -я *n*	Verachtung
разозли́ться, -лю́сь, -ли́шься *pt* s. зли́ться	sich ärgern; wütend werden auf
разочарова́ться, -ру́юсь, -ру́ешься *pt* *impt* разочаро́вываться, -аюсь, -аешься	enttäuscht sein
расстро́енный, -ая, -ое [-о́ен, -о́ена]	verstimmt
расстро́иться, -о́юсь, -о́ишься *pt* *impt* расстра́иваться, -аюсь, -аешься	verstimmt werden; traurig werden
растеря́ться, -я́юсь, -я́ешься [-я́нный (-ян, -янна)] *pt*	die Fassung verlieren
ре́вность, -и *f*	Eifersucht
серди́тый, -ая, -ое [-ди́т, -ди́та]	böse auf
скорбе́ть, -блю́, -би́шь *impt*	trauern
Она́ скорби́т о му́же.	*Sie trauert um ihren Mann.*
скорбь, -и *f*	Trauer
смуще́ние, -я *n*	Verlegenheit
смущённый, -ая, -ое	verlegen
со́вестно *adv*	peinlich
Тебе́ не со́вестно так говори́ть?	*Schämst du dich nicht, so zu reden?*
Мне со́вестно его́ ещё раз беспоко́ить.	*Mir ist es peinlich, ihn noch mal zu stören.*
стесня́ться, -я́юсь, -я́ешься *impt (G)*	verlegen sein
страда́ние, -я *n*	Leid
трево́га, -и *f*	Besorgnis
трево́житься, -жусь, -жишься *impt*	sich Sorgen machen; beunruhigt sein
у́жас, -а *m*	Horror; Schrecken
шок, -а *m*	Schock

6 Denken und Wollen

Denken und Sichvorstellen

ана́лиз · взгляд · воображе́ние · воспомина́ние · вспо́мнить/вспомина́ть · вы́яснить/выясня́ть · ду́мать · забы́ть/забыва́ть запо́мнить/запомина́ть · знать · зна́чить · интеллиге́нтность · мне́ние мысль · мышле́ние · обду́мать/обду́мывать · означа́ть · основа́ние откры́тие · откры́ть/открыва́ть · ошиби́ться/ошиба́ться · оши́бка па́мять · поду́мать · по́мнить · поня́тие · поня́ть/понима́ть представле́ние · приду́мать/приду́мывать · призна́ть/признава́ть противоре́чие · различи́ть/различа́ть · ра́зум · сообрази́ть/сообража́ть · сравни́ть/сра́внивать · суди́ть · счесть/счита́ть · уче́сть/учи́тывать · фанта́зия

анализи́ровать, -рую, -руешь [-анный] *pt & impt*	analysieren
вообрази́ть/вообража́ть себе	sich vorstellen; sich etw. einbilden
Вообрази́ себе́, что ночь.	*Stell dir vor, es wäre Nacht.*
Ты себе́ э́то то́лько вообража́ешь.	*Das bildest du dir nur ein.*
Она́ мно́го о себе́ вообража́ет.	*Sie ist grundlos eingebildet.*
вы́вод, -а *m*	Schlußfolgerung
де́лать/сде́лать вы́вод	*Schlußfolgerungen ziehen*
прийти́ к вы́воду, что...	*zum Schluß kommen, daß...*
догада́ться, -а́юсь, -а́ешься *pt* *impt* дога́дываться, -аюсь, -аешься	erraten; auf etw. kommen
Я бы никогда́ не догада́лся.	*Das hätte ich nie geraten.*
Как ты догада́лся?	*Wie bist du darauf gekommen?*
Ты никогда́ не догада́ешься, что он на э́то отве́тил.	*Du kommst nie auf die Idee, was er darauf geantwortet hat.*
допусти́ть, -ущу́, -у́стишь [-у́щенный] *pt* *impt* допуска́ть, -а́ю, -а́ешь	annehmen
Допу́стим, что ...	*Nehmen wir an, daß ...*
допусти́ть/допуска́ть оши́бку	*einen Fehler machen*
допуще́ние, -я *n*	Annahme
заключе́ние, -я *n*	Schlußfolgerung
заключи́ть, -чу́, -чи́шь *pt* *impt* заключа́ть, -а́ю, -а́ешь	schlußfolgern
Из э́того мо́жно заключи́ть, что ...	*Hieraus kann man folgern, daß ...*

зна́ние, -я *n*	Kenntnis, Wissen
интелле́кт, -а *m*	Verstand
иску́сственный интелле́кт	*künstliche Intelligenz*
интеллектуа́льный, -ая, -ое [-лен, -льна]	intellektuell
констати́ровать, -рую, -руешь [-анный] *pt & impt*	feststellen; konstatieren
мы́слить, -лю, -лишь *impt*	denken
Я мы́слю, зна́чит существу́ю.	*Ich denke, also bin ich.*
незна́ние, -я *n*	Unkenntnis
отгада́ть, -а́ю, -а́ешь [-а́данный] *pt* *impt* отга́дывать, -аю, -аешь	raten; erraten
Отгада́й!	*Rate mal!*
перепу́тать, -аю, -аешь [-анный] *pt* *s.* пу́тать	verwechseln
предположе́ние, -я *n*	Vermutung, Annahme
предположи́ть, -ожу́, -о́жишь [-о́женный] *pt* *impt* предполага́ть, -а́ю, -а́ешь	vermuten, annehmen
Предполо́жим, что э́то так.	*Nehmen wir mal an, daß das stimmt.*
Я предполага́ю, что он не согласи́тся.	*Ich vermute, er wird nicht einverstanden sein.*
предсказа́ть, -ажу́, -а́жешь *pt* *impt* предска́зывать, -аю, -аешь	voraussagen, vorhersagen
предсказа́ть бу́дущее	*die Zukunft voraussagen*
предсказа́ть пого́ду	*das Wetter vorhersagen*
предста́вить/представля́ть себе́	sich vorstellen
Предста́вь себе́, что война́ и никто́ не хо́чет уча́ствовать.	*Stell dir vor, es wäre Krieg, und keiner ging hin.*
Я не могу́ себе́ э́того предста́вить.	*Ich kann mir das nicht vorstellen.*
приня́ть/принима́ть во внима́ние	berücksichtigen
проанализи́ровать, -рую, -руешь [-анный] *pt* *s.* анализи́ровать	analysieren
пу́тать, -аю, -аешь *impt*	verwechseln
размышле́ние, -я *n*	Reflexion

рассужда́ть, -а́ю, -а́ешь *impt*	überlegen
рассужде́ние, -я *n*	Überlegung
то́чка зре́ния	Gesichtspunkt, Standpunkt
Я разделя́ю твою́ то́чку зре́ния.	*Ich teile deine Meinung.*
убежде́ние, -я *n*	Überzeugung; Ansicht
полити́ческие убежде́ния	*politische Überzeugung/Ansicht*
Э́то моё глубо́кое убежде́ние.	*Das ist meine feste Überzeugung.*
непоколеби́мое убежде́ние	*unerschütterliche Überzeugung/Ansicht*
угада́ть, -а́ю, -а́ешь [-а́данный] *pt* угáдывать, -аю, -аешь	erraten

Wollen und absichtliches Tun

внима́ние · внима́тельный · вы́бор · вы́брать/выбира́ть · вы́полнить/выполня́ть · гото́виться · де́йствие · де́йствовать · де́лать · де́ло доказа́ть/дока́зывать · жела́ние · жела́ть · зада́ча · заста́вить/заставля́ть · захоте́ть · захоте́ться · изобрести́/изобрета́ть · интере́с интересова́ться · исключи́ть/исключа́ть · испра́вить/исправля́ть наблюда́ть · наме́рение · наме́ренно · осторо́жный · осуществи́ть/осуществля́ть · отказа́тся/отка́зываться · отказа́ть/отка́зывать план · подгото́вить/подгота́вливать · подгото́вка · поде́йствовать пожела́ть · показа́ть/пока́зывать · попро́бовать · попыта́ться попы́тка · постара́ться · поступи́ть/поступа́ть · про́бовать прове́рить/проверя́ть · прове́рка · противопоста́виться/противопоставля́ться · пыта́ться · рабо́тать · реализа́ция · реше́ние реши́ть/реша́ть · реши́ться/реша́ться · рискова́ть · руководи́ть сде́лать · соверши́ть/соверша́ть · созда́ть/создава́ть · созна́тельно созна́тельный · стара́ться · стреми́ться · убеди́ть/убежда́ть упражне́ние · упражня́ться · устро́ить/устра́ивать · уступи́ть/уступа́ть · уча́ствовать · уча́стие · цель

вести́ себя́	sich verhalten; sich benehmen
Веди́ себя́ прили́чно!	*Benimm dich!*
вы́йти/выходи́ть из положе́ния	sich aus einer (unangenehmen) Lage befreien
вы́работать, -аю, -аешь [-анный] *pt* *impt* выраба́тывать, -аю, -аешь	ausarbeiten
де́лать/сде́лать вид, что	so tun als ob

Не де́лай вид, что ничего́ не понима́ешь.	*Tu nicht so, als ob du nichts verstehst!*
доби́ться, -бью́сь, -бьёшься *pt* *impt* добива́ться, -а́юсь, -а́ешься *(G)*	etw. erreichen; etw. schaffen
Я ничего́ не доби́лся в жи́зни.	*Ich habe nichts im Leben erreicht.*
избежа́ть, -егу́, -ежи́шь, -егу́т [-е́г, -е́гла] *pt* *impt* избега́ть, -а́ю, -а́ешь	vermeiden; meiden
избега́ть опа́сностей	*Gefahren vermeiden*
Почему́ ты меня́ всё вре́мя избега́ешь?	*Warum gehst du mir die ganze Zeit aus dem Weg?*
избежа́ть опа́сности	*einer Gefahr ausweichen*
изобрете́ние, -я *n*	Erfindung
изуче́ние, -я *n*	Lernen; Studium; Untersuchung
наблюде́ние, -я *n*	Beobachtung
напря́чься, -ягу́сь, -яжёшься, -ягу́тся *pt* *impt* напряга́ться, -а́юсь, -а́ешься	sich anstrengen
Не напряга́йся, всё равно́ бессмы́сленно.	*Streng dich nicht an, es hat sowieso keinen Sinn.*
настоя́ть, -ою́, -ои́шь *pt* *impt* наста́ивать, -аю, -аешь	auf etw. bestehen
Ты всегда́ наста́иваешь на своём.	*Du bestehst immer auf deiner Meinung.*
Я наста́иваю, что́бы ...	*Ich bestehe darauf, daß ...*
неохо́та, -ы *f*	keine Lust haben am/auf
Мне неохо́та с ним опя́ть разгова́ривать.	*Ich habe keine Lust, schon wieder mit ihm zu sprechen.*
образова́ть, -зу́ю, -зу́ешь [-о́ванный] *pt* *impt* образо́вывать, -аю, -аешь	bilden; gründen
осме́литься, -люсь, -лишься *pt* *impt* осме́ливаться, -аюсь, -аешься	sich trauen, etw. wagen
Ты ещё осме́ливаешься мне противоре́чить!	*Und außerdem wagst du, mir zu widersprechen!*
Я не осме́лился тебе́ э́то сказа́ть.	*Ich habe mich nicht getraut, dir das zu sagen.*
охо́та, -ы *f*	Lust haben am/auf

У меня́ сно́ва появи́лась охо́та к чте́нию.	*Ich habe wieder Lust am Lesen.*
Мне охо́та сходи́ть в кино́.	*Ich habe Lust, ins Kino zu gehen.*
подда́ться, **-а́мся, -а́шься** [-а́лся, -ала́сь, -ало́сь] *pt* *impt* поддава́ться, -даю́сь, -даёшься	nachgeben
Я не подда́мся Ва́шим угро́зам.	*Ich gebe Ihren Drohungen nicht nach.*
принуди́ть, -у́жу, -у́дишь [-уждённый (-ён, -ена́)] *pt* *impt* принужда́ть, -а́ю, -а́ешь	zwingen
притвори́ться, -рю́сь, -ри́шься *pt* *impt* притворя́ться, -я́юсь, -я́ешься	so tun als ob
Он то́лько притворя́ется наи́вным.	*Er tut naiv.*
проследи́ть, -ежу́, -еди́шь [-е́женный] *pt* *impt* просле́живать, -аю, -аешь	verfolgen (gucken, was passiert oder passiert ist)
Мы проследи́м разви́тие феодали́зма с 800-ого по 1806-ой год.	*Wir verfolgen die Entwicklung des Feudalismus von 800 bis 1806.*
сотвори́ть, -рю́, -ри́шь [-рённый (-ён, -ена́)] *pt* *s.* твори́ть	erschaffen, schaffen
твори́ть, -рю́, -ри́шь *impt*	erschaffen, schaffen
упражня́ть, -я́ю, -я́ешь *impt*	üben; trainieren
На́до упражня́ть па́мять.	*Man muß sein Gedächtnis trainieren.*
установи́ть, -овлю́, -о́вишь [-о́вленный] *pt* *impt* устана́вливать, -аю, -аешь	feststellen
В результа́те мы установи́ли, что ...	*Als Ergebnis haben wir festgestellt, daß ...*
хоте́ть, хочу́, хо́чешь, хо́чет, хоти́м, хоти́те, хотя́т *impt*	wollen; möchten
Я хочу́, что́бы ты пошёл со мно́й.	*Ich wünsche, daß du mit mir gehst.*
Я не хочу́ его́ бо́льше ви́деть.	*Ich will ihn nicht mehr sehen.*
Я хочу́ быть всегда́ с тобо́й.	*Ich möchte immer bei dir sein.*

Как хо́чешь!	*Wie du willst!*
хоте́ться, хо́чется *unpers impt*	Lust haben auf ...; mögen ... ; wollen ...
Мне хо́чется моро́женого.	*Ich habe Lust auf ein Eis.*
Мне хо́чется спать.	*Ich will schlafen.*
эксперименти́ровать, -рую, -руешь *impt*	experimentieren

7 Reden und Sprechen

Reden und Redetätigkeiten

благодари́ть · возрази́ть/возража́ть · вопро́с · вы́звать/вызыва́ть выраже́ние · вы́разить/выража́ть · вы́разиться/выража́ться · гро́мко диктова́ть · доба́вить/добавля́ть · доказа́ть/дока́зывать · допроси́ть/ допра́шивать · жа́ловаться · замеча́ние · звать · звони́ть · извине́ние извини́ться/извиня́ться · информа́ция · кля́сться · кри́тика критикова́ть · крича́ть · лгать · ложь · молча́ть · назва́ться/ называ́ться · назва́ть/называ́ть · называ́ться · напо́мнить/ напомина́ть · обвини́ть/обвиня́ть · обеща́ть · оби́деть/обижа́ть обману́ть/обма́нывать · обрати́ться/обраща́ться · обсуди́ть/ обсужда́ть · объяви́ть/объявля́ть · объявле́ние · объясни́ть/ объясня́ть · описа́ть/опи́сывать · отве́т · отве́тить/отвеча́ть отме́тить/отмеча́ть · поблагодари́ть · повтори́ть/повторя́ть · позва́ть позволе́ние · позво́лить/позволя́ть · позвони́ть · поздра́вить/ поздравля́ть · покля́сться · помоли́ться · попроси́ть · посове́товать похва́статься · пошути́ть · предложе́ние · предложе́ние предложи́ть/предлага́ть · предупреди́ть/предупрежда́ть предупрежде́ние · приве́т · прика́з · приказа́ть/прика́зывать продиктова́ть · произнести́/произноси́ть · прокля́сть/проклина́ть проси́ть · про́сьба · разгова́ривать · разгово́р · разреше́ние разреши́ть/разреша́ть · распоряже́ние · рассказа́ть/расска́зывать рекомендова́ть · речь · сжа́тый · сло́во · сове́т · сове́товать · солга́ть сообщи́ть/сообща́ть · спо́рить · спроси́ть/спра́шивать · те́ма · ти́хо убеди́ть/убежда́ть · угрожа́ть · указа́ть/ука́зывать · упрёк упрекну́ть/упрека́ть · успоко́ить/успока́ивать · уте́шить/утеша́ть хвали́ть · хва́статься · шепта́ть · шу́тка · язы́к

акце́нт, -а *m*	Akzent
анекдо́т, -а *m*	Anekdote
бесе́да, -ы *f*	Unterhaltung; Gespräch
бесе́довать, -дую, -дуешь *impt*	sich unterhalten

болта́ть, -а́ю, -а́ешь *impt*	plaudern, schwätzen
Мы болта́ли всю но́чь.	*Wir haben die ganze Nacht geplaudert.*
Переста́нь болта́ть вздор.	*Hör auf, Unsinn zu schwätzen!*
болту́н, -а́ *m*, болту́нья, -и *f*	Schwätzer, Tratsche; Tratschtanten
бормота́ть, -очу́, -о́чешь *impt*	murmeln, brummen
Что ты бормо́чешь себе́ под нос?	*Was brummst du so herum?/Was murmelst du zwischen den Zähnen?*
ворча́ть, -чу́, -чи́шь *impt*	brummen
Переста́нь ворча́ть!	*Hör auf zu brummen!*
воспрети́ть, -рещу́, -рети́шь [-рещённый (-ён, -ена́)] *pt* *impt* воспреща́ть, -а́ю, -а́ешь	verbieten
врать, вру́, врёшь [врал, -ала́, -а́ло] *impt*	lügen
Переста́нь врать!	*Hör auf zu lügen!*
вы́зов, -а *m*	Anruf; Herausforderung (zum Duell); Provokation
вы́ступить, -плю, -пишь *pt* *impt* выступа́ть, -а́ю, -а́ешь	(siehe Beispielsätze)
вы́ступить с докла́дом	*einen Vortrag halten*
вы́ступить с предложе́нием	*einen Vorschlag machen/unterbreiten*
диало́г, -а *m*	Dialog
диску́ссия, -и *f*	Diskussion
дискути́ровать, -рую, -руешь *impt*	diskutieren
жа́лоба, -ы *f*	Klage, Beschwerde
заика́ться, -а́юсь, -а́ешься *impt*	stottern
информи́ровать, -рую, -руешь [-анный] *pt & impt*	informieren
кля́тва, -ы *f*	Schwur
крик, -а *m*	Schrei
лакони́чный, -ая, -ое [-чен, -чна]	lakonisch
молча́ние, -я *n*	Schweigen
Молча́ние – зо́лото.	*Schweigen ist Gold.*
на́дпись, -и *f*	Beschriftung
настоя́ть, -ою́, -ои́шь *pt* *impt* наста́ивать, -аю, -аешь	auf etw. bestehen
Ты всегда́ наста́иваешь на своём.	*Du bestehst immer auf deiner Meinung.*
Я наста́иваю, что́бы ...	*Ich bestehe darauf, daß ...*

обраще́ние, -я *n*	Aufruf; Anrede; Rede (z. B. Neujahrsrede des Kanzlers)
обсужде́ние, -я *n*	Diskussion; Besprechung
описа́ние, -я *n*	Beschreibung
оповести́ть, -ещу́, -ести́шь [-ещённый (-ён, -ена́)] *pt* *impt* оповеща́ть, -а́ю, -а́ешь	verkünden, bekannt geben
оправда́ться, -а́юсь, -а́ешься *pt* *impt* опра́вдываться, -аюсь, -аешься	sich rechtfertigen; gerechtfertigt sein
Тебе́ не ну́жно передо мно́й опра́вдываться.	*Du brauchst dich nicht vor mir zu rechtfertigen.*
Мои́ подозре́ния не оправда́лись.	*Mein Verdacht hat sich nicht bewahrheitet/bestätigt.*
Риск оправда́лся.	*Das Risiko hat sich gelohnt.*
отозва́ться, отзову́сь, отзовёшься [-а́лся, -ала́сь, -ало́сь] *pt* *impt* отзыва́ться, -а́юсь	sich äußern
Все чле́ны коми́ссии отозва́лись положи́тельно о прое́кте.	*Alle Mitglieder der Kommission haben sich positiv zu dem Projekt geäußert.*
пожела́ние, -я *n*	Wunsch; Glückwunsch
Приими́те мои́ наилу́чшие пожела́ния.	*Herzlichen Glückwunsch!*
поощре́ние, -я *n*	Aufmunterung; Ermutigung
поощри́ть, -рю́, -ри́шь [-рённый (-ён, -ена́)] *pt* *impt* поощря́ть, -я́ю, -я́ешь	aufmuntern, zusprechen; anfeuern
порица́ние, -я *n*	Tadel
похвала́, -ы́ *f*	Lob
похвали́ться, -алю́сь, -а́лишься *pt* *s.* хвали́ться	angeben, prahlen
приве́тствие, -я *n*	Willkommensgruß; Begrüßungsrede
взаи́мные приве́тствия	*gegenseitige Begrüßung*
приве́тствовать, -твую, -твуешь *impt*	(be)grüßen; willkommenheißen
Серде́чно приве́тствую Вас!	*Herzliche Willkommensgrüße an Sie!*
Я приве́тствую э́ту иде́ю.	*Ich begrüße diese Idee.*
произноше́ние, -я *n*	Aussprache

проинформи́ровать, -рую, -руешь [-анный] *pt* *s.* информи́ровать	informieren
прокля́тие, -я *n*	Fluch
проси́ть/попроси́ть извине́ния	um Verzeihung bitten
проси́ть/попроси́ть проще́ния	um Entschuldigung bitten
проте́ст, -а *m*	Protest
противоре́чить, -чу, -чишь *impt*	widersprechen
разубеди́ть, -ежу́, -еди́шь [-еждённый (-ён, -ена́)] *pt* *impt* разубежда́ть, -а́ю, -а́ешь	überreden etw. nicht zu tun
совра́ть, -ру́, -рёшь *pt* *s.* врать	lügen
сообще́ние, -я *n*	Bericht, Nachricht
сообще́ние печа́ти	*Pressemeldung, Pressemitteilung*
прави́тельственное сообще́ние	*Regierungserklärung*
утвержда́ть, -а́ю, -а́ешь *impt*	behaupten
утеше́ние, -я *n*	Trost
уточни́ть, -ню́, -ни́шь [-нённый (-ён, -ена́)] *pt* *impt* уточня́ть, -я́ю, -я́ешь	verdeutlichen, präzisieren
Тепе́рь нам ну́жно уточни́ть подро́бности.	*Wir müssen jetzt noch die Details festlegen.*
фра́за, -ы *f*	Satz
хвали́ться, -алю́сь, -а́лишься *impt*	angeben, prahlen
шёпот, -а *m*	Flüstern
шёпотом *adv*	mit flüsternder Stimme

8 Werten

безобра́зный · бесконе́чный · беспоря́док · бессме́ртный благоро́дный · блестя́щий · бога́тый · ва́жно · ва́жный · вели́кий великоле́пный · ве́рный · ви́дный · винова́тый · внима́тельно возмо́жный · волше́бный · вре́дный · выдаю́щийся · вы́сший гениа́льный · герои́ческий · гла́вный · глубо́кий · глу́пость · глу́пый гнев · годи́ться · гото́вый · гру́бый · гру́стный · действи́тельный дополни́тельный · дорого́й · достиже́ние · досто́йный драмати́ческий · друго́й · ерунда́ · есте́ственно · есте́ственный жесто́кий · жу́ткий · зави́сеть · заме́тный · заслу́женный · заслужи́ть/ заслу́живать · знако́мый · знамени́тый · значе́ние · значи́тельный зря · изве́стный · интере́сный · исключе́ние · иску́сственный катастро́фа · ка́чество · конкре́тный · ко́ротко · кра́йний крити́ческий · кру́пный · лёгкий · легко́ · ле́гче · ли́шний · лу́чший люби́мый · ма́стер · мастерство́ · ме́лочь · ми́лый · могу́чий · молоде́ц мра́чный · му́жественный · надёжный · напра́сный · небре́жно невероя́тный · невозмо́жно · невозмо́жный · недоста́ток незнако́мый · некраси́вый · нельзя́ · неме́дленно · необходи́мость необыкнове́нный · неожи́данно · неожи́данный · непра́вильный неприя́тный · несправедли́вость · несправедли́вый · несча́стье неудо́бный · нехоро́ший · неча́янный · нея́сный · но́вость · но́рма норма́льно · норма́льный · ну́жный · о́бщий · обыкнове́нный · обы́чно обьяза́тельный · обяза́тельно · одина́ковый · одо́брить/одобря́ть опа́сный · основно́й · осо́бенно · осо́бенный · осо́бый · о́стрый отли́чно · отли́чный · относи́тельный · отрица́тельный · отча́янный оцени́ть/оце́нивать · оце́нка · очарова́тельный · очеви́дный печа́льный · пло́хо · плохо́й · подо́бный · подходя́щий · поле́зный по́лный · положи́тельный · по́льза · поня́тный · по-сво́ему похвали́ть · похо́жий · почти́ · пра́вда · пра́вило · пра́вильный пра́вый · практи́чный · предрассу́док · преиму́щество · прекра́сный пре́лесть · при́нцип · принципиа́льный · прия́тно · прия́тный пробле́ма · просто́й · пря́мо · прямо́й · пусто́й · разли́чный · ра́зница ра́зный · ре́дкий · ро́скошь · самостоя́тельный · свя́занный серьёзный · си́льный · скро́мный · ску́чно · ску́чный · сла́бый сло́жный · случа́йный · сме́лый · смешно́ · смешно́й · созна́тельный споко́йно · справедли́вый · сравне́ние · сре́дний · стра́нный стра́шный · сты́дно · суди́ть · суро́вый · счастли́вый · сча́стье таи́нственный · тако́й · тала́нтливый · твёрдый · типи́чный · то́чно то́чный · тро́гательный · тру́дно · тру́дность · тру́дный · тяжело́ тяжёлый · уве́ренный · уда́ча · уда́чный · удиви́тельный · удо́бный ужа́сно · успе́х · успе́шный · утоми́тельный · характеризова́ть характе́рный · хвали́ть · хоро́ший · хорошо́ · ху́же · цени́ть центра́льный · чуде́сный · чу́дный · чужо́й · элемента́рный · я́вный я́ркий · я́сный

бана́льный, -ая, -ое [-лен, -льна]	banal
безвы́ходный, -ая, -ое [-ден, -дна]	ausweglos
Я оказа́лся в безвы́ходном положе́нии.	*Ich bin in die Klemme geraten.*

безу́мие, -я *n*	Wahnsinn
Истра́тить сто́лько де́нег на пла́тье – су́щее безу́мие.	*Heller Wahnsinn, so viel Geld für ein Kleid auszugeben.*
бесполе́зный, -ая, -ое [-зен, -зна]	[nutzlos; unnütz]; vergeblich, sinnlos
Все мои́ уси́лия бесполе́зны.	*Alle meine Bemühungen sind vergeblich.*
Брось э́то, э́то соверше́нно бесполе́зно.	*Das ist völlig sinnlos, laß das!*
беспрепя́тственный, -ая, -ое [-вен, -венна]	ungehindert
бесспо́рный, -ая, -ое [-рен, -рна]	unbestreitbar
бесспо́рная и́стина	*eine unumstößliche Wahrheit.*
Э́то Ва́ше бесспо́рное пра́во.	*Das ist Ihr unbestrittenes Recht.*
бесспо́рное доказа́тельство	*ein unwiderlegbarer Beweis*
беста́ктный, -ая, -ое [-тен, -тна]	taktlos
бесцеремо́нный, -ая, -ое [-нен, -нна]	rücksichtslos; ungeniert
благоприя́тный, -ая, -ое [-тен, -тна]	günstig
благоприя́тные усло́вия	*günstige Bedingungen*
вверх нога́ми	durcheinander
вероя́тный, -ая, -ое [-тен, -тна]	wahrscheinlich
восхити́тельный, -ая, -ое [-лен, -льна]	begeisternd, entzückend
впечатля́ющий, -ая, -ее	beeindruckend, eindrucksvoll
второстепе́нный, -ая, -ое [-е́нен, -е́нна]	nebensächlich
вы́годный, -ая, -ое [-ден, -дна]	vorteilhaft; günstig
Мы заключи́ли о́чень вы́годный догово́р.	*Wir haben einen für uns günstigen Vertrag geschlossen.*
На́до предста́вить де́ло в вы́годном для нас све́те.	*Wir müssen das in günstigem Licht schildern.*
вы́зов, -а *m*	Anruf; Herausforderung (zum Duell); Provokation
добросо́вестный, -ая, -ое [-тен, -тна]	gewissenhaft
доста́точный, -ая, -ое [-чен, -чна]	hinreichend, ausreichend
жа́лкий, -ая, -ое [-лок, -лка́, -лко; жа́лче]	kläglich, erbärmlich, mies

жáлкий вид	*kläglicher Anblick*
жáлкий трус	*erbärmlicher Feigling*
игрáть жáлкую роль	*eine miese Rolle spielen*
жи́зненный, -ая, -ое [-нен, -ненна]	Lebens-; lebenswichtig
забáвный, -ая, -ое [-вен, -вна]	lustig, spaßig, komisch
Клóуны в ци́рке так забáвны.	*Die Clowns im Zirkus sind so lustig.*
загáдка, -и *f*	Rätsel
загáдочный, -ая, -ое [-чен, -чна]	rätselhaft; geheimnisvoll
запу́танный, -ая, -ое [-ан, -анна]	verwirrend; kompliziert
заслу́живающий внимáния	bemerkenswert
Э́то безуслóвно вопрóс, заслу́живающий внимáния.	*Das ist zweifellos eine bemerkenswerte Frage.*
идеáльный, -ая, -ое [-лен, -льна]	ideal
инáче *adv; konj*	anders; andernfalls, sonst, oder
как раз	genau; genau passend
кошмáр, -а *m*	Alptraum
логи́чно *adv*	logisch
логи́чный, -ая, -ое [-чен, -чна]	logisch
мизéрный, -ая, -ое [-рен, -рна]	erbärmlich, elend
мизéрный срок	*eine erbärmlich kleine Frist*
мизéрная зарплáта	*ein elendiger Lohn*
му́жество, -а *n*	Mut
напрáсно *adv*	umsonst; vergeblich, sinnlos
невы́годный, -ая, -ое [-ден, -дна]	nachteilig; ungünstig
невыноси́мый, -ая, -ое [-и́м]	unerträglich, unausstehlich
незабвéнный, -ая, -ое [-вéнен, -вéнна]	unvergeßlich
незабывáемый, -ая, -ое [-áем]	unvergeßlich
незамéтный, -ая, -ое [-тен, -тна]	unmerklich
неизбéжный, -ая, -ое [-жен, -жна]	unvermeidlich
неизмери́мый, -ая, -ое [-и́м]	unermeßlich
нелéпый, -ая, -ое [-лéп]	unsinnig; widersinnig
немину́емый, -ая, -ое [-у́ем]	unvermeidlich
необъясни́мый, -ая, -ое [-ни́м]	unerklärlich
неожи́данность, -и *f*	Überraschung
неплóхо *adv*	nicht schlecht

непоня́тный, -ая, -ое [-тен, -тна]	unverständlich
непра́вда, -ы *f*	Unwahrheit
Э́то непра́вда.	*Das stimmt nicht.*
Переста́нь говори́ть непра́вду!	*Komm endlich zur Wahrheit!*
непреме́нно *adv*	unbedingt
неприе́млемый, -ая, -ое [-лем]	unannehmbar, inakzeptabel
непринуждённо *adv*	ungezwungen, zwanglos
нервотрёпка, -и *f*	nervtötend (-e Situation, Lage)
Ходи́ть по магази́нам в Москве́ – су́щая нервотрёпка.	*Ein Einkaufsbummel in Moskau ist wirklich nervtötend.*
несомне́нный, -ая, -ое [-е́нен, -е́нна]	zweifellos
несуще́ственный, -ая, -ое [-вен, -венна]	unwesentlich, belanglos, unwichtig
неуда́ча, -и *f*	Mißerfolg; Pech
неуда́чный, -ая, -ое [-чен, -чна]	mißlungen; unpassend
неуме́стный, -ая, -ое [-тен, -тна]	ungehörig; unpassend
Э́то соверше́нно неуме́стный вопро́с.	*Solche Fragen stellt man nicht.*
Ва́ше замеча́ние неуме́стно.	*Ihre Bemerkung ist deplaziert.*
ничего́ осо́бенного	nichts besonderes
ни́щенский, -ая, -ое	armselig, elend, erbärmlich
Он ведёт ни́щенское существова́ние.	*Er führt ein elendes Leben.*
нуль, -я́ *m*	null
обожа́ть, -а́ю, -а́ешь *impt*	anhimmeln; sehr gern haben
Он её обожа́ет.	*Er himmelt sie an.*
Я обожа́ю спать.	*Ich schlafe für mein Leben gern.*
объекти́вность, -и *f*	Objektivität
объекти́вный, -ая, -ое [-вен, -вна]	objektiv
одобре́ние, -я *n*	Zustimmung
оконча́тельный, -ая, -ое [-лен, -льна]	endgültig
Э́то Ва́ше оконча́тельное реше́ние?	*Ist das Ihre endgültige Entscheidung?*
отврати́тельный, -ая, -ое [-лен, -льна]	widerlich, ekelhaft; abscheulich, scheußlich
Э́то отврати́тельная исто́рия.	*Das ist eine widerliche Geschichte.*

оши́бочный, -ая, -ое [-чен, -чна]	falsch; Fehl-
оши́бочный вы́вод	*falsche Schlußfolgerung*
оши́бочный диа́гноз	*Fehldiagnose*
оши́бочное представле́ние	*falsche Vorstellung*
переборщи́ть, -щу́, -щи́шь *pt impt* переба́рщивать, -аю, -аешь	übertreiben
передово́й, -а́я, -о́е	führend, fortschrittlich
по-друго́му *adv*	anders
позо́р, -а *m*	Schande
позо́рный, -ая, -ое [-рен, -рна]	schändlich
потряса́юще *adv*	erschütternd; begeisternd
превосхо́дный, -ая, -ое [-ден, -дна]	hervorragend, vortreffend, vorzüglich
Э́то превосхо́дная иде́я.	*Das ist eine hervorragende Idee.*
превосхо́дная сте́пень	*Superlativ*
предпочти́тельный, -ая, -ое [-лен, -льна]	vorzuziehen, wünschenswerter
преле́стный, -ая, -ое [-тен, -тна]	reizend, entzückend
привы́чный, -ая, -ое [-чен, -чна]	gewohnt, gewohnheitsmäßig
привы́чный жест	*eine gewohnheitsmäßige Geste*
привы́чный о́браз жи́зни	*eine gewohnte Lebensweise*
прова́л, -а *m*	Mißerfolg
На э́тот раз мы потерпе́ли прова́л.	*Diesmal haben wir keinen Erfolg gehabt.*
проти́вный, -ая, -ое [-вен, -вна]	widerlich, ekelhaft
пустя́к, -а́ *m*	Kleinigkeit
ре́дкость, -и *f*	Seltenheit; Rarität
Э́то не ре́дкость.	*Das ist keine Seltenheit.*
И́горь – на ре́дкость до́брый челове́к.	*Igor ist ein selten guter Mensch.*
Пого́да сего́дня на ре́дкость хоро́шая.	*Das Wetter heute ist ungewöhnlich schön.*
романти́чный, -ая, -ое [-чен, -чна]	romantisch
скве́рный, -ая, -ое [-рен, -рна́, -рно]	schlecht, schlimm; häßlich, abscheulich
У меня́ скве́рное настрое́ние.	*Ich bin schlechter Laune.*
Пого́да сего́дня скве́рная.	*Das Wetter ist heute scheußlich.*

смысл, -а *m*	Sinn
Э́то не име́ет никако́го смы́сла.	*Das hat keinen Sinn.*
в по́лном смы́сле сло́ва	*im wahren Sinne des Wortes*
смысл жи́зни	*der Sinn des Lebens*
Смысл и́ли бессмы́слие – в э́том вопро́с.	*Sinn oder Unsinn – das ist die Frage.*
со вку́сом	geschmackvoll
Ве́ра всегда́ оде́та элега́нтно и со вку́сом.	*Vera ist immer elegant und geschmackvoll gekleidet.*
спо́рный, -ая, -ое [-рен, -рна]	strittig, Streit-
спо́рный вопро́с	*eine strittige Frage*
спо́рный слу́чай	*Streitfall*
суще́ственный, -ая, -ое [-вен, -венна]	wesentlich; bedeutend
тща́тельный, -ая, -ое [-лен, -льна]	sorgfältig
удивле́ние, -я *n*	Erstaunen
уника́льный, -ая, -ое [-лен, -льна]	einzigartig, einmalig
хаоти́ческий, -ая, -ое [-чен, -чна]	chaotisch
чепуха́, -и́ *f*	Unsinn, Blödsinn; Kleinigkeit
говори́ть/нести́ чепуху́	*Unsinn reden*
Очень бо́льно? – Чепуха́!	*Tut das sehr weh? – Ist nur 'ne Kleinigkeit.*
шанс, -а *m*	Chance
У тебя́ все ша́нсы на успе́х.	*Du hast alle Chancen, erfolgreich zu werden.*
Смотри́, не упусти́ э́тот шанс.	*Diese Chance darfst du nicht verpassen.*

9 Feste Redewendungen

Begrüßung und Abschied

Алло́!	Hallo!
Бу́дьте добры́ ...	Seien Sie so nett und ...
Бу́дьте любе́зны ...	Seien Sie so liebenswürdig und ...
Всё в поря́дке.	Alles in Ordnung.
Всё по-ста́рому.	Nichts neues, alles ist wie immer.
Всего́ до́брого.	Alles Gute!

Всегó хорóшего.	Alles Gute!
Вы ко мнé?	Wollen Sie zu mir?
Вы меня́ ждёте?	Warten Sie auf mich?
Вы не ко мне?	Wollen Sie zu mir?
Вы не меня́ ждёте?	Warten Sie auf mich?
Вы не скáжете...?	Könnten Sie mir sagen ...
Вы не тудá попáли.	Falsch verbunden.
Вы ошйблись.	Sie sind leider falsch verbunden.
Глубокоуважáемая госпожá Иванóва!	Sehr verehrte Frau Iwanowa,
Глубокоуважáемый господи́н Ивано́в!	Sehr geehrter Herr Iwanow,
Господá!	Meine Herren!
Господи́н Ивано́в!	Herr Iwanow!
Господи́н профéссор/ мини́стр/президéнт!	Herr Professor/Minister/Präsident!
Госпожá Иванóва!	Frau Iwanowa!
Да!	Ja? (wenn jemand an die Tür klopft)
Да, пожáлуйста.	Ja, bitte.
Да-да!	Ja, ja!
Дáмы и господá!	Meine Damen und Herren!
Дéвочка!	He, Mädchen!
Дéвушка!	Fräulein!
До вéчера.	Bis heute abend!
До встрéчи.	Bis zum nächstenmal!
До зáвтра.	Bis morgen!
До свидáния.	Auf Wiedersehn!
До чáса/до трёх часóв.	Bis eins/bis drei.
Добрó пожáловать!	Herzlich willkommen!
Дóбрый вéчер!	Guten Abend!
Дóбрый день!	Guten Tag!
Дорогáя Мари́я Ивáновна!	Liebe Maria Iwanowna,
Дорогóй Антóн Ивáнович!	Lieber Anton Iwanowitsch,
Здрáвствуй(те)!	Guten Tag!
Знакóмьтесь, Вáля – Пéтя.	Darf ich Sie bekannt machen: Walja – Petja.
Ивáн Сергéевич, ...	Iwan Sergeewitsch, ...
Ивáна Сергéевича мóжно?	Herrn Iwan Sergeewitsch bitte.
Извини́те ...	Entschuldigen Sie ...
Ири́на Петрóвна, ...	Irina Petrowna, ...
Как (Вáше/твоё) здорóвье?	Wie geht es Ihrer/deiner Gesundheit?
Как (Вы) живёте?	Wie geht's Ihnen?
Как (идýт) (Вáши/твои́) делá?	Wie geht's (Ihnen/dir)?

Как (ты) живёшь?	Wie geht's dir?
Как Вы себя́ чу́вствуете?/ Как ты себя́ чу́вствуешь?	Wie fühlen Sie sich?/Wie fühlst du dich?
Как дела́?	Wie geht's?
Как жизнь?	Wie geht's?
Как пожива́ете?	Wie geht's Ihnen/euch?
Ма́льчик!	He, Junge!
Молодо́й челове́к!	Hallo, junger Mann!
Нева́жно.	Nicht besonders gut.
Непло́хо.	Nicht schlecht.
Ничего́ но́вого.	Nichts Neues.
Ничего́ осо́бенного.	Nichts Besonderes.
Ничего́.	Geht so./So lala.
Как Вы пожива́ете? – Ничего́.	*Wie geht's Ihnen? – Einigermaßen./So lala.*
Норма́льно.	Wie immer.
О́чень прия́тно.	Sehr angenehm.
Пло́хо.	Schlecht.
Пожа́луйста.	Bitte.
Познако́мьтесь с ...	Darf ich Sie mit ... bekannt machen.
Познако́мьтесь, пожа́луйста.	[Machen Sie sich bitte miteinander bekannt.]
Познако́мьтесь, э́то ...	Darf ich Sie bekannt machen mit ...
Пока́.	Tschüß.
Прекра́сно.	Wunderbar.
Приве́т!	Hallo!
Прости́те ...	Entschuldigen Sie ...
Прости́те, кто́ говори́т?	Mit wem spreche ich bitte?
Прости́те/Извини́те, Гали́ну Петро́вну мо́жно?	Ich möchte Galina Petrowna sprechen.
Прости́те/Извини́те, мо́жно Гали́ну Петро́вну?	Könnte ich Galina Petrowna sprechen?
Профе́ссор Белоша́пкова!	Frau Professor Beloschapkowa!
Профессо́р Пано́в!	Herr Professor Panow!
Проща́й(те).	Lebe(n Sie)wohl!
Разреши́те/позво́льте предста́виться.	Darf ich mich vorstellen ...
Разреши́те/позво́льте предста́вить Вам ...	Darf ich Sie Herrn/Frau ... vorstellen.
Разреши́те/Позво́льте Вас познако́мить.	Darf ich Sie miteinander bekannt machen?
Ребя́та!	He, Kinder!
С прие́здом!	Herzlich willkommen!
Скажи́те, пожа́луйста...	Könnten Sie mir bitte sagen ...

Счастли́вого пути́!	Glückliche Reise!
Так себе́.	So lala.
Уважа́емая Мари́я Ива́новна!	Verehrte Maria Iwanowna!
Уважа́емый Анто́н Ива́нович!	Sehr geehrter Anton Iwanowitsch!
Хорошо́.	Gut.
Что но́вого?	Gibt's was Neues?
Что?	Was?
Э́то Ива́н Серге́евич?	Bin ich mit Herrn Sergejew verbunden?
Э́то ты, Ва́ля?	Bist du es, Walja?
Я хочу́ с Ва́ми попроща́ться.	Darf ich mich von Ihnen verabschieden?

Wünsche

Благодарю́ Вас!	Ich danke Ihnen!
Большо́е спаси́бо!	Vielen Dank!
Да зра́вствует...!	Es lebe...!
Дава́йте вы́пьем за ...	Laßt uns auf ... trinken!
Жела́ю Вам (тебе́) успе́ха/сча́стья/здоро́вья!	Ich wünsche Ihnen/dir Erfolg/Glück/Gesundheit.
За Ва́ше здоро́вье!	Auf Ihr Wohl!/Prost!/Prosit!
На здоро́вье!	Gesundheit! (nach Niesen)
Ни пу́ха, ни пера́! – К чёрту!	Hals- und Beinbruch! – Kann ich gebrauchen.
Поздравля́ю!	Gratuliere!
Поздравля́ю(ем) тебя́/Вас с ...!	Ich gratuliere/wir gratulieren dir/Ihnen zu ...
Прими́те мои́ (и́скренние) соболе́знования.	Mein (aufrichtiges) Beileid.
Прия́тного аппети́та!	Guten Appetit!
С днём а́нгела!	Herzlichen Glückwunsch zum Namenstag!
С днём рожде́ния!	Herzlichen Glückwunsch zum Geburtstag!
С Но́вым го́дом!	Gutes neues Jahr!
С пра́здником!	Ein schönes Fest!/Einen schönen Feiertag!
С рождество́м!	Frohe Weihnachten!
Спаси́бо Вам!	Ich danke Ihnen!
Спаси́бо!	Danke!
Споко́йной но́чи!	Gute Nacht!

Сча́стья!	Viel Glück!
Уда́чи!	Viel Erfolg!
Успе́хов!	Viel Erfolg!
Я Вам сочу́вствую.	Ich fühle mit Ihnen.
Я поднима́ю бока́л за ...	Ich erhebe meine Glas auf ...
Я предлага́ю тост за ...	Ich möchte einen Toast/Trinkspruch ausbringen auf ...

Aufforderungen

Внима́ние!	Achtung!
Войди́те!	Herein!
Вон!	Raus hier!
Дава́й(те) ...	Laß uns ...
Дава́й пойдём в кино́.	*Laß uns ins Kino gehen!*
Закро́й рот!	Halt die Schnauze!
Заткни́сь!	Schnauze!, Halt's Maul!
На по́мощь!	Hilfe!
Одну́ мину́тку!	Moment bitte!
Оста́вь меня́ в поко́е!	Laß mich in Ruh!
Осторо́жно!	Vorsicht!
Официа́нт!	Kellner!
Погоди́(те)!	Warte!; Wartet!, Warten Sie!
Подожди́те, пожа́луйста!	Warten Sie (bitte)!
Послу́шай(те)!	Hör mal! Hört mal! Hören Sie mal!
Прошу́ Вас!	Bitte eintreten!
Прошу́!	Herein bitte!
Скажи́(те), ...	Sag mal, .../Sagen Sie mal, ...
Слу́шай(те)!	Hör mal! Hört mal!
Сохрани́те споко́йствие!	Ruhe bewahren!
Убира́йся!	Hau ab!/Zieh Leine!
Эй!	He!

Bedauern und Trost

жаль *unpers*	leid tun; schade
Жаль!	*Schade.*
Мне тебя́ жаль.	*Du tust mir leid.*
Извини́те, пожа́луйста.	Entschuldigen Sie bitte!
Извини́те.	Entschuldigen Sie!
Извини́те/Прости́те за ...	Verzeihen Sie mir wegen .../Entschuldigen Sie mich ..
Не беспоко́йтесь.	Seien Sie ruhig./Machen Sie sich keine Sorgen.

Нé за что.	Nicht der Rede wert./Das ist doch selbstverständlich.
Не пережива́йте (так).	Nehmen Sie es nicht so schwer.
Не принима́йте так бли́зко к се́рдцу!	Nehmen Sie es sich nicht so zu Herzen.
Не серди́сь на меня́.	Sei mir nicht böse!
Ничего́ не поде́лаешь.	Da kann man nichts machen.
Прости́те!/Извини́те!	Verzeihung!/Entschuldigung!
Прости́те, пожа́луйста!	Verzeihen Sie bitte!
Прости́те.	Verzeihen Sie!
Прошу́ проще́ния!	Ich bitte um Verzeihung.
Ра́ди бо́га.	(Das ist doch) selbstverständlich.
Ты на меня́ се́рдишься?	Bist du mir böse?
Эх!	Ach!
Я сожале́ю (, что ...)	Es tut mir leid (, daß ...)
Я и́скренне сожале́ю, что так вы́шло.	*Es tut mir wirklich leid, daß das so geschehen ist.*
Я сожале́ю об э́том.	*Das tut mir leid.*

Ärger und Schmerz

Ага́! [аха́]	Aha!
Ага́! Попа́лся!	*Aha, jetzt bist du dran.*
Ты придёшь? – Ага.	*Kommst du? – Ja.*
Ай!, Ой!	Aua!
Ах, зна́чит так?!	Ah so?
Безобра́зие!	Das ist eine Gemeinheit!
Бо́же мой!	Mein Gott!
Будь оно́ про́клято!	Verdammt noch mal!
Дура́к ты! Ду́ра ты!	Dummkopf!
Ерунда́!	Quatsch!, Mist!
Ещё что?	Was sonst noch?
Мне уже́ по го́рло!	Ich habe die Nase/Schnauze voll (davon)!
На кой чёрт ...	Wozu, zum Teufel, ...
На кой чёрт ты э́то сде́лал!	*Wozu, zum Teufel, hast du das getan?*
(Мне уже́) надое́ло.	Ich hab's satt.
Не перегиба́й па́лку!	Treib es nicht zu bunt!
Ну и дура́к!	Der ist aber doof.
Ну и чёрт с ним (с тобо́й)!	Geh zum Teufel!
Ну и?	Na und?
О, го́споди!	Oh Gott!
Переста́нь!	Hör auf!

Пошёл ты к чёрту!	Geh zum Teufel!
Рехну́ться мо́жно!	Das ist zum Verrücktwerden!
С меня́ хва́тит!	Ich habe genug davon!/Ich hab's satt!
С ума́ (мо́жно) сойти́!	Es ist zum Wahnsinnigwerden/Verrücktwerden!
Сейча́с тебе́ доста́нется!	Jetzt kriegst du's!
У тебя́ не все до́ма.	Du hast nicht alle Tassen im Schrank!
Хва́тит!	Es reicht!/Genug!/Mir steht's bis hier.
Чёрт возьми́/побери́!	Hol's der Teufel!/Zum Teufel!
Чушь!	Quatsch!
Э́то уже́ сли́шком!	Das geht zu weit!
Э́то чёрт зна́ет что!	Weiß der Teufel, was das ist!
Э́того ещё не хвата́ет/хвата́ло!	Das fehlte gerade noch!
Я покажу́ тебе́, где ра́ки зиму́ют!	Ich werde dir zeigen, wo es lang geht!

Lob und Zustimmung

Ах!	Ah!
Ах, как хорошо́!	*Ah wie schön!*
Бра́во!	Bravo!
Вот э́то да!	Das ist schon etwas.
да *part*	ja
Договори́лись.	... haben wir verabredet.
Есте́ственно.	Natürlich.
Замеча́тельно!	Wunderbar!/Ausgezeichnet!/Herrlich!
Здо́рово!	Prima!
Коне́чно.	Natürlich!/Selbstverständlich!/Klar (doch)!
Ла́дно.	Gut!/Einverstanden!
Молоде́ц!	Gut gemacht!, Bravo!
Прекра́сно!	Wunderbar!
Разуме́ется.	Selbstverständlich.
С удово́льствием.	Mit Vergnügen!/Gern!
Само́ собо́й.	Selbstverständlich.
Согла́сен!	Einverstanden!

Ablehnung und Skepsis

вообще́ не	überhaupt nicht, gar nicht
вряд ли	kaum
И не поду́маю.	Das käme mir nie in den Sinn.
И что из э́того?	Na und?
Исключено́.	Ausgeschlossen!!!
Мне всё равно́.	Das ist mir egal/wurscht.
Не рассчи́тывай на э́то.	Rechne nicht damit.
нет *part*	nein
Почему́ нет?	*Warum nicht?*
Ты согла́сен? – Нет.	*Bist du einverstanden? – Nein.*
ни в ко́ем слу́чае	auf gar keinen Fall, unter keinen Umständen
Ни за что.	Um keinen Preis.
Ника́к.	Auf gar keinen Fall.
Ничего́ не поде́лаешь.	Nichts zu machen./Da geht nichts mehr.
Ничего́ подо́бного.	Absolut unglaubwürdig./Das kann nicht stimmen.
Ну и что?	Na und?
Серьёзно?	Ganz im Ernst?
Что-то не ве́рится.	Das kann ich nicht glauben.
Ты в своём уме́?	Bist du noch bei Trost?
Ты что, рехну́лся что ли?	Bist du verrückt geworden?
Хоть убе́й!	Nie im Leben!
Э́то (никуда́) не годи́тся.	Das ist total unbrauchbar./Das taugt zu nichts.
Э́то ничего́ не меня́ет.	Das ändert nichts.

Bewertung

Бо́же упаси́!	Gott behüte uns!
Ей-бо́гу!	Bei Gott!
Зави́сит.	Das kommt drauf an!
Игра́ не сто́ит свеч.	Das lohnt sich nicht.
как раз наоборо́т	ganz im Gegenteil
Мо́жет быть.	Vielleicht./Kann schon sein.
наоборо́т	im Gegenteil
напро́тив	im Gegenteil
Не дай бог!	Bewahre uns Gott!/Bloß nicht!
Не сто́ит.	Das lohnt sich nicht.
ничего́ осо́бенного	nichts besonderes
с э́той то́чки зре́ния	davon abgesehen

Слава бо́гу!	Gott sei Dank!
Сто́ит.	Das lohnt sich./Das ist eine lohnende Sache.
таки́м о́бразом	so, solchermaßen, auf diese Art/Weise
то́чно так же	ebenso; genauso
Я ду́маю то́чно так же.	*Ich denke genauso.*
На твоём ме́сте я бы поступи́л то́чно так же.	*An deiner Stelle hätte ich das genauso gemacht.*
Э́то хоро́шая/плоха́я приме́та.	Das ist ein gutes/schlechtes Zeichen/Omen.
Э́того не минова́ть.	Das ist unvermeidlich.
Э́того не минова́ть.	*Wir müssen in den sauren Apfel beißen.*

Pausenfüller und Überleitungswörter

впро́чем *adv*	übrigens
зна́ешь/зна́ете	weißt du/wissen Sie
и так да́лее (и т. д.)	und so weiter (usw.)
и тому́ подо́бное (и т. п.)	und ähnliches (u. ä.)
ины́ми слова́ми	mit anderen Worten
ита́к *konj*	also; daraus folgt
кста́ти	übrigens
ме́жду про́чим	unter anderem (u. a.)
наприме́р	zum Beispiel (z. B.)
одни́м сло́вом ...	mit einem Wort gesagt
по-ви́димому	anscheinend
Зима́, по-ви́димому, бу́дет су́ровая.	*Anscheinend wird der Winter sehr streng werden.*
пожа́луй	wohl
Он, пожа́луй, не придёт.	*Er wird wohl nicht kommen.*
ска́жем ...	sagen wir mal ...
сле́довательно *adv*	daraus folgt, folglich, infolgedessen
со́бственно *adv*	eigentlich
Что ты, со́бственно, хо́чешь?	*Was willst du eigentlich?*
Что Вас, со́бственно, смуща́ет в мое́й причёске?	*Was stört Sie eigentlich an meiner Frisur?*
так сказа́ть	sozusagen
Что? / Что, прости́те?	Was? / Wie bitte?

10 Modale Beziehungen

Bestätigung

ве́рно · есте́ственно · обяза́тельно · определённо · очеви́дно · пра́вда так · то́чно · хорошо́

Ага́! [axá] — Aha!
Ага́! Попа́лся! — *Aha, jetzt bist du dran.*
Ты придёшь? – Ага́. — *Kommst du? – Ja.*
без возраже́ний — kein Einspruch; ohne Widerrede; einvernehmlich
без сомне́ния — zweifellos
безусло́вно *adv* — zweifellos, natürlich, selbstredend
Э́то безусло́вно так. — *Das ist zweifellos so.*
Вот и́менно. — Genau.
да *part* — ja
действи́тельно *adv* — wirklich
как всегда́ — wie immer
как обы́чно — wie immer, wie gewöhnlich
на са́мом де́ле — tatsächlich
несомне́нно *adv* — zweifellos
само́ собо́й — selbstverständlich, das versteht sich von selbst
Так оно́ и есть. — So ist es eben.

Intensität

бо́лее · бо́льше · бы́стро · весьма́ · вполне́ · всё · гора́здо · гро́мко дово́льно · доста́точно · едва́ · е́ле · ко́ротко · лу́чше · ме́нее · ме́ньше не́сколько · о́чень · почти́ · са́мый · сли́шком · соверше́нно · совсе́м сто́лько · ти́хо · упо́рно · ху́же · целико́м · чуть

бо́лее того́ — außerdem
бо́лее чем доста́точно — mehr als genug
бы́ть на преде́ле — am Ende sein
Мои́ си́лы уже на преде́ле. — *Meine Kräfte sind schon am Ende.*
Я на преде́ле. — *Ich bin fix und fertig.*
в любо́м слу́чае — auf jeden Fall
Я приду́ в любо́м слу́чае. — *Ich komme auf jeden Fall.*
во что бы то ни ста́ло — um jeden Preis
вообще́ не — überhaupt nicht, gar nicht
всё бо́льше/ме́ньше/лу́чше/ху́же — immer mehr/weniger/besser/schlimmer, schlechter

Я всё бо́льше убежда́юсь, что ты был прав.	*Ich bin immer mehr davon überzeugt, daß du recht gehabt hast.*
Мне э́то всё ме́ньше нра́вится.	*Das gefällt mir immer weniger.*
всё ху́же и ху́же	immer schlimmer und schlimmer
да́льше не́куда	es gibt keine Steigerung mehr
как мо́жно бо́льше/лу́чше/быстре́е	möglichst viel/gut/schnell
любо́й цено́й	um jeden Preis
ма́ссово *adv*	massenweise; massenhaft
нисколько *adv*	gar nicht, überhaupt nicht, nicht im geringsten
Я ниско́лько не оби́делся.	*Ich bin gar nicht beleidigt.*
Я ниско́лько не сомнева́лся.	*Ich zweifle nicht im geringsten daran.*
Не бо́йтесь, ниско́лько не боли́т.	*Haben Sie keine Angst, das tut überhaupt nicht weh!*
одни́м уда́ром	auf einen Schlag
по́лностью *adv*	vollständig, vollkommen, völlig, ganz
Я по́лностью с Ва́ми согла́сен.	*Ich bin vollkommen mit Ihnen einverstanden.*
цели́ком и по́лностью	*ganz und gar*
ра́зом *adv*	auf einen Schlag; auf einmal
Тру́дно всё э́то ра́зом поня́ть/запо́мнить.	*Es ist schwer das alles auf einmal zu verstehen/behalten.*
Не отвеча́йте все ра́зом.	*Antwortet nicht alle gleichzeitig!*
сам, сама́, само́, са́ми	selber, selbst
Я сам бо́лен.	*Ich bin selbst krank.*
Я сам ничего́ не по́нял.	*Ich selber habe auch nichts verstanden.*
соверше́нно не	gar nicht, überhaupt nicht
Я тебя́ совеше́нно не ожида́л.	*Ich habe dich überhaupt nicht erwartet.*
Э́то соверше́нно не так.	*Das ist überhaupt nicht so.*
сто́лько же ... ско́лько	ebensoviel ... wie
тем бо́лее	und ... erst recht; umso eher; dann erst recht
тем бо́лее, что ...	vor allem, weil; zumal; insbesondere, da
Я его́ подде́рживаю, тем бо́лее, что он прав.	*Ich unterstütze ihn erst recht, weil er recht hat.*
Жаль, что она́ не придёт, тем бо́лее, что я на э́то рассчи́тывал.	*Schade, daß sie nicht gekommen ist, zumal ich mit ihr gerechnet habe.*

тем лу́чше	um so besser
тем ху́же	um so schlimmer
хвати́ть, хва́тит *unpers impt*	(aus)reichen
Э́того хва́тит на ме́сяц.	*Das wird für einen Monat reichen.*
С меня́ хва́тит!	*Ich habe genug davon./Ich hab's satt.*
Хва́тит!	*Genug!*
ху́же не́куда	schlimmer könnte es nicht sein
целико́м и по́лностью	ganz und gar
что бы не случи́лось	unter allen Umständen, egal was passiert
чуть не	fast, beinahe
Я чуть не проговори́лся.	*Ich habe mich beinahe verplappert.*
чуть-чуть *adv*	ein (ganz) kleines bißchen
Чуть-чуть не проговори́лся.	*Ich habe mich beinah verraten.*
Э́того ещё не хвата́ет/хвата́ло!	Das fehlte gerade noch!

Subjektive Empfindung

ве́рить · вероя́тно · внеза́пно · волнова́ться · восхити́ться/восхища́ться · впечатле́ние · наве́рно · наде́жда · наде́яться · наконе́ц напра́сный · настрое́ние · неожи́данно · неожи́данный · нечая́нно норма́льно · нра́виться · обстоя́тельство · пове́рить · показа́ться понра́виться · по-сво́ему · по-тво́ему · предпоче́сть/предпочита́ть приблизи́тельно · случа́йно · созна́тельно · сомне́ние · убеди́ться/убежда́ться · удиви́ть/удивля́ть · удиви́ться/удивля́ться · ужа́сно

без вся́кого основа́ния	ohne jeden Grund; völlig grundlos
без труда́	mühelos
без уси́лия	mühelos
беспричи́нно *adv*	grundlos, ohne Grund
в действи́тельности	in Wirklichkeit
в конце́ концо́в	letzten Endes, schließlich
вероя́тный, -ая, -ое [-тен, -тна]	wahrscheinlich
к несча́стью	unglücklicherweise
к сча́стью	zum Glück, glücklicherweise
(мне) **ка́жется**, что	(mir) scheint, daß
каза́ться, кажу́сь, ка́жешься *impt (I)*	scheinen; den Anschein haben; den Eindruck machen
Он то́лько ка́жется наи́вным.	*Er scheint nur naiv zu sein.*
Э́то мне ка́жется любопы́тным.	*Das scheint mir interessant.*
Ка́жется, я не спра́влюсь.	*Wie es scheint, schaffe ich es nicht.*
Ка́жется, ты ошиба́ешься.	*Du scheinst dich zu irren.*

как гром среди́ я́сного не́ба	wie ein Blitz aus heiterem Himmel
как ка́жется	wie es scheint
как представля́ется	wie es scheint
колеба́ться, -ле́блюсь, -ле́блешься *impt*	schwanken, unentschlossen sein
лу́чше, что	es ist besser, daß
Лу́чше, е́сли ты не придёшь.	*Es ist besser, daß du nicht kommst.*
на мой взгляд, ...	so wie ich das sehe, ...
на пе́рвый взгляд	auf den ersten Blick
напра́сно *adv*	umsonst; vergeblich, sinnlos
неизбе́жный, -ая, -ое [-жен, -жна]	unvermeidlich
неле́пый, -ая, -ое [-ле́п]	unsinnig; widersinnig
немину́емый, -ая, -ое [-у́ем]	unvermeidlich
необъясни́мый, -ая, -ое [-ни́м]	unerklärlich
неожи́данность, -и *f*	Überraschung
неоснова́тельно *adv*	unbegründet; ohne Grund
Твои́ подозре́ния соверше́нно неоснова́тельны.	*Deine Verdächtigungen sind vollkommen unbegründet.*
неохо́та, -ы *f*	keine Lust haben am/auf
Мне неохо́та с ним опя́ть разгова́ривать.	*Ich habe keine Lust, schon wieder mit ihm zu sprechen.*
непоня́тный, -ая, -ое [-тен, -тна]	unverständlich
не́хотя	unabsichtlich; gegen meinen Willen
охо́та, -ы *f*	Lust haben auf/am
У меня́ сно́ва появи́лась охо́та к чте́нию.	*Ich habe wieder Lust am Lesen.*
Мне охо́та сходи́ть в кино́.	*Ich habe Lust, ins Kino zu gehen.*
пло́хо, что	es ist schlecht, daß
по всей ви́димости	allem Anschein nach
по всему́ ви́дно, что ...	aus allem ist zu ersehen, daß ...
по-ва́шему *adv*	Ihrer Meinung nach
Тогда́ сде́лайте по-ва́шему.	*Dann machen Sie das, wie Sie wollen.*
потряса́юще *adv*	erschütternd; begeisternd
(мне) представля́ется, что	(mir) scheint, daß
про́сто так	einfach so
с лёгкостью	etw. geht jdm. leicht von der Hand, mühelos
с трудо́м	mit Mühe, mühsam
Я понима́ю Вас с больши́м трудо́м.	*Ich kann Sie nur schwer verstehen.*
с уси́лием	mit Mühe, mühsam
удивле́ние, -я *n*	Erstaunen

Einschränkung

всегó · и́менно · тáкже · тóже · тóлько

а и́менно	nämlich, und zwar
ли́ственные дерéвья, а и́менно берёзы, ли́пы и т. д.	*die Laubbäume, und zwar Birken, Linden usw.*
в óбщем	im großen und ganzen; im allgemeinen
в óбщих чертáх	im allgemeinen
в основнóм	im allgemeinen; im Grunde
в пéрвую óчередь	an erster Stelle, zuerst
в послéднюю óчередь	an letzter Stelle, zuletzt
в рáмках	im Rahmen
в рáмках дозвóленного	*im Rahmen des Erlaubten*
в слу́чае нáдобности	nötigenfalls, wenn nötig
в слу́чае чегó	wenn was passiert, nötigenfalls
в слу́чае, что	im Fall, daß
в су́щности	eigentlich; im Grunde genommen
в такóм слу́чае	in diesem Fall
в цéлом	im Ganzen; insgesamt
вопреки́ всему́	trotz allem
вопреки́ тому́	trotzdem
всегó-нáвсего *adv*	alles in allem
éсли *konj*	wenn, falls
éсли тóлько	*wenn nur*
тóлько éсли	*nur wenn*
Éсли бы не жарá ...	*Wenn nicht die Hitze wäre ...*
éсли нет другóго вы́хода/ éсли нет другóй возмóжности	zur Not
éсли придётся	nötigenfalls
исключи́тельно *adv*	ausschließlich
крóме тогó	außerdem
не в послéднюю óчередь	nicht an letzter Stelle
несмотря́ на э́то	trotzdem
ни в кóем слу́чае	auf gar keinen Fall, unter keinen Umständen
ни при каки́х услóвиях	unter keinen Umständen
по крáйней/мéньшей мéре	wenigstens, mindestens, zumindest
прéжде всегó	vor allem, zuallererst
при услóвии, что	vorbehaltlich, daß
с другóй стороны́	andererseits
с однóй стороны́	einerseits

с резе́рвами	unter Vorbehalt
тем не ме́нее	trotzdem
то́ есть (т. е.)	das heißt (d. h.)

Der Mensch und seine Bedürfnisse

11 Einkaufen, Essen und Trinken

Geschäfte

база́р · бу́лочная · витри́на · гастроно́м · кафе́ · кио́ск · конди́терская магази́н · продаве́ц · прода́ть/продава́ть · универма́г

антиква́рный магази́н (антиквариа́т) *m*	Antiquariat
бакале́я, -и *f*	Kolonialwarengeschäft
букинисти́ческий магази́н	antiquarische Bücherei
бу́лочная-конди́терская *f*	Bäckerei-Konditorei
галантере́я, -и *f*	Kurzwarengeschäft
кни́жный магази́н	Bücherei
кулинари́я, -и *f*	Feinkostgeschäft
парфюме́рный магази́н	Parfümerie
универса́м, -а *m*	Warenhaus
худо́жественный сало́н	Galerie

Einkaufen

ба́нка · банкно́та · взве́сить/взве́шивать · грамм · де́ньги · дешёвый дорого́й · заплати́ть · истра́тить · ка́сса · кило́ · килогра́мм · клие́нт коро́бка · кошелёк · купи́ть · кусо́к · литр · ме́лочь · нужда́ться ну́жно · отде́л · о́чередь · паке́т · па́чка · плати́ть · покупа́тель поку́пка · потра́тить · проду́кты · рубль · сда́ча · сто́ить · това́р торгова́ть · торго́вля · тра́тить · цена́ · чек

бато́н, -а *m*	Stangenbrot
шокола́дный бато́н	*Schokoriegel*
беспла́тный, -ая, -ое [-тен, -тна]	kostenlos, umsonst
бума́жник, -а *m*	Brieftasche
буха́нка хле́ба	ein Laib Brot
дешеве́ть, -е́ет [*1. & 2. Pers. ungbr.*] *impf*	billiger werden

доплати́ть, -ачу́, -а́тишь *pt* *impt* допла́чивать, -аю, -аешь	zuzahlen
Вам ну́жно доплати́ть ещё два́дцать копе́ек.	*Sie müssen noch 20 Kopeken zuzahlen.*
дорожа́ть, -а́ет [*1.&2. Pers. ungbr.*] *impt*	teurer werden
Жизнь дорожа́ет с ка́ждым днём.	*Das Leben wird mit jedem Tag teurer.*
клиенту́ра, -ы *f*	Kundschaft
корзи́на, -ы *f*	Korb
моло́чный отде́л	Abteilung für Milchprodukte
моне́та, -ы *f*	Münze
мясно́й отде́л	Fleischabteilung
обслу́живание, -я *n*	Bedienung
овощно́й отде́л	Obstabteilung
пита́ние, -я *n*	Ernährung; Verpflegung
обще́ственное пита́ние	*Gemeinschaftsverpflegung*
иску́сственное пита́ние	*künstliche Ernährung*
пли́тка шокола́да	eine Tafel Schokolade
Почём ...?	Was kostet ...?
Почём я́блоки?	*Was kosten die Äpfel?*
подешеве́ть, -е́ет [*1.&2. Pers. ungbr.*] *pt* *s.* дешеве́ть	billiger werden
Фру́кты подешеве́ли.	*Obst ist billiger geworden.*
подорожа́ть, -а́ет [*1.&2. Pers. ungbr.*] *pt* *s.* дорожа́ть	teurer werden
За после́дний год всё подорожа́ло.	*Seit letztem Jahr ist alles viel teurer geworden.*
прила́вок, -вка *m*	Theke
прода́жа, -и *f*	Verkauf
реклами́ровать, -рую, -руешь [-анный] *pt & impt*	werben, Reklame machen; reklamieren
ски́дка, -и *f*	Preisnachlaß
ско́лько *adv*	wieviel
Вам ско́лько па́чек сигаре́т?	*Wieviel Päckchen Zigaretten möchten Sie?*
Ско́лько сто́ят помидо́ры?	*Was kosten die Tomaten?*
Я не зна́ю, ско́лько вре́мени на э́то уйдёт.	*Ich weiß nicht, wieviel Zeit das brauchen wird.*
спрос, -а *m*	Nachfrage
ходи́ть по магази́нам	Einkaufsbummel machen

Kochen

вари́ть · горчи́ца · гото́вить · дие́та · доба́вить/добавля́ть · еда́ жа́рить · жир · зажа́рить · запра́вить/заправля́ть · испе́чь · кипе́ть консе́рвы · ку́хня · лук · маргари́н · ма́сло · мука́ · наре́зать/нареза́ть очи́стить · пе́чь · пе́чка · печь · пиро́г · пи́ща · поджа́рить · попро́бовать пригото́вить · про́бовать · ре́зать · реце́пт · са́хар · свари́ть · соль те́сто · угости́ть/угоща́ть · холоди́льник · яйцо́

вода́ кипи́т/вскипе́ла	das Wasser kocht
дрожжево́е те́сто	Hefeteig
дро́жжи, -е́й *pl*	Hefe
духо́вка, -и *f*	Backofen
завари́ть/зава́ривать чай	Tee kochen
зе́лень, -и *f*	Grünzeug
кипяти́ть/вскипяти́ть во́ду	Wasser kochen
кипято́к, -тка́ (-тку́) *m*	kochendes Wasser; kochendheißes Wasser
кость, -и [о ко́сти, в кости́; *pl* -и, -е́й, -я́м] *f*	Knochen
кра́сный пе́рец	Paprika
макаро́ны *pl*	Nudeln; Makaroni
меша́ть, -а́ю, -а́ешь *impt*	umrühren, mischen
на ме́дленном огне́	auf kleiner Flamme
осты́ть, -ну, -нешь [осты́л, осты́ла] *pt* *impt* остыва́ть, -а́ю, -а́ешь	kalt werden
петру́шка, -и *f*	Petersilie
плати́ть/заплати́ть нали́чными	bar zahlen
подогре́ть, -е́ю, -е́ешь *pt* *impt* подогрева́ть, -а́ю, -а́ешь	anwärmen; aufwärmen
припра́ва, -ы *f*	Gewürz
про́тивень, -вня *m*	Backblech
размеша́ть, -а́ю, -а́ешь *pt* *s.* меша́ть	umrühren
разогре́ть, -е́ю, -е́ешь *pt* *impt* разогрева́ть, -а́ю, -а́ешь	aufwärmen
сковорода́, -ы́ *f*	Pfanne
сковоро́дка, -и *f*	Pfanne
слоёное те́сто	Blätterteig
смеша́ть, -а́ю, -а́ешь *pt vgl* меша́ть	mischen
тра́вы, трав *pl*	Kräuter

у́ксус, -а *m*	Essig
чёрный пе́рец	schwarzer Pfeffer
чесно́к, -а́ *m*	Knoblauch
щепо́тка, -и *f*	Prise
щепо́тка со́ли	*eine Prise Salz*

Tisch decken

бока́л · ви́лка · корзи́нка · ло́жка · нож · посу́да · прибо́р · рю́мка салфе́тка · ска́терть · стака́н · таре́лка · хлеб · ча́йник · ча́шка

графи́н, -а *m*	Karaffe
ми́ска, -и *f*	Schälchen; Schüssel
моло́чник [шн], -а *m*	Milchkännchen
накрыть/накрыва́ть (на) стол	Tisch decken
подно́с, -а *m*	Tablett
сала́тница, -ы *f*	Salatschüssel
са́харница, -ы *f*	Zuckerdose
соло́нка, -и *f*	Salzstreuer
со́усник, -а *m*	Sauciere
су́пница, -ы *f*	Suppenschüssel
убра́ть/убира́ть со стола́	abräumen

Im Restaurant

атмосфе́ра · блю́до · буты́лка · буфе́т · вкус · вы́пить · есть · заказа́ть/зака́зывать · ка́чество · меню́ · напи́ток · официа́нт · пить · посети́тель предложи́ть/предлага́ть · провести́/проводи́ть · рекомендова́ть рестора́н · счёт

обслу́живать, -аю, -аешь *impt* *pt* обслужи́ть, -ужу́, -у́жишь	bedienen
сервирова́ть, -ру́ю, -ру́ешь *pt & impt*	servieren
хоте́ться, хо́чется *unpers impt*	Lust haben auf ...; mögen ... ; wollen ...
Мне хо́чется моро́женого.	*Ich habe Lust auf ein Eis.*
Мне хо́чется спать.	*Ich will schlafen.*
чаевы́е, -ы́х *pl*	Trinkgeld

Die Mahlzeiten

аппети́т · го́лод · голо́дный · за́втрак · за́втракать · обе́д · обе́дать поза́втракать · поку́шать · пообе́дать · поу́жинать · съесть · у́жин

ку́шать, -аю, -аешь *impt*	essen
Ку́шайте, пожа́луйста.	*Greifen Sie zu!*
хоте́ть есть	Hunger haben, hungrig sein

Zum Frühstück

бу́лочка · бутербро́д · варе́нье · кака́о · ка́ша · мармела́д · молоко́ пирожо́к

круто́е яйцо́	ein hart gekochtes Ei
яи́чница [шн], -ы *f*	Spiegeleier

Fisch

икра́ · ры́ба · селёдка

кра́бы *pl*	Krabben
форе́ль, -и *f*	Forelle
шпро́ты, шпрот *pl*	Sprotten

Fleisch

бара́нина · говя́дина · гусь · котле́та · ку́рица · мя́со · свини́на · соси́ска со́ус · теля́тина · у́тка · цыплёнок · шни́цель

бифште́кс, -а *m*	Steak
дичь, -и *f*	Wild
жарко́е, -о́го *n*	Braten
печёнка, -и *f*	Leber
фарширо́ванный пе́рец	gefüllte Paprika
шашлы́к, -а́ *m*	Schaschlik

Gemüse und Beilagen

гарни́р · горо́х · гриб · капу́ста · карто́шка · морко́вка · морко́вь · о́вощи огуре́ц · пе́рец · помидо́р · рис · сала́т · свёкла

жа́реная карто́шка	Bratkartoffeln; Pommes Frites
зелёная фасоль	grüne Bohnen
зелёный сала́т	(grüner) Salat
карто́фель, -я *m*	Kartoffeln
ра́нний карто́фель	*Frühkartoffeln*
жа́реный карто́фель	*Bratkartoffeln*
карто́фельный сала́т	Kartoffelsalat

фасо́ль, -и *f*	Bohnen
францу́зский сала́т	gemischter Kleingemüsesalat mit Mayonnaise
цветна́я капу́ста	Blumenkohl

Getränke

алкого́ль · вино́ · вода́ · во́дка · вы́пить · жа́жда · конья́к · ко́фе · лимо́н нали́ть/налива́ть · пить · пи́во · сок · ча́й · шампа́нское

бе́лое вино́	Weißwein
газиро́вка (газиро́ванная вода́) *f*	Mineralwasser
заку́ска, -и *f*	Vorspeise; [Kaltgericht zu Getränken, z. B. Käse]
кокте́йль [тэ], -я *m*	Cocktail
кра́сное вино́	Rotwein
ку́бик льда	Eiswürfel
ликёр, -а *m*	Likör
лимона́д, -а *m*	Limonade
минера́льная вода́	Mineralwasser
портве́йн, -а *m*	Portwein
столо́вое вино́	Tischwein
хоте́ть пить	Durst haben, durstig sein

Käse

бры́нза · сыр

голла́ндский сыр	holländischer Käse
пла́вленный сыр	Schmelzkäse

Nachtisch

десе́рт · конфе́та · крем · моро́женое · пече́нье · пиро́жное · смета́на торт · шокола́д

ва́фля, -и *f*	Eiswaffel
взби́тые сли́вки *pl*	(Schlag)Sahne
кекс, -а *m*	Keks
крем-караме́ль *m*	Karamelpudding
шокола́дный крем	Schokoladenpudding

Obst

апельси́н · бана́н · виногра́д · ви́шня · гру́ша · земляни́ка · клубни́ка малы́на · пе́рсик · сли́ва · сморо́дина · фру́кты · чере́шня

анана́с, -а *m*	Ananas
арбу́з, -а *m*	Wassermelone
ды́ня, -и *f*	Melone

Vorspeisen

борщ · бульо́н · ветчина́ · колбаса́ · суп · щи

мясно́й сала́т	Fleischsalat
омле́т, -а *m*	Omelette
паште́т, -а *m*	Pastete

Eigenschaften von Gerichten

варёный · вку́сный · го́рький · горя́чий · густо́й · жа́реный · жи́рный за́пах · зелёный · ки́слый · мя́гкий · не́жный · о́стрый · печёный сла́бый · сла́дкий · солёный · спе́лый · сухо́й · сыро́й · холо́дный хоро́ший

безвку́сный, -ая, -ое [-сен, -сна]	ohne Geschmack
жи́дкий, -ая, -ое [-док, -дка́, -дко]	flüssig
жи́дкий суп	*dünne Suppe*
ква́шеный, -ая, -ое	sauer
ква́шеная капу́ста	*Sauerkraut*
по́стный, -ая, -ое [-тен, -тна́, -тно]	mager
чёрствый, -ая, -ое [чёрств, черства́, чёрство, чёрствы/черствы́]	hart; trocken
чёрствый хлеб	*hartes Brot*

Rauchen

дым · заже́чь/зажига́ть · зажига́лка · закури́ть · кури́ть · пе́пел пе́пельница · погаси́ть · сигаре́та · спи́чка · таба́к · тру́бка

встряхну́ть, -ну́, -нёшь *pt* *impt* встря́хивать, -аю, -аешь	Asche abmachen

кури́лка, -и *f*	Raucherzimmer
кури́льщик, -а *m*	Raucher
па́чка сигаре́т	ein Päckchen Zigaretten
прикури́ть, -урю́, -у́ришь *pt* *impt* прику́ривать, -аю, -аешь	Feuer geben
сига́ра, -ы *f*	Zigarre

12 Kleidung

Einkauf

витри́на · вкус · дешёвый · дорого́й · заплати́ть · ка́чество · купи́ть мо́да · моде́ль · мо́дный · ну́жно · па́ра · плати́ть · покупа́тель покупа́ть · поку́пка · приме́рить/примеря́ть · продаве́ц · разме́р сда́ча · това́р · универма́г · цена́

идти́ кому-л.	jmdm. stehen
Э́то пла́тье идёт тебе́.	*Das Kleid steht dir.*
обслу́живать, -аю, -аешь *impt* *pt* обслужи́ть, -ужу́, -у́жишь	bedienen
распрода́жа, -и *f*	Ausverkauf
ски́дка, -и *f*	Rabatt
прода́ть со ски́дкой	*Rabatt geben*
сто́ить це́лое состоя́ние	ein ganzes Vermögen kosten
уценённый, -ая, -ое [-ён, -ена́]	Sonderangebot, reduziert
хоте́ться, хо́чется *unpers impt*	Lust haben auf ...; mögen ... ; wollen ...
Мне хо́чется моро́женого.	*Ich habe Lust auf ein Eis.*
Мне хо́чется спать.	*Ich will schlafen.*
этике́тка, -и *f*	Etikett

Kleidungsstücke

бельё · блу́зка · боти́нок · брю́ки · га́лстук · жать · идти́ · ко́фта меня́ть · наде́ть/надева́ть · наря́дный · носо́к · о́бувь · оде́ть/одева́ть пальто́ · переоде́ться/переодева́ться · перча́тка · пиджа́к · пла́тье плащ · поменя́ть · разде́ться/раздева́ться · руба́шка · сапо́г · снять/ снима́ть · туале́т · ту́фли · хала́т · ходи́ть · чуло́к · ша́пка · шля́па ю́бка

бики́ни *unv pl*	Bikini
босоно́жки, -жек *pl* [*sg* босоно́жка, -и *f*]	Sandalen

бюстга́льтер [ха́льтэ́р], -а *m*	Büstenhalter
ва́ленки, -нок, -нкам *pl* [*sg* -нок, -нка *m*]	Filzstiefel
ва́режка, -и *f*	Fäustling (fingerloser Handschuh)
кало́ши, -ло́ш *pl* [*sg* гало́ша, -и *f*]	Überzugschuh (aus Gummi)
джи́нсы, -сов *pl*	(Blue)Jeans
дублёнка, -и *f*	Ledermantel (mit Fell)
застегну́ть, -ну́, -нёшь *pt* *impt* застёгивать, -аю, -аешь	zuknöpfen
ке́пка, -и *f*	Kappe
колго́тки, -ток *pl*	Strumpfhose
комбина́ция, -и *f*	Unterrock
комбинезо́н, -а *m*	Overall, Arbeitsanzug
кроссо́вки, -вок *pl* [*sg.* кроссо́вка, -и]	hoher Sportschuh
купа́льник, -а *m*	Badeanzug
ку́ртка, -и *f*	Männerjacke
ли́фчик, -а *m*	Büstenhalter
ма́йка, -и *f*	Unterhemd; T-Shirt
мехово́е пальто́	Pelzmantel
пере́дник, -а *m*	Schürze
пла́вки, -вок *pl*	Badehose
разде́ть, -е́ну, -е́нешь *pt* *impt* раздева́ть, -а́ю, -а́ешь	jdm. etw. ausziehen
сви́тер [тэ], -а *m* с высо́ким воротнико́м	Rollkragenpulli
спорти́вный костю́м	Trainingsanzug; Freizeitanzug
трусы́, -о́в *pl*	Unterhose; Slip
шу́ба, -ы *f*	Pelzmantel

Eigenschaften und Materialien

весёлый · гру́бый · гру́стный · гря́зный · дли́нный · есте́ственный золото́й · иску́сственный · ко́жа · ко́жаный · коро́ткий · лёгкий · лён мех · мя́гкий · настоя́щий · но́вый · пёстрый · пуши́стый · серé́бряный специа́льный · ста́рый · тёплый · ткань · то́нкий · удо́бный · хло́пок це́нный · чи́стый · шёлк · шёлковый · шерсть · шерстяно́й · широ́кий

в кле́тку	kariert
в кра́пинку	gepunktet
в поло́ску	gestreift
демисезо́нный, -ая, -ое	Übergangs-
кле́тчатый, -ая, -ое	kariert
льняно́й, -а́я, -о́е	Leinen-

мате́рия, -и *f*	Materie; Stoff
мехово́й, -а́я, -о́е	Pelz-
мехово́е пальто́	*Pelzmantel*
на (высо́ком) каблуке́	mit (hohem) Absatz
нейло́н, -а *m*	Nylon
одноцве́тный, -ая, -ое	einfarbig
пло́тный, -ая, -ое [-тен, -тна́, -тно]	dicht; fest
пло́тный тума́н	*dichter Nebel*
пло́тная ткань	*fester Stoff*
пло́тный за́втрак	*ausgiebiges Frühstück*
подкла́дка, -и *f*	Futter(stoff)
ю́бка на подкла́дке	*ein gefütterter Rock*
полоса́тый, -ая, -ое [-а́т]	gestreift
поно́шенный, -ая, -ое	verschlissen, abgenutzt (nur für Kleidung verwendbar)
трикота́ж, -а *m*	Trikotage
трикота́жный, -ая, -ое	Strick-; gestrickt
ту́склый, -ая, -ое [тускл, тускла́, ту́скло]	stumpf
хлопчатобума́жный, -ая, -ое	Baumwoll-
чи́стая шерсть	reine Schurwolle
шик, -а *m*	Chic
Она́ оде́та с ши́ком.	*Sie hat viel Chic.*
шика́рный, -ая, -ое [-рен, -рна]	schick
Она́ всегда́ шика́рно оде́та.	*Sie ist immer schick gekleidet.*
элега́нтный, -ая, -ое [-тен, -тна]	elegant

Teile und Zubehör

воротни́к · зо́нтик · карма́н · кольцо́ · косы́нка · носово́й плато́к · по́яс пу́говица · рука́в · су́мка · украше́ние · цепо́чка · часы́

ба́бочка, -и *f*	Fliege
брасле́т, -а *m*	Armband
брилья́нт/бриллиа́нт, -а *m*	Diamant, Brillant
бу́сы, бус *pl*	(Hals)Kette (meistens aus Glasperlen)
декольте́ [дэ, тэ] *unv n*	Dekolleté
драгоце́нность, -и *f*	Juwel
драгоце́нный ка́мень	Edelstein
же́мчуг, -а *m*	Perlen
жемчу́жина, -ы *f*	Perle

кружевно́й, -а́я, -о́е	Spitzen-
кру́жево, -а [*pl* кру́жева, кру́жев, -а́м] *n*	Spitze
мо́лния, -и *f*	Reißverschluß
ожере́лье, -я *n*	Kollier
жемчу́жное ожере́лье	*Perlenkette*
предме́т оде́жды	Kleidungsstück
се́рьги, серёг, серьга́м *pl* [*sg* серьга́, -и́ *f*]	Ohrringe
скла́дка, -и *f*	Falte; Kniff
ю́бка в скла́дку	*Plissérock*
шаль, -и *f*	(großes) Hals-, Kopftuch
шарф, -а *m*	Schal

Arbeiten

вы́гладить · вы́стирать · вы́шить/вышива́ть · вяза́ть · гла́дить · иго́лка ни́тка · но́жницы · погла́дить · постира́ть · почини́ть · пятно́ · связа́ть стира́ть · сшить · утю́г · чини́ть · шить

вы́утюжить, -жу, -жишь *pt* *s.* утю́жить	bügeln
вы́шивка, -и *f*	Stickerei
гла́жка, -и *f*	Bügeln
дыра́, -ы́ [*pl* ды́ры, дыр, ды́рам] *f*	Loch
ды́рка, -и *f*	kleines Loch
зашто́пать, -аю, -аешь *pt s.* што́пать	stopfen
спи́ца, -ы *f*	Stricknadel
стира́льная маши́на	Waschmaschine
сти́рка, -и *f*	Waschen
Я уже́ ко́нчила со сти́ркой.	*Ich bin mit dem Waschen fertig.*
утю́жить, -жу, -жишь [-женный] *impt*	bügeln
химчи́стка, -и *f*	(chemische) Reinigung
шве́йная маши́на	Nähmaschine
што́пать, -аю, -аешь *impt*	stopfen

13 Wohnen

Haus

балко́н · ва́нная · вход · вы́ход · гара́ж · гости́ная · да́ча · двор де́тская · дом · до́ма · дома́шний · домо́й · забо́р · зда́ние · кабине́т ко́мната · коридо́р · кры́ша · ку́хня · ле́стница · лифт · ме́сто пере́дняя · подва́л · подъе́зд · пол · помеще́ние · потоло́к · прихо́жая простра́нство · сад · спа́льня · столо́вая · терра́са · туале́т · убо́рная фойе́ · эта́ж

анте́нна [тэ́], -ы *f* — Antenne
вестибю́ль, -я *m* — Eingangsraum
высо́тный дом — Hochhaus
дво́рник, -а *m* — Hauswart
домоуправле́ние, -я *n* — Hausverwaltung, Wohnungsverwaltung
жило́й дом — Wohnhaus
жилотде́л, -а *m* — Wohnungsamt
жилпло́щадь, -и *f* — Wohnfläche
жилуправле́ние, -я *n* — Wohnungsverwaltung
квадра́тный метр — Quadratmeter
кладо́вка, -и *f* — Abstellraum
коммуна́льная кварти́ра — [Wohnung mit mehreren Hauptmietern]
комфорта́бельный, -ая, -ое [-лен, -льна] — komfortabel
ле́стничная площа́дка — Treppenabsatz
манса́рда, -ы *f* — Mansarde, Dachstube
одноквarти́рный дом — Einfamilienhaus
пе́рвый э́таж — Erdgeschoß, Parterre
пло́щадь, -и *f* — Fläche
  жила́я пло́щадь — *Wohnraum, Wohnfläche*
  поле́зная пло́щадь — *Nutzfläche*
по́греб, -а [*pl* -а́, -о́в] — Keller
пролёт, -а *m* — Flucht
со́бственный дом — Eigenheim
черда́к, -а́ *m* — Dachboden
чула́н, -а *m* — Abstellkammer; Vorratskammer

Wohnungsteile

ва́нна · газ · дверь · душ · замо́к · звоно́к · окно́ · отопле́ние подоко́нник · свет · стена́ · ступе́нька · у́гол · электри́чество

батаре́я, -и *f*	Heizkörper
ка́фель, -я *m*	Kachel, Fliese
мо́йка, -и *f*	Spülbecken
око́нное стекло́	Fensterscheibe
освеще́ние, -я *n*	Beleuchtung; Licht
парке́т, -а *m*	Parkett
розе́тка, -и *f*	Steckdose
ста́вня, -и [*g/pl* -вен] *f*	Fensterrahmen; Türrahmen
террако́та, -ы *f*	Terrakotta
умыва́льник, -а *m*	Waschbecken

Bewohner

вы́ехать/выезжа́ть · жиле́ц · жить · перее́хать/переезжа́ть · пла́та · посели́ться/поселя́ться · прописа́ть/прописывать · со́бственник · сосе́д · устро́иться/устра́иваться · хозя́ин

домрабо́тница, -ы *f*	Hausmädchen, Putzfrau
квартира́нт, -а *m*, квартира́нтка, -ы *f*	Mieter(in)
квартпла́та, -ы *f*	Miete
местожи́тельство, -а *n*	Wohnort, Wohnsitz
нанима́тель, -я *m*, нанима́тельница, -ы *f*	Mieter(in)
новосёл, -а *m*	neuer Bewohner
отда́ть/отдава́ть в наём	vermieten
прописа́ться, -ишу́сь, -и́шешься *pt* *impt* пропи́сываться, -аюсь, -аешься	sich (polizeilich, behördlich) anmelden
пропи́ска, -и *f*	(polizeiliche) Anmeldung; Anmeldebescheinigung
вре́менная пропи́ска	*Anmeldung für einen zeitlich begrenzten Aufenthalt*
жить без пропи́ски	*unangemeldet wohnen*
снять/снима́ть ко́мнату	ein Zimmer mieten

Einrichtungsgegenstände

буфе́т · ва́за · ведро́ · ве́шалка · дива́н · занаве́ска · зе́ркало · карти́на · ковёр · ко́жа · ко́жаный · кре́сло · крова́ть · ла́мпа · ла́мпочка · обо́и · обстано́вка · по́лка · (радио)приёмник · стол · стул · телеви́зор · телефо́н · транзи́стор · удо́бный · ую́т · ую́тный · шкаф · я́щик

видеомагнитофо́н, -а *m*	Videorecorder
выключа́тель, -я *m*	Schalter
кассе́тный магнитофон	Kassettenrecorder
комфо́рт, -а *m*	Komfort
лю́стра, -ы *f*	Kronleuchter
хруста́льная лю́стра	*Kronleuchter aus Kristall*
магнитофо́н, -а *m*	Tonbandgerät
ночни́к, -а́ *m*	Nachttischlampe
обста́вить, -влю, -вишь [-вленный] *pt* *impt* обставля́ть, -я́ю, -ля́ешь	ausstatten, einrichten
пиани́но *unv n*	Klavier
пи́сьменный стол	Schreibtisch
пле́йер, -а *m*	Walkman
портье́ра, -ы *f*	Vorhang
прои́грыватель, -я *m*	Plattenspieler
ра́мка, -и *f*	Rahmen
удо́бство, -а *n*	Bequemlichkeit; Komfort
што́ра, -ы *f*	Vorhang; Rollo
этаже́рка, -и *f*	Regal, Bücherregal

Haushaltsgegenstände

аппара́т · бельё · буди́льник · верёвка · ве́щи · га́зовый · гвоздь зажига́лка · иго́лка · ключ · коро́бка · кран · маши́на · мешо́к но́жницы · одея́ло · пе́пельница · пе́чка · плита́ · поду́шка · полоте́нце посте́ль · посу́да · предме́т · прибо́р · простыня́ · пылесо́с · тря́пка утю́г · холоди́льник · щётка · электри́ческий

батаре́йка, -и *f*	Batterie
Пле́йер рабо́тает на батаре́йках.	*Der Walkman wird mit Batterien betrieben.*
бо́йлер, -а *m*	Boiler
бытово́й прибо́р	Haushaltsgerät
гаранти́ровать, -рую, -руешь *pt & impt*	garantieren
гара́нтия, -и *f*	Garantie
духо́вка, -и *f*	Backofen
корзи́на, -ы *f*	Korb
кофева́рка, -и *f*	Kaffeemaschine
кры́шка, -и *f*	Deckel
ми́ксер, -а *m*	Mixer
мо́ечная маши́на	Spülmaschine

му́сор, -а *m*	Müll, Abfall; Schutt
му́сорный я́щик	*Müllkasten*
му́сорная я́ма	*Müllplatz; Müllgrube*
вы́возка му́сора	*Müllabfuhr*
мусоропрово́д, -а *m*	Müllschlucker
на́волочка, -и *f*	Kissenbezug
но́жка, -и *f*	Fuß, Bein
пи́шущая маши́нка	Schreibmaschine
пододея́льник, -а *m*	Bettbezug
посте́льное бельё	Bettwäsche
стира́льная маши́на	Waschmaschine
суши́лка, -и *f*	Trockner
то́стер, -а *m*	Toaster
фен, -а *m*	Fön

Haushaltsarbeiten

ве́шать · включи́ть/включа́ть · вы́гладить · вы́ключить/выключа́ть · вы́мыть · вы́стирать · вы́сушить · вы́тереть/вытира́ть · гла́дить · гря́зный · заже́чь/зажига́ть · закры́ть/закрыва́ть · испо́льзовать · мо́крый · мыть · освети́ть/освеща́ть · откры́ть/открыва́ть · погаси́ть · погла́дить · помы́ть · постира́ть · почини́ть · почи́стить · пыль · стира́ть · сухо́й · суши́ть · убо́рка · убра́ть/убира́ть · хозя́йство · чини́ть · чи́стить · чи́стый

вверх нога́ми	durcheinander
вла́жный, -ая, -ое [-жен, -жна́, -жно]	feucht
вы́утюжить, -жу, -жишь *pt* *s.* утю́жить	bügeln
га́снуть, -нет [гас/га́снул, га́сла] *impt*	ausgehen; erlöschen
гла́жка, -и *f*	Bügeln
дома́шнее хозя́йство	Haushalt
коро́ткое замыка́ние	Kurzschluß
мыть/вы́мыть/помы́ть посу́ду	Geschirr spülen
накры́ть/накрыва́ть (на) стол	Tisch decken
ота́пливаться, -аюсь, -аешься *impt*	heizen
Чем Вы ота́пливаетесь?	*Womit heizen Sie?*
отопи́ть, -оплю́, -о́пишь [-о́пленный] *pt* *impt* ота́пливать, -аю, -аешь	heizen

подмести́, -мету́, -метёшь [-мёл, -мела́; -метённый] *pt* *impt* подмета́ть, -а́ю, -а́ешь	fegen, ausfegen
постуча́ть, -чу́, -чи́шь *pt* *s.* стуча́ть	klopfen
Почему́ ты вошёл, не постуча́в?	*Warum bist du ohne anzuklopfen reingekommen?*
потуши́ть, -ушу́, -у́шишь [-у́шенный] *pt* *s.* туши́ть	ausmachen; löschen; auslöschen
Потуши́ свет.	*Mach das Licht aus!*
привести́/приводи́ть в поря́док	in Ordnung bringen
прове́трить, -рю, -ришь [-ренный] *pt* *impt* прове́тривать, -аю, -аешь	lüften
пылесо́сить, -о́сишь *impt*	staubsaugen
сквозня́к, -а́ *m*	Durchzug
стира́льный порошо́к	Waschpulver
сти́рка, -и *f*	Waschen
Я уже́ ко́нчила со сти́ркой.	*Ich bin mit dem Waschen fertig.*
стуча́ть, -чу́, -чи́шь *impt*	klopfen
Кто́-то стучи́т в две́рь.	*Jemand klopft an die Tür.*
туши́ть, тушу́, ту́шишь *impt*	ausmachen; löschen; auslöschen
убра́ть/убира́ть со стола́	abräumen
утю́жить, -жу, -жишь [-женный] *impt*	bügeln
чистота́, -ы́ *f*	Sauberkeit

14 Gesundheit und Körperpflege

Körper des Menschen

бровь · глаз · голова́ · го́лос · го́лый · го́рло · грудь · губа́ · дыша́ть желу́док · живо́т · зре́ние · зуб · зубно́й · ко́жа · коле́но · кровь лёгкое · лицо́ · лоб · нога́ · нос · па́лец · плечо́ · подборо́док · ресни́ца рот · рука́ · се́рдце · систе́ма · слух · спина́ · те́ло · у́хо · ше́я · щека́ язы́к

аппе́ндикс, -а *m*	Blinddarm
арте́рия, -и *f*	Arterie

бедро́, -а́ [*pl* бёдра, -дер, -рам] *n*	Schenkel; Oberschenkel; Hüfte
бок, -а (-у) [о бо́ке, на боку́; *pl* бока́, -о́в] *m*	Seite
ве́ко, -а [*pl* ве́ки, век] *n*	Lid
ве́на, -ы *f*	Vene
висо́к, -ска́ *m*	Schläfe
волосо́к, -ска́ *m*	Körperhaar
гло́тка, -и *f*	Schlund, Rachen
дыха́ние, -я *n*	Atem, Atmung
иску́сственное дыха́ние	*künstliche Beatmung*
зад, -а (-у) [*pl* -ды́, -до́в]	Hintern
заты́лок, -лка *m*	Nacken, Genick; Hinterkopf
кисть, -и [*pl* -и, -е́й] *f*	Hand
кишка́, -и́ [*pl* -шки́, -шо́к, -шка́м] *f*	Darm
кость, -и [о ко́сти, в кости́; *pl* -и, -е́й, -я́м] *f*	Knochen
кровообраще́ние, -я *n*	Blutkreislauf
ладо́нь, -и *f*	Handfläche
ло́коть, -ктя [*pl* ло́кти, -е́й] *m*	Ellbogen
мизи́нец, -ца *m*	der kleine Finger
мозг, -а [в мозгу́; *pl* -и́, -о́в] *m*	Gehirn
мы́шца, -ы *f*	Muskel
У меня́ боль в мы́шцах.	*Ich habe Muskelkater.*
нерв, -а *m*	Nerv
не́рвная систе́ма	Nervensystem
о́рган, -а *m*	Organ
о́рганы чувств	*Sinnesorgane*
органи́зм, -а *m*	Organismus, Körper
пе́чень, -и *f*	Leber
пищево́д, -а *m*	Speiseröhre
позвоно́чник, -а *m*	Wirbelsäule
полово́й, -а́я, -о́е	Geschlechts-, geschlechtlich
полова́я зре́лость	*Geschlechtsreife*
полово́е сноше́ние	*Geschlechtsverkehr*
половы́е о́рганы	*Geschlechtsorgane*
по́па, -ы *f*	Po
по́чки, -чек *pl* [*sg* почка, -и *f*]	Nieren
воспале́ние по́чек	*Nierenentzündung*
пупо́к, -пка́ *m*	Nabel
пята́, -ы [*pl* пя́ты, пята́м] *f*	Ferse
Переста́нь ходи́ть за мной по пята́м!	*Hör auf, mir auf dem Fuß zu folgen!*

ахилле́сова пята́	*Achillesferse*
с головы́ до пят	*von Kopf bis Fuß*
скеле́т, -а *m*	Skelett
слепа́я кишка́	Blinddarm
ступня́, -и́ *f*	Fuß; Fußsohle
сухожи́лие, -я *n*	Sehne
телосложе́ние, -я *n*	Körperbau
че́реп, -а [*pl* -а́, -о́в] *m*	Schädel
щи́колотка, -и *f*	Knöchel

Krankheiten

анги́на · бере́менная · боле́знь · боле́ть · боль · бо́льно · больно́й воспале́ние · глухо́й · грипп · жа́ловаться · заболе́ть/заболева́ть лёгкий · на́сморк · немо́й · опа́сность · опа́сный · плохо́й простуди́ться/простужа́ться · ра́на · серьёзный · слепо́й смерте́льный · страда́ть · тяжело́ · яд

аллерги́я, -и *f*	Allergie
аппендици́т, -а *m*	Blinddarmentzündung
У Вас при́ступ аппендици́та.	*Sie haben eine akute Blinddarmentzündung.*
бере́менность, -и *f*	Schwangerschaft
бе́шенство, -а *n*	Tollwut
бронхи́т, -а *m*	Bronchitis
ветря́нка, -и *f*	Windpocken
воспале́ние сре́днего у́ха	Mittelohrentzündung
воспали́ться, -и́тся [*1. & 2. Pers. ungbr.*] *pt* *impt* воспаля́ться, -я́ется	sich entzünden
глухонемо́й, -а́я, -о́е	taubstumm
депре́ссия, -и *f*	Depression, Niedergeschlagenheit
Я в депре́ссии.	*Ich bin deprimiert.*
заболева́ние, -я *n*	Erkrankung, Krankheit
профессиона́льное заболева́ние	*Berufskrankheit*
зара́за, -ы *f*	Ansteckung; Seuche
зарази́ть, -ажу́, -ази́шь *pt* *impt* заража́ть, -а́ю, -а́ешь	anstecken
зарази́ться, -ажу́сь, -ази́шься *pt* *impt* заража́ться, -а́юсь, -а́ешься	sich anstecken
зара́зный, -ая, -ое [-зен, -зна]	ansteckend

злока́чественный, -ая, -ое [-вен, -венна]	bösartig
Рак – э́то злока́чественный ту́мор.	*Krebs ist ein bösartiger Tumor.*
идёт кровь	bluten
У меня́ идёт кровь из но́са.	*Ich blute aus der Nase.*
инфа́ркт, -а *m*	Infarkt
инфа́ркт се́рдца	*Herzinfarkt*
инфе́кция, -и *f*	Infektion, Ansteckung
коклю́ш, -а *m*	Keuchhusten
корь, -и *f*	Masern
красну́ха, -и *f*	Röteln
кровоточи́ть, -очи́т [*1. & 2. Pers. ungbr.*] *impt*	bluten
Ра́на кровоточи́т.	*Die Wunde blutet.*
кровяно́е давле́ние	Blutdruck
повы́шенное (кровяно́е) давле́ние	*hoher Blutdruck*
пони́женное (кровяно́е) давле́ние	*niedriger Blutdruck*
лихора́дка, -и *f*	Fieber
морска́я боле́знь	Seekrankheit
нёрвный срыв	Nervenzusammenbruch
несча́стный слу́чай	Unglücksfall
обже́чь, обожгу́, обожжёшь, обожгу́т [обжёг, обожгла́] *pt* *impt* обжига́ть, -а́ю, -а́ешь	verbrennen, verbrühen
Я обожгла́ себе́ ру́ку.	*Ich habe mir die Hand verbrannt.*
Осторо́жно, обожжёшь па́льцы!	*Vorsicht, du kannst dir die Finger verbrennen!*
обже́чься, обожгу́сь, обожжёшься [обжёгся, обожгла́сь] *pt* обжига́ться, -а́юсь	sich verbrennen
одышка, -и *f*	Atemnot, Atembeschwerden
ожо́г, -а *m*	Brandwunde, Brandverletzung
со́лнечный ожо́г	*Sonnenbrand*
отрави́ться, -авлю́сь, -а́вишься *pt* *impt* отравля́ться, -я́юсь, -я́ешься	sich vergiften
отравле́ние, -я *n*	Vergiftung
отравле́ние гриба́ми	*Pilzvergiftung*
пасть/упа́сть в о́бморок	in Ohnmacht fallen, umkippen

перелóм, -а *m*	Bruch
перелóм руки́	*Armbruch*
перелóм ребра́	*Rippenfraktur*
понóс, -а *m*	Durchfall
порáнить, -ню, -нишь *pt*	sich verletzen
Я порáнил себé нóгу.	*Ich habe mich am Bein verletzt.*
порéзаться, -éжусь, -éжешься *pt*	sich schneiden
при́ступ, -а *m*	Anfall, Krise
простýда, -ы *f*	Erkältung
рак, -а *m*	Krebs
ревмати́зм, -а *m*	Rheuma
сáхарный диабéт	Zuckerkrankheit, Diabetes
сви́нка, -и *f*	Ziegenpeter, Mumps
сердéчный при́ступ	Herzanfall
сломáть (себé) нóгу	sich das Bein brechen
сломáть (себé) рýку	sich den Arm brechen
сóлнечный удáр	Sonnenstich
спид, -а *m*	Aids
тéтанус, -а *m*	Tetanus, Wundstarrkrampf
трáвма, -ы *f*	Verletzung, Wunde; Trauma
произвóдственная трáвма	*Betriebsverletzung*
туберкулёз, -а *m*	Tuberkulose
туберкулёз лёгких	*Lungentuberkulose*
кóстный туберкулёз	*Knochentuberkulose*
шок, -а *m*	Schock
эпидéмия, -и *f*	Epidemie
я́зва, -ы *f*	Geschwür; Wunde
я́зва желýдка	*Magengeschwür*

Auswirkungen von Krankheiten

блéдный · болéть · врéдный · дрожáть · кáшлять · плóхо · похудéть слáбый · смерть · состоя́ние · улучшéние · умерéть/умирáть · устáлый устáть/уставáть · ухудшéние · ухýдшиться/ухудшáться · худéть · худóй

бессóнница, -ы *f*	Schlaflosigkeit
бред, -а [в бредý] *m*	Fieberwahn, Fieberphantasie
Больнóй в бредý.	*im Fieberwahn reden*
брéдить, брéжу, брéдишь *impt*	im Fieber sprechen
быть без сознáния	in Ohnmacht sein, ohnmächtig sein
вали́ться с ног от устáлости	vor Müdigkeit umfallen
вспотéть, -éю, -éешь *pt*	schwitzen; in Schweiß geraten
s. потéть	

головá крýжится	schwindelig sein
У менѧ́ крýжится головá.	*Mir ist schwindelig.*
головокружéние, -я *n*	Schwindel, Schwindelgefühl
души́ть, душý, дýшишь *impt*	ersticken
Меня́ дýшит кáшель.	*Ich bekomme keine Luft wegen des Hustens.*
éле держáться/стоя́ть на ногáх	weiche Knie haben
задыхáться, -áюсь, -áешься *impt*	ersticken, außer Atem sein, keine Luft bekommen
зноби́ть, -и́т *unpers impt*	frösteln
Меня́ зноби́т.	*Mir fröstelt.*
зуд, -а *m*	Juckreiz
зудéть, зуди́т [*1.&2. Pers. ungbr.*] *impt*	jucken
Всё тéло зуди́т.	*Es juckt mich überall.*
истощéние, -я *n*	Erschöpfung
лихорáдить, -ит *unpers impt*	von Fieber geschüttelt sein, fiebern
Меня́ лихорáдит.	*Ich habe hohes Fieber.*
Больнóго стáло лихорáдить.	*Der Kranke bekam hohes Fieber.*
осложнéние, -я *n*	Komplikation
плóхо вы́глядеть	schlecht aussehen
потéть, -éю, -éешь *impt*	schwitzen
прибáвить/прибавля́ть в вéсе	zunehmen
рвать, рвёт *unpers impt*	brechen
Больнóго рвёт.	*Der Kranke bricht.*
рвóта, -ы *f*	Erbrechen, Brechen
теря́ть/потеря́ть сознáние	in Ohnmacht fallen, umkippen
тошни́ть, -и́т *unpers impt*	Übelkeit erregen
Меня́ тошни́т.	*Mir ist übel.*
тошнотá, -ы́ *f*	Übelkeit, Brechreiz
утоми́ть, -млю́, -ми́шь *pt*	jdn. ermüden, anstrengen, erschöpfen
impt утомля́ть, -я́ю, -я́ешь	
чихáть, -áю, -áешь *impt*	niesen
pt чихнýть, -нý, -нёшь	
чýвствовать себя́ хорошó/плóхо	sich wohl/unwohl fühlen
чýвствовать/почýвствовать себя́	sich fühlen
Я плóхо себя́ чýвствую.	*Ich fühle mich schlecht.*
Как бы ты почýвствовал себя́ на моём мéсте?	*Wie würdest du dich an meiner Stelle fühlen?*

Behandlung von Krankheiten

апте́ка · больни́ца · врач · вы́здороветь/выздора́вливать · вы́лечить/вылечивать · гра́дусник · де́йствие · де́йствовать · диа́гноз · дие́та жизнь · жить · забо́та · забо́титься · за́пись · запрети́ть/запреща́ть здоро́вый · здоро́вье · инструме́нт · кабине́т · ка́пля · лека́рство лу́чше · медици́на · медици́нский · медсестра́ · нужда́ться · опера́ция осмотре́ть/осма́тривать · отдохну́ть/отдыха́ть · о́тдых · очки́ позабо́титься · поко́й · поликли́ника · помо́чь/помога́ть · по́мощь попра́виться/поправля́ться · приня́ть/принима́ть · режи́м рекомендова́ть · реце́пт · санита́р · спасти́/спаса́ть · специа́льный улу́чшить/улучша́ть · улу́чшиться/улучша́ться · успе́шно · успе́шный уха́живать · хорошо́

антибио́тик, -а *m*	Antibiotikum
апте́карь, -я *m*	Apotheker(in)
бере́чься, -егу́сь, -ежёшься, -егу́тся [-ёгся, -еглáсь]	sich schützen
Вам на́до бере́чься просту́ды.	*Sie müssen sich vor Erkältung schützen.*
быть в фо́рме	in Form sein
Сего́дня я не в фо́рме.	*Heute bin ich nicht in Form.*
вакцини́ровать, -рую, -руешь *impt*	impfen
выздоровле́ние, -я *n*	Genesung, Gesundung
вы́лечиться, -чусь, -чишься *pt* *impt* выле́чиваться, -аюсь, -аешься	gesund werden, sich auskurieren
гипс, -а *m*	Gips
Рука́ у меня́ в ги́псе.	*Ich habe den Arm in Gips.*
до́ктор, -а [*pl* -á, -о́в] *m*	Arzt, Ärztin; Doktor
записа́ться на приём к врачу́	einen Termin beim Arzt...
зубно́й врач	Zahnarzt, -ärztin
ка́пли, -пель *pl*	Tropfen
кли́ника, -и *f*	Klinik
лече́ние, -я *n*	Behandlung
стациона́рное лече́ние	*stationäre Behandlung*
амбулато́рное лече́ние	*ambulante Behandlung*
лечи́ться, лечу́сь ле́чишься *impt*	sich kurieren, in Behandlung sein
У кого́ Вы ле́читесь?	*Von wem werden Sie behandelt?*
мазь, -и *f*	Salbe
медикаме́нт, -а *m*	Medikament, Arznei
медици́нское обеспече́ние	Pflichtkrankenkasse

микстýра, -ы *f*	Mixtur
оперúровать, -рую, -руешь [-ованный] *pt & impt*	operieren
осмóтр, -а *m*	Untersuchung
пациéнт, -а *m*, пациéнтка, -и *f*	Patient(in)
перевязáть, -яжý, -я́жешь *pt* *impt* перевя́зывать, -аю, -аешь	verbinden
перевя́зка, -и *f*	Verband
пилю́ля, -и *f*	Pille
плáстырь, -я *m*	Pflaster
подня́ть нá ноги	auf die Beine bringen
положúть в больнúцу	jdn. ins Krankenhaus einliefern
прийтú/приходúть в себя́	wieder zu sich kommen
прийтú/приходúть в сознáние	zur Besinnung kommen, wieder zu sich kommen
противозачáточное срéдство	Antibabypille
профилáктика, -и *f*	Prophylaxe, Vorbeugung
пульс, -а *m*	Puls
щýпать пульс	*den Puls fühlen*
частотá пýльса	*Pulsfrequenz*
рентгéновский снúмок	Röntgenaufnahme
санитáрная машúна	Krankenwagen
скóрая пóмощь	„Schnelle Medizinische Hilfe" = Rettungswagen
спокóйствие, -я *n*	Ruhe, Stille
Тебé нýжно спокóйствие.	*Du brauchst Ruhe.*
Твоё спокóйствие удивля́ет меня́.	*Deine Gelassenheit wundert mich.*
Сохраня́йте спокóйствие.	*Bewahren Sie Ruhe!*
таблéтка, -и *f*	Tablette
укóл, -а *m*	Spritze, Injektion
дéлать/сдéлать укóл	*eine Spritze geben*
хирýрг, -а *m*	Chirurg(in)
шприц, -а *m*	Spritze
эффектúвный, -ая, -ое [-вен, -вна]	effektiv, wirkungsvoll, wirksam

Körperpflege

бáня · бородá · брúться · вáта · вéсить · вóлосы · вы́купаться · вы́мыть вы́сохнуть/высыхáть · вы́сушить · вы́тереть/вытирáть · гýбка · духú душ · крем · купáться · мóкрый · мы́ло · мыть · носовóй · парикмáхер побри́ться · полсте́нце · помы́ть · почи́стить · расчёска · сухо́й · суши́ть тёплый · туале́т · умы́ть/умыва́ть · усы́ · холо́дный · чи́стить · чи́стый щётка

безопа́сная бри́тва	Rasierapparat
вы́купать, -аю, -аешь *pt* s. купа́ть	baden
вы́мыться, -моюсь, -моешься *pt* s. мы́ться	sich waschen
вы́сморкаться, -аюсь, -аешься *pt* s. сморка́ться	sich die Nase putzen
вы́тереться, -трусь, -трешься *pt* *impt* вытира́ться, -а́юсь, -а́ешься	sich abtrocknen
грим, -а *m*	Schminke; Make-up
снима́ть грим	*sich abschminken*
губна́я пома́да	Lippenstift
де́лать/сде́лать причёску	sich frisieren lassen
зубна́я па́ста	Zahnpasta
искупа́ть, -а́ю, -а́ешь *pt* s. купа́ть	baden
искупа́ться, -а́юсь, -а́ешься *pt* s. купа́ться	baden; ein Bad nehmen
косме́тика, -и *f*	Kosmetik
космети́ческая ма́ска	Gesichtsmaske
кра́сить/накра́сить гу́бы	sich die Lippen schminken
Заче́м ты накра́сила гу́бы?	*Warum hast du die Lippen geschminkt?*
кра́сить/покра́сить во́лосы	die Haare färben
кра́ситься, кра́шусь, кра́сишься *impt*	sich schminken; sich die Haare färben
кра́ска для воло́с	Haarfarbe
купа́ть, -а́ю, -а́ешь *impt*	baden
купа́ть дете́й	*die Kinder baden*
куро́рт, -а *m*	Kurort; Badeort (u. ä. Urlaubsorte)
лак для воло́с	Haarspray, Haarlack
лак для ногте́й	Nagellack
ле́звие, -я *n*	Rasierklinge
маникю́р, -а *m*	Maniküre, Nagelpflege
мы́ться, мо́юсь, мо́ешься *impt*	sich waschen

накра́ситься, -а́шусь, -а́сишься *pt* *s.* кра́ситься	sich schminken
одеколо́н, -а *m*	Kölnischwasser, Eau de Cologne
парикма́херская, -ой *f*	Frisiersalon
пи́лка дла ногте́й	Nagelfeile
постри́чь, -игу́, -ижёшь, -игу́т [-и́г, -и́гла; -и́женный] *pt*	schneiden
Как Вас постри́чь?	*Welchen Haarschnitt wünschen Sie?*
постри́чься, -игу́сь, -ижёшься, -игу́тся [-и́гся, -и́глась] *pt*	sich das Haar schneiden lassen
привести́/приводи́ть себя́ в поря́док	sich in Ordnung bringen
причеса́ть, -ешу́, -е́шешь [-чёсанный] *pt* *impt* причёсывать, -аю, -аешь	kämmen
причёска, -и *f*	Frisur
прыщ, -а *m*	Pickel
пу́дра, -ы *f*	Puder
сморка́ться, -а́юсь, -а́ешься *impt*	sich die Nase putzen
со́лнечные очки́ *pl*	Sonnenbrille
со́хнуть, -ну, -нешь [сох/со́хнул, со́хла] *impt*	trocknen, trocken werden
фен, -а *m*	Fön
цвет лица́	Teint
электри́ческая бри́тва	Elektrorasierer

15 Hobby und Sport

Allgemeine Begriffe

акти́вный · бо́дрый · босико́м · занима́ться · заня́тие · захоте́ть захоте́ться · игра́ · игра́ть · интере́с · кружо́к · люби́мый · мир · о́тдых развлече́ние · сыгра́ть · удово́льствие · уча́стие

досу́г, -а *m*	Freizeit
люби́тель, -я *m*	Amateur; Liebhaber
люби́тельский, -ая, -ое	Amateur-
матрёшка, -и *f*	russische Puppe

охóта, -ы *f*	Lust haben auf/am
У меня́ снóва появи́лась охóта к чтéнию.	*Ich habe wieder Lust am Lesen.*
Мне охóта сходи́ть в кинó.	*Ich habe Lust, ins Kino zu gehen.*
приня́ть/принимáть учáстие	teilnehmen
провести́/проводи́ть врéмя в	Zeit verbringen mit
Я провожу́ врéмя в чтéнии.	*Ich verbringe meine Zeit mit Lesen.*
профессионáл, -а *m*	Profi
профессионáльный, -ая, -ое	professionell
хотéться, хóчется *unpers impt*	Lust haben auf ...; mögen ... ; wollen ...
Мне хóчется морóженого.	*Ich habe Lust auf ein Eis.*
Мне хóчется спать.	*Ich will schlafen.*

Hobbys

альбóм · вы́полоть · вы́растить/вырáщивать · гитáра · гуля́ть записáть/запи́сывать · записáться/запи́сываться · зáпись · игру́шка кинó · клéй · коси́ть · ку́кла · мастери́ть · му́зыка · поли́ть/поливáть полóть · посади́ть · прогу́лка · разви́ть/развивáть · растéние · ритм сажáть · скоси́ть · смастери́ть · собрáть/собирáть сфотографи́ровать · тáнец · танцевáть · теáтр · травá · фильм фотоаппарáт · фотогрáфия · цветóк

газóн, -а *m*	Rasen
кáмера, -ы *f*	Kamera
подвóдная кáмера	*Unterwasserkamera*
каталóг, -а *m*	Katalog
коллекционéр, -а *m*	Sammler
коллекциони́ровать, -рую, -руешь *impt*	sammeln
коллéкция, -и *f*	Sammlung
чáстная коллéкция	*Privatsammlung*
лови́ть ры́бу	angeln
мюзикхóлл, -а *m*	Musikpalast
плéвел, -а [*pl* плéвелы, плéвел] *m*	Unkraut
плёнка, -и *f*	Film
цветнáя плёнка	*Farbfilm*
чёрно-бéлая плёнка	*Schwarzweißfilm*
магнитофóнная плёнка	*Tonband*
записáть на плёнку	*auf Band aufnehmen*
рыбáк, -á *m*, рыбáчка, -и *f*	Fischer(in)
рыбáлка, -и *f*	Angeln
фольклóр, -а *m*	Folklore

Sportbegriffe

бассе́йн · боро́ться · воро́та · вы́играть/выи́грывать · завоева́ть/завоёвывать · като́к · клуб · кома́нда · меда́ль · пла́вать · побе́да победи́тель · пораже́ние · пра́вило · приз · проигра́ть/прои́грывать проти́вник · результа́т · реко́рд · си́ла · соревнова́ние · спорт спорти́вный · спортсме́н · судья́ · счёт · тре́нер · тренирова́ться уча́ствовать · флаг · фо́рма · чемпио́н · эта́п

атле́т, -а *m*	Athlet
боле́льщик, -а *m*	[Sport]Fan
гол, -а *m*	Tor
двоебо́рье, -я *m*	Zweikampf
жре́бий, -я *m*	Los
тяну́ть жребий	*auslosen*
броса́ть жре́бий	*Losentscheid*
занима́ться спо́ртом	Sport treiben
ку́бок, -бка *m*	Pokal
матч, -а *m*	Spiel
футбо́льный матч	*Fußballspiel*
Олимпи́йские и́гры *pl*	Olympische Spiele
освиста́ть, -ищу́, -и́щешь [-и́станный] *pt* *impt* осви́стывать, -аю, -аешь	auspfeifen
па́ртия, -и *f*	Partie
пе́рвенство, -а *n*	Meisterschaft
рева́нш, -а *m*	Revanche
регла́мент, -а *m*	Spielregeln
сет [сэ́т], -а *m*	Satz
снаря́д, -а *m* (спортиьный)	Sportgerät
соревнова́ться, -ну́юсь, -ну́ешься *impt*	(wett)kämpfen
состяза́ние, -я *n*	Wettkampf
состяза́ться, -а́юсь, -а́ешься *impt*	(wett)kämpfen
спорти́вная площа́дка (спортплоща́дка)	Sportplatz
спорти́вный костю́м	Trainingsanzug; Freizeitanzug
счёт, -а *m*	Resultat
тренирова́ть, -ру́ю, -ру́ешь *impt*	trainieren
трениро́вка, -и *f*	Training
трико́ *unv n*	Trikot
уча́стник, -а *m*, уча́стница, -ы *f*	Teilnehmer
чемпиона́т, -а *m*	Meisterschaft

Sportliche Betätigungen

баскетбо́л · бег · бе́гать · бро́сить/броса́ть · велосипе́д · волейбо́л гимна́стика · заря́дка · ката́ться · коньки́ · ло́дка · лы́жи · мяч охо́тник · плыть · пры́гать · пры́гнуть · снег · футбо́л · футболи́ст ша́хматы

альпини́зм, -а *m*	Bergsteigen
альпини́ст, -а *m*, альпини́стка, -и *f*	Alpinist(in)
бег на конька́х	Eislaufen
бегу́н, -а́ *m*, бегу́нья, -и *f*	Läufer(in)
бокс, -а *m*	Boxen
боксёр, -а *m*	Boxer
велосипеди́ст, -а *m*, велосипеди́стка, -и *f*	Fahrradfahrer(in)
водяно́й спорт	Wassersport
врата́рь, -я́ *m*	Torwart
вса́дник, -а *m*	Reiter
гимна́ст, -а *m*, гимна́стка, -и *f*	Turner(in); Gymnastin
гольф, -а *m*	Golf
гре́бля, -и *f*	Rudern
е́здить верхо́м	reiten
зи́мний спорт	Wintersport
ки́нуть, -ну, -нешь *pt* *impt* кида́ть, -а́ю, -а́ешь	werfen
ко́нный спорт	Reitsport
лёгкая атле́тика	Leichtathletik
лук, -а *m*	Bogen
лы́жник, -а *m*, лы́жница, -ы *f*	Schiläufer(in)
мета́ние копья́/ди́ска/мо́лота	Speer-, Diskus-, Hammerwerfen
нае́здник, -а́ *m*	Reiter
насто́льный тенни́с	Tischtennis
нырну́ть, -ну́, -нёшь *pt* *s.* ныря́ть	untertauchen; eintauchen
ныря́ть, -я́ю, -я́ешь *impt*	untertauchen; eintauchen
охо́титься, -о́чусь, -о́тишься *impt*	jagen
па́русный спорт	Segelsport
пла́вание, -я *n*	Schwimmen
препя́тствие, -я *n*	Hindernis
бег с препя́тствиями	*Hindernisrennen*
прыжо́к, -жка́ *m*	Sprung

прыжо́к в длину́	*Weitsprung*
прыжо́к в высоту́	*Hochsprung*
прыжо́к с шесто́м	*Stabhochsprung*
тройно́й прыжо́к	*Dreisprung*
одни́м прыжко́м	*mit einem Sprung*
са́ни, -е́й *pl*	Schlitten
ката́ться на са́нях	*Schlitten fahren*
сеть, -и *f*	Netz; Korb
сла́лом, -а *m*	Slalom
гига́нтский сла́лом	*Riesenslalom*
спуск, -а *m*	Abstieg
тенни́с, -а *m*	Tennis
тяжёлая атле́тика	Schwerathletik
фехтова́ние, -я *n*	Fechten
фигури́ст, -а *m*, фигури́стка, -и *f*	Eiskunstläufer(in)
фигу́рное ката́ние	Eiskunstlauf
хокке́й с ша́йбой	Eishockey
шахмати́ст, -а *m*, шахмати́стка, -и *f*	Schachspieler

16 Reisen und Tourismus

Reisevorbereitungen

бино́кль · брони́ровать · ве́щи · записа́ться/запи́сываться · кани́кулы ка́рта · клие́нт · маршру́т · о́тпуск · план · пое́здка · пребыва́ние путёвка · путеше́ствие · путеше́ствовать · рекомендова́ть · рюкза́к спи́сок · тури́зм · тури́ст · туристи́ческий · чемода́н · экску́рсия

Аэрофло́т, -а *m*	Aeroflot (russische Fluggesellschaft)
бро́ня, -и *f*	Buchung; Reservierung
бюро́ путеше́ствий [экскурсио́нное бюро́]	Reisebüro
взять/брать напрока́т	mieten (aber kein Zimmer)
группова́я пое́здка	Gruppenreise
заброни́ровать, -рую, -руешь [-анный] *pt* *s.* брони́ровать	(Platz) reservieren
заказа́ть/зака́зывать гости́ницу	ein Hotel buchen
Интури́ст, -а *m*	Intourist (russische Reiseorganisation)

куро́рт, -а *m*	Kurort; Badeort (u. ä. Urlaubsorte)
осведоми́ться, -млю́сь, -ми́шься *pt* *impt* осведомля́ться, -я́юсь, -я́ешься	sich informieren
отдыха́ющий, -его *m*	Urlauber
прока́т маши́н	Autovermietung
путеводи́тель, -я *m*	Reiseführer (Buch)
спра́вочное бюро́	Information[sbüro]
указа́ние, -я *n*	Hinweis

Ablauf der Reise

авто́бус · аэропо́рт · бага́ж · биле́т · борт · ваго́н · вокза́л · грани́ца е́здить · е́хать · кора́бль · купе́ · лете́ть · ло́дка · ме́сто · отъе́зд парохо́д · па́спорт · пассажи́р · плыть · по́езд · пое́хать · порт прие́хать/приезжа́ть · расписа́ние · самолёт · сопровожда́ть

биле́т в мя́гком/жёстком/ купи́рованном ваго́не	Fahrkarte erster/zweiter/dritter Klasse
голосова́ть на доро́ге	per Anhalter fahren
ка́мера хране́ния	Schließfach
ка́сса предвари́тельной прода́жи	Vorverkaufsstelle
куря́щие/некуря́щие *pl*	Raucher/Nichtraucher (im Zug, im Flugzeug u. ä.)
носи́льщик, -а *m*	Gepäckträger
опозда́ние, -я *n*	Verspätung
По́езд при́был с больши́м опозда́нием.	*Der Zug ist mit großer Verspätung angekommen.*
отойти́, -йду́, -йдёшь [-ошёл, -ошла́] *pt* *impt* отходи́ть, -ожу́, -о́дишь	beiseite treten; sich zurückziehen
Отойди́ от окна́, тебя́ мо́гут уви́деть.	*Weg vom Fenster, man kann dich sehen!*
Я отошёл в сто́рону, что́бы не слы́шать их разгово́р.	*Ich bin weggetreten, um deren Gespräch nicht zu hören.*
По́езд отхо́дит ро́вно в пять.	*Der Zug fährt um Punkt fünf Uhr ab.*
отпра́виться, -влюсь, -вишься *pt* *impt* отправля́ться, -я́юсь, -я́ешься	sich auf den Weg machen
Мы отпра́вились в пу́ть.	*Wir machten uns auf den Weg.*
па́луба, -ы *f*	Deck

пáспортный контрóль	Paßkontrolle
плацкáрта, -ы *f*	Platzkarte
прибы́тие, -я *n*	Ankunft, Eintreffen
прибы́ть, -бýду, -бýдешь [при́был, прибылá, при́было] *pt* *impt* прибывáть, -áю, -áешь	ankommen
Мы благополýчно при́были в Москвý.	*Wir sind gut in Moskau angekommen.*
Пóезд прибывáет на четвёртый путь.	*Der Zug hat Einfahrt auf Gleis vier.*
приéзд, -а *m*	Ankunft
приземли́ться, -лю́сь, -ли́шься *pt* *impt* приземля́ться, -я́юсь, -я́ешься	landen
прилетéть, -лечý, -лети́шь *pt* *impt* прилетáть, -áю, -áешь	mit dem Flugzeug kommen
приплы́ть, -ывý, -ывёшь [-ы́л, -ылá, -ы́ло] *pt* *impt* приплывáть, -áю, -áешь	mit dem Schiff ankommen; an Land schwimmen
причáл, -а *m*	Kai
проводни́к, -á *m*, проводни́ца, -ы *f*	Schaffner(in)
ручнáя кладь	Handgepäck
сдать/сдавáть вéщи в багáж	das Gepäck aufgeben
схóдни, -ей *pl*	Gangway
тамóженная декларáция	Zollerklärung
тамóженник, -а *m*	Zöllner, Zollbeamter
тамóжня, -и *f*	Zoll
телéжка, -и *f*	Gepäckwagen
томóженный досмóтр	Zollkontrolle
формáльность, -и *f*	Formalität

Inhalt der Reise

архитектýра · вы́купаться · горá · гóрный · гуля́ть · дрéвний · загорéть/загорáть · заграни́ца · знамени́тый · инострáнный · костёр междунарóдный · мéстность · мéстный · мóре · морскóй · музéй осмотрéть/осмáтривать · отдохнýть/отдыхáть · óтдых · пáмятник песóк · посети́тель · посети́ть/посещáть · посещéние · приключéние прогýлка · рассмотрéть/рассмáтривать · спокóйный · стари́нный странá · танцевáть · типи́чный · ти́хий · тишинá · фотоаппарáт фотографи́ровать

архитекту́рный, -ая, -ое [-рен, -рна]	architektonisch
архитекту́рный стиль	*Baustil*
архитекту́рный па́мятник	*Baudenkmal*
Балти́йское мо́ре	die Ostsee
бар, -а *m*	Bar
ночно́й бар	*Nachtbar*
достопримеча́тельность, -и *f*	Sehenswürdigkeit
древнеру́сский, -ая, -ое	altrussisch
за грани́цей	im Ausland
зага́р, -а *m*	Bräune
загоре́лый, -ая, -ое	braungebrannt
загра́ничный, -ая, -ое	ausländisch
зо́дчество, -а *n*	Architektur
искупа́ться, -а́юсь, -а́ешься *pt* *s.* купа́ться	baden; ein Bad nehmen
круи́з, -а *m*	Kreuzfahrt
Крым, -а [в Крыму́] *m*	Krim
купа́ние, -я *n*	Baden
на све́жем во́здухе	an der frischen Luft
ночева́ть, -чу́ю, -чу́ешь *impt*	übernachten
ночно́й клуб	Nachtklub
отли́в, -а *m*	Ebbe
переночева́ть, -чу́ю, -чу́ешь *pt* *s.* ночева́ть	übernachten
побыва́ть, -а́ю, -а́ешь *pt*	sich aufhalten; (irgendwo) gewesen sein
Где мы то́лько не побыва́ли за э́ти две неде́ли.	*Wo wir in diesen zwei Wochen überall gewesen sind!*
прили́в, -а *m*	Flut
разва́лины *pl* [*sg* разва́лина, -ы *f*]	Ruine
разва́лины за́мка	*Schloßruine*
Се́верное мо́ре	die Nordsee
со́лнечные ва́нны *pl*	Sonnenbad
со́лнечные очки́ *pl*	Sonnenbrille
Средизе́мное мо́ре	das Mittelmeer
фолькло́р, -а *m*	Folklore
Чёрное мо́ре	das Schwarze Meer

Unterkunft

балко́н · ва́нна · ва́нная · гости́ница · гость · душ · за́втрак · иностра́нец клуб · ключ · ко́мната · крова́ть · лифт · но́мер · пала́тка · рестора́н све́тлый · терра́са · туале́т · удо́бный · фойе́ · центра́льный · чи́стый шу́мный

адмистра́ция, -и *f* — Verwaltung; Empfang (im Hotel)
го́рничная, -ой *f* — Zimmermädchen
ке́мпинг [кэ́], -а *m* — Camping
комфо́рт, -а *m* — Komfort
комфорта́бельный, -ая, -ое [-лен, -льна] — komfortabel
люкс, -а *m* — Luxus
обслу́живание, -я *n* — Bedienung
обслу́живать, -аю, -аешь *impt* *pt* обслужи́ть, -ужу́, -у́жишь — bedienen
пансио́н, -а *m* — Pension
персона́л, -а *m* — Personal
реклама́ция, -и *f* — Reklamation
тре́йлер, -а *m* — Wohnwagen
удо́бство, -а *n* — Bequemlichkeit; Komfort
умыва́льник, -а *m* — Waschbecken
фешене́бельный [нэ́], -ая, -ое [-лен, -льна] — Luxus-, schick

17 Schule und Universität

Schulsystem

библиоте́ка · гимнази́ст · гимна́зия · заня́тие · класс · кружо́к обуче́ние · обяза́тельный · преподава́тель · расписа́ние · рефо́рма те́хникум · уча́щийся · учёба · учёбный · уче́ние · учени́к · учи́лище учи́тель · шко́ла · шко́льник · шко́льный

беспла́тный, -ая, -ое [-тен, -тна] — kostenlos, umsonst
били́нгв, -а *m* — zweisprachig
билингви́зм, -а *m* — Zweisprachigkeit
всео́бщий, -ая, -ое [-о́бщ] — allgemein
вы́сшая шко́ла — Hochschule, Universität
двуязы́чие, -я *n* — Zweisprachigkeit
десятиле́тка, -и *f* — [Zehnjahresschule] (Grundschule + Sekundarstufe I)
де́тский сад — Kindergarten
(учёбная) **дисципли́на**, -ы *f* — (Lehr-, Unterrichts)Fach
нача́льная шко́ла — Grundschule
общежи́тие, -я *n* — (Studenten)Heim
общеобразова́тельная шко́ла — [Allgemeinbildungsschule] (Primar- + Sekundarstufe I)

око́нчить, -чу, -чишь [-ченный] *pt*	beenden; abschließen (eine Tätigkeit)
impt ока́нчивать, -аю, -аешь	
око́нчить университе́т	*das Studium beenden*
(уче́бный) **предме́т**	Unterrichtsfach
русскоговоря́щий, -ая, -ее	russischsprechend
сре́дняя шко́ла	[Mittelschule] (Grundschule + Sekundarstufe I)
стипе́ндия, -и *f*	Stipendium
уче́бный план	Lehrplan
учени́чество, -а *n*	Schulzeit
шко́ла-интерна́т	Internat
(де́тские) **я́сли** *pl*	Kinderkrippe

Unterrichtsfächer

арифме́тика · биоло́гия · геогра́фия · исто́рия · литерату́ра · матема́тика · предме́т · уро́к · фи́зика · физкульту́ра · хи́мия

иностра́нный язы́к	Fremdsprache
пе́ние, -я *n*	das Singen
рисова́ние, -я *n*	Zeichnen, Malen, Kunst
труд, -а́ *m*	[Handarbeit] (z. B. stricken, nähen, basteln u. ä.)

Unterrichtsziele

аккура́тный · во́ля · воспита́ние · воспи́танный · воспита́ть/воспи́тывать · дипло́м · знать · интеллиге́нтность · интеллиге́нтный · культу́ра · награ́да · образова́ние · отли́чие · отли́чный · оце́нка · пи́сьменный · разви́тие · разви́ть/развива́ть · результа́т · самостоя́тельный · спосо́бность · спосо́бный · тво́рческий · трудолюби́вый · улучше́ние · улу́чшить/улучша́ть · уме́ние · уме́ть · употребле́ние · успе́х · у́стный · цель

дво́йка, -и *f*	die Ziffer „2"; ungenügend (2)
тро́йка, -и *f*	die Ziffer „3"; befriedigend (3), ist oft ausreichend
четвёрка, -и *f*	die Ziffer „4"; gut (4) mit Tendenz zu befriedigend
пятёрка, -и *f*	die Ziffer „5"; sehr gut (5)
аттеста́т зре́лости	Reifezeugnis, Abitur (Abschluß der Zehnjahresschule)
в дета́лях	im Detail

в соверше́нстве	perfekt
Влади́мир владе́ет в соверше́нстве неме́цким языко́м.	*Wladimir spricht perfekt Deutsch.*
доскона́льно *adv*	umfassend, profund
доскона́льно знать	*umfassende Kenntnisse haben*
зна́ние, -я *n*	Kenntnis, Wissen
образо́ванный, -ая, -ое [-ан, -анна]	gebildet
отли́чник, -а *m*, отли́чница, -ы *f*	sehr guter Schüler(in)
отме́тка, -и *f*	Note
У меня́ хоро́шие отме́тки по всем предме́там.	*Ich habe gute Noten in allen Fächern.*
посре́дственный, -ая, -ое [-вен, -венна]	mittelmäßig
правописа́ние, -я *n*	Rechtschreibung, Orthographie
самостоя́тельность, -и *f*	Selbstständigkeit
соверше́нствовать, -твую, -твуешь *impt*	verbessern; optimieren
та́бель, -я *m*	Zeugnis
такти́чность, -и *f*	Taktgefühl, Feingefühl
трудолю́бие, -я *n*	Fleiß
усоверше́нствовать, -твую, -твуешь *pt*	verbessern; optimieren
s. соверше́нствовать	
успева́емость, -и *f*	Lernzuwachs
хорошо́ информи́рованный	gut informiert

Unterrichtsgeschehen

алфави́т · ана́лиз · бу́ква · вопро́с · выраже́ние · вы́учить · гото́вить гото́виться · дели́ть · диктова́ть · доказа́тельство · зада́ние · зада́ча замеча́ние · занима́ться · записа́ть/запи́сывать · запи́ска · за́пись запо́мнить/запомина́ть · звоно́к · значе́ние · исключе́ние · исключи́ть/исключа́ть · испо́льзовать · испра́вить/исправля́ть · кабине́т · лени́вый ли́ния · наизу́сть · написа́ть · научи́ть · научи́ться · но́вый · обуча́ть объясне́ние · объясни́ть/объясня́ть · обьяза́тельный · окно́ · описа́ть/опи́сывать · определи́ть/определя́ть · отве́т · отве́тить/отвеча́ть отли́чно · отсу́тствие · отсу́тствовать · ошиби́ться/ошиба́ться оши́бка · переписа́ть/перепи́сывать · писа́ть · повторе́ние повтори́ть/повторя́ть · подгото́вить/подгота́вливать · подгото́виться/подгота́вливаться · показа́ть/пока́зывать · поня́тный · поня́ть/понима́ть · пра́вило · пра́ктика · предложе́ние · препода́ть/преподава́ть · приме́р · прису́тствие · прове́рить/проверя́ть · прове́рка продиктовáть · пройти́/проходи́ть · пропусти́ть/пропускáть · простóй прочитáть · раздели́ть/разделя́ть · решéние · реши́ть/решáть рисовáть · сжáтый · слóво · сложи́ть/склáдывать · слóжный содержáние · сосчитáть · спроси́ть/спрáшивать · текст · тéма трýдность · трýдный · упражнéние · упражня́ться · учи́ть · учи́ться фóрмула · ци́фра · чертёж · числó · шум · шумéть · язы́к · я́сный

анализи́ровать, -рую, -руешь [-анный] *pt & impt*	analysieren
введéние, -я *n*	Einführung; Einleitung
вы́звать/вызывáть к доскé	an die Tafel holen
вы́зубрить, -рю, -ришь [-ренный] *pt* *s.* зубри́ть	einpauken
вычитáние, -я *n*	Subtraktion
делéние, -я *n*	Division
дефини́ция, -и *f*	Definition
диктáнт, -а *m*	Diktat
дискýссия, -и *f*	Diskussion
дискути́ровать, -рую, -руешь *impt*	diskutieren
дисципли́на, -ы *f*	Disziplin
домáшнее задáние	Hausaufgabe
зубри́ть, зубрю́, зýбришь *impt*	pauken
изложéние, -я *n*	Aufsatz
изучéние, -я *n*	Lernen; Studium; Untersuchung
квадрáт, -а *m*	Quadrat
контрóльная рабóта	Klausur, Klassenarbeit
ми́нус, -а *m*	minus
начерти́ть, -ерчý, -éртишь [-éрченный] *pt* *s.* черти́ть	zeichnen
описáние, -я *n*	Beschreibung
осóбенность, -и *f*	Besonderheit
перевести́, -едý, -едёшь [-ёл, -елá; -едённый] *pt* *impt* переводи́ть, -ожý, -óдишь	übersetzen
перевести́ с рýсского на немéцкий	*vom Russischen ins Deutsche übersetzen*
перевóд, -а *m*	Übersetzung
пересказ, -а *m*	Nacherzählung
плюс, -а *m*	plus
подготови́тельный, -ая, -ое	vorbereitend

поднять/поднимать руку	sich melden
подробный, -ая, -ое [-бен, -бна]	ausführlich
подсказать, -ажу, -ажешь [-азанный] *pt* *impt* подсказывать, -аю, -аешь	vorsagen
подчеркнуть, -ну, -нёшь [-чёркнутый] *pt* *impt* подчёркивать, -аю, -аешь	unterstreichen
практический, -ая, -ое	praktisch (z. B. Unterricht, Erfahrung, Tätigkeit u. ä.)
преподавание, -я *n*	Unterricht
проанализировать, -рую, -руешь [-анный] *pt* *s.* анализировать	analysieren
произношение, -я *n*	Aussprache
процитировать, -рую, -руешь [-анный] *pt* *s.* цитировать	zitieren
прямоугольник, -а *m*	Rechteck
резюмировать, -рую, -руешь [-анный] *pt & impt*	zusammenfassen, resümieren
родительское собрание	Elternabend
сложение, -я *n*	Addition
списать, спишу, спишешь [списанный] *pt* *impt* списывать, -аю, -аешь	abschreiben
ставить/поставить отметку	eine Note geben
считать, -аю, -аешь *impt*	zählen
треугольник, -а *m*	Dreieck
умножение, -я *n*	Multiplikation
упражнять, -яю, -яешь *impt* Надо упражнять память.	üben; trainieren *Man muß sein Gedächtnis trainieren.*
цитата, -ы *f*	Zitat
цитировать, -рую, -руешь [-анный] *impt*	zitieren
чертить, черчу, чертишь *impt*	zeichnen
чтение, -я *n*	Lesen

Unterrichtsmittel

авторýчка · блокнóт · гýбка · доскá · карандáш · кáрта · кни́га · лист мел · пáрта · портфéль · рýчка · тетрáдка · тетрáдь · черни́ла

дневни́к, -á *m*	[Schülernotenbuch]
журнáл, -а *m*	Klassenbuch
линéйка, -и *f*	Lineal
(пи́шущая) **маши́нка**	Schreibmaschine
рези́нка, -и *f*	Radiergummi
укáзка, -и *f*	(Zeige)Stock
фломáстер, -а *m*	Filzstift
ци́ркуль, -я *m*	Zirkel
шáриковая рýчка	Kugelschreiber, Kuli

Universität

акадéмия · геóграф · геолóгия · доклáд · защи́та · исслéдование исслéдовать · истóрик · истори́ческий · кáфедра · курс · лéкция математи́ческий · медици́на · наýка · наýчный · óпыт · откры́тие педагóг · педагóгика · педагоги́ческий · политóлог · политолóгия профéссор · психóлог · психологи́ческий · психолóгия · семéстр сéссия · социóлог · социологи́ческий · социолóгия · студéнт университéт · учёный · факультéт · фи́зик · физи́ческий · филóсоф филосóфия · хи́мик · экзáмен · эксперимéнт

аспирáнт, -а *m*, аспирáнтка, -и *f*	Doktorand(in)
аспирантýра, -ы *f*	Promotionsstudium
ассистéнт, -а *m*, ассистéнтка, -и *f*	Assistent(in)
биóлог, -а *m*	Biologe
биологи́ческий, -ая, -ое	biologisch
вступи́тельный экзáмен	Aufnahmeprüfung
вуз (вы́сшее учéбное заведéние)	Hochschule
географи́ческий, -ая, -ое	geographisch
геологи́ческий, -ая, -ое	geologisch
гуманитáрные наýки *pl*	Geisteswissenschaften
декáн, -а *m*	Dekan
деканáт, -а *m*	Dekanat
диплóмная рабóта	Diplomarbeit
диссертáция, -и *f*	Dissertation
доцéнт, -а *m*	Dozent

есте́ственные нау́ки *pl*	Naturwissenschaften
зао́чное обуче́ние	Fernstudium
зачёт, -а *m*	Schein
зачётка, -и *f*	Studentennotenbuch
защити́ть/защища́ть диссерта́цию	promovieren
ме́дик, -а *m*, меди́чка, -и *f*	Medizinstudent(in); Mediziner
общежи́тие, -я *n*	Wohnheim, Heim
студе́нческое общежи́тие	*Studentenheim*
общежи́тие для рабо́чих	*Arbeiterwohnheim*
пересда́ть/пересдава́ть (экза́мен)	Wiederholungsprüfung
приня́ть/принима́ть экза́мен	Prüfung abnehmen
провали́ться на экза́мене	durch die Prüfung fallen
сдать/сдава́ть экза́мен	Prüfung machen
семина́рское заня́тие	Seminar
студе́нческая столо́вая	Mensa
студе́нческое общежи́тие	Studentenheim
университе́тский городо́к	Campus
экономи́ческие нау́ки *pl*	Wirtschaftswissenschaften
эксперименти́ровать, -рую, -руешь *impt*	experimentieren

18 Kunst

Allgemeine Begriffe

а́втор · аплодисме́нты · бессме́ртный · биле́т · весёлый · вкус возде́йствие · восто́рг · восхити́ться/восхища́ться · восхище́ние вы́йти/выходи́ть · гениа́льный · ге́ний · действи́тельность достиже́ние · дух · жизнь · зал · замеча́тельный · знамени́тый · иде́я интере́сный · иску́сство · класси́ческий · красота́ · кри́тик · кри́тика критикова́ть · люби́мый · ма́стер · мастерство́ · ме́сто · награ́да направле́ние · наслади́ться/наслажда́ться · но́вый · нра́виться о́браз · оригина́льный · откры́ть/открыва́ть · отрази́ть/отража́ть понра́виться · прекра́сный · приз · приро́да · пробле́ма произведе́ние · пу́блика · реализа́ция · реализова́ть · ре́дкий свобо́да · серьёзный · сжа́тый · содержа́ние · созда́тель · созда́ть/ создава́ть · стиль · тала́нт · тала́нтливый · творе́ц · тво́рческий тво́рчество · типи́чный · успе́х · уча́ствовать · фо́рма · худо́жник це́нность

авангáрдный, -ая, -ое	avantgardistisch
аплоди́ровать, -рую, -руешь *impt*	applaudieren, (Beifall) klatschen
воплоти́ть, -ощý, -оти́шь [-ощённый (-ён. -енá)] *pt* *impt* воплощáть, -áю, -áешь	verkörpern
восхити́тельный, -ая, -ое [-лен, -льна]	begeisternd, entzückend
гармóния, -и *f*	Harmonie
дебю́т, -а *m*	Debut
дéятель искýсства	Künstler(in)
жанр, -а *m*	Gattung
забáвный, -ая, -ое [-вен, -вна]	lustig, spaßig, komisch
Клóуны в ци́рке так забáвны.	*Die Clowns im Zirkus sind so lustig.*
заниmáтельный, -ая, -ое [-лен, -льна]	unterhaltsam, interessant; amüsant
захвáтывающий, -ая, -ее	fesselnd, spannend
знатóк, -á *m*	Kenner, Connaisseur
и́дол, -а *m*	Idol
изя́щные искýсства *pl*	schöne Künste
импрессиони́зм, -а *m*	Impressionismus
клáссика, -и *f*	Klassik
классици́зм, -а *m*	Klassizismus
класси́ческий, -ая, -ое	klassisch
лакони́чный, -ая, -ое [-чен, -чна]	lakonisch
наслаждéние, -я *n*	Genuß
незабвéнный, -ая, -ое [-вéнен, -вéнна]	unvergeßlich
незабывáемый, -ая, -ое [-áем]	unvergeßlich
неизвéстный, -ая, -ое [-тен, -тна]	unbekannt
непоня́тный, -ая, -ое [-тен, -тна]	unverständlich
одарённый, -ая, -ое [-ён, -ённа]	begabt
оригинáл, -а *m*	Original
Оригинáл Мóна Ли́зы нахóдится в Лýвре.	*Das Original der Mona Lisa befindet sich im Louvre.*
освистáть, -ищý, -и́щешь [-и́станный] *pt* *impt* осви́стывать, -аю, -аешь	auspfeifen
популя́рный, -ая, -ое [-рен, -рна]	volkstümlich, populär

пре́мия, -и *f*	Preis, Prämie
расцве́т, -а *m*	Blüte
реали́зм, -а *m*	Realismus
крити́ческий реали́зм	*kritischer Realismus*
реалисти́ческий, -ая, -ое	realistisch
си́мвол, -а *m*	Symbol
символи́зм, -а *m*	Symbolismus
сотвори́ть, -рю́, -ри́шь [-рённый (-ён, -ена́)] *pt* s. твори́ть	erschaffen, schaffen
твори́ть, -рю́, -ри́шь *impt*	erschaffen, schaffen
упа́док, -дка *m*	Verfall; Niedergang
фестива́ль, -я *m*	Festival, Festspiel
худо́жественный, -ая, -ое [-вен, -венна]	künstlerisch
худо́жественная литерату́ра	*die schöne Literatur*
челове́к иску́сства	Künstler
шеде́вр [дэ], -а *m*	Meisterwerk
экспрессиони́зм, -а *m*	Expressionismus

Literatur

исто́рия · кни́га · литерату́ра · литерату́рный · перево́дчик · писа́тель поэ́зия · поэ́т · прочита́ть · расска́з · реали́ст · рома́н · ска́зка стихотворе́ние · страни́ца · строка́ · текст · траге́дия · чита́ть

абза́ц, -а *m*	Absatz
биогра́фия, -и *f*	Biographie
детекти́в, -а *m*	Krimi
дра́ма, -ы *f*	Drama
изда́тельство, -а *n*	Verlag
коме́дия, -и *f*	Komödie
ко́микс, -а *m*	Comic
кульмина́ция, -и *f*	Höhepunkt
ли́рика, -и *f*	Lyrik
мемуа́ры, -ов *pl*	Memoiren
миф, -а *m*	Mythos
древнегре́ческие ми́фы	*die altgriechischen Mythen*
нау́чная фанта́стика	Science Fiction
нове́лла, -ы *f*	Novelle
перевести́, -еду́, -едёшь [-ёл, -ела́; -едённый] *pt* *impt* переводи́ть, -ожу́, -о́дишь	übersetzen

перевести́ с ру́сского на неме́цкий	*vom Russischen ins Deutsche übersetzen*
перево́д, -а *m*	Übersetzung
по́весть, -и *f*	[Kurzroman, größere Erzählung]
предисло́вие, -я *n*	Vorwort
предисло́вие ко второ́му изда́нию	*Vorwort zur zweiten Auflage*
про́за, -ы *f*	Prosa
публици́ст, -а *m*	Publizist
публици́стика, -и *f*	Publizistik
развя́зка, -и *f*	Auflösung
сбо́рник, -а *m*	Sammelband
сбо́рник стихо́в	*Gedichtsammlung*
снегу́рочка, -и *f*	Schneewittchen
строфа́, -ы́ *f*	Strophe, Vers
том, -а [*pl* -а́, -о́в] *m*	Band
собра́ние сочине́ний в пяти́ тома́х	*das Gesamtwerk in fünf Bänden*
фолькло́р, -а *m*	Folklore
чте́ние, -я *n*	Lesen
э́пос, -а *m*	Epos
наро́дный э́пос	*Volksepos*

Musik

бараба́н · гита́ра · го́лос · дирижёр · за́пись · звук · игра́ть · инструме́нт исп́олнить/исполня́ть · компози́тор · конце́рт · мело́дия музыка́льный · музыка́нт · но́та · о́пера · орке́стр · певе́ц · пе́сня · петь пласти́нка · ритм · симфо́ния · скри́пка · слух · слу́шать · спеть · та́нец тон · фортепья́но · часть

до	c
ре	d
ми	e
фа	f
соль	g
ля	a
си	h
аккомпанеме́нт, -а *m*	Begleitung
аккомпани́ровать, -рую, -руешь *impf*	begleiten
а́рия, -и *f*	Arie
а́рфа, -ы *f*	Harfe
бемо́ль, -я *m*	b, Erniedrigungszeichen

си-бемóль	*b*
виолончéль, -и *f*	Violincello, Cello
гáмма, -ы *f*	Tonleiter
гобóй, -я *m*	Oboe
джаз, -а *m*	Jazz
диéз, -а *m*	Kreuz, Erhöhungszeichen
дирижи́ровать, -рую, -руешь *impt*	dirigieren
духовóй инструмéнт	Blasinstrument
звучáть, -чи́т [*1. & 2. Pers. ungbr.*] *impt*	[tönen]; ertönen; anklingen
В егó гóлосе звучáло разочаровáние.	*In seiner Stimme klang Enttäuschung an.*
Э́то звучи́т хорошó.	*Das klingt gut.*
интерпретáция, -и *f*	Interpretation
исполнéние, -я *n*	Ausführung
исполни́тель, -я *m*, исполни́тельница, -ы *f*	Sänger; Tänzer; Vortragender; Schauspieler u. ä.
квартéт, -а *m*	Quartett
кларнéт, -а *m*	Klarinette
контрабáс, -а *m*	Kontrabaß
мажóр, -а *m*	Dur
Симфóния в ми-бемóль мажóре Мóцарта	*die Es-Dur Symphonie von Mozart*
марш, -а *m*	Marsch
Трáурный марш	*der Trauermarsch*
минóр, -а *m*	Moll
оргáн, -а *m*	Orgel
пиани́но *unv n*	Klavier
пиани́ст, -а *m*, пиани́стка, -и *f*	Pianist(in)
роя́ль, -я *m*	Flügel
скрипáч, -á *m*, скрипáчка, -и *f*	Violonist(in)
струнá, -ы́ *f*	Saite
стру́нный инструмéнт	Saiteninstrument
трубá, -ы *f*	Trompete
удáрный инструмéнт	Schlaginstrument
филармóния, -и *f*	Philharmonie
флéйта, -ы *f*	Flöte
«Волшéбная флéйта»	*„Die Zauberflöte"*
хор, -а *m*	Chor
церкóвный хор	*Kirchenchor*
эстрáда, -ы *f*	Bühne; [Schlager; Sketsch; Karnevalsveranst. u. ä.]

Bildende Kunst

альбóм · вы́ставка · жи́вопись · карти́на · крáска · музéй · написáть нарисовáть · пейзáж · писáть · плакáт · полотнó · портрéт · рисовáть скульптýра · стáтуя

абстрáктный, -ая, -ое [-тен, -тна]	abstrakt
акварéль, -и *f*	Aquarell
архитектýрный, -ая, -ое [-рен, -рна]	architektonisch
архитектýрный стиль	*Baustil*
архитектýрный пáмятник	*Baudenkmal*
грáфик, -а *m*	Grafiker
грáфика, -и *f*	Grafik
живопи́сец, -сца *m*	Maler
изобрази́тельное искýсство	bildende Kunst
икóна, -ы *f*	Ikone
иллюстрáтор, -а *m*	Illustrator
иллюстрáция, -и *f*	Illustration
импрессиони́ст, -а *m*	Impressionist
карти́нная галерéя	Gemäldeausstellung
кисть, -и [*pl* -и, -éй] *f*	Pinsel
коллéкция, -и *f*	Sammlung
чáстная коллéкция	*Privatsammlung*
мáсло, -а *n*	Ölfarbe; Ölgemälde
пейзажи́ст, -а *m*	Landschaftsmaler
портрети́ст, -а *m*	Porträtmaler
репродýкция, -и *f*	Reproduktion
реставрáция, -и *f*	Restaurierung
реставри́ровать, -рую, -руешь [-анный] *pt & impt*	restaurieren
скýльптор, -а *m*	Bildhauer
экспрессиони́ст, -а *m*	Expressionist

Theater und Film

актёр · арти́ст · балéт · бинóкль · вход · вы́ход · гeрóй · дéйствие драмати́ческий · зри́тель · кинó · кинотеáтр · конéц · начáло посмотрéть · прогрáмма · пьéса · режиссёр · роль · ряд · смотрéть сцéна · теáтр · убóрная · фильм · фойé · цирк · экрáн

антрáкт, -а *m*	Pause
афи́ша, -и *f*	Programmplakat
боеви́к, -á *m*	Actionfilm

вы́йти/выходи́ть на сце́ну	auf die Bühne kommen
вы́йти/выходи́ть на э́кра́н	der Film ist in den Kinos
гардеро́б, -а *m*	Garderobe
декора́ция, -и *f*	Dekoration, Dekor, Ausstattung
документа́льный фильм	Dokumentarfilm
драмату́рг, -а *m*	Dramaturg
за́навес, -а *m*	Vorhang
опусти́ть за́навес	*den Vorhang herunterlassen*
звезда́, -ы́ *f*	Star
Марле́на Ди́трих – незабыва́емая звезда́ неме́цкого кино́.	*Marlene Dietrich ist ein unvergeßlicher Star des deutschen Films.*
ка́мера, -ы *f*	Kamera
подво́дная ка́мера	*Unterwasserkamera*
киноактёр, -а *m*, киноактри́са, -ы *f*	Filmschauspieler(in)
киносту́дия, -и *f*	Filmstudio
кинофестива́ль, -я *m*	Filmfestspiele
костю́м, -а *m*	Kostüm
ло́жа, -и *f*	Loge
моноло́г, -а *m*	Monolog
мультипликацио́нный фильм	Zeichentrickfilm
парте́р [тэ́], -а *m*	Parkett; Saal
плёнка, -и *f*	Film
цветна́я плёнка	*Farbfilm*
чёрно-бе́лая плёнка	*Schwarzweißfilm*
магнитофо́нная плёнка	*Tonband*
записа́ть на плёнку	*auf Band aufnehmen*
постано́вка, -и *f*	Inszenierung
премье́ра, -ы *f*	Premiere
репертуа́р, -а *m*	Repertoir
сеа́нс, -а *m*	Vorstellung (Film)
снять/снима́ть фильм	einen Film drehen
спекта́кль, -я *m*	Vorstellung
ста́вить/поста́вить пье́су	ein Theaterstück inszenieren
сцена́рий, -я *m*	Drehbuch, Szenario
сценари́ст, -а *m*	Drehbuchautor(in)
сценогра́фия, -и *f*	Bühnenbild
театра́льный, -ая, -ое [-лен, -льна]	Theater-; theatralisch
ти́тры, -ов *pl*	Untertitel
шо́у-би́знес, -а *m*	Showbusiness
экраниза́ция, -и *f*	Verfilmung
я́рус, -а *m*	Balkon

19 Philosophie, Religion, Geschichte

Philosophie

вещь · взгляд · вид · во́ля · воображе́ние · вы́звать/вызыва́ть де́йствие · действи́тельность · ду́мать · дух · зло · знак · иде́я ка́чество · класс · коли́чество · конкре́тный · ло́гика · ложь материа́льный · ме́тод · мир · моде́ль · мысль · мышле́ние необходи́мость · осно́ва · подхо́д · поня́тие · предме́т представле́ние · при́нцип · причи́на · ра́зум · разу́мный · реали́ст реа́льный · систе́ма · сле́дствие · смерть · совреме́нный · созна́ние сомнева́ться · сомне́ние · сочине́ние · структу́ра · тео́рия · труд факт · фило́соф · филосо́фия · элемента́рный

абстра́ктный, -ая, -ое [-тен, -тна]	abstrakt
безнра́вственный, -ая, -ое [-вен, -венна]	unmoralisch, unsittlich, sittenlos
ввести́, введу́, -дёшь [ввёл, -ела́; введённый (-ён, -ена́)] *pt* *impt* вводи́ть, -ожу́, -о́дишь	in etw. führen; einführen (z. B. Begriff)
вы́вод, -а *m*	Schlußfolgerung
де́лать/сде́лать вы́вод	*Schlußfolgerungen ziehen*
прийти́ к вы́воду, что...	*zum Schluß kommen, daß...*
диале́ктика, -и *f*	Dialektik
диале́ктика Ге́геля	*die Dialektik von Hegel*
диалекти́ческий, -ая, -ое	dialektisch
диалекти́ческий материали́зм	*dialektischer Materialismus, Diamat*
добро́, -а́ *n*	das Gute
духо́вный, -ая, -ое	geistig; geistlich
еди́нство, -а *n*	ein Ganzes; Ganzheit, Entität
здра́вый смысл	gesunder Menschenverstand
идеали́зм, -а *m*	Idealismus
идеали́ст, -а *m*	Idealist
идеалисти́ческий, -ая, -ое	idealistisch
идеалисти́ческое мировоззре́ние	*idealistische Weltanschauung*
идеа́льный, -ая, -ое [-лен, -льна]	ideal
идеоло́гия, -и *f*	Ideologie
измере́ние, -я *n*	Dimension
индиви́д, -а *m*, индиви́дуум, -а *m*	Individuum

и́стина, -ы *f*	Wahrheit
и́стинный, -ая, -ое [-нен, -нна]	wahr
Э́то сужде́ние и́стинно.	*Dieses Urteil ist wahr.*
классифика́ция, -и *f*	Klassifikation
классифици́ровать, -рую, -руешь [-анный] *pt & impt*	klassifizieren
конце́пция, -и *f*	Konzeption
логи́ческий, -ая, -ое	logisch
логи́ческий позитиви́зм	*logischer Positivismus*
ло́жный, -ая, -ое [-жен, -жна]	falsch
Э́то ло́жное сужде́ние.	*Dieses Urteil ist falsch.*
материали́зм, -а *m*	Materialismus
материали́ст, -а *m*	Materialist
материалисти́ческий, -ая, -ое	materialistisch
материалисти́ческое мировозре́ние	*materialistische Weltanschauung*
мате́рия, -и *f*	Materie; Stoff
мировоззре́ние, -я *n*	Weltanschauung
мора́ль, -и *f*	Moral
мора́льный, -ая, -ое [-лен, -льна]	moralisch, Moral-
мы́слить, -лю, -лишь *impt*	denken
Я мы́слю, зна́чит существу́ю.	*Ich denke, also bin ich.*
незна́ние, -я *n*	Unkenntnis
нра́вственность, -и *f*	Moral
нра́вы, -ов *pl*	Sitten
оконча́тельный, -ая, -ое [-лен, -льна]	endgültig
Э́то Ва́ше оконча́тельное реше́ние?	*Ist das Ihre endgültige Entscheidung?*
осо́бенность, -и *f*	Besonderheit
отве́ргнуть, -ну, -нешь [-е́рг, -е́ргла] *pt*	ablehnen; verwerfen
impt отверга́ть, -а́ю, -а́ешь	
позитиви́зм, -а *m*	Positivismus
понима́ние, -я *n*	Überlegung; Gedanken
происхожде́ние, -я *n*	Ursprung, Herkunft
«Происхожде́ние ви́дов»	*„Von der Entstehung der Arten"*
рассужда́ть, -а́ю, -а́ешь *impt*	überlegen
рассужде́ние, -я *n*	Überlegung
сигна́л, -а *m*	Signal
си́мвол, -а *m*	Symbol
спо́соб, -а *m*	Vorgehensweise, Methode
сужде́ние, -я *n*	Urteil

умозаключе́ние, -я *n*	Schluß, Folgerung
эсте́тика, -и *f*	Ästhetik
э́тика, -и *f*	Ethik

Religion

бог · брак · ве́ра · ве́рить · ве́рующий · душа́ · евангели́ческий като́лик · католи́ческий · крест · моли́тва · моли́ться · не́бо правосла́вный · протеста́нт · протеста́нтский · религио́зный рели́гия · христиа́нский · це́рковь

ад, -а [об а́де, в аду́] *m*	Hölle
алта́рь, -я́ *m*	Altar
а́нгел, -а *m*	Engel
а́нгел-храни́тель	*der Schutzengel*
би́блия, -и *f*	die Bibel
Богоро́дица, -ы *f*	die Mutter Gottes
богослуже́ние, -я *n*	Gottesdienst
бракосочета́ние, -я *n*	Trauung
вероисповеда́ние, -я *n*	Religion, Glaubensbekenntnis
Ве́тхий заве́т	das Alte Testament
Вси Святы́е	Allerheiligen
грех, -а́ *m*	Sünde
перворо́дный грех	*die Erbsünde*
духове́нство, -а *n*	Klerus
дья́вол, -а *m*	Teufel
Я не ве́рю ни в бо́га, ни в дья́вола.	*Ich glaube weder an Gott noch an den Teufel.*
евре́й, -я *m*, евре́йка, -и *f*	Jude, Jüdin
ико́на, -ы *f*	Ikone
индуи́зм, -а *m*	Hinduismus
испове́даться, -аюсь, -аешься *pt*	beichten
испове́доваться, -дуюсь, -дуешься *pt & impt*	beichten
и́споведь, -и *f*	Beichte
Иису́с Христо́с	Jesus Christus
иудеизм, -а *m*	das Judentum
крести́ны, -и́н *pl*	Taufe
крести́ть, крещу́, кре́стишь [-ещённый (-ён, -ена́)] *impt*	taufen
крести́ться, крещу́сь, кре́стишься *impt*	sich bekreuzigen; sich taufen lassen
кре́стная мать	Patentante

кре́стный оте́ц	Patenonkel
креще́ние, -я *n*	Taufe
монасты́рь, -я́ *m*	Kloster
же́нский монасты́рь	*Nonnenkloster*
мужско́й монасты́рь	*Mönchskloster*
уйти́ в монасты́рь	*ins Kloster gehen*
мусульма́нин, -а *m*, мусульма́нка, -и *f*	Mohammedaner, Moslem, Muslim
мусульма́нство, -а *n*	Islam
Но́вый заве́т	das Neue Testament
па́па, -ы *m*	Papst
ри́мский па́па	*der Papst in Rom*
па́стор, -а *m*	Pastor, Pfarrer
па́сха, -и *f*	Ostern
перекрести́ться, -ещу́сь, -е́стишься *pt* *s.* крести́ться	sich bekreuzigen
поп, -а́ *m*	Pope, orthodoxer Geistlicher
пост, -а́ [*pl* -ы́, -о́в] *m*	Fastenzeit
пости́ться, пощу́сь, пости́шься *impt*	fasten
правосла́вие, -я *n*	Orthodoxie
прихо́д, -а *m*	Pfarrei, Gemeinde
прича́стие, -я *n*	das Abendmahl [die Wandlung]
свято́е прича́стие	*das heilige Abendmahl*
причасти́ться, -ащу́сь, -асти́шься *pt* *impt* причаща́ться, -а́юсь, -а́ешься	das Abendmahl empfangen
рай, -я [о ра́е, в раю́] *m*	Paradies
распя́тие, -я *n*	Kreuzigung
распя́ть, -пну́, -пнёшь [-я́тый] *pt* *impt* распина́ть, -а́ю, -а́ешь	kreuzigen
рождество́, -а́ *n*	Weihnachten
С Рождество́м!	*Fröhliche Weihnachten!*
свято́й, -а́я, -о́е [свят, свята́, свя́то]	heilig
Свята́я Богоро́дица	*die heilige Jungfrau*
Свято́й дух	*der heilige Geist*
свято́й, -о́го *m*, свята́я, -о́й *f*	Heilige(r)
свяще́нник, -а *m*	Priester
свяще́нный, -ая, -ое [-е́н, -е́нна]	geweiht; heilig

синаго́га, -и *f*	Synagoge
слу́жба, -ы *f*	Messe
собо́р, -а *m*	Dom, Kathedrale
Исаа́киевский собо́р	*die Isaakskathedrale*
Кёльнский собо́р	*der Kölner Dom*
торже́ственный, -ая, -ое [-вен, -венна]	feierlich
христиани́н, -а [*pl* -а́не, -а́н] *m*, христиа́нка, -и *f*	Christ(in)
христиа́нство, -а *n*	Christentum
чёрт, -а [*pl* че́рти, -е́й] *m*	Teufel
Пошёл ты к чёрту!	*Zum Teufel mit dir!*
чу́до, -а *n*	Wunder

Geschichte

бе́дность · боро́ться · борьба́ · бу́дущее · буржуази́я · век · владе́ть власть · возни́кнуть/возника́ть · война́ · восста́ние · вре́мя движе́ние · дворе́ц · дре́вний · завоева́тель · завоева́ть/завоёвывать · захвати́ть/захва́тывать · исто́рик · истори́ческий исто́рия · класс · культу́ра · наро́д · населе́ние · настоя́щее о́бщество · освободи́ть/освобожда́ть · основа́ть/осно́вывать откры́тие · па́мятник · па́мять · побе́да · победи́тель · победи́ть/побежда́ть · поколе́ние · поли́тика · пораже́ние · прогресси́вный произойти́/происходи́ть · проце́сс · про́шлое · револю́ция респу́блика · ро́дина · свобо́да · сла́ва · слой · случи́ться/случа́ться собы́тие · социалисти́ческий · стари́нный · традицио́нный · тради́ция управля́ть · цивилиза́ция · эпо́ха · э́ра

абсолюти́зм, -а *m*	Absolutismus
анархи́зм, -а *m*	Anarchismus
анархи́ст, -а *m*, анархи́стка, -и *f*	Anarchist(in)
анти́чность, -и *f*	Antike
анти́чный, -ая, -ое	antik
анти́чная филосо́фия	*die Philosophie der Antike*
анти́чное иску́сство	*die antike Kunst*
аристокра́т, -а *m*, аристокра́тка, -и *f*	Aristokrat(in)
аристокра́тия, -и *f*	Aristokratie
Бе́лая а́рмия	die weiße Armee
Бе́лая гва́рдия	die weiße Garde
большеви́к, -а́ *m*	Bolschewist
Вели́кая инквизи́ция	die Große Inquisition

Вели́кая Октя́брьская Социалисти́ческая Револю́ция (ВОСР) 1917	die Große Sozialistische Oktoberrevolution
Вели́кая Оте́чественная войнá (ВОВ) 1941-1945	der große vaterländische Krieg
владе́лец, -льца, *m*	Herrscher
вла́ствовать, -твую, -твуешь *impt*	herrschen
возникнове́ние, -я *n*	Entstehen
Возрожде́ние, -я *n*	Renaissance
восста́ть, -а́ну, -а́нешь *pt* *impt* восставáть, -таю́, -таёшь	sich erheben
гильоти́на, -ы *f*	Guillotine
гла́сность, -и *f*	Glasnost
гнёт, -а *m*	Unterdrückung
грек, -а *m*	Grieche
гре́ческий, -ая, -ое	griechisch
дворяни́н, -а *m*, дворя́нка, -и *f*	Adliger, Adlige
дворя́нство, -а *n*	Adel, Aristokratie
дре́вность, -и *f*	Altertum
Екатери́на Втора́я (Вели́кая)	Katharina die Zweite (die Große)
завоева́ние, -я *n*	Eroberung
Ива́н Гро́зный	Iwan der Schreckliche
импера́тор, -а *m*, императри́ца, -ы *f*	Kaiser(in)
импе́рия, -и *f*	Kaiserreich
Ри́мская импе́рия	*das römische Reich*
Росси́йская импе́рия	*Kaiserreich Rußland*
истяза́ние, -я *n*	Folter
Карл Вели́кий	Karl der Große
Ки́евская Русь	das Kiewer Reich (Altrußland)
кня́жество, -а *n*	Fürstentum
князь, -я *m*, княги́ня, -и *f*	Fürst(in)
колониа́льный, -ая, -ое	Kolonial-
коло́ния, -и *f*	Kolonie
коммуни́зм, -а *m*	Kommunismus
коммуни́ст, -а *m* коммунистка, -и *f*	Kommunist(in)
коммунисти́ческая па́ртия	kommunistische Partei
коммунисти́ческий, -ая, -ое	kommunistisch
коро́ль, -я́ *m*, короле́ва, -ы *f*	König, Königin
коро́на, -ы *f*	Krone
Кра́сная а́рмия	die Rote Armee

крепостни́чество, -а *n*	Leibeigenschaft
крепостно́е пра́во	Leibeigenschaft
крепостно́й, -о́го *m,* крепостна́я, -о́й *f*	Leibeigene(r)
кре́пость, -и [*pl* -и, -е́й] *f*	Festung, Feste
крестоно́сец, -сца *m*	Kreuzfahrer
купе́чество, -а *n*	Kaufmannsgilde
легио́н, -а *m*	Legion
ри́мские легио́ны	*die römischen Legionen*
меньшеви́к, -а́ *m,* меньшеви́чка, -и *f*	Menschewist(in)
мона́рхия, -и *f*	Monarchie
абсолю́тная мона́рхия	*die absolute Monarchie*
конституцио́нная мона́рхия	*die konstitutionelle Monarchie*
нападе́ние, -я *n*	Überfall
наше́ствие, -я *n*	Einfall, Invasion
номенклату́ра, -ы *f*	Nomenklatura
оккупа́ция, -и *f*	Besetzung
оккупи́ровать, -рую, -руешь [-ованный] *pt & impt*	besetzen
основа́тель, -я *m*	Gründer
оте́чество, -а *n*	Vaterland
первобы́тно-общи́нный строй	Urgesellschaft
перестро́йка, -и *f*	Perestroika
Пётр Пе́рвый (Вели́кий)	Peter der Große
победоно́сный, -ая, -ое [-сен, -сна]	siegreich
подави́ть, -авлю́, -а́вишь [-а́вленный] *pt* *impt* подавля́ть, -я́ю, -я́ешь	unterdrücken
права́ челове́ка *pl*	die Menschenrechte
пра́вить, -влю, -вишь *impt (I)*	regieren
пра́вить госуда́рством	*den Staat regieren*
привиле́гия, -и *f*	Vorrecht, Privileg
Просвеще́ние, -я *n*	Zeitalter der Aufklärung
раб, -а́ *m,* рабы́ня, -и *f*	Sklave, Sklavin
ра́бство, -а *n*	Sklaverei
ра́венство, -а *n*	Gleichheit
свобо́да, ра́венство, бра́тство	*Freiheit, Gleichheit, Brüderlichkeit*
разва́лины *pl* [*sg* разва́лина, -ы *f*]	Ruine
разва́лины за́мка	*Schloßruine*
разделе́ние вла́сти	Gewaltenteilung
расцве́т, -а *m*	Blüte

реакцио́нный, -ая, -ое [-нен, -нна]	reaktionär
революционе́р, -а *m*, революционе́рка, -и *f*	Revolutionär(in)
реме́сленник, -а *m*	Handwerker
рефере́ндум, -а *m*	Volksentscheid
ри́млянин, -а *m*, ри́млянка, -и *f*	Römer(in)
ри́мский, -ая, -ое	römisch
Русь, -и́ *f*	Rus
совреме́нник, -а *m*	Zeitgenosse
совреме́нность, -и *f*	Gegenwart
социали́зм, -а *m*	Sozialismus
средневеко́вый, -ая, -ое	mittelalterlich
средневеко́вье, -я *n*	Mittelalter
СССР (Сою́з Сове́тских Социалисти́ческих Респу́блик)	UdSSR
ссы́лка, -и *f*	Verbannung
Ца́рская Росси́я	Zaristisches Rußland
угнета́ть, -а́ю, -а́ешь *impt*	unterdrücken, unterjochen
упа́док, -дка *m*	Verfall; Niedergang
фаши́зм, -а *m*	Faschismus
фаши́стский, -ая, -ое	faschistisch
феодали́зм, -а *m*	Feudalismus
царе́вич, -а *m*	Zarewitsch
ца́рствовать, -твую, -твуешь *impt*	[als Zar regieren] herrschen
царь, -я́ *m*, цари́ца, -ы *f*	Zar(in)
штурм, -а *m*	Sturm
штурм Зи́мнего дворца́	*der Sturm des Winterpalastes*
экзеку́ция, -и *f*	Exekution, Hinrichtung

Der Mensch als Mitmensch

20 Das Privatleben des Menschen

Familie

ба́бушка · бере́менная · брат · внук · де́вочка · де́вушка · де́душка дочь · дя́дя · жена́ · ма́льчик · ма́ма · мать · муж · па́па · племя́нник поколе́ние · принадлежа́ть · ребёнок · роди́тели · семья́ · сестра́ сын · тётя · фами́лия · член

близнецы́, -о́в *pl* [*sg* -не́ц, -а́ *m*]	Zwillinge
грудно́й ребёнок	Säugling
двою́родная сестра́	Cousine
двою́родный брат	Vetter, Cousin
жени́х, -а́ *m*	Bräutigam; Verlobter
жени́х и неве́ста	*Brautleute*
зять, -я *m*	Schwiegersohn; Schwager
крёстная мать	Patentante
крёстный оте́ц	Patenonkel
малоле́тний, -яя, -ее	minderjährig; Minderjährige(r)
малы́ш, -а́ *m*	kleiner Junge
ма́чеха, -и *f*	Stiefmutter
многоде́тная семья́	kinderreiche Familie
молодожёны, -ов *pl*	Jungverheiratete
неве́ста, -ы *f*	Braut; Mädchen im heiratsfähigen Alter
неве́стка, -и *f*	Schwiegertochter; Schwägerin
несовершенноле́тний, -яя, -ее	minderjährig; Minderjährige(r)
о́тчим, -а *m*	Stiefvater
перворо́дный, -ая, -ое	Erstgeborene(r)
пре́док, -дка *m*	Vorfahr
ро́дственник, -а *m*, ро́дственница, -ы *f*	Verwandter(in)
бли́зкий/да́льний ро́дственник	*naher/entfernter Verwandter*
ро́дственник по ма́тери/по отцу́	*Verwandter mütterlicherseits/väterlicherseits*
свёкор, -кра *m*	Schwiegervater (Vater des Ehemannes)
свекро́вь, -и *f*	Schwiegermutter (Mutter des Ehemannes)
тесть, -я *m*	Schwiegervater (Vater der Ehefrau)
тёща, -и *f*	Schwiegermutter (Mutter der Ehefrau)

Familienleben

брак · бро́сить/броса́ть · буди́ть · быт · ве́рующий · вме́сте · волне́ние воспита́ние · воспита́ть/воспи́тывать · вы́растить/выра́щивать дари́ть · дру́жный · еди́ный · ждать · забо́титься · имени́ны кла́дбище · люби́ть · любо́вь · отме́тить/отмеча́ть · отпра́здновать па́ра · подари́ть · пода́рок · поки́нуть/покида́ть · послу́шный по́хороны · пра́здник · пра́здничный · пра́здновать · разбуди́ть разво́д · рели́гия · роди́ть/рожа́ть · роди́ться · сва́дьба · семе́йный смерть · уважа́ть · уваже́ние · умере́ть/умира́ть

бра́чный, -ая, -ое	ehelich, Ehe-, Heirats-
бра́чный догово́р	*Ehevertrag*
бра́чный сою́з	*Ehebund*
бра́чное объявле́ние	*Heiratsanzeige*
вмеша́ться, -а́юсь, -а́ешься *pt* *impt* вме́шиваться, -аюсь, -аешься	sich einmischen
вы́дать/выдава́ть за́муж	verheiraten
Я вы́дал за́муж свою́ ста́ршую дочь.	*Ich habe meine ältere Tochter verheiratet.*
вы́йти/выходи́ть за́муж за	heiraten (die Frau ist Subjekt des Satzes)
день рожде́ния	Geburtstag
жени́ть, женю́, же́нишь *pt & impt*	verheiraten
жени́ться на	heiraten (der Mann ist Subjekt des Satzes)
Па́вел никогда́ не же́нится на Та́не.	*Pawel wird Tanja nie heiraten.*
крести́ны, -и́н *pl*	Taufe
крести́ть, крещу́, кре́стишь [-ещённый (-ён, -ена́)] *impt*	taufen
ласка, -и *f*	Liebkosung; Zärtlichkeit
моги́ла, -ы *f*	Grab
насле́довать, -дую, -дуешь [-анный] *pt & impt*	erben
насле́дство, -а *n*	Erbe
Э́тот дом доста́лся мне в насле́дство от ба́бушки.	*Dieses Haus habe ich als Erbe von meiner Großmutter bekommen.*
нового́дний, -яя, -ее	Neujahrs-
нового́дняя ёлка	*Tannenbaum*
нового́дний пода́рок	*Neujahrsgeschenk (entspricht unseren Weihnachtsgeschenken)*
нового́дние пожела́ния	*Neujahrswünsche*
пе́рвое прича́стие	Erstkommunion
пожени́ться, -же́нимся, -же́нитесь [*sg ungebr.*] *pt*	sich verheiraten
помо́лвиться, -влюсь, -вишься [-вленный] *pt*	sich verloben
помо́лвка, -и *f*	Verlobung; Verlobungsfeier
помо́лвленный, -ая	verlobt
похорони́ть, -оню́, -о́нишь [-о́ненный] *pt* *s.* хорони́ть	beerdigen, begraben

приласка́ть, -а́ю, -а́ешь [-а́нный] *pt*	jdm. Zärtlichkeit erweisen, zu jdm. lieb sein
разведённый, -ая	geschieden
разлу́ка, -и *f*	Trennung
разойти́сь, -ойду́сь, -ойдёшься [-ошёлся, -ошла́сь] *pt* *impt* расходи́ться, -ожу́сь, -о́дишься	auseinandergehen, sich trennen; sich scheiden lassen
расто́ргнуть/расторга́ть брак	die Ehe auflösen
растро́ганный, -ая, -ое [-ан, -анна]	gerührt
растро́ганный до слёз	*zu Tränen gerührt*
рожде́ние, -я *n*	Geburt
год рожде́ния	*Geburtsjahr*
Когда́ у тебя́ день рожде́ния?	*Wann hast du Geburtstag?*
по рожде́нию	*von Geburt*
слу́шаться, -аюсь, -аешься *impt (G)*	gehorchen
Мой сын соверше́нно меня́ не слу́шается.	*Mein Sohn gehorcht mir überhaupt nicht.*
Ты никого́ не слу́шаешься.	*Du hörst auf niemanden.*
спра́вить/справля́ть пра́здник	feiern
умиле́ние, -я *n*	Rührung
Ба́бушка пла́чет от умиле́ния.	*Großmutter weint vor Rührung.*
унасле́довать, -дую, -дуешь *pt* s. насле́довать	erben
Дом я унасле́довал от ба́бушки.	*Das Haus habe ich von meiner Großmutter geerbt.*
усынови́ть, -влю́, -ви́шь [-влённый (-ён, -ена́)] *pt* *impt* усыновля́ть, -я́ю, -я́ешь	adoptieren
(дома́шнее) **хозя́йство** *n*	Haushalt
холосто́й, -ая, -ое [хо́лост]	unverheiratet, ledig, Junggesellen- (Mann)
Мой ста́рший бра́т хо́лост.	*Mein älterer Bruder ist unverheiratet.*
холоста́я жизнь	*Junggesellenleben*
хорони́ть, -оню́, -о́нишь *impt*	beerdigen, begraben
церемо́ния, -и *f*	Zeremonie

Beziehungen zur Umwelt

бли́зкий · влюби́ться/влюбля́ться · влюблённый · враг · гла́дить горя́чий · друг · дру́жба · дру́жеский · дружи́ть · ласка́ть · не́нависть обня́ть/обнима́ть · погла́дить · подру́га · подружи́ться · полюби́ть поцелова́ть · поцелова́ться · прия́тель · равноду́шно · свида́ние связь · серде́чный · уха́живать · холо́дный · целова́ть · целова́ться чу́вство

бе́гать за кем-н.	jdm. nachlaufen
Он бе́гает за все́ми де́вушками.	*Er läuft allen Mädchen nach.*
бли́зость, -и *f*	Nähe; enge Freundschaft, Intimität, Vertraulichkeit
вражде́бность, -и *f*	Feindseligkeit; Mißgunst
вражде́бный, -ая, -ое [-бен, -бна]	feindselig; feindlich
вражде́бные отноше́ния	*feindselige Beziehungen*
Почему́ ты отно́сишься ко мне так вражде́бно?	*Warum behandelst du mich so feindselig?*
инти́мность, -и *f*	Intimität
инти́мный, -ая, -ое [-мен, -мна]	intim
порва́ть с кем-н.	(mit jdm.) brechen, Schluß machen
поцелу́й, -я *m*	Kuß
поцелу́й руки́	*Handkuß*
поцелу́й Иу́ды	*Judaskuß*
прия́тельский, -ая, -ое	freundschaftlich, Freundschafts-
прия́тельский сове́т	*Freundschaftsrat*
прия́тельская услу́га	*Freundschaftsdienst*
симпа́тия, -и *f*	Sympathie
уха́живать за кем-н.	den Hof machen
Ви́ктор уха́живает за Ната́шей уже́ це́лый год.	*Viktor macht schon seit einem Jahr Natascha den Hof.*

Positive Erfahrungen

благода́рность · благода́рный · бога́тый · ве́рный · горди́ться дове́рие · дово́льный · достиже́ние · незави́симый · ра́дость свобо́дный · сча́стье · уве́ренность · уве́ренный · уда́ться/удава́ться уда́ча · уда́чный · удовлетворе́ние · удово́льствие · успе́х · успе́шный устро́иться/устра́иваться

авторите́т, -а *m*	Autorität
бога́тство, -а *n*	Reichtum

везти́, -зёт *unpers impt*	Glück haben
Тебе́ всегда́ везло́.	*Du hast immer Glück gehabt.*
везу́чий, -ая, -ее	von Erfolg begleitet, erfolgreich
вы́дался слу́чай	gute Gelegenheit haben
доби́ться успе́ха	Erfolg haben
доби́ться, -бью́сь, -бьёшься *pt* *impt* добива́ться, -а́юсь, -а́ешься *(G)*	etw. erreichen; etw. schaffen
Я ничего́ не доби́лся в жи́зни.	*Ich habe nichts im Leben erreicht.*
доверя́ть, -я́ю, -я́ешь *impt*	vertrauen; trauen; anvertrauen
Я не доверя́ю ему́.	*Ich traue ihm nicht.*
дости́чь & дости́гнуть [-сти́г; -гнутый] *pt* *impt* достига́ть, -а́ю *(G)*	erreichen; schaffen; ankommen
име́ть успе́х	Erfolg haben
облегчи́ть, -чу́, -чи́шь [-чённый (-ён, -ена́)] *pt* *impt* облегча́ть, -а́ю, -а́ешь	leichter machen
Э́то то́лько облегчи́т тебе́ жизнь.	*Das kann dein Leben nur leichter machen.*
Как мо́жно облегчи́ть ситуа́цию?	*Wie kann man die Situation erleichtern?*
облегчи́ть боль	*den Schmerz lindern*
оправда́ться, -а́юсь, -а́ешься *pt* *impt* опра́вдываться, -аюсь, -аешься	sich rechtfertigen; gerechtfertigt sein
Тебе́ не ну́жно передо мно́й опра́вдываться.	*Du brauchst dich nicht vor mir zu rechtfertigen.*
Мои́ подозре́ния не оправда́лись.	*Mein Verdacht hat sich nicht bewahrheitet/bestätigt.*
Риск оправда́лся.	*Das Risiko hat sich gelohnt.*
оптими́ст, -а *m*, оптими́стка, -и *f*	Optimist(in)
повезти́, -зёт *pt* *s.* везти́	Glück haben
На э́тот раз мне повезло́.	*Diesmal habe ich Glück gehabt.*
Как тебе́ э́то удало́сь? – Про́сто повезло́.	*Wie ist dir das gelungen? – Ich habe einfach Glück gehabt.*
по́льзоваться успе́хом	Zuspruch haben
посчастли́виться, -ится *unpers pt*	Glück haben
Мне посчастли́вилось.	*Ich habe Glück gehabt.*

прести́ж, -а *m*	Prestige
преуспева́ющий, -ая, -ее	erfolgreich
процвета́ть, -а́ю, -а́ешь *impt* *pt* процвести́, -вету́, -ветёшь [-вёл, -вела́]	blühen, aufblühen
спра́виться, -влюсь, -вишься *pt* *impt* справля́ться, -я́юсь, -я́ешься	schaffen, mit etw. klar kommen
Нам удало́сь во́время спра́вится с рабо́той.	*Es ist uns gelungen, mit der Arbeit rechtzeitig fertig zu werden.*
Ты спра́вишься с э́тим?	*Schaffst du das?*
уда́чливый, -ая, -ое [-ив]	von Erfolg begleitet, erfolgreich, glücklich
хоро́шее самочу́вствие	Wohlbefinden
хорошо́ себя́ чу́вствовать	sich wohl fühlen

Negative Erfahrungen

беда́ · бе́дность · бе́дный · беспоко́иться · боя́ться · гру́стный жа́ловаться · забо́та · конфли́кт · меша́ть · мири́ться · недове́рие несправедли́вость · несча́стный · несча́стье · обеспоко́ить · оби́да оби́деться/обижа́ться · обману́ть/обма́нывать · одино́кий отча́янный · отча́яться/отча́иваться · помеша́ть · поссо́риться пробле́ма · пропа́сть/пропада́ть · разочарова́ние · ревни́вый ревнова́ть · ску́ка · скуча́ть · ссо́ра · ссо́риться · страх · стыди́ться сты́дно · теря́ть · траге́дия · тяжело́ · уси́лие

беспоко́йство, -а *n*	Unruhe
Э́то напра́сное беспоко́йство.	*Es gibt keinen Grund zur Unruhe.*
Ты причиня́ешь мне одни́ то́лько беспоко́йства.	*Du stiftest die ganze Zeit Unruhe um mich herum.*
Извини́те за беспоко́йство.	*Entschuldigen Sie die Störung!*
бре́мя, -мени *n*	Last
бре́мя лет	*die Last der Jahre*
бре́мя забо́т	*die Last der Sorgen*
взбеси́ться, -бешу́сь, -бе́шишься *pt*	wütend werden
взбешённый, -ая, -ое [-ён, -ена́]	wütend
встрево́женный, -ая, -ое [-жен, -ена]	beunruhigt
встрево́жить, -жу, -жишь [-о́женный] *pt* *s.* трево́жить	Sorgen machen; beunruhigen

затрудне́ние, -я *n*	Schwierigkeit
затрудни́ться, -ню́сь, -ни́шься *pt*	Schwierigkeiten haben; in Verlegenheit sein
impt затрудня́ться, -я́юсь, -я́ешься	
Я затрудни́лся отве́тить.	*Ich hatte Schwierigkeiten zu antworten.*
Я затрудня́юсь с отве́том.	*Ich habe Schwierigkeiten mit der Antwort.*
испыта́ние, -я *n*	Prüfung (des Lebens); Test
Сме́рть мое́й до́чери была́ для меня́ тяжёлым испыта́нием.	*Der Tod meiner Tochter war für mich eine schwere Prüfung.*
испыта́ния судьбы́	*Schicksalsprüfung*
испы́тывать затрудне́ния	in Verlegenheit sein
недоразуме́ние, -я *n*	Mißverständnis
неосторо́жный, -ая, -ое [-жен, -жна]	unvorsichtig
неприя́тность, -и *f*	Unannehmlichkeit
неспосо́бный, -ая, -ое [-бен, -бна]	unfähig
Не му́чьте ма́льчика, он соверше́нно неспосо́бен к му́зыке.	*Lassen Sie den Jungen in Ruhe, er hat kein Talent zur Musik!*
неуда́ча, -и *f*	Mißerfolg; Pech
неуда́чный, -ая, -ое [-чен, -чна]	mißlungen; unpassend
нищета́, -ы́ *f*	Elend
обескура́жить, -жу́, -жишь [-женный] *pt*	entmutigen
impt обескура́живать, -аю, -аешь	
обма́н, -а *m*	Betrug
озабо́ченный, -ая, -ое [-ен, -енна]	besorgt, bekümmert
остерега́ться, -а́юсь, -а́ешься *impt*	sich in acht nehmen, sich hüten
pt остере́чься, -егу́сь, -ежёшься, -егу́тся *(G)*	
Вам на́до остерега́ться просту́ды.	*Sie dürfen sich nicht erkälten.*
Остерега́йтесь э́того челове́ка.	*Nehmen Sie sich vor diesem Mann in acht!*
отча́яние, -я *n*	Verzweiflung

подозрева́ть, -а́ю, -а́ешь *impt*	verdächtigen; vermuten
Я давно́ подозрева́ю его́ во лжи.	*Ich verdächtige ihn schon lange, zu lügen.*
Я и не подозрева́л, что она́ не за́мужем.	*Ich habe gar nicht gedacht, daß sie verheiratet ist.*
подозре́ние, -я *n*	Verdacht; Verdächtigung
помири́ться, -рю́сь, -ри́шься *pt* *s.* мири́ться	sich versöhnen; sich abfinden
постыди́ться, -стыжу́сь, -стыди́шься *pt* *s.* стыди́ться	sich schämen
Хоть бы люде́й постыди́лся!	*Zumindest könntest du dich schämen!*
Постыди́лся бы!	*Du solltest dich schämen!*
потрясённый, -ая, -ое [-ён, -ена́]	schockiert; erschüttert
провести́, -еду́, -едёшь [-ёл, -ела́] *pt*	hereinlegen
Я не дам себя́ провести́.	*Ich lasse mich nicht an der Nase herumführen.*
Его́ не проведёшь.	*Den legt keiner rein.*
пропа́жа, -и *f*	Verlust
зая́вление о пропа́же	*Verlustanzeige*
разочарова́ться, -ру́юсь, -ру́ешься *pt* *impt* разочаро́вываться, -аюсь, -аешься	enttäuscht sein
растеря́ться, -я́юсь, -я́ешься [-я́нный (-ян, -анна)] *pt*	die Fassung verlieren
ре́вность, -и *f*	Eifersucht
сла́бость, -и *f*	Schwäche
смуще́ние, -я *n*	Verlegenheit
трево́житься, -жусь, -жишься *impt*	sich Sorgen machen; beunruhigt sein
угро́за, -ы *f*	Drohung
я́дерная угро́за	*nukleare Bedrohung*
угро́за я́дерной войны́	*Drohung mit dem Atomkrieg*
у́жас, -а *m*	Horror; Schrecken

Allgemeine Lebensumstände

весть · возмо́жность · возмо́жный · воспо́льзоваться · де́ло · де́тство до́лжен · доста́ть/достава́ть · задержа́ть/заде́рживать · име́ть интересова́ться · мечта́ · мечта́ть · мо́жно · молодо́й · мо́лодость на́вык · наде́жда · наде́яться · на́до · нельзя́ · необходи́мость обстано́вка · обы́чный · обя́занность · ограни́чить/ограни́чивать ожида́ть · о́пыт · отве́тственность · пережи́ть/пережива́ть поведе́ние · пожило́й · позабо́титься · позволе́ние · положе́ние пона́добиться · попа́сть/попада́ть · постаре́ть · поступи́ть/поступа́ть предпоче́сть/предпочита́ть · привы́кнуть/привыка́ть · привы́чка прийти́сь/приходи́ться · при́нцип · рассчи́тывать · риск · слу́чай сметь · со́весть · сохрани́ть/сохраня́ть · старе́ть · ста́рость · ста́рый судьба́ · узна́ть/узнава́ть · усло́вие · ча́стный · ю́ность

вести́ себя́	sich verhalten; sich benehmen
Веди́ себя́ прили́чно!	*Benimm dich!*
карье́ра, -ы *f*	Karriere
на́добность, -и *f*	Bedürfnis, Bedarf; Notwendigkeit
в слу́чае на́добности	*bei Bedarf*
В э́том нет никако́й на́добности.	*Das ist nicht nötig.*
ожида́ние, -я *n*	Erwartung
отвы́кнуть, -ну, -нешь [-ы́к, -ы́кла] *pt* *impt* отвыка́ть, -а́ю, -а́ешь	sich etw. abgewöhnen
посме́ть, -е́ю, -е́ешь *pt* *s.* сметь	wagen; sich trauen
Я не посме́л.	*Ich habe mich nicht getraut.*
привы́чный, -ая, -ое [-чен, -чна]	gewohnt, gewohnheitsmäßig
привы́чный жест	*eine gewohnheitsmäßige Geste*
привы́чный о́браз жи́зни	*eine gewohnte Lebensweise*
пустя́к, -а́ *m*	Kleinigkeit
со́бственный, -ая, -ое	eigen, Eigen-
со́бственный дом	*Eigenheim/eigenes Haus*
чу́вство со́бственного досто́инства	*Selbstwertgefühl*
счита́ться с	rechnen mit
Я вы́нужден с ним счита́ться.	*Ich muß mit ihm rechnen.*
хоте́ть, хочу́, хо́чешь, хо́чет, хоти́м, хоти́те, хотя́т *impt*	wollen; möchten
Я хочу́, что́бы ты пошёл со мно́й.	*Ich wünsche, daß du mit mir gehst.*
Я не хочу́ его́ бо́льше ви́деть.	*Ich will ihn nicht mehr sehen.*
Я хочу́ быть всегда́ с тобо́й.	*Ich möchte immer bei dir sein.*
Как хо́чешь!	*Wie du willst!*

21 Umgang mit Menschen

Allgemeine Begriffe

встре́тить/встреча́ть · встре́титься/встреча́ться · встре́ча · гость дать/дава́ть · ждать · здоро́ваться · знако́миться · знако́мство знать · иска́ть · конта́кт · круг · найти́/находи́ть · незнако́мый нужда́ться · ожида́ть · отда́ть/отдава́ть · отноше́ние · подружи́ться познако́миться · показа́ть/пока́зывать · попроси́ть · посети́ть/посеща́ть · посеще́ние · потре́бовать · пригласи́ть/приглаша́ть при́нцип · приня́ть/принима́ть · проси́ть · про́сьба · связа́ть/свя́зывать · связь · сосе́д · сфе́ра · тре́бовать · угости́ть/угоща́ть

быть с кем-н. на «вы»	siezen
быть с кем-н. на «ты»	duzen
зайти́, -йду́, -йдёшь [-шёл, -шла́] *pt*	(hin)gehen; vorbeigehen, vorbeikommen; besuchen
impt заходи́ть, -ожу́, -о́дишь	
Мне на́до зайти́ в магази́н.	*Ich muß ins Geschäft.*
Я зайду́ сего́дня ве́чером.	*Ich komme heute abend vorbei.*
Я зайду́ за тобо́й в ше́сть.	*Ich hole dich um sechs ab.*
Почему́ Вы к нам не зайдёте?	*Warum besuchen Sie uns nicht?*
Заходи́те поча́ще!	*Besuchen Sie uns doch öfter!*
обойти́сь/обходи́ться с кем-н.	behandeln, umgehen mit
Колле́ги обошли́сь с ним о́чень пло́хо.	*Die Kollegen haben ihn ganz mies behandelt.*
Обойдёмся и без тебя́.	*Wir schaffen das auch ohne dich.*
обраща́ться с кем-н.	jdn. behandeln, mit jdm. umgehen
Переста́нь обраща́ться со мной как с ребёнком.	*Hör auf, mich wie ein Kind zu behandeln!*
Как ты со мной обраща́ешься?	*Wie behandelst du mich?*
отнести́сь, -су́сь, -сёшься [-ёсся, -есла́сь] *pt*	sich verhalten; sich wenden an
impt относи́ться, -шу́сь, -о́сишься	
Нелегко́ относи́ться ко всему́ споко́йно.	*Es ist nicht leicht, in allen Lagen ruhig zu bleiben.*
Почему́ ты отнёсся с таки́м подозре́нием к предложе́нию Петро́ва?	*Warum reagierst du so skeptisch auf den Vorschlag von Petrow?*
Как Вы к э́тому отно́ситесь?	*Wie stellen Sie sich dazu?*
та́йна, -ы *f*	Geheimnis

Positive Handlungen

берéчь · внимáние · дари́ть · жалéть · жéртвовать · забóта забóтиться · защи́та · защити́ть/защищáть · мири́ться · освободи́ть/освобождáть · подари́ть · поддержáть/поддéрживать · поддéржка пожалéть · пожéртвовать · позабóтиться · помóчь/помогáть пóмощь · посочу́вствовать · похвали́ть · прости́ть/прощáть · пря́тать сочу́вствие · сочу́вствовать · спря́тать · терпели́вый · терпéние уважáть · уважéние · успокóить/успокáивать · хвали́ть · цени́ть

вы́ручить, -чу, -чишь [-ченный] *pt* *impt* выручáть, -áю, -áешь — jdn. aus der Not retten
Ты меня́ вы́ручил. — *Du hast mir aus der Patsche geholfen.*

доверя́ть, -я́ю, -я́ешь *impt* — vertrauen; trauen; anvertrauen
Я не доверя́ю ему́. — *Ich traue ihm nicht.*

жáлость, -и *f* — Mitleid
Какáя жáлость! — *Sehr schade!*

заступи́ться/заступáться за — sich für jdn. einsetzen

имéть жáлость к кому́-н. — Mitleid haben
Имéй жáлость ко мне. — *Hab' Mitleid mit mir!*

оказáть/окáзывать услу́гу — einen Gefallen tun

отпусти́ть, -ущу́, -у́стишь[-у́щенный] *pt* *impt* отпускáть, -áю, -áешь — gehen lassen (frei geben/lassen)
Отпусти́, бóльно. — *Laß los, das tut weh!*

покрови́тельствовать, -твую, -твуешь *impt (D)* — beschützen, begünstigen
Шеф определённо покрови́тельствует Петрóву. — *Der Chef begünstigt bestimmt Petrow.*

помири́ться, -рю́сь, -ри́шься *pt* *s.* мири́ться — sich versöhnen; sich abfinden

поощри́ть, -рю́, -ри́шь [-рённый (-ён, -енá)] *pt* *impt* поощря́ть, -я́ю, -я́ешь — aufmuntern, zusprechen; anfeuern

приласкáть, -áю, -áешь [-áнный] *pt* — jdm. Zärtlichkeit erweisen, zu jdm. lieb sein

сюрпри́з, -а *m* — Überraschung

Negative Handlungen

беспокóить · бить · брóсить/бросáть · вы́гнать/выгоня́ть · жéртва зави́довать · заму́чить · застáвить/заставля́ть · изму́чить · испугáть меша́ть · му́чить · наказа́ние · наказа́ть/нака́зывать · нару́шить/нарушать · обеспоко́ить · оби́да · оби́деть/обижа́ть · оторва́ть/отрыва́ть поки́нуть/покида́ть · помеша́ть · порва́ть · пуга́ть · разби́ть/разбива́ть разру́шить/разруша́ть · уби́ть/убива́ть · угрожа́ть · укра́сть

беспоко́йство, -а *n*	Unruhe
Э́то напра́сное беспоко́йство.	*Es gibt keinen Grund zur Unruhe.*
Ты причиня́ешь мне одни́ то́лько беспоко́йства.	*Du stiftest die ganze Zeit Unruhe um mich herum.*
Извини́те за беспоко́йство.	*Entschuldigen Sie die Störung!*
вмеша́ться, -а́юсь, -а́ешься *pt* *impt* вме́шиваться, -аюсь, -аешься	sich einmischen
вы́нудить, -ужу, -у́дишь [-ужденный] *pt* *impt* вынужда́ть, -а́ю, -а́ешь	zwingen
Я вы́нужден приня́ть э́то неприя́тное для Вас реше́ние.	*Ich bin gezwungen, diese für Sie unangenehme Entscheidung zu treffen.*
вы́ставить/выставля́ть за дверь	vor die Tür setzen
издева́ться, -а́юсь, -а́ешься *impt*	verspotten
Ты про́сто издева́ешься надо мно́й.	*Du hast nur Spott für mich übrig./ Du verspottest mich in jeder Hinsicht.*
имити́ровать, -рую, -руешь [-анный] *impt*	nachahmen, imitieren
истяза́ть, -а́ю, -а́ешь *impt*	foltern
мстить, мщу, мстишь *impt*	(sich) rächen
Я не хочу́ тебе́ мстить.	*Ich will mich nicht an dir rächen.*
обескура́жить, -жу́, -жишь [-женный] *pt* *impt* обескура́живать, -аю, -аешь	entmutigen
обли́ть/облива́ть гря́зью	schmutzig über jdn. reden
обозва́ть, обзову́, обзовёшь [-а́л, -ала́, -а́ло; -о́званный] *pt* *impt* обзыва́ть, -а́ю, -а́ешь	jdn. mit einem beleidigenden Wort nennen
обозва́ть кого́-л. дурако́м	*jdn. einen Dummkopf nennen*
обремени́ть, -ню́, -ни́шь [-нённый (-ён, -ена́)] *pt* *impt* обременя́ть, -я́ю, -ня́ешь	belasten
оказа́ть/ока́зывать давле́ние	Druck machen

оскорби́ть, -блю́, -би́шь [-блённый (-ён, -ена́)] *pt* *impt* оскорбля́ть, -я́ю, -я́ешь	beleidigen
Я не позво́лю себя́ оскорбля́ть!	*Ich dulde keine Beleidigung.*
оскорбле́ние, -я *n*	Beleidigung
отомсти́ть, -мщу́, -мсти́шь [-мщённый (-ён, -ена́)] *s.* мстить	rächen
В оди́н прекра́сный день я тебе́ за всё отомщу́!	*Eines schönen Tages räche ich mich an dir für alles!*
подави́ть, -авлю́, -а́вишь [-а́вленный] *pt* *impt* подавля́ть, -я́ю, -я́ешь	unterdrücken
поще́чина, -ы *f*	Ohrfeige
пренебреже́ние, -я *n*	Vernachlässigung
пренебре́чь, -егу́, -ежёшь, -егу́т [-ёг, -егла́] *pt* *impt* пренебрега́ть, -а́ю, -а́ешь	vernachlässigen
Нехорошо́ пренебрега́ть ста́рыми друзья́ми.	*Es ist unschön, alte Freunde zu vernachlässigen.*
К сожале́нию, ты пренебрёг мои́м сове́том.	*Du hast leider meinen Rat mißachtet.*
Не пренебрега́й опа́сностью.	*Achte besonders auf diese Gefahr!*
пресле́довать, -дую, -дуешь *impt*	verfolgen
принуди́ть, -у́жу, -у́дишь [-уждённый (-ён, -ена́)] *pt* *impt* принужда́ть, -а́ю, -а́ешь	zwingen
принужде́ние, -я *n*	Zwang; Nötigung
причини́ть/причиня́ть боль кому́-н.	jdm. weh tun
провести́, -еду́, -едёшь [-ёл, -ела́] *pt*	hereinlegen
Я не дам себя́ провести́.	*Ich lasse mich nicht an der Nase herumführen.*
Его́ не проведёшь.	*Den legt keiner rein.*
провоци́ровать, -рую, -руешь *pt & impt*	provozieren, herausfordern
пыта́ть, -а́ю, -а́ешь *impt*	foltern
пы́тка, -и *f*	Folter
разлучи́ть, -чу́, -чи́шь [-чённый (-ён, -ена́)] *pt* *impt* разлуча́ть, -а́ю, -а́ешь	trennen, scheiden

спровоци́ровать, -рую, -руешь [-анный] *pt* *s.* провоци́ровать — provozieren, herausfordern

угро́за, -ы *f* — Drohung
- я́дерная угро́за — *nukleare Bedrohung*
- угро́за я́дерной войны́ — *Drohung mit dem Atomkrieg*

униже́ние, -я *n* — Erniedrigung, Demütigung

уни́зить, -и́жу, -и́зишь [-и́женный] *pt* *impt* унижа́ть, -а́ю, -а́ешь — erniedrigen, demütigen

устро́ить/устра́ивать сце́ны — eine Szene machen

22 Der Mensch und die Berufswelt

Arbeitsstellen

банк · больни́ца · бюро́ · гости́ница · заво́д · институ́т · комбина́т лаборато́рия · магази́н · мастерска́я · организа́ция · отде́л · по́чта предприя́тие · рестора́н · стро́йка · учережде́ние · фа́брика · шко́ла

ателье́ [тэ́] *unv n* — Atelier; Werkstatt

нау́чно-иссле́довательский институ́т — Forschungsinstitut

рудни́к, -а́ *m* — Bergwerk; Zeche

ша́хта, -ы *f* — Schacht; Bergwerk
- спусти́ться в ша́хту — *in den Schacht fahren*

Arbeitsbereiche

нау́ка · образова́ние · произво́дство · промы́шленность промы́шленный · се́льское хозя́йство · сельскохозя́йственный строи́тельство · тра́нспорт · тури́зм · университе́т · флот

адмистра́ция, -и *f* — Verwaltung; Empfang (im Hotel)

индустриа́льный, -ая, -ое — industriell, Industrie-

индустри́я, -и *f* — Industrie
- тяжёлая индустри́я — *Schwerindustrie*

предпринима́тельство, -а *n* — Unternehmen
- кру́пное предпринима́тельство — *(Groß)Unternehmen*
- ме́лкое предпринима́тельство — *Kleinstunternehmen/Kleinunternehmen*

произво́дственный, -ая, -ое — Produktions-
строи́тельный, -ая, -ое — Bau-
строительная те́хника — *Bautechnik*
строи́тельный рабо́чий — *Bauarbeiter*
строи́тельный материа́л — *Baumaterial*
сфе́ра обслу́живания — öffentlicher Dienst
шо́у-би́знес, -а *m* — Showbusiness

Arbeitsleben

ввезти́/ввози́ть · вы́везти/вывози́ть · де́ло · де́ятельность · дире́ктор договóр · дохóд · зарабо́тать/зараба́тывать · зарпла́та · заседа́ние инструме́нт · испыта́ть/испы́тывать · кабине́т · колле́га · коллекти́в маши́на · маши́нный · нача́льник · обя́занность · обя́занный · о́пыт отве́тственность · о́тпуск · пе́нсия · повы́сить/повыша́ть · подписа́ть/подпи́сывать · подписа́ться/подпи́сываться · помо́щник · пост прерва́ть/прерыва́ть · проду́кция · производи́ть/произвести́ профе́ссия · рабо́тать · рабо́тник · рабо́тница · работода́тель рабо́чий · слу́жащий · собра́ться/собира́ться · совеща́ние · сотру́дник специали́ст · сре́дство · те́хника · техни́ческий · труд · трудово́й трудолюби́зый · трудя́щийся · фу́нкция · чино́вник · шеф · энерги́чный

автобиогра́фия, -и *f* — Lebenslauf
автоматиза́ция, -и *f* — Automatisierung
автомати́ческий, -ая, -ое — automatisch
автомати́чный, -ая, -ое [-чен, -чна] — automatisch
бесперспекти́вный, -ая, -ое [-вен, -вна] — aussichtslos
больни́чный лист — Krankenschein
быть на бюллете́не — krankgeschrieben sein, einen Krankenschein haben
взять/брать на рабо́ту — einstellen
визи́тная ка́рточка — Visitenkarte
выходно́й, -о́го *m* — arbeitsfreier Tag
Сего́дня у меня́ выходно́й. — *Heute habe ich meinen arbeitsfreien Tag.*
га́старбайтер, -а *m* — Gastarbeiter
де́ятельный, -ая, -ое [-лен, -льна] — aktiv, tatkräftig
зарпла́та, -ы *f* (за́работная пла́та) — Lohn, Gehalt
за́нятый, -ая, -ое — beschäftigt
На произво́дстве за́нято 5000 челове́к. — *In der Produktion sind 5000 Menschen beschäftigt.*

У меня́ нет вре́мени, я за́нят.	*Ich habe keine Zeit, ich bin beschäftigt.*
за́работок, -тка *m*	Verdienst; Lohn, Gehalt
заявле́ние о приня́тии на рабо́ту	Bewerbung
импорти́ровать, -рую, -руешь *pt & impt*	importieren
квалифика́ция, -и *f*	Qualifikation, Eignung
квалифици́рованный, -ая, -ое [-ан, -анна]	qualifiziert
квалифици́рованный рабо́чий	*Facharbeiter*
командиро́вка, -и *f*	Geschäftsreise; Dienstreise
конве́йр, -а *m*	Fließband
конкуре́нт, -а *m* конкуре́нтка, -и *f*	Konkurrent(in)
конкуре́нция, -и *f*	Konkurrenz, Wettbewerb
ко́нкурс, -а *m*	Einstellungswettbewerb; Ausschreibung
контро́ль, -я *m*	Kontrolle
ко́пия, -и *f*	Kopie
механиза́ция, -и *f*	Mechanisierung
механи́зм, -а *m*	Mechanismus
многообеща́ющий, -ая, -ое	aussichtsreich, vielversprechend
назначе́ние, -я *n*	Einstellung
назна́чить, -чу, -чишь [-ченный] *pt* *impt* назнача́ть, -а́ю, -а́ешь	einstellen
Премье́р-мини́стр назна́чил но́вого мини́стра вне́шних дел.	*Der Premierminister hat einen neuen Außenminister berufen.*
наня́ть/нанима́ть на рабо́ту	einstellen
неквалифици́рованный, -ая, -ое [-ан, -анна]	unqualifiziert
неквалифици́рованный рабо́чий	*Hilfsarbeiter*
обе́денный переры́в	Mittagspause
обору́дование, -я *n*	Maschinenpark; Ausstattung; Einrichtungsgegenstände
отчёт, -а *m*	Bericht; Rechenschaftsbericht
годово́й отчёт	*Jahresbericht (z. B. auf einer Aktionärs-, Mitgliederversammlung u. ä.)*
Ты отдаёшь себе́ отчёт в том, чем мо́жет всё э́то ко́нчиться?	*Bist du dir im klaren, wie das alles enden kann?*
переры́в, -а *m*	Unterbrechung
обе́денный переры́в с ча́су до трёх	*Mittagspause von eins bis drei*

персона́л, -а *m*	Personal
перспекти́ва, -ы *f*	Aussicht, Perspektive
перспекти́вный, -ая, -ое [-вен, -вна]	aussichtsreich
полу́чка, -и *f*	Gehalt (monatliches Einkommen)
Оста́лось ещё три дня до полу́чки.	*In drei Tagen bekomme ich mein Gehalt.*
поста́вить, -влю, -вишь [-вленный] *pt* *impt* поставля́ть, -я́ю, -я́ешь	liefern; beliefern
поступи́ть/поступа́ть на рабо́ту	eine Stelle bekommen
практикова́ть, -ку́ю, -ку́ешь *impt*	praktizieren
предпринима́тель, -я *m*	Unternehmer
рабо́чее ме́сто	Arbeitsplatz
руководя́щий рабо́тник	leitender Angestellter
сверхуро́чная рабо́та	Überstunden
слу́жба, -ы *f*	Dienststelle; Amt
вое́нная слу́жба	*Militärdienst*
поступи́ть на слу́жбу	*eine Stelle antreten*
спо́соб, -а *m*	Vorgehensweise, Methode
спра́вка, -и *f*	Auskunft
сре́дние ка́дры *pl*	mittlere Angestellte
стаж, -а *m*	Dienstalter
стажёр, -а *m,* стажёрка, -и *f*	Praktikant(in)
трудоспосо́бное населе́ние	arbeitsfähige Bevölkerung
трудоспосо́бность, -и *f*	Arbeitsfähigkeit
трудоспосо́бный, -ая, -ое [-бен, -бна]	arbeitsfähig
трудоспосо́бное населе́ние страны́	*die arbeitsfähige Bevölkerung eines Landes*
экспорти́ровать, -рую, -руешь *pt & impt*	exportieren

Arbeitsprobleme

бастова́ть · безрабо́тица · боро́ться · борьба́ · демонстра́ция забасто́вка · конфли́кт · напряже́ние · напряжённый · организова́ть отве́тственный · повыше́ние · пониже́ние · потре́бовать · провести́/проводи́ть · профсою́з · профсою́зный · рост · руководи́ть · собра́ние спор · тре́бование · тре́бовать · тру́дность · уво́лить/увольня́ть ухудше́ние · уху́дшиться/ухудша́ться

банкро́тство, -а *n*	Bankrott, Konkurs
возрасти́, -тёт [-ро́с, -ла́] [*1. & 2. Pers. ungbr.*] *pt* *impt* возраста́ть, -а́ет	zunehmen; erhöhen
Безрабо́тица возросла́.	*Die Arbeitslosigkeit hat zugenommen.*
жи́зненный у́ровень	Lebensstandard
минима́льная за́работная пла́та	gesetzlicher Mindestlohn
напряжённость, -и *f*	Spannung; Anstrengung
организа́тор, -а *m*	Organisationsleiter
организацио́нный, -ая, -ое	organisatorisch
покупа́тельная спосо́бность населе́ния	allgemeine Kaufkraft
резе́рв, -а *m*	Reserve (im Sinn von Vorrat)
сниже́ние, -я *n*	Sinken, Fallen
сни́зиться, сни́жусь, сни́зишься *pt* *impt* снижа́ться, -а́юсь, -а́ешься	sinken
Произво́дство у нас сни́зилось на 10 проце́нтов.	*Bei uns ist die Produktion um 10 Prozent gesunken.*
спо́рный, -ая, -ое [-рен, -рна]	strittig, Streit-
спо́рный вопро́с	*eine strittige Frage*
спо́рный слу́чай	*Streitfall*
сре́дняя за́работная пла́та	Durchschnittslohn
сэконо́мить, -млю, -мишь [-о́мленный] *pt* *s.* эконо́мить	einsparen; sparen an etw. (nicht neg. gemeint)
тари́фная ста́вка	Tarif
увольне́ние, -я *n*	Entlassung
эконо́мить, -млю, -мишь *impt*	einsparen; sparen an etw.
эконо́мия, -и *f*	Sparen

23 Der Mensch im Verkehr

Fahrer und Fahrzeuge

авто́бус · автомобили́ст · автомоби́ль · бы́стрый · ваго́н · велосипе́д · вести́ · води́тель · грузови́к · застрахова́ть · кора́бль · ло́дка · маши́на · метро́ · мотоци́кл · но́вый · парохо́д · по́езд · самолёт · страхова́ние · страхова́ть · су́дно · такси́ · трамва́й · тролле́йбус · шофёр

вагон с местáми для лежáния	Liegewagen
вагóн-ресторáн	Speisewagen
вертолёт, -а *m*	Hubschrauber
грузовóй вагóн	Güterwagen; Gepäckwagen
комби *unv m*	Kombi
легковáя машúна	PKW, Auto, Wagen
(водúтельские) **правá** *pl*	Führerschein
спáльный вагóн	Schlafwagen
трáнспортное срéдство	Beförderungsmittel; Fahrzeug
трéйлер, -а *m*	Wohnwagen
фургóн, -а *m*	Anhänger
электрúчка, -и *f*	Nahverkehrszug

Verkehrswege und Verkehrszeichen

автострáда · бульвáр · въезд · вы́езд · движéние · дорóга железнодорóжный · запрéт · запретúть/запрещáть · идтú · километр магистрáль · ограничéние · огранúчить/огранúчивать · оживлённый опáсность · опáсный · перекрёсток · переу́лок · поворóт преиму́щество · проспéкт · путь · регулúровать · регулирóвщик светофóр · стоя́нка · у́лица · шоссé

дорóжный указáтель	Schild, Wegweiser
железнодорóжный переéзд	Bahnübergang
запрещённый, -ая, -ое [-щён, -енá]	verboten
объéзд, -а *m*	Umleitung
ограничéние скóрости	Geschwindigkeitsbeschränkung
прáвила у́личного движéния *pl*	Straßenverkehrsordnung
прáво преиму́щественного проéзда	Vorfahrt
предéльная скóрость	Spitzengeschwindigkeit
развúлка, -и *f*	[eine Straße, die sich gabelt] abknikkende Vorfahrt
ремóнт дорóги	Baustelle
стоя́нка запрещáется	Parkverbot
тупúк, -á *m*	Sackgasse
у́лица одностορóннего движéния	Einbahnstraße

Werkstatt und Tankstelle

авáрия · аппарáт · бензúн · бензоколóнка · бензостáнция · двúгатель запрáвить/заправля́ть · ключ · колесó · мáсло · мастерскáя провéрить/проверя́ть · ремóнт · скóрость · фáра

бу́фер, -а *m*	Stoßstange
ветрово́е стекло́	Windschutzscheibe
выхлопна́я труба́	Auspuff
горю́чее, -его *n*	Brennstoff
расхо́д горю́чего	*Benzinverbrauch*
дво́рники, -ов *pl*	Scheibenwischer
за́дний ход	Rückwärtsgang
запа́льная свеча́	Zündkerze
запра́вка, -и *f*	Tanken
капо́т дви́гателя	Motorhaube
карбюра́тор, -а *m*	Vergaser
катализа́тор, -а *m*	Katalysator
коро́бка переда́чи	Getriebe
(мига́ющий) указа́тель поворо́та	Blinker
накача́ть, -а́ю, -а́ешь [-а́ченный] *pt* *impt* нака́чивать, -аю, -аешь	aufpumpen
отремонти́ровать, -рую, -руешь *pt* *s.* ремонти́ровать	reparieren; instand setzen; renovieren
покры́шка, -и *f*	Reifen
радиа́тор, -а *m*	Kühler
расхо́д горю́чего	Benzinverbrauch
реме́нь, -мня́ *m*	(Sicherheits)Gurt
ремонти́ровать, -рую, -руешь [-анный] *impt*	reparieren; instand setzen; renovieren
руль, -я́ *m*	Lenkrad
сиде́нье, -я *n*	Sitz
пере́днее сиде́нье	*Vordersitz*
за́днее сиде́нье	*Rücksitz*
сме́на ма́сла	Ölwechsel
ста́ртер, -а *m*	Anlasser
стоп-сигна́л, -а *m*	Stoppzeichen
то́рмоз, -а [*pl* -а́, -о́в] *m*	Bremse
ручно́й то́рмоз	*Handbremse*
нажа́ть на тормоза́	*bremsen*
у́ровень ма́сла	Ölstand
прове́рить у́ровень ма́сла	*Ölstand prüfen*
ши́на, -ы *f*	Reifen

Verkehrsgeschehen

безопа́сность · вы́ехать/выезжа́ть · е́здить · е́хать · же́ртва · зато́р заторможи́ть · катастро́фа · нале́во · напра́во · нару́шить/наруша́ть объе́хать/объезжа́ть · освети́ть/освеща́ть · останови́ться/остана́вливаться · перее́хать/переезжа́ть · поверну́ть/повора́чивать поли́ция · предупрежде́ние · притормози́ть · прове́рка · пря́мо риско́ванный · рискова́ть · столкну́ться/ста́лкиваться · тормози́ть тра́нспорт · штраф

быть за рулём	(selber) Auto fahren
Переста́нь, я за рулём!	*Hör auf, ich fahre!*
ви́димость, -и *f*	Sicht
име́ть хоро́шую ви́димость	*eine gute Sicht haben*
включи́ть/включа́ть ско́рость	den Gang einlegen
включи́ть/включа́ть мотор	den Motor starten
води́ть, вожу́, во́дишь *impt*	führen; (Auto)fahren
Ка́ждую суббо́ту мы во́дим дете́й на прогу́лку.	*Jeden Samstag gehen wir mit den Kindern spazieren.*
Я научи́лся води́ть маши́ну.	*Ich habe Autofahren gelernt.*
вы́ключить/выключа́ть мото́р	den Motor abstellen
ГАИ (Госуда́рственная автомоби́льная инспе́кция)	Verkehrskontrolle
дать газ	Gas geben, beschleunigen
доро́жно-тра́нспортное происше́ствие	Verkehrsunfall
е́хать/е́здить в обхо́д	um einen Ort herumfahren
завести́/заводи́ть маши́ну	anlassen
нажа́ть на тормоза́	auf die Bremse treten
план го́рода	Stadtplan
полице́йский уча́сток	Polizeirevier
пост ГАИ	Polizeiposten
пострада́вший, -его *m*	Opfer (z. B. eines Unfalls), Verunglückter
превы́сить/превыша́ть ско́рость	Geschwindigkeitsüberschreitung
превыше́ние ско́рости	Geschwindigkeitsüberschreitung
прое́хать, -е́ду, -е́дешь *pt* *impt* проезжа́ть, -а́ю, -а́ешь	durchfahren; vorbeifahren
сба́вить газ	Gas wegnehmen
сесть/сади́ться за руль	sich ans Steuer setzen
у́личное движе́ние	Straßenverkehr
я́ма, -ы *f*	Schlagloch

Nichtmotorisierte Verkehrsteilnehmer

билéт · войтú/входúть · вокзáл · вход · вы́йти/выходúть · вы́ход дорóжка · лúния · направлéние · остановка · пассажúр · пересáдка перехóд · перрóн · пешехóд · поспешúть · поторопúться · прохóжий сесть/садúться · сойтú/сходúть · спешúть · торопúться · тротуáр

закомпостúровать, -рую, -руешь *s.* компостúровать	entwerten
компостúровать, -рую, -руешь *impt*	entwerten
кондýктор, -а *m*	Schaffner
конéчная остановка	Endstation
общéственный трáнспорт	öffentliche Verkehrsmittel
опоздáть, -áю, -áешь *pt* *impt* опáздывать, -аю, -аешь	sich verspäten; Verspätung haben
Я опоздáл на послéдний автóбус.	*Ich habe den letzten Bus verpaßt.*
Поторопúсь, мы опáздываем.	*Beeil dich!*
Пóезд опоздáл на полчасá.	*Der Zug hat eine halbe Stunde Verspätung gehabt.*
перейтú, -ейдý, -ейдёшь [-ешёл, -ешлá] *pt* *impt* переходúть, -ожý, -óдишь	überqueren; zu etw. übergehen
пешехóдная дорóжка	Fußgängerübergang
подзéмный перехóд	Fußgängertunnel

24 Post und Bank

Post

áдрес · бандерóль · заказáть/закáзывать · звонúть · конвéрт · написáть открытка · печáть · писáть · письмó · позвонúть · поздравлéние послáть/посылáть · посы́лка · пóчта · почтальóн · почтóвый я́щик прислáть/присылáть · связáть/свя́зывать · связь · сообщúть/сообщáть телегрáмма · телефóн · телефóнный

абонемéнтный я́щик	Postfach
авиапóчтой *adv*	per Luftpost
(телефóнный) **автомáт**	Telefonzelle
Я звоню́ из автомáта.	*Ich rufe aus einer Telefonzelle an.*
адресовáть, -сýю, -сýешь *pt & impt*	adressieren

Письмо́ адресо́вано тебе́.	*Der Brief ist an dich adressiert.*
бланк, -а *m*	Formular
вложи́ть, вложу́, вло́жишь [вло́женный] *pt* *impt* вкла́дывать, -аю, -аешь	hineinlegen, hineintun; anlegen
вложи́ть письмо́ в конве́рт	*einen Brief in einen Umschlag packen*
вложи́ть де́ньги в а́кции	*Geld in Aktien anlegen*
вы́дача, -и *f*	(Paket)Ausgabe
вы́слать, вы́шлю, вы́шлешь [-анный] *pt* *impt* высыла́ть, -а́ю, -а́ешь	schicken, zuschicken; abschicken
до востре́бования	postlagernd
заказно́й, -ая, -ое	per Einschreiben
заказно́е письмо́	*Einschreibebrief*
закле́ить, -е́ю, -е́ишь [-е́енный] *pt* *impt* закле́ивать, -аю, -аешь	zukleben
закле́ить конве́рт	*einen Umschlag zukleben*
запо́лнить, -ню, -нишь [-ненный] *pt* *impt* заполня́ть, -я́ю, -я́ешь	ausfüllen
Запо́лните бланк, пожа́луйста.	*Füllen Sie bitte das Formular aus!*
накле́ить, -е́ю, -е́ишь [-е́енный] *pt* *impt* накле́ивать, -аю, -аешь	aufkleben
накле́ить ма́рку	*eine Briefmarke aufkleben*
око́шко, -а *n*	Schalter
Подойди́те к тре́тьему око́шку.	*Gehen Sie an Schalter 3!*
отправи́тель, -я *m*	Absender
отпра́вить, -влю, -вишь [-вленный] *pt* *impt* отправля́ть, -я́ю, -я́ешь	schicken, zuschicken; abschicken
перево́д, -а *m*	Übersetzung
получа́тель, -я *m*	Empfänger
почта́мт, -а *m*	Postamt
почто́вая ма́рка	Briefmarke
почто́вый и́ндекс	Postleitzahl
те́лекс, -а *m*	Telex
(телефо́нная) **тру́бка**	Telefonhörer
штамп, -а *m*	Stempel
ште́мпель [тэ], -я [*pl* -я́, -е́й] *m*	Stempel

Geldangelegenheiten

банк · банкно́та · валю́та · действи́тельный · де́ньги · долг · дорого́й занять/занима́ть · заплати́ть · истра́тить · ка́сса · копе́йка · креди́т ме́лочь · меня́ть · обменя́ть/обме́нивать · одолжи́ть/ода́лживать опера́ция · пла́та · плати́ть · подписа́ть/подпи́сывать · потра́тить разменя́ть/разме́нивать · рубль · состоя́ние · сосчита́ть · сто́имость сто́ить · су́мма · счесть/счита́ть · счёт · уплати́ть · цена́ · чек

беспла́тный, -ая, -ое [-тен, -тна]	kostenlos, umsonst
би́ржа, -и *f*	Börse
бума́жник, -а *m*	Brieftasche
быть до́лжным кому-л.	schulden
Ско́лько я Вам до́лжен?	*Wieviel schulde ich Ihnen?*
валю́тный курс	Devisenkurs
взять/брать де́ньги взаймы́	ein Darlehn nehmen
возмести́ть, -ещу́, -ести́шь [-ещённый (-ён, -ена́)] *pt* *impt* возмеща́ть, -а́ю, -а́ешь	erstatten
возмести́ть убы́тки	*einen Schaden erstatten*
дать/дава́ть де́ньги взаймы́	ein Darlehn geben
де́нежный перево́д	Überweisung
креди́тная ка́рточка	Kreditkarte
моне́та, -ы *f*	Münze
обме́н валю́ты	Geldwechsel
плати́ть/заплати́ть нали́чными	bar zahlen
полу́чка, -и *f*	Gehalt (monatliches Einkommen)
Оста́лось ещё три дня до полу́чки.	*In drei Tagen bekomme ich mein Gehalt.*
прихо́ды, -ов *pl*	Einnahmen
прихо́ды и расхо́ды	*Einnahmen und Ausgaben*
проце́нт, -а *m*	Zins; Prozent
расхо́ды, -ов *pl*	Kosten
сберега́тельная ка́сса (сберка́сса)	Sparkasse
сберега́тельная кни́жка (сберкни́жка)	Sparbuch
сберега́тельный счёт	Konto
сбереже́ния *pl*	Sparsumme
сбере́чь, -егу́, -ежёшь, -егу́т [-ёг, -егла́; -жённый] *pt* *impt* сберега́ть, -а́ю, -а́ешь	sparen

сэконо́мить, -млю, -мишь [-о́мленный] *pt* *s.* эконо́мить	einsparen; sparen an etw. (nicht neg. gemeint)
че́ковая кни́жка	Scheckheft
эконо́мить, -млю, -мишь *impt*	einsparen; sparen an etw.

Der Mensch als Mitglied einer Gemeinschaft

25 Politik

Verfassung

власть · вы́бор · вы́брать/выбира́ть · го́лос · госуда́рственный госуда́рство · граждани́н · демократи́ческий · демократи́чный демокра́тия · зна́мя · наро́д · национа́льность · национа́льный · на́ция незави́симость · незави́симый · объяви́ть/объявля́ть · парла́мент парти́йный · прави́тельство · президе́нт · респу́блика · свобо́да систе́ма · сове́т · флаг · центра́льный

всео́бщие вы́боры *pl*	allgemeine Wahlen
вы́боры, -ов *pl*	Wahlen
парла́ментские вы́боры / вы́боры в парла́мент	*Parlamentswahlen*
президе́нтские вы́боры	*Präsidentschaftswahl*
герб, -а *m*	Wappen
голосова́ние, -я *n*	Abstimmung
голосова́ть, -су́ю, -су́ешь *impt*	abstimmen
госуда́рственный гимн	Nationalhymne
депута́т, -а *m*	Abgeordneter (MDB; MDL)
законода́тельная власть	die gesetzgebende/legislative Gewalt
избира́тельное пра́во	Wahlrecht
индиви́д, -а *m*, индиви́дуум, -а *m*	Individuum
исполни́тельная власть	die ausführende/exekutive Gewalt
наро́дный, -ая, -ое [-ден, -дна]	Volks-
парламента́рный, -ая, -ое [-рен, -рна]	parlamentarisch, Parlaments-
парламента́рная демокра́тия	*parlamentarische Demokratie*
парла́ментские вы́боры *pl*	Parlamentswahlen
права́ челове́ка *pl*	die Menschenrechte
президе́нтские вы́боры *pl*	Präsidentschaftswahl
премье́р-мини́стр, -а *m*	Premierminister, Kanzler, Regierungschef

провозгласи́ть, -шу́, -си́шь [-ашённый] *pt* *impt* провозглаша́ть, -а́ю, -а́ешь	erklären
провозгласи́ть незави́симость	*die Unabhängigkeit erklären*
сена́т, -а *m*	Senat
сена́тор, -а *m*	Senator
суде́бная власть	die richterliche Gewalt
фо́рма управле́ния	Regierungsform

Öffentliche Verwaltung

городско́й · край · мили́ция · областно́й · о́бласть · официа́льный поли́ция · поря́док · райо́н · распоряже́ние · ра́туша · столи́ца

адмистра́ция, -и *f*	Verwaltung; Empfang (im Hotel)
бюрократи́ческий, -ая, -ое	bürokratisch
бюрокра́тия, -и *f*	Bürokratie
вла́сти, -е́й *pl*	Behörde
держа́ва, -ы *f*	Staat
децентрализа́ция, -и *f*	Dezentralisierung
децентрализова́ть, -зу́ю, -зу́ешь [-о́ванный] *pt & impt*	dezentralisieren
комите́т, -а *m*	Komitee
мэ́р, -а *m*	Bürgermeister
обще́ственность, -и *f*	Allgemeinheit
прови́нция, -и *f*	Provinz
регио́н, -а *m*	Region
региона́льный, -ая, -ое	regional, Regional-
устро́йство, -а *n*	Einrichtung
госуда́рственное устро́йство	*staatliche Einrichtung*
централиза́ция, -и *f*	Zentralisierung

Das politische Leben

акти́вный · ана́лиз · большинство́ · буржуази́я · вне́шний · вну́тренний госуда́рственный де́ятель · гру́ппа · де́йствовать · деклара́ция де́ятельность · заседа́ние · заяви́ть/заявля́ть · заявле́ние измене́ние · инициати́ва · кабине́т · кандида́т · конфли́кт · лю́ди министе́рство · мини́стр · населе́ние · обще́ственный · о́бщество объедини́ть/объединя́ть · перегово́ры · побе́да · поворо́т подде́ржка · поли́тик · поли́тика · полити́ческий · потре́бовать приня́ть/принима́ть · програ́мма · прое́кт · протестова́ть · проти́вник профсою́з · профсою́зный · развива́ющийся · режи́м · результа́т реф́орма · реше́ние · руководи́ть · свобо́дный · сме́на · собра́ние социали́ст · социалисти́ческий · тре́бование · тре́бовать управле́ние · управля́ть · управля́ющий · фу́нкция · член

автоно́мия, -и *f*	Autonomie
агита́ция, -и *f*	Agitation
аккредитова́ть, -ту́ю, -ту́ешь [-о́ванный] *pt & impt*	akkreditieren
анализи́ровать, -рую, -руешь [-анный] *pt & impt*	analysieren
антисеми́т, -а *m*, антисеми́тка, -и *f*	Antisemit(in)
антисемити́зм, -а *m*	Antisemitismus
борьба́ за незави́симость	Unabhängigkeitskampf
бюдже́т, -а *m*	Haushalt
госуда́рственный бюдже́т	*Staatshaushalt*
вести́ перегово́ры	Verhandlungen führen
взять/брать на себя́ отве́тственность за что-л.	Verantwortung für etw. übernehmen
вступи́ть, -уплю́, -у́пишь *pt* *impt* вступа́ть, -а́ю, -а́ешь	eintreten, Mitglied werden
вы́ступить/выступа́ть про́тив	widersprechen; Einspruch einlegen
вы́ступить про́тив реше́ния суда́	*Einspruch gegen die Entscheidung des Gerichts einlegen*
голосова́ть за зако́н	über ein Gesetz abstimmen
госуда́рственный секрета́рь	Staatssekretär
давле́ние, -я *n*	Druck
деба́ты, -ов *pl*	Debatte
де́йственный, -ая, -ое [-ен, -нна]	wirksam
демонстри́ровать, -рую, -руешь *pt & impt*	demonstrieren
депута́тское ме́сто	Parlamentssitz
заключи́ть/заключа́ть догово́р	einen Vertrag schließen
идеоло́гия, -и *f*	Ideologie
избира́тель, -я *m*	Wähler
избра́ть, -беру́, -берёшь [-а́л, -ала́, -а́ло; и́збранный] *pt* *impt* избира́ть, -а́ю, -а́ешь	(jdn. für einen politischen/beruflichen Posten) wählen
капитали́зм, -а *m*	Kapitalismus
капитали́ст, -а *m*	Kapitalist

капиталисти́ческий, -ая, -ое	kapitalistisch
коми́ссия, -и *f*	Kommission
коммуни́ст, -а *m* коммуни́стка, -и *f*	Kommunist(in)
коммунисти́ческая па́ртия	kommunistische Partei
коммунисти́ческий, -ая, -ое	kommunistisch
консе́нсус, -а *m*	Übereinstimmung, Konsens
консульта́ция, -и *f*	Konsultation, Beratung
ле́вые *pl*	die (politische) Linke
ме́сто в парла́менте	Parlamentssitz
назна́чить, -чу, -чишь [-ченный] *pt* *impt* назнача́ть, -а́ю, -а́ешь	einstellen
Премье́р-мини́стр назна́чил но́вого мини́стра вне́шних дел.	*Der Premierminister hat einen neuen Außenminister berufen.*
оппози́ция, -и *f*	Opposition
отста́вка, -и *f*	Rücktritt
пасть, паду́, падёшь [пал] *pt*	fallen
прави́тельство па́ло	*die Regierung wurde gestürzt*
го́род пал	*die Stadt ist gefallen*
пасть в бою́	*im Kampf fallen*
по́данный, -ого *m*	Untertan
пода́ть в отста́вку	den Rücktritt erklären
подписа́ть/подпи́сывать догово́р	einen Vertrag unterzeichnen
посо́л, -сла́ *m*	Botschafter(in)
посо́льство, -а *n*	Botschaft
пра́вые *pl*	die (politische) Rechte
предвы́борная кампа́ния	Wahlkampf
приня́ть/принима́ть зако́н	ein Gesetz annehmen
проанализи́ровать, -рую, -руешь [-анный] *pt* *s.* анализи́ровать	analysieren
проектозако́н, -а *m*	Gesetzesvorhaben
пропага́нда, -ы *f*	Propaganda
проте́ст, -а *m*	Protest
раси́зм, -а *m*	Rassismus
раси́ст, -а *m*, раси́стка, -и *f*	Rassist(in)
распусти́ть, -ущу́, -у́стишь [-у́щенный] *pt* *impt* распуска́ть, -а́ю, -а́ешь	auflösen
Президе́нт име́ет пра́во распусти́ть парла́мент.	*Der Präsident kann das Parlament auflösen.*

ратифици́ровать, -рую, -руешь [-анный] *pt & impt*	ratifizieren
с ле́вой ориента́цией	politisch links
с пра́вой ориента́цией	politisch rechts
се́ссия, -и *f*	Sitzungsperiode
симпатиза́нт, -а *m*, симпатиза́нтка, -и *f*	Sympathisant(in)
симпатизи́ровать, -рую, -руешь *impt*	sympathisieren
синдика́т, -а *m*	Gewerkschaft
согла́сие, -я *n*	Einverständnis
созва́ть, -зову́, -зовёшь [-á, -ала́, -а́ло; -анный] *pt* *impt* созыва́ть, -а́ю, -а́ешь	einberufen (Parlament, Rat, Ausschuß etc.)
социалисти́ческая па́ртия	sozialistische Partei
сою́з работода́телей	Arbeiterrat
субсиди́ровать, -рую, -руешь [-анный] *pt & impt*	subventionieren
субси́дия, -и *f*	Subvention
убежде́ние, -я *n*	Überzeugung; Ansicht
полити́ческие убежде́ния	*politische Überzeugung/Ansicht*
Э́то моё глубо́кое убежде́ние.	*Das ist meine feste Überzeugung.*
непоколеби́мое убежде́ние	*unerschütterliche Überzeugung/Ansicht*
функциони́ровать, -рую, -руешь *impt*	funktionieren
эффекти́вный, -ая, -ое [-вен, -вна]	effektiv, wirkungsvoll, wirksam

Internationale Beziehungen

встре́ча · догово́р · договори́ться/догова́риваться · дру́жба · ЕС зарубе́жный · иностра́нный · междунаро́дный · мир[1] · мир[2] · ми́рный мирово́й · обме́н · отноше́ние · посеще́ние · разви́тие · связь · си́ла улучше́ние ·

Аме́рика, -и *f*	Amerika
визи́т, -а *m*	Besuch
Восто́чная Евро́па	Osteuropa
договорённость, -и *f*	Verabredung; Vereinbarung
Евро́па, -ы *f*	Europa
За́падная Евро́па	Westeuropa
зарубе́жные стра́ный *pl*	Ausland

мóщный, -ая, -ое [-щен, -щнá, -щно]	mächtig
напряжённость, -и *f*	Spannung; Anstrengung
Óбщий рынок	der gemeinsame Markt
ООН	UNO
развивáющиеся стрáны *pl*	Entwicklungsländer
разоружéние, -я *n*	Abrüstung
разря́дка напряжённости	Entspannung
рýсско-немéцкий	deutsch-russisch
сотрýдничество, -а *n*	Zusammenarbeit; Kooperation

Krisen

восстáние · диктатýра · кри́зис · крити́ческий · напряжéние
напряжённый · наси́лие · опáсность · революция · трýдность
ухудшéние

атентáт, -а *m*	Attentat
бунт, -а *m*	Revolte
волнéния, -ий *pl*	Unruhen
государственный переворóт	Staatsstreich
интервéнция, -и *f*	Intervention
инцидéнт, -а *m*	Zwischenfall
мятéж, -á *m*	Putsch
воéнный мятéж	*Militärputsch*
покушéние, -я *n*	Anschlag; Attentat
свéргнуть, -ну, -нешь [сверг, свéргла] *pt*	stürzen
impt свергáть, -áю, -áешь	
свéргнуть прави́тельство	*die Regierung stürzen*
столкновéние, -я *n*	Zusammenprall; Zusammenstoß
террóр, -а *m*	Terror
террори́зм, -а *m*	Terrorismus
террори́ст, -а *m*, террори́стка, -и *f*	Terrorist(in)
террористи́ческий акт	Terrorakt
тоталитари́зм, -а *m*	totalitäres Regime
тоталитáрный, -ая, -ое	totalitär
тоталитáрное госудáрство	*der totalitäre Staat*
угрóза, -ы *f*	Drohung
я́дерная угрóза	*nukleare Bedrohung*
угрóза я́дерной войны́	*Drohung mit dem Atomkrieg*

26 Massenmedien

Presse

а́втор · влия́ние · влия́ть · возде́йствие · вы́йти/выходи́ть · газе́та журна́л · журнали́ст · загла́вие · изве́стие · информа́ция корреспонде́нт · критикова́ть · крити́ческий · мне́ние · напеча́тать объявле́ние · опубликова́ть · печа́тать · печа́ть · повлия́ть подро́бность · прису́тствовать · продолже́ние · публика́ция публикова́ть · реда́ктор · репорта́ж · сообщи́ть/сообща́ть · статья́ страни́ца · текст · чита́тель

аге́нство печа́ти	Nachrichtenagentur
Аге́нство Печа́ти Но́вости	*Presseagentur „Nowosti"*
влия́тельный, -ая, -ое [-лен, -льна]	einflußreich
гла́вный реда́ктор	Chefredakteur
дета́ль, -и *f*	Detail
ежеме́сячник, -а *m*	Monatszeitschrift
еженеде́льник, -а *m*	Wochenzeitschrift
изда́тель, -я *m*	Verleger
изда́тельство, -а *n*	Verlag
иллюстри́рованный, -ая, -ое	illustriert
информи́ровать, -рую, -руешь [-анный] *pt & impt*	informieren
объекти́вность, -и *f*	Objektivität
объекти́вный, -ая, -ое [-вен, -вна]	objektiv
перио́дика, -и *f*	Periodika
периоди́ческое изда́ние	Periodikum (regelmäßig erscheinende Zeitschrift)
пози́ция, -и *f*	Position
пресс-бюро́ *unv n*	Pressebüro
пресс-конфере́нция, -и *f*	Pressekonferenz
продолже́ние сле́дует	Fortsetzung folgt
проинформи́ровать, -рую, -руешь [-анный] *pt* *s.* информи́ровать	informieren
реда́кция, -и *f*	Redaktion
резюми́ровать, -рую, -руешь [-анный] *pt & impt*	zusammenfassen, resümieren
ру́брика, -и *f*	Rubrik
сенсацио́нный, -ая, -ое [-о́нен, -о́нна]	sensationell

сенса́ция, -и *f*	Sensation
сканда́льный, -ая, -ое [-лен, -льна]	skandalös
сообще́ние, -я *n*	Bericht, Nachricht
сообще́ние печа́ти	*Pressemeldung, Pressemitteilung*
прави́тельственное сообще́ние	*Regierungserklärung*
специа́льный корреспонде́нт	Sonderkorrespondent
сре́дства ма́ссовой информа́ции *pl*	Massenmedien
типогра́фия, -и *f*	Druckerei
тира́ж, -а́ *m*	Auflage
то́чка зре́ния	Gesichtspunkt, Standpunkt
Я разделя́ю твою́ то́чку зре́ния.	*Ich teile deine Meinung.*
фото́граф, -а *m*	Fotograf(in)

Radio und Fernsehen

волна́ · го́лос · звук · интервью́ · карти́на · микрофо́н · переда́ть/передава́ть · переда́ча · програ́мма · ра́дио · рекла́ма · слу́шатель телеви́дение · телеви́зор · тон · экра́н

актуа́льный, -ая, -ое [-лен, -льна]	aktuell
аудиовизуа́льный, -ая, -ое	audiovisuell
аудито́рия, -и *f*	Zuschauer; Hörer; Leser
деба́ты, -ов *pl*	Debatte
ди́ктор, -а *m*	Nachrichtensprecher(in)
диску́ссия, -и *f*	Diskussion
кана́л, -а *m*	Kanal
многосери́йный фильм	Serien, Feuilleton
обозрева́тель, -я *m*	Kommentator
прогно́з пого́ды	Wettervorhersage
радиоста́нция, -и *f*	Sender
рекла́мный, -ая, -ое	werbend, Werbe-
сво́дка пого́ды	Wetterbericht
се́рия, -и *f*	Folge
364-ая се́рия Да́лласа	*die 364. Folge von Dallas*
сту́дия, -и *f*	Studio
телеви́дение и радиовеща́ние	Fernsehen und Rundfunk
телезри́тель, -я *m*, телезри́тельница, -ы *f*	Fernsehzuschauer(in)

эфи́р, -а *m* — [Äther]
выйти в эфи́р — *auf Sendung gehen*

Über Krieg und Militär

а́рмия · боево́й · бое́ц · бой · бо́мба · весть · воева́ть · вое́нный · вое́нный[2] война́ · войска́ · враг · вы́стрел · герои́ческий · геро́й · гру́ппа · же́ртва жесто́кий · заня́ть/занима́ть · защи́та · защити́ть/защища́ть кома́ндовать · конфли́кт · му́жественный · оборо́на · объяви́ть/объявля́ть · окруже́ние · окружи́ть/окружа́ть · ору́жие · освободи́ть/освобожда́ть · отступи́ть/отступа́ть · плен · пле́нный · побе́да победи́тель · победи́ть/побежда́ть · поги́бнуть/погиба́ть · по́двиг пораже́ние · прика́з · приказа́ть/прика́зывать · разби́ть/разбива́ть ра́на · ра́неный · ра́нить · сда́ться/сдава́ться · сме́лый · солда́т сраже́ние · страна́ · стреля́ть · тяжёлый · уничто́жить/уничтожа́ть

а́кция, -и *f* — Aktion
ата́ка, -и *f* — Angriff
атакова́ть, -ку́ю, -ку́ешь [-о́ванный] *pt & impt* — angreifen
бе́гство, -а *n* — Flucht
би́тва, -ы *f* — Schlacht
блока́да, -ы *f* — Blockade
взять/брать в плен — in Gefangenschaft nehmen
военача́льник, -а *m* — Heeresführer; Kriegskommandant
военнопле́нный, -ого *m* — Kriegsgefangener
вое́нный престу́пник, -а *m* — Kriegsverbrecher
вооружённый, -ая, -ое — bewaffnet
вооружи́ть, -жу́, -жи́шь [-жённый (-ён, -ена́)] *pt* *impt* вооружа́ть, -а́ю, -а́ешь — bewaffnen
вра́жеский, -ая, -ое — feindlich
вто́ргнуться, -нусь, -нешься [-ргся, вто́рглась] *pt* *impt* вторга́ться, -а́юсь, -а́ешься — einfallen in
герои́зм, -а *m* — Heroismus
гражда́нский, -ая, -ое — Bürger-, zivil; Zivil-
гражда́нская война́ — *Bürgerkrieg*
гражда́нское пра́во — *Zivilrecht*
дезерти́р, -а *m* — Deserteur
догово́р о нераспростране́нии я́дерного ору́жия — Atomwaffensperrvertrag

изме́на, -ы *f*	Verrat
инциде́нт, -а *m*	Zwischenfall
капитули́ровать, -рую, -руешь *pt & impt*	kapitulieren
ми́рный догово́р	Friedensvertrag
му́жество, -а *n*	Mut
наступа́ть, -а́ю, -а́ешь *impt*	vorrücken
наступле́ние, -я *n*	Vormarsch; Offensive
наше́ствие, -я *n*	Einfall, Invasion
неприя́тель, -я *m*	Feind
неприя́тельский, -ая, -ое	feindlich
обороня́ть, -я́ю, -я́ешь *impt*	verteidigen
оккупа́ция, -и *f*	Besetzung
оккупи́ровать, -рую, -руешь [-ованный] *pt & impt*	besetzen
освобожде́ние, -я *n*	Befreiung
отступле́ние, -я *n*	Rückzug
пара́д, -а *m*	Parade
пасть, паду́, падёшь [пал] *pt*	fallen
правительство па́ло	*die Regierung wurde gestürzt*
го́род пал	*die Stadt ist gefallen*
пасть в бою́	*im Kampf fallen*
переми́рие, -я *n*	Waffenstillstand; Waffenruhe
пехо́та, -ы *f*	Infantrie
поги́бший, -его *m*	Kriegsgefallener
после́дствие, -я *n*	Folge
преда́тель, -я *m*	Verräter
преда́тельство, -а *n*	Verrat
пы́тка, -и *f*	Folter
разоруже́ние, -я *n*	Abrüstung
регио́н, -а *m*	Region
региона́льный, -ая, -ое	regional, Regional-
сда́ться/сдава́ться в плен	sich ergeben
сопротивля́ться, -я́юсь, -я́ешься *impt*	widerstehen
сража́ться, -а́юсь, -а́ешься *impt*	kämpfen
хра́брый, -ая, -ое [храбр, храбра́, хра́бро]	tapfer; mutig; kühn
эвакуи́ровать, -рую, -руешь [-анный] *pt & impt*	evakuieren
экзеку́ция, -и *f*	Exekution, Hinrichtung
я́дерный, -ая, -ое	Nuklear-, Atom-

Über die Justiz

адвока́т · арестова́ть/арестóвывать · винóвный · вопрóс · вор дéйствие · доказа́тельство · доказа́ть/докáзывать · допрóс жáловаться · задержáть/задéрживать · закóн · закóнный · кля́сться крáжа · наказáние · наказáть/накáзывать · наси́лие · неви́нный обвинéние · обвини́ть/обвиня́ть · оспóрить/оспáривать · осуди́ть/осуждáть · покля́сться · полицéйский · поли́ция · посади́ть · прáво преступлéние · престýпник · процéсс · сажáть · свидéтель · свобóда след · слóжный · слýчай · соверши́ть/совершáть · справедли́вость суд · суди́ть · судья́ · тюрьмá · уби́йство · уби́йца · юри́ст

бáнда, -ы *f*	Bande
банди́т, -а *m*	Räuber, Bandit
бандити́зм, -а *m*	Banditentum
винá, -ы́ *f*	Schuld
«Без вины́ винова́тые»	*„die schuldlos Schuldigen"*
гáнгстер, -а *m*	Gangster
досьé *unv n*	Akte, Dossier
дрáка, -и *f*	Schlägerei
залóжник, -а *m*, залóжница, -ы *f*	Geisel
кримина́льная поли́ция	Kriminalpolizei
моти́в, -а *m*	Motiv, Grund, Veranlassung
мошéнник, -а *m*, мошéнница, -ы *f*	Betrüger(in)
наркóтик, -а *m*	Rauschgift
наси́льственный, -ая, -ое	gewaltsam
несовершеннолéтний, -яя, -ее	minderjährig; Minderjährige(r)
обвиня́емый, -ого *m*, обвиня́емая, -ой *f*	Angeklagter(in)
облáва, -ы *f*	Absperrung; Razzia
обмáнщик, -а *m*, обмáнщица, -ы *f*	Betrüger(in)
оправдáть, -áю, -áешь [-áвданный] *pt* *impt* оправдывать, -аю, -аешь	freisprechen
подозревáемый, -ого *m*, подозревáемая, -ой *f*	Verdächtige(r)
подозревáть, -áю, -áешь *impt*	verdächtigen; vermuten
Я давнó подозревáю егó во лжи.	*Ich verdächtige ihn schon lange, zu lügen.*
Я и не подозревáл, что онá не зáмужем.	*Ich habe gar nicht gedacht, daß sie verheiratet ist.*

подозре́ние, -я *n*	Verdacht; Verdächtigung
подозри́тельный, -ая, -ое [-лен, -льна]	verdächtig
подсуди́мый, -ого *m*, подсуди́мая, -ой *f*	Angeklagte(r)
быть на скамье́ подсуди́мых	*auf der Anklagebank sitzen*
похити́тель, -я *m*, похити́тельница, -ы *f*	Entführer(in); Dieb(in)
похи́тить, -и́щу, -и́тишь [-и́щенный] *pt* *impt* похища́ть, -а́ю, -а́ешь	stehlen; entführen
престу́пное дея́ние	Tat; Delikt
пригово́р, -а *m*	Urteil
оправда́тельный пригово́р	*Freispruch*
приговори́ть, -рю́, -ри́шь [-рённый (-ён, -ена́)] *pt* *impt* пригова́ривать, -аю, -аешь	verurteilen
приговори́ть к сме́рти	*zum Tode verurteilen*
рассле́дование, -я *n*	Untersuchung
суде́бное рассле́дование	*gerichtliche Untersuchung*
рассле́довать, -дую, -дуешь [-анный] *pt & impt*	untersuchen
ро́зыск, -а *m*	Untersuchung, Nachforschungen
следи́ть за кем-л.	verfolgen (z. B. durch den KGB)
сле́дствие, -я *n*	Untersuchungsverfahren
предвари́тельное сле́дствие	*Voruntersuchung*
снять/снима́ть отпеча́тки па́льцев	einen Fingerabdruck nehmen
совершенноле́тний, -яя, -ее	volljährig
соуча́стие, -я *n*	Mittäterschaft
соуча́стник, -а *m*, соуча́стница, -ы *f*	Komplize, Komplizin
статья́, -и́ *f*	Paragraph
суде́бный сле́дователь	Untersuchungsrichter(in)
уголо́вный ро́зыск	Kriminalpolizei

Über Politik

официа́льный · охвати́ть/охва́тывать · перегово́ры · прогре́сс прогресси́вный · протестова́ть · результа́т · реше́ние · ситуа́ция собы́тие · сою́з · улу́чшить/улучша́ть · уступи́ть/уступа́ть · усту́пка эта́п

активи́ст, -а *m,* активи́стка, -и *f*	Aktivist(in)
интри́га, -и *f*	Intrige
махина́ция, -и *f*	Machenschaft
обнару́жить, -жу, -жишь [-женный] *pt* *impt* обнару́живать, -аю, -аешь	entdecken, aufdecken, auffinden
Социали́зм обнару́жил, наконе́ц, своё и́стинное лицо́.	*Der Sozialismus hat endlich sein wahres Gesicht gezeigt.*
Докуме́нты бы́ли обнару́жены соверше́нно случа́йно.	*Die Dokumente sind vollkommen zufällig entdeckt worden.*
оппози́ция, -и *f*	Opposition
полити́ческие си́лы *pl*	die politischen Kräfte
посо́льство, -а *n*	Botschaft
пра́вящие круги́ *pl*	die regierenden Kräfte
провока́ция, -и *f*	Provokation
провоци́ровать, -рую, -руешь *pt & impt*	provozieren, herausfordern
проте́ст, -а *m*	Protest
равнове́сие, -я *n*	Gleichgewicht
Есте́ственное равнове́сие под угро́зой.	*Das natürliche Gleichgewicht ist in Gefahr.*
полити́ческое равнове́сие	*politisches Gleichgewicht*
секре́тный, -ая, -ое [-тен, -тна]	geheim
соверше́нно секре́тно	*streng geheim*
си́мвол, -а *m*	Symbol
сканда́л, -а *m*	Skandal
спровоци́ровать, -рую, -руешь [-анный] *pt* *s.* провоци́ровать	provozieren, herausfordern
экспа́нсия, -и *f*	Expansion

Über Katastrophen

бе́дствие · взрыв · внеза́пный · гаси́ть · горе́ть · драмати́чный катастро́фа · ме́ра · необходи́мость · необходи́мый · несча́стье ого́нь · опера́ция · пожа́р · помо́чь/помога́ть · по́мощь · происше́ствие разме́р · разруше́ние · разру́шить/разруша́ть · сгоре́ть · сро́чный траге́дия · траги́чный · хи́мия · эксплози́я

а́томная электроста́нция, -ии *f*	Atomkraftwerk
заже́чься, -жжётся, -жгу́тся [-жёгся, -жгла́сь] *pt* *impt* зажига́ться, -а́ется [*1. & 2. Pers. ungbr.*]	Feuer fangen
землетрясе́ние, -я *n*	Erdbeben
ла́ва, -ы *f*	Lava
лави́на, -ы *f*	Lawine
наводне́ние, -я *n*	Überschwemmung
несча́стный слу́чай	Unglücksfall
парализова́ть, -зу́ю, -зу́ешь [-о́ванный] *pt & impt*	zum Stillstand bringen; paralysieren
радиоакти́вное о́блако	radioaktive Wolke
радиоакти́вность, -и *f*	Radioaktivität
радиоакти́вный, -ая, -ое [-вен, -вна]	radioaktiv
токси́ческий, -ая, -ое	giftig, toxisch
цикло́н, -а *m*	Taifun, Hurrikan
шок, -а *m*	Schock
шторм, -а *m*	Sturm
эпиде́мия, -и *f*	Epidemie

Über Soziales

бе́дность · бе́дный · безрабо́тица · бога́тый · боро́ться · борьба́ возмо́жность · движе́ние · действи́тельность · достиже́ние культу́ра · лю́ди · молодёжь · напряже́ние · напряжённый обеспе́чить/обеспе́чивать · обще́ственный · о́бщество отрица́тельный · па́дать · переме́на · повы́ситься/повыша́ться повыше́ние · подня́ться/поднима́ться · положи́тельный · пониже́ние пони́зиться/понижа́ться · пробле́ма · ре́зкий · рефо́рма · рост сократи́ть/сокраща́ть · социа́льный · тру́дность · увели́читься/увели́чиваться · улучше́ние · улу́чшиться/улучша́ться · уме́ньшиться/уменьша́ться · упа́сть · у́ровень · ухудше́ние · эконо́мика экономи́ческий

возрасти́, -тёт [-ро́с, -ла́] [*1. & 2. Pers. ungbr.*] *pt* *impt* возраста́ть, -а́ет	zunehmen; erhöhen
Безрабо́тица возросла́.	*Die Arbeitslosigkeit hat zugenommen.*
жи́зненный у́ровень	Lebensstandard
затрудне́ние, -я *n*	Schwierigkeit

иммигрáнт, -a *m*, иммигрáнтка, -и *f*	Immigrant(in)
иммигри́ровать, -рую, -руешь *pt & impt*	immigrieren
налóг, -a *m*	Steuer
обезлю́деть, -еет [*1. & 2. Pers. ungbr.*] *pt*	[ohne Menschen bleiben] menschenleer werden (Landflucht)
обеспечéние, -я *n*	Versorgung
окружáющий мир	Umwelt
полити́ческий эмигрáнт	politischer Emigrant
реалисти́ческий, -ая, -ое	realistisch
сокращéние, -я *n*	Verringerung; Verminderung; Kürzung
увеличéние, -я *n*	Erhöhung
услóвия жи́зни *pl*	Lebensbedingungen; Lebensumstände
экономи́ческий эмигрáнт	Wirtschaftsemigrant
эмигрáция, -и *f*	Emigration
явлéние, -я *n*	Ereignis; Phänomen, Erscheinung

Der Mensch und seine Umwelt

27 Wetter und Klima

Allgemeine Begriffe

вéтер · вóздух · высóкий · вы́ше · грáдус · дуть · изменéние · кли́мат меня́ться · ни́же · ни́зкий · охвати́ть/охвáтывать · пáдать повы́ситься/повышáться · повышéние · погóда · подня́ться/поднимáться · понижéние · пони́зиться/понижáться · пóяс · рéзкий си́льный · срéдний · температýра · термóметр · улучшéние улýчшиться/улучшáться · упáсть · ухудшéние · ухýдшиться/ухудшáться

антициклóн, -a *m*	Hoch
атмосфéрное давлéние	Luftdruck
барóметр, -a *m*	Barometer
Барóметр пáдает.	*Das Barometer fällt.*
Барóметр поднимáется.	*Das Barometer steigt.*
влáжность, -и *f*	Feuchtigkeit
влáжность вóздуха	*Luftfeuchtigkeit*
климати́ческий, -ая, -ое	klimatisch
óбласть ни́зкого атмосфéрного давлéния	Tief

о́блачность, -и *f*	Bewölkung
уменьше́ние о́блачности	*Bewölkungsauflockerung*
поры́в ве́тра	Windstoß
предсказа́ть, -ажу́, -а́жешь *pt* *impt* предска́зывать, -аю, -аешь	voraussagen, vorhersagen
предсказа́ть бу́дущее	*die Zukunft voraussagen*
предсказа́ть пого́ду	*das Wetter vorhersagen*
прогно́з пого́ды	Wettervorhersage
сво́дка пого́ды	Wetterbericht

Warmes, schönes Wetter

блесте́ть · жа́ркий · жа́рко · луч · мя́гкий · печь · прия́тный · свети́ть сия́ть · со́лнечный · со́лнце · сухо́й · тепло́ · тёплый · я́сный

жара́, -ы́ *f*	Hitze
на припёке	in der prallen Sonne
прохла́дный, -ая, -ое [-ден, -дна]	frisch
проясне́ние, -я *n*	Aufheiterung
В тече́нии дня бу́дет постепе́нно проясня́ться.	*Im Laufe des Tages wird es heiter.*
проясни́ться, -и́тся [*1.&2. Pers. ungbr.*] *pt* *impt* проясня́ться, -я́ется	aufheitern
свети́ться, свечу́сь, све́тишься *impt*	scheinen; leuchten
Свети́лась я́сная луна́.	*Der Mond schien klar vom Himmel.*
Лицо́ ребёнка свети́лось сча́стьем.	*Das Gesicht des Kindes leuchtete vor Glück.*
тепло́, -а́ *n*	Wärme
со́лнечное тепло́	*Sonnenwärme*
два́дцать гра́дусов тепла́	*zwanzig Grad Wärme*
тёплый фронт	Hitzewelle

Kaltes, schlechtes Wetter

бу́ря · гроза́ · замёрзнуть/замерза́ть · лёд · ледяно́й · мёрзнуть · моро́з мра́чный · плохо́й · снег · снежи́нка · сне́жный · суро́вый · хо́лод холо́дный

ве́треный, -ая, -ое [-ен]	windig
ве́треная пого́да	*windiges Wetter*
Сего́дня ве́трено.	*Es ist windig heute.*

вью́га, -и *f*	Schneesturm; Schneegestöber
гололёд, -а *m*	Glatteis
гололе́дица, -ы *f*	Glatteis
град, -а *m*	Hagel
Идёт град.	*Es hagelt.*
Всё бы́ло поби́то гра́дом.	*Alles wurde verhagelt.*
и́ней, -я *m*	Reif, Rauhreif
Всё покры́то и́неем.	*Alles ist mit Reif bedeckt.*
мете́ль, -и *f*	Schneesturm, Schneegestöber
непого́да, -ы *f*	schlechtes Wetter
па́смурный, -ая, -ое [-рен, -рна]	trübe, bedeckt
Сего́дня па́смурно.	*Heute haben wir ein richtiges Novemberwetter.*
снегопа́д, -а *m*	Schneefall
снежо́к, -жка́ *m*	Schneeball
игра́ть в снежки́	*eine Schneeballschlacht machen*
сугро́б, -а *m*	Schneehaufen
хму́рый, -ая, -ое [хмур, хмура́, хму́ро]	finster
хму́рый челове́к	*ein finsterer Geselle*
хму́рый день	*ein trüber Tag*

Feuchtes Wetter

гром · дождь · ка́пля · мо́крый · мо́лния · о́блако · раста́ять · сыро́й та́ять · тума́н · ту́ча

вла́га, -и *f*	Nässe; Feuchtigkeit
пропи́танный вла́гой	*durchnäßt/naß*
вла́жный, -ая, -ое [-жен, -жна́, -жно]	feucht
дождли́вый, -ая, -ое [-и́в]	regnerisch
дождли́вая пого́да	*Regenwetter*
ли́вень, -вня *m*	Schauer
лу́жа, -и *f*	Pfütze
ме́лкий дождь	Nieselregen
мороси́ть, -и́т *unpers impt*	nieseln
Весь день мороси́т.	*Es nieselt schon den ganzen Tag.*
промо́кнуть, -ну, -нешь [-мо́к, -мо́кла] *pt* *impt* промока́ть, -а́ю, -а́ешь	naß werden
сля́котный, -ая, -ое	matschig
сля́котная пого́да	*Matschwetter*
сля́котная доро́га	*matschiger Weg*

сля́коть, -и *f* — Matsche; Schneematsch
тума́нный, -ая, -ое [-а́нен, -а́нна] — nebelig
тума́нное у́тро — *nebeliger Morgen*
Сего́дня тума́нно. — *Heute ist es nebelig.*

28 Die natürliche Umwelt

Tiere

а́ист · ба́бочка · бе́лка · верблю́д · волк · воробе́й · воро́на · гнездо́ · го́лубь · гусь · ёж · живо́тное · жук · жура́вль · за́яц · зверь · коза́ · коро́ва · кот · ко́шка · ку́рица · лев · лиса́ · ло́шадь · лягу́шка · медве́дь · медвежо́нок · мураве́й · му́ха · мышь · обезья́на · оле́нь · перо́ · пету́х · поросёнок · пти́ца · пчела́ · рак · ры́ба · свинья́ · след · слон · соба́ка · солове́й · ста́я · телёнок · тигр · у́тка · цыплёнок · щено́к

аку́ла, -ы *f* — Haifisch, Hai
бара́н, -а *m* — Hammel
Уста́вился как бара́н на но́вые воро́та. — *Er stand wie der Ochse vor dem Berge.*
Его́ невозмо́жно уговори́ть, упёрся как бара́н. — *Es ist unmöglich, ihn zu überzeugen, er ist störrisch wie ein Esel.*
бара́шек, -шка *m* — Lamm, Schäfchen; Schaffell
бо́жья коро́вка — Marienkäfer
бык, -а́ *m* — Stier, Bulle
Генна́дий здоро́в как бы́к. — *Gennadij strotzt vor Gesundheit.*
взять быка́ за рога́ — *den Stier bei den Hörnern packen*
дрозд, -а́ *m* — Drossel
чёрный дрозд — *Amsel*
жа́воронок, -нка *m* — Lerche
кит, -а́ *m* — Walfisch
ко́готь, -гтя [*pl* -гти, -гте́й] *m* — Kralle; Klaue
кома́р, -а́ *m* — Mücke
конь, -я́ [*pl* ко́ни, коне́й] *m* — Roß; Pferd
корм, -а (-у) *m* — Futter
кро́лик, -а *m* — Kaninchen
кры́са, -ы *f* — Ratte
водяна́я кры́са — *Wasserratte*
канцеля́рская кры́са — *Bürohengst*
ла́па, -ы *f* — Tatze; Pfote

ла́сточка, -и *f*	Schwalbe
пе́рвая ла́сточка	*die erste Schwalbe*
Одна́ ла́сточка весны́ не де́лает.	*Eine Schwalbe macht noch keinen Sommer.*
насеко́мое, -ого *n*	Insekt
орёл, орла́ *m*	Adler
Орёл или ре́шка?	*Kopf oder Zahl?*
оса́, -ы [*pl* о́сы, ос, о́сам] *f*	Wespe
осёл, осла́ *m*	Esel
Ты упря́м как осёл.	*Du bist störrisch wie ein Esel.*
пёс, пса *m*	Hund
поро́да, -ы *f*	Rasse; Art; Gattung; Gestein, Gesteinsart
чистокро́вная поро́да	*reinrassiges Tier*
древе́сная поро́да	*Holzart*
оса́дочная поро́да	*Sedimentgestein*
саме́ц, -мца́ *m*	Männchen
са́мка, -и *f*	Weibchen
сельдь, -и *f*	Hering
ста́до, -а *n*	Herde
форе́ль, -и *f*	Forelle
шку́ра, -ы *f*	Fell

Pflanzen

берёза · ве́тка · вид · виногра́д · виногра́дник · ви́шня · вы́сохнуть/высыха́ть · гвозди́ка · гриб · гру́ша · де́рево · дуб · ёлка · земляни́ка карто́шка · кашта́н · клубни́ка · ко́рень · кукуру́за · куст · лес · лесно́й ли́па · лист · мали́на · пе́рсик · плод · подсне́жник · по́чка · пшени́ца расте́ние · расти́ · ро́за · рома́шка · свёкла · сире́нь · сли́ва сморо́дина · сосна́ · спе́лый · то́поль · трава́ · фиа́лка · фру́кты цвести́ · цвето́к · чере́шня · я́блоко · я́блоня · я́года

бук, -а *m*	Buche
кра́сный бук	*Rotbuche*
ветвь, -и [*pl* -и, -е́й] *f*	Zweig; Ast
вяз, -а *m*	Ulme
гладио́лус, -а *m*	Gladiole
гре́цкий оре́х	Walnuß
ежеви́ка, -и *f*	Brombeere; Brombeerstrauch
жи́то, -а *n*	Getreide
камы́ш, -а́ *m*	Schilf; Schilfrohr
карто́фелина, -ы *f*	Kartoffel
карто́фель, -я *m*	Kartoffeln

ра́нний карто́фель	*Frühkartoffeln*
жа́ренный карто́фель	*Bratkartoffeln*
крыжо́вник, -а *m*	Stachelbeerstrauch; Stachelbeere
ла́ндыш, -а *m*	Maiglöckchen
лесно́й оре́х *m*	Haselnuß
мак, -а (-у) *m*	Mohn, Klatschmohn
масли́на, -ы *f*	Olive; Olivenbaum
незабу́дка, -и *f*	Vergißmeinnicht
овёс, овса́ *m*	Hafer
па́льма, -ы *f*	Palme
фи́никовая па́льма	*Dattelpalme*
коко́совая па́льма	*Kokospalme*
плата́н, -а *m*	Platane
рожь, ржи *f*	Roggen
со́хнуть, -ну, -нешь [сох/со́хнул, со́хла] *impt*	trocknen, trocken werden
сук, -а́ [о су́ке; *pl* су́чья, -ьев] *m*	Ast
увя́нуть, -ну, -нешь [увя́л, увя́ла] *pt* *impt* увяда́ть, -а́ю, -а́ешь	verwelken, verblühen
черёмуха, -и *f*	Faulbaum, Faulbeerbaum; Faulbeere
ячме́нь, -я́ *m*	Gerste

Mensch und Natur

агра́рный · буке́т · вено́к · вспаха́ть · вы́полоть · вы́растить/выра́щивать · гря́дка · деревенский · дере́вня · души́стый · жа́тва жать · земля́ · зоопа́рк · колхо́з · колхо́зник · колхо́зный · комба́йн копа́ть · коси́ть · крестья́нин · лопа́та · луг · огоро́д · охо́та · охо́тник парк · паха́ть · по́ле · полево́й · поли́ть/полива́ть · поло́ть · посади́ть рвать · сад · сажа́ть · село́ · се́льский · сельскохозя́йственный · се́но скоси́ть · соло́ма · сорва́ть/срыва́ть · тра́ктор · тропи́нка · удобре́ние урожа́й · фе́рма · хозя́ин · хозя́йство

га́снуть, -нет [гас/га́снул, га́сла] *impt*	ausgehen; erlöschen
животново́дство, -а *n*	Viehzucht
загрязнённый, -ая, -ое	verschmutzt
запове́дник, -а *m*	Naturschutzgebiet
клу́мба, -ы *f*	Blumenbeet
крестья́нский, -ая, -ое	bäuerlich, Bauern-
культиви́ровать, -рую, -руешь *impt*	züchten
культу́ра, -ы *f*	Kultur

сельскохозя́йственные культу́ры	*landwirtschaftliche Kulturen*
окружа́ющая среда́	Umgebung, Umwelt
охра́на окружа́ющей среды́	*Umweltschutz*
пле́вел, -а [*pl* пле́велы, пле́вел] *m*	Unkraut
пога́снуть, -снет [пога́с, -сла́] [*1. & 2. Pers. ungbr.*] *pt* *s.* га́снуть	erlöschen
посе́ять, -се́ю, -се́ешь [-се́янный] *pt* *s.* се́ять	säen
Что посе́ешь, то и пожнёшь.	*Wie die Saat, so die Ernte.*
развести́, -еду́, -едёшь [-ёл, -ела́] *pt* *impt* разводи́ть, -ожу́, -о́дишь	züchten; anbauen; anlegen (Garten)
растениево́дство, -а *n*	Pflanzenanbau; Pflanzenzucht
се́ять, се́ю, се́ешь *impt*	säen
скот, -а́ *m*	Vieh
скотово́дство, -а *n*	Viehzucht
убо́рка урожа́я	ernten
удо́брить, -рю, -ришь [-ренный] *pt* *impt* удобря́ть, -я́ю, -я́ешь	düngen
экологи́чески чи́стый	umweltfreundlich
эколо́гия, -и *f*	Umweltschutz

Land

восто́к · восто́чный · за́пад · за́падный · земно́й · контине́нт · мир
по́чва · се́вер · се́верный · страна́ · юг · ю́жный

австрали́йский, -ая, -ое	australisch
Австра́лия, -и *f*	Australien
азиа́тский, -ая, -ое	asiatisch
А́зия, -и *f*	Asien
Аля́ска, -и *f*	Alaska
Аме́рика, -и *f*	Amerika
америка́нский, -ая, -ое	amerikanisch
Анта́рктика, -и *f*	die Antarktis
Апенни́нский полуо́стров	die Apenninenhalbinsel
А́рктика, -и *f*	die Arktis
А́фрика, -и *f*	Afrika
африка́нский, -ая, -ое	afrikanisch

Балка́нский полуо́стров	der Balkan
Евро́па, -ы *f*	Europa
европе́йский, -ая, -ое	europäisch
земна́я пове́рхность	Erdoberfläche
Камча́тка, -и *f*	Kamtschatka
Пирене́йский полуо́стров	die Pyrenäenhalbinsel
полуо́стров, -а *m*	Halbinsel
регио́н, -а *m*	Region
се́верное полуша́рие	nördliche Halbkugel
се́верный по́люс	Nordpol
Сиби́рь, -и *f*	Sibirien
Скандина́вский полуо́стров	Skandinavien
эква́тор, -а *m*	Äquator
ю́жное полуша́рие	südliche Halbkugel
ю́жный по́люс	Südpol

Geologische Formationen

бассе́йн · бе́рег · верши́на · высо́кий · высота́ · глубо́кий · гора́ · го́рный доли́на · ка́мень · ни́зкий · о́стров · песо́к · пеще́ра · пляж · пусты́ня пыль · равни́на · ро́вный · скала́

Алта́й, -я *m*	der Altai
А́льпы *pl*	die Alpen
А́нды *pl*	die Anden
Берму́дские острова́ *pl*	die Bermudas
вулка́н, -а *m*	Vulkan
гле́тчер, -а *m*	Gletscher
дю́ны, дюн *pl* [*sg* дю́на, -ы *f*]	Dünen
Кавка́з, -а *m*	der Kaukasus
Кана́рские острова́ *pl*	die Kanarischen Inseln
Карпа́ты *pl*	die Karpaten
Кордилье́ры *pl*	die Kordilleren
круто́й, -а́я, -о́е [крут, -а́, -о]	steil
круто́й бе́рег	*Steilküste*
Кури́льские острова́ *pl*	die Kurilen
ледни́к, -а́ *m*	Gletscher
Монбла́н, -а *m*	der Montblanc
ни́зменность, -и *f*	Tiefland; Tiefebene
Пирине́и *pl*	die Pyrenäen
плато́ *unv n*	Hochebene
пло́ский, -ая, -ое [-сок, -ска́, -ско]	flach, platt
побере́жье, -я *n*	Strand, Küste

Caxáра, -ы *f*	die Sahara
склон, -a *m*	Abhang
Швáрцвальд, -a *m*	der Schwarzwald
Тибéт, -a *m*	Tibet
Урáл, -a *m*	der Ural
ущéлье, -я *n*	Schlucht
глубóкое ущéлье	*tiefe Schlucht*
холм, -á *m*	Hügel
Эльбрýс, -a *m*	der Elbrus

Wasser

болóто · водá · волнá · глубинá · мóре · морскóй · óзеро · океáн · пруд
рекá · речнóй · ручéй · течéние · течь

Атлантúческий океáн	der Atlantik
Байкáл, -a *m*	der Baikalsee
Балтúйское мóре	die Ostsee
Босфóр, -a *m*	der Bosporus
бýхта, -ы *f*	Bucht
вверх по течéнию	stromaufwärts
вниз по течéнию	stromabwärts
вóдный, -ая, -ое	Wasser-
вóдный путь	*Wasserweg*
вóдный трáнспорт	*Schiffsverkehr*
водопáд, -a *m*	Wasserfall
Вóлга, -и *f*	die Wolga
Гибралтáрский пролúв	die Straße von Gibraltar
Гольфстрúм, -a *m*	der Golfstrom
Дарданéллы *pl*	die Dardanellen
Днепр, -a *m*	der Dnjepr
Дон, -a [на Донý] *m*	der Don
Дунáй, -я *m*	die Donau
залúв, -a *m*	Golf
Мексикáнский залúв	*der Golf von Mexiko*
Карúбское мóре	die Karibik
Каспúйское мóре	das Kaspische Meer
лагýна, -ы *f*	Lagune
Лáдожское óзеро	der Ladogasee
Ла-Мáнш, -a *m*	der Ärmelkanal
Мóзель, -я *m*	die Mosel
Невá, -ы́ *f*	die Newa
Ниагáра, -ы *f*	die Niagarafälle
отлúв, -a *m*	Ebbe

прили́в, -а *m*	Flut
Ре́йн, -а *m*	der Rhein
родни́к, -а́ *m*	Quelle
Се́верное мо́ре	die Nordsee
Се́на, -ы *f*	die Seine
Средизе́мное мо́ре	das Mittelmeer
Те́мза, -ы *f*	die Themse
Ти́хий океа́н	der Pazifik
у́стье, -я [*g/pl* -ьев] *n*	Mündung
Чёрное мо́ре	das Schwarze Meer

Himmel

во́здух · звезда́ · косми́ческий · ко́смос · луна́ · не́бо · о́блако · плане́та простра́нство · со́лнце · ту́ча

вселе́нная, -ой *f*	Weltall, Universum
гала́ктика, -и *f*	Galaxis
звёздный, -ая, -ое	Stern-
звёздная систе́ма	*Sternensystem*
звёздная ка́рта	*Sternenhimmel*
коме́та, -ы *f*	Komet
Мле́чный путь	Milchstraße
па́дающая звезда́	Sternschnuppe
светово́й год	Lichtjahr
се́верное сия́ние	Nordlicht
созве́здие, -я *n*	Sternbild
со́лнечная систе́ма	Sonnensystem

Naturbeschreibung

вдали́ · вдаль · вид · ви́дно · ви́дный · вокру́г · горизо́нт · даль · ди́кий зака́т · за́пах · край · краси́вый · красота́ · круго́м · любова́ться мра́чный · наслади́ться/наслажда́ться · окре́стность · пейза́ж поко́й · приро́да · пусто́й · ра́дуга · рассве́т · роса́ · слы́шно · споко́йно степь · темно́ · темнота́ · тень · ти́хий · ти́хо · тишина́ · уголо́к · чи́стый чуде́сный · шум

безлю́дный, -ая, -ое [-ден, -дна]	menschenleer
безлю́дная ме́стность	*menschenleeres Gelände*
безлю́дный райо́н	*schwachbevölkertes Gebiet*
восхо́д со́лнца	Sonnenaufgang
гармо́ния, -и *f*	Harmonie

живопи́сный, -ая, -ое [-сен, -сна]	malerisch
живопи́сный пейза́ж	*malerische Landschaft*
за́росль, -и *f*	Gestrüpp
заря́, -и́ *f*	Morgenrot, Morgenröte; Abendrot, Abendröte
Заря́ занима́ется.	*Der Morgen graut.*
от зари́ до зари́	*den ganzen Tag hindurch*
захо́д со́лнца	Sonnenuntergang
куста́рник, -а *m*	Gebüsch, Gesträuch
ландша́фт, -а *f*	Landschaft
поля́на, -ы *f*	Wiese
простира́ться, -а́ется [*1. & 2. Pers. ungbr.*] *impt* *pt* простере́ться, -трётся [-тёрся]	sich erstrecken
просто́р, -а *m*	Weite
степны́е просто́ры	*[Steppenweite]*
пу́стошь, -и *f*	Ödland
равнове́сие, -я *n*	Gleichgewicht
Есте́ственное равнове́сие под угро́зой.	*Das natürliche Gleichgewicht ist in Gefahr.*
полити́ческое равнове́сие	*politisches Gleichgewicht*
рассвести́, -ветёт [-вело́] *unpers pt* *impt* рассвета́ть, -а́ет	dämmern (morgens)
Рассвета́ет.	*Es dämmert.*
Рассвело́.	*Es ist Tag geworden.*
слы́шный, -ая, -ое [-шен, -шна́, -шно, -шны/-шны́]	hörbar, vernehmbar
е́ле слы́шный шёпот	*kaum hörbares Flüstern*
Ка́ждый звук слы́шен.	*Man hört jeden Laut.*
Слы́шны чьи́-то шаги́.	*Ich höre Schritte.*
смерка́ться, -а́ется *unpers impt*	dämmern (am Abend)
Смерка́ется.	*Die Dämmerung bricht herein.*
споко́йствие, -я *n*	Ruhe, Stille
Тебе́ ну́жно споко́йствие.	*Du brauchst Ruhe.*
Твоё споко́йствие удивля́ет меня́.	*Deine Gelassenheit wundert mich.*
Сохраня́йте споко́йствие.	*Bewahren Sie Ruhe!*
су́мерки, -рек *pl*	Dämmerung
цари́ть, -и́т [*1. & 2. Pers. ungbr.*] *impt*	herrschen
В лесу́ цари́т тишина́.	*Im Wald herrscht Stille.*

ше́лест, -а *m* — Rauschen
 ше́лест ли́стьев — *das Rauschen der Blätter*
шелесте́ть, -и́шь, -и́т *impt* — rauschen
шо́рох, -а *m* — Rauschen; Rascheln; Säuseln (von z. B. Blättern)

29 Gestaltete Umwelt

Die Stadt

го́род · городско́й · заня́ть/занима́ть · окре́стность · промы́шленность промы́шленный · столи́ца · террито́рия · центр

жило́й дом — Wohnhaus
жило́й райо́н — Wohnviertel
за́городный, -ая, -ое — Land, außerhalb der Stadt gelegen
 за́городный дом — *Landhaus*
индустриа́льный, -ая, -ое — industriell, Industrie-
инду́стрия, -и *f* — Industrie
 тяжёлая инду́стрия — *Schwerindustrie*
кварта́л, -а *m* — Quartal; Häuserblock
но́вая часть го́рода — Neubauviertel
при́город, -а *m* — Vorort
при́городный, -ая, -ое — stadtnah, Vorort-
 при́городная зо́на — *stadtnahe Zone, Stadtrandzone*
 при́городный по́езд — *Vorortzug*
провинциа́льный, -ая, -ое [-лен, -льна] — Provinz-
прови́нция, -и *f* — Provinz
простира́ться, -а́ется [*1. & 2. Pers. ungbr.*] *impt* *pt* простере́ться [-тёрся] — sich erstrecken
ста́рая часть города — Altstadt
столи́чный, -ая, -ое — hauptstädtisch, Hauptstadt-

Gebäude

архитекту́ра · банк · ба́шня · библиоте́ка · больни́ца · воро́та · вход вы́ход · гимна́зия · гости́ница · дворе́ц · дом · забо́р · зда́ние · кафе́ кинотеа́тр · магази́н · музе́й · па́мятник · поликли́ника · по́чта просто́рный · ра́туша · рестора́н · стена́ · стро́йка · теа́тр · универма́г университе́т · це́рковь · шко́ла

архитекту́рный, -ая, -ое [-рен, -рна]	architektonisch
архитекту́рный стиль	*Baustil*
архитекту́рный па́мятник	*Baudenkmal*
высо́тное зда́ние	Hochhaus
дворе́ц культу́ры	Kulturpalast
дворе́ц спо́рта	Sportpalast
дом культу́ры	Stadthalle, Kreishalle
квадра́тный метр	Quadratmeter
кре́пость, -и [*pl* -и, -е́й] *f*	Festung, Feste
монасты́рь, -я́ *m*	Kloster
же́нский монасты́рь	*Nonnenkloster*
мужско́й монасты́рь	*Mönchskloster*
уйти́ в монасты́рь	*ins Kloster gehen*
общежи́тие, -я *n*	Wohnheim, Heim
студе́нческое общежи́тие	*Studentenheim*
общежи́тие для рабо́чих	*Arbeiterwohnheim*
пло́щадь, -и *f*	Fläche
жила́я пло́щадь	*Wohnraum, Wohnfläche*
поле́зная пло́щадь	*Nutzfläche*
разва́лины *pl* [*sg* разва́лина, -ы *f*]	Ruine
разва́лины за́мка	*Schloßruine*
собо́р, -а *m*	Dom, Kathedrale
Исаа́киевский собо́р	*die Isaakskathedrale*
Кёльнский собо́р	*der Kölner Dom*
универса́м, -а *m*	Warenhaus

Anlagen und Verkehrswege

автостра́да · аэропо́рт · бассе́йн · бульва́р · вокза́л гидроэлектроста́нция · доро́га · доро́жка · зоопа́рк · като́к кла́дбище · метро́ · мост · парк · перекрёсток · переу́лок · перро́н пло́щадь · порт · проспе́кт · путь · ры́нок · сад · сооруже́ние · стадио́н стоя́нка · тротуа́р · фонта́н · шоссе́

а́томная электроста́нция	Atomkraftwerk
волноло́м, -а *m*, валноре́з, -а	Wellenbrecher
кана́л, -а *m*	Kanal
канализа́ция, -и *f*	Kanalisation
колея́, -и́ *f*	Fahrbahn; Gleis
кольцева́я доро́га	Ringstraße (z. B. Kölner Ring)
пешехо́дная доро́жка	Fußgängerübergang
пешехо́дная зо́на	Fußgängerzone

подзе́мный перехо́д	Fußgängertunnel
прича́л, -а *m*	Kai
пятна́дцатый, -ая, -ое	der fünfzehnte
разви́лка, -и *f*	[eine Straße, die sich gabelt] abknikkende Vorfahrt
рельс, -а *m*	Schiene
скаме́йка, -и *f*	Bank
садо́вая скаме́йка	*Gartenbank*
тонне́ль/тунне́ль [нэ́], -я *m*	Tunnel
университе́тский городо́к	Campus
фона́рь, -я́ *m*	Laterne

Veränderungen und Probleme

бере́чь · бу́дущее · бу́дущий · бы́стрый · везде́ · восстанови́ть/восстана́вливать · вы́глядеть · вы́звать/вызыва́ть · вы́расти высо́кий · глубо́кий · горизо́нт · гря́зный · грязь · де́йствовать · дым ежедне́вно · есте́ственный · загрязне́ние · значе́ние · значи́тельный измени́ть/изменя́ть · измени́ться/изменя́ться · иску́сственный исче́знуть/исчеза́ть · ка́чество · коли́чество · краси́вый · кру́пный меня́ться · мета́лл · многочи́сленный · надёжный · некраси́вый необходи́мый · но́вый · нужда́ться · ну́жно · ну́жный · о́блик · опа́сный организа́ция · отрица́тельный · охвати́ть/охва́тывать · переме́на план · поддержа́ть/подде́рживать · поки́нуть/покида́ть · попыта́ться постепе́нно · постоя́нно · постро́ить · почи́стить · пра́ктика преврати́ться/превраща́ться · преиму́щество · приро́да · пробле́ма провести́/проводи́ть · програ́мма · прое́кт · произво́дство · проце́сс про́шлое · про́шлый · пыта́ться · разви́тие · разли́чный · разме́р разру́шить/разруша́ть · ремо́нт · ру́шиться · сло́жный · совреме́нный созда́ть/создава́ть · сопровожда́ть · состоя́ние · сохрани́ть/сохраня́ть · спасти́/спаса́ть · специа́льный · ста́рый · стекло́ строи́тельство · стро́ить · типи́чный · увели́читься/увели́чиваться угрожа́ть · удо́бный · улу́чшить/улучша́ть · улу́чшиться/улучша́ться уничто́жить/уничтожа́ть · характе́рный · хи́мия · чи́стить · шум шу́мный · экономи́ческий · электри́ческий · электри́чество

автоматиза́ция, -и *f*	Automatisierung
автомати́ческий, -ая, -ое	automatisch
автомати́чный, -ая, -ое [-чен, -чна]	automatisch
безлю́дный, -ая, -ое [-ден, -дна]	menschenleer
безлю́дная ме́стность	*menschenleeres Gelände*
безлю́дный райо́н	*schwachbevölkertes Gebiet*

градострои́тельство, -а *n*	Städtebau
загрязнённый, -ая, -ое	verschmutzt
новостро́йка, -и *f*	Neubau; neugebautes Haus
окружа́ющая среда́	Umgebung, Umwelt
охра́на окружа́ющей среды́	*Umweltschutz*
отбро́сы, -ов *pl*	Abfall; Müll
отрази́ться, -ажу́сь, -ази́шься *pt* *impt* отража́ться, -а́юсь, -а́ешься	(ein)wirken, sich auswirken
отремонти́ровать, -рую, -руешь *pt* s. ремоти́ровать	reparieren; instand setzen; renovieren
отхо́ды, -ов *pl*	Abfälle, Abfallprodukte
парализова́ть, -зу́ю, -зу́ешь [-о́ванный] *pt & impt*	zum Stillstand bringen; paralysieren
плани́ровать, -ру́ю, -ру́ешь *impt*	planen
приспосо́бить, -блю, -бишь [-бленный] *pt* *impt* приспоса́бливать, -аю, -аешь	verwenden, anwenden; anpassen; umwandeln
проекти́ровать, -рую, -руешь [-анный] *impt*	projektieren, planen
реконструи́ровать, -рую, -руешь [-анный] *pt & impt*	rekonstruieren, wiederherstellen
реконстру́кция, -и *f*	Rekonstruktion, Wiederherstellung, Wiederaufbau
ремонти́ровать, -рую, -руешь [-анный] *impt*	reparieren; instand setzen; renovieren
реставра́ция, -и *f*	Restaurierung
реставри́ровать, -рую, -руешь [-анный] *pt & impt*	restaurieren
смог, -а *m*	Smog
ста́ть, ста́ну, ста́нешь *pt* *impt* станови́ться, -овлю́сь, -о́вишься *(I)*	werden
упа́док, -дка *m*	Verfall; Niedergang
урбаниза́ция, -и *f*	Urbanisation, Städtebau
функциони́ровать, -рую, -руешь *impt*	funktionieren

Städte in Europa

Амстерда́м, -а *m*	Amsterdam
Антве́рпен, -а *m*	Antwerpen
Афи́ны, -и́н *pl*	Athen
Ахен, -а *m*	Aachen
Ба́зель, -я *m*	Basel
Белгра́д, -а *m*	Belgrad
Берли́н, -а *m*	Berlin
Берн, -а *m*	Bern
Бонн, -а *m*	Bonn
Бре́мен, -а *m*	Bremen
Брюссе́ль, -я *m*	Brüssel
Будапе́шт, -а *m*	Budapest
Бухаре́ст, -а *m*	Bukarest
Варша́ва, -ы *f*	Warschau
Ватика́н, -а *m*	Vatikan
Ве́на, -ы *f*	Wien
Вене́ция, -и *f*	Venedig
Гаа́га, -и *f*	Den Haag
Га́мбург, -а *m*	Hamburg
Ганно́вер, -а *m*	Hannover
Ге́нуя, -и *f*	Genua
Дре́зден, -а *m*	Dresden
Дюссельдо́рф, -а *m*	Düsseldorf
Жене́ва, -ы *f*	Genf
Кёльн, -а *m*	Köln
Ки́ев, -а *m*	Kiew
Ко́бленц, -а *m*	Koblenz
Копенга́ген, -а *m*	Kopenhagen
Кра́ков, -а *m*	Krakau
Ле́йпциг, -а *m*	Leipzig
Лиссабо́н, -а *m*	Lissabon
Ло́ндон, -а *m*	London
Мадри́д, -а *m*	Madrid
Ма́йнц, -а *m*	Mainz
Марсе́ль, -я *m*	Marseille
Мила́н, -а *m*	Mailand
Москва́, -ы́ *f*	Moskau
москви́ч, -а́ *m*, москви́чка, -и *f*	Moskauer(in)
моско́вский, -ая, -ое	von/in Moskau
Мю́нхен, -а *m*	München
Неа́поль, -я *m*	Neapel
Ни́цца, -ы *f*	Nizza

Ню́рнберг, -а *m*	Nürnberg
Пари́ж, -а *m*	Paris
Пра́га, -и *f*	Prag
Рим, -а *m*	Rom
Санкт-Петербу́рг, -а *m*	Sankt Petersburg
Софи́я, -и *f*	Sofia
Фра́нкфурт, -а *m*	Frankfurt
Хе́льсинки	Helsinki

Die Bundesländer

Ба́ден-Вю́ртемберг	Baden-Württemberg
Бава́рия	Bayern
Бра́нденбург	Brandenburg
Ге́ссен	Hessen
Ме́кленбург-Пере́дняя Помера́ния	Mecklenburg-Vorpommern
Ни́жняя Саксо́ния	Niedersachsen
Ре́йнланд-Пфальц	Rheinland-Pfalz
Саа́р	Saarland
Саксо́ния	Sachsen
Саксо́ния-А́нгальт	Sachsen-Anhalt
Се́верный Рейн-Вестфа́лия	Nordrhein-Westfalen
Тюри́нгия	Thüringen
Шле́звиг-Го́льштейн	Schleswig-Holstein

Die Einteilung der Welt durch den Menschen

30 Formen und Farben

Farben

бе́лый · бле́дный · блестя́щий · голубо́й · жёлтый · зелёный · золото́й ка́рий · кашта́новый · кори́чневый · кра́ска · кра́сный · ора́нжевый ро́зовый · ру́сый · све́тлый · седо́й · серебря́ный · се́рый · си́ний тёмный · тон · цвет · цветно́й · чёрный · я́ркий

белоку́рый, -ая, -ое [-у́р]	hellblond
лило́вый, -ая, -ое	lila
одноцве́тный, -ая, -ое	einfarbig
о́хра, -ы *f*	ocker
побеле́ть, -ею, -е́ешь *pt*	weiß werden; bleich werden

ры́жий, -ая, -ее [рыж, рыжа́, ры́же]	rothaarig
тёмноволо́сый, -ая, -ое	dunkelhaarig
ту́склый, -ая, -ое [тускл, тускла́, ту́скло]	stumpf
фиоле́товый, -ая, -ое	violett
цве́та соло́мы	strohfarben

Formen

гла́дкий · квадра́тный · кольцо́ · кру́г · кру́глый · курно́сый · ли́ния непра́вильный · о́стрый · офо́рмить/оформля́ть · полоса́ пра́вильный · прямоуго́льный · сфе́ра · то́чка · тупо́й · у́гол · фигу́ра фо́рма · черта́ · шар

в фо́рме	-förmig (kugelförmig)
вертика́льный, -ая, -ое [-лен, -льна]	vertikal, senkrecht
горизонта́льный, -ая, -ое	horizontal
квадра́т, -а *m*	Quadrat
кле́тчатый, -ая, -ое	kariert
криво́й, -а́я, -о́е [крив, крива́, кри́во]	schief; krumm; gebogen
круто́й, -а́я, -о́е [крут, -а́, -о]	steil
круто́й бе́рег	*Steilküste*
куб, -а [*pl* кубы́, -о́в] *m*	Würfel
отве́сный, -ая, -ое [-сен, -сна]	senkrecht, vertikal
отве́сная скала́	*eine senkrechte Felswand*
пирами́да, -ы *f*	Pyramide
полоса́тый, -ая, -ое [-а́т]	gestreift
пряма́я (ли́ния) *f*	Gerade
прямоуго́льник, -а *m*	Rechteck
сердцеви́дный [рц], -ая, -ое [-ден, -дна]	herzförmig
треуго́льник, -а *m*	Dreieck
треуго́льный, -ая, -ое	dreieckig

31 Stoffe

Allgemeine Begriffe

газ · жи́дкость · материа́л · прозра́чный · про́чный · сорт · твёрдый то́нкий · хру́пкий · элеме́нт · эне́ргия

áтомный, -ая, -ое	Atom-, Nuklear-
áтомная энергия	*Atomenergie*
веществó, -á *n*	stoffliche Materie
органи́ческие и неоргани́ческие веществá	*organische und anorganische Stoffe*
горю́чий, -ая, -ее [-юч]	brennbar (-e Gase, Flüssigkeiten, chem. Stoffe u. ä.)
кислорóд, -а *m*	Sauerstoff
матéрия, -и *f*	Materie; Stoff
непрозрáчный, -ая, -ое [-чен, -чна]	undurchsichtig
раствори́мый, -ая, -ое [-и́м]	löslich
состоя́ть из	bestehen aus
Сталь состои́т из углерóда и желéза.	*Stahl besteht aus Kohlenstoff und Eisen.*
углерóд, -а *m*	Kohlenstoff
я́дерный, -ая, -ое	Nuklear-, Atom-

Stoffe pflanzlichen und tierischen Ursprungs

бумáга · дéрево · деревя́нный · кóжа · лён · лес · мех · ни́тка · рези́на ткань · ýголь · хлóпок · шёлк · шерсть

волокнó, -á [*pl* -óкна, -óкон, -óкнам] *n*	Faser
искýсственное волокнó	*synthetische Faser*
естéственное волокнó	*Naturfaser*
картóн, -а *m*	Karton
каучýк, -а *m*	Kautschuk
ни́ть, -и *f*	Faden
Ариáднина нить	*Der Faden der Ariana*
пергáмент, -а *m*	Pergamentpapier
пух, -а (-у) [ɔ пýхе, в пухý] *m*	Daunen; Flaum
ткáный, -ая, -ое	gewebt
ткать, ткý, ткёшь [ткал, ткалá/ткáла, ткáло] *impt*	weben

Mineralische und chemische Stoffe

асфáльт · бензи́н · бетóн · желéзо · зóлото · кáмень · клей · метáлл нефть · пластмáсса · серебрó · cтеклó · хими́ческий

брóнза, -ы *f*	Bronze
гипс, -а *m*	Gips
Рукá у меня́ в ги́псе.	*Ich habe den Arm in Gips.*

гли́на, -ы *f*	Ton
обжига́ть гли́ну	*Ton brennen*
горю́чее, -его *n*	Brennstoff
расхо́д горю́чего	*Benzinverbrauch*
дёготь, -гтя (-гтю) *m*	Teer
жесть, -и *f*	Blech
запая́ть, -я́ю, -я́ешь [-а́янный] *pt* *impt* запа́ивать, -аю, -аешь	löten; zulöten; schweißen
известня́к, -а́ *m*	Kalkstein
лату́нь, -и *f*	Messing
мазу́т, -а *m*	Heizöl
медь, -и *f*	Kupfer
металли́ческий, -ая, -ое	metallisch
минера́л, -а *m*	Minerale
мра́мор, -а *m*	Marmor
нефтяно́й проду́кт	Erdölprodukt
о́лово, -а *n*	Zinn
песча́ник, -а *m*	Sandstein
пла́вить, -влю, -вишь [-вленный] *impt*	schmelzen (Metalle)
свине́ц, -нца́ *m*	Blei
сталь, -и *f*	Stahl
фарфо́р, -а *m*	Porzellan
хруста́ль, -я́ *m*	Kristallglas, Kristall
го́рный хруста́ль	*Bergkristall*
цинк, -а *m*	Zink
ши́фер, -а *m*	Schiefer

32 Zahlen und Maße

Zahlentabellen

ноль, -я́ *m*	null
нуль, -я́ *m*	null
оди́н, одна́, одно́	eins
два [двух, двум, двумя́, о дву́х] *m/n*, две *f*	zwei
У меня́ две сестры́ и два бра́та.	*Ich habe zwei Brüder und zwei Schwestern.*
Я живу́ в двух шага́х отсю́да.	*Ich wohne zwei Schritte von hier entfernt.*
три [трёх, трём, тремя́, о трёх]	drei

четы́ре [четырёх, четырём, четырьмя́, о четырёх]	vier
пять [пяти́, пятью́]	fünf
шесть [шести́, шестью́]	sechs
семь [семи́, семью́]	sieben
во́семь [восьми́, восьмью́]	acht
де́вять [-и́, -ью́]	neun
де́сять [-и́, -ью́]	zehn
оди́ннадцать, -и	elf
двена́дцать, -и	zwölf
трина́дцать, -и	dreizehn
четы́рнадцать, -и	vierzehn
пятна́дцать, -и	fünfzehn
шестна́дцать, -и	sechzehn
семна́дцать, -и	siebzehn
восемна́дцать, -и	achtzehn
девятна́дцать, -и	neunzehn
два́дцать [-и́, -ью́]	zwanzig
два́дцать оди́н, одна́, одно́	einundzwanzig
два́дцать два, две	zweiundzwanzig
три́дцать [-и́, -ью́]	dreißig
со́рок [сорока́]	vierzig
пятьдеся́т [пяти́десяти, пятью́десятью]	fünfzig
шестьдеся́т [шести́десяти́, шестью́десятью]	sechzig
се́мьдесят [семи́десяти]	siebzig
во́семьдесят [восьми́десяти, восьмью́десятью]	achtzig
девяно́сто, -а	neunzig
сто [ста]	hundert
две́сти [двухсо́т, двумста́м, двумяста́ми, о двухста́х]	zweihundert
три́ста [трёхсо́т, трёмста́м, тремяста́ми, о трёхста́х]	dreihundert
четы́реста [четырёхсо́т, четырёмста́м, четырьмяста́ми, о четырёхста́х]	vierhundert
пятьсо́т [пятисо́т, пятиста́м, пятьюста́ми, о пятиста́х]	fünfhundert
шестьсо́т [шестисо́т, шестиста́м, шестьюста́ми, о шестиста́х]	sechshundert

семьсо́т [семисо́т, семьюста́ми, о семиста́х]	siebenhundert
восемьсо́т [восьмисо́т, восьмюста́ми, о восьмиста́х]	achthundert
девятьсо́т [девятисо́т, девятиста́м, девятьюста́ми, о девятиста́х]	neunhundert
ты́сяча, -и [-чей/-чью] *f*	tausend
одна́ ты́сяча	*eintausend*
два́дцать пять ты́сяч	*fünfundzwanzigtausend*
миллио́н, -а *m*	eine Million
миллиа́рд, -а *m*	eine Milliarde
нечётный, -ая, -ое	ungerade
нечётное число́	*eine ungerade Zahl*
чётный, -ая, -ое	gerade
чётное число́	*eine gerade Zahl*

Zahlwörter

пе́рвый, -ая, -ое	der erste
второ́й, -а́я, -о́е	der zweite
Я на второ́м ку́рсе.	*Ich bin Student(in) im zweiten Jahr.*
Моя́ дочь у́чится во второ́м кла́ссе.	*Meine Tochter ist Schülerin in der zweiten Klasse.*
Второ́го ра́за не бу́дет.	*Es wird kein zweites Mal geben.*
тре́тий, -ья, -ье	der dritte
четвёртый, -ая, -ое	der vierte
пя́тый, -ая, -ое	der fünfte
шесто́й, -а́я, -о́е	der sechste
Сего́дня шесто́е.	*Heute ist der sechste.*
шеста́я часть ми́ра	*ein Sechstel der Erde*
седьмо́й, -ая, -ое	der siebte
восьмо́й, -а́я, -о́е	der achte
одна́ восьма́я	*ein Achtel*
Та́ня бере́менна на восьмо́м ме́сяце.	*Tanja ist im achten Monat schwanger.*
девя́тый, -ая, -ое	der neunte
деся́тый, -ая, -ое	der zehnte
Я прие́ду деся́того февраля́.	*Ich komme am zehnten Februar.*
Сего́дня деся́тое февраля́.	*Heute haben wir den zehnten Februar.*
деся́тый но́мер	*Nummer zehn*
оди́ннадцатый, -ая, -ое	der elfte

двена́дцатый, -ая, -ое — der zwölfte
трина́дцатый, -ая, -ое — der dreizehnte
четы́рнадцатый, -ая, -ое — der vierzehnte
пятна́дцатый, -ая, -ое — der fünfzehnte
шестна́дцатый, -ая, -ое — der sechzehnte
семна́дцатый, -ая, -ое — der siebzehnte
восемна́дцатый, -ая, -ое — der achtzehnte
девятна́дцатый, -ая, -ое — der neunzehnte
двадца́тый, -ая, -ое — der zwanzigste
тридца́тый, -ая, -ое — der dreißigste
сороково́й, -а́я, -о́е — der vierzigste
пятидеся́тый, -ая, -ое — der fünfzigste
шестидеся́тый, -ая, -ое — der sechzigste
  страни́ца шестидеся́тая — *Seite sechzig*
  в шестидеся́тые го́ды — *in den sechziger Jahren*
семидеся́тый, -ая, -ое — der siebzigste
  семидеся́тый но́мер — *Nummer siebzig*
восьмидеся́тый, -ая, -ое — der achtzigste
девяно́стый, -ая, -ое — der neunzigste
едини́ца, -ы *f* — die Ziffer „1“
дво́йка, -и *f* — die Ziffer „2“; ungenügend (2)
тро́йка, -и *f* — die Ziffer „3“; befriedigend (3), ist oft ausreichend
четвёрка, -и *f* — die Ziffer „4“; gut (4)
пятёрка, -и *f* — die Ziffer „5“; sehr gut (5)
дво́е [двои́х, двои́м] — zwei
  У меня́ дво́е дете́й. — *Ich habe zwei Kinder.*
тро́е [трои́х, трои́м] — drei
  Нас бы́ло тро́е. — *[Wir waren drei.]*
  На трои́х не хва́тит. — *Für drei reicht das nicht.*
  вы́пить на трои́х — *[zu dritt (eine Flasche Wodka) kaufen, teilen und trinken]*
че́тверо [-ы́х, четверы́м] — vier
во-пе́рвых — erstens
во-вторы́х — zweitens
в-тре́тьих — drittens
однокра́тный, -ая, -ое — einmalig
двукра́тный, -ая, -ое — zweimalig
  в двукра́тном разме́ре — *in doppeltem Ausmaß*
  двукра́тный чемпио́н ми́ра — *zweimaliger Weltmeister*
трёхкра́тный, -ая, -ое — dreimalig
двойно́й, -а́я, -о́е — doppelt, Doppel-
  двойны́е ра́мы — *Doppelfenster*
  двойна́я бухгалте́рия — *doppelte Buchführung*

вести́ двойну́ю игру́	*ein Doppelspiel treiben*
деся́ток, -тка *m*	ungefähr zehn
Я купи́ла деся́ток яиц.	*Ich habe zehn Eier gekauft.*
деся́тки люде́й	*Dutzende von Menschen*
Ему́ пошёл шесто́й деся́ток.	*Er ist über fünfzig.*
дю́жина, -ы *f*	Dutzend
о́ба [обо́их] *m/n*, **о́бе**[обе́их] *f*	beide
Держи́ обе́ими рука́ми.	*Halte das mit beiden Händen!*
Смотри́ в о́ба!	*Sei ganz vorsichtig!*
полови́на, -ы *f*	Hälfte
Произво́дство должно́ увели́читься в три с полови́ной ра́за.	*Die Produktion muß sich auf das Dreieinhalbfache erhöhen.*
На э́то мне пона́добилось три с полови́ной часа́.	*Dafür habe ich dreieinhalb Stunden gebraucht.*
Я приду́ в полови́не второ́го.	*Ich komme um halb zwei.*
полтора́ [полу́тора] *m/n*, полторы́ [полу́торы] *f*	anderthalb, eineinhalb
полтора́ста [полу́тораста]	hundertfünfzig
со́тня, -и *f*	einhundert
со́тни люде́й	*Hunderte von Menschen*
треть, -и [*pl* -и, -е́й] *f*	ein Drittel
тройно́й, -а́я, -о́е	Dreifach
тройно́е пра́вило	*Dreisatzrechnung*
че́тверть, -и [*pl* -и, -е́й] *f*	ein Viertel
че́тверть ча́са	*eine Viertelstunde*
че́тверть тре́тьего	*viertel nach zwei*
без че́тверти пять	*viertel vor fünf*

Allgemeine Begriffe

бо́лее · бо́льше · взве́сить/взве́шивать · изме́рить/измеря́ть количество · ме́нее · ме́ньше · ме́рить · но́мер · о́коло · пол- · поря́док ра́зница · ро́вно · соотве́тствовать · сравни́ть/сра́внивать · счёт число́

в о́бщей сло́жности	im ganzen, insgesamt
Ско́лько получа́ется в о́бщей сло́жности?	*Was macht das im ganzen?*
в сре́днем	im Durchschnitt
максима́льный, -ая, -ое [-лен, -льна]	maximal, Höchst-
максима́льная мо́щность	*Spitzenleistung*
максима́льный вы́игрыш	*Maximalgewinn (z. B. beim Lotto)*

максима́льная продолжи́тельность де́йствия лека́рства	*maximale Wirkungsdauer eines Medikaments*
ма́ксимум, -а *m*	Maximum
минима́льный, -ая, -ое [-лен, -льна]	minimal, Minimal-, Mindest-
минима́льный разме́р	*Mindestmaß*
в минима́льный срок	*in der allerkürzesten Zeit*
ми́нимум, -а *m*	Minimum

Maße und Gewichte

бесконе́чный · бо́льший · большо́й · вес · ве́сить · высо́кий · вы́ше глубина́ · глубо́кий · гра́дус · грамм · длина́ · дли́нный · до́лгий килогра́мм · киломе́тр · коне́ц · кру́пный · лёгкий · ле́гче · литр ма́ленький · ме́лкий · ме́ньший · ме́ра · метр · небольшо́й · невысо́кий но́рма · объём · огро́мный · паке́т · разме́р · сантиме́тр · сре́дний тя́жёлый · у́зкий · у́ровень · ширина́

величина́, -ы́ *f*	Größe; Wert
второ́й по величине́	*der zweitgrößte*
максима́льная величина́	*Höchstwert*
преде́льная величина́	*Grenzwert*
сре́дняя величина́	*Durchschnittsgröße/Durchschnittswert/Mittelwert*
квадра́тный метр	Quadratmeter
куби́ческий метр	Kubikmeter
неизмери́мый, -ая, -ое [-и́м]	unermeßlich
необъя́тный, -ая, -ое [-тен, -тна]	unermeßlich
Нельзя́ объя́ть необъя́тное.	*Man kann nicht verstehen, was unermeßlich ist.*
не́тто [нэ] *unv n*	Netto
вес не́тто	*Nettogewicht*
проце́нт, -а *m*	Zins; Prozent
то́нна, -ы *f*	Tonne
фунт, -а *m*	Pfund
це́нтнер, -а *m*	Doppelzentner

Mengenbegriffe

большинство́ · вдвоём · весь · всё · всего́ · втроём · гру́ппа еди́нственный · ещё · ма́ло · ма́сса · мно́го · многочи́сленный мно́жество · немно́жко · не́сколько · ничего́ · после́дний · сто́лько толпа́ · то́лько · целико́м · це́лый · часть

ки́па, -ы *f*	Stoß; Haufen
ки́па тетра́дей	*ein Stoß Hefte*
ки́па бума́г	*ein Stoß Papiere*
кро́ме *prep (G)*	außer
Кро́ме тебя́ у меня́ никого́ нет.	*Außer dir habe ich niemanden.*
Кро́ме я́блонь у нас в саду́ не́сколько чере́шен и груш.	*Neben Apfelbäumen haben wir ein paar Kirsch- und Birnbäume im Garten.*
кро́ме того́	*außerdem*
кро́ме как	*nur*
ку́ча, -и *f*	Haufen
У меня́ ку́ча неприя́тностей.	*Ich habe einen Haufen Unannehmlichkeiten.*
На э́то ушло́ ку́ча де́нег.	*Dafür ist eine ganze Menge Geld draufgegangen.*
ма́ссово *adv*	massenweise; massenhaft
нема́ло *adv*	nicht wenig; viel
На э́то у меня́ ушло́ нема́ло вре́мени.	*Dafür habe ich nicht wenig Zeit verloren.*
Я нема́ло прочита́л за э́то вре́мя.	*Während dieser Zeit habe ich viel gelesen.*
немно́го *adv*	ein wenig, etwas, ein bißchen
Вам на́до ещё немно́го подожда́ть.	*Wir müssen noch ein bißchen abwarten.*
Три дня – э́то же совсе́м немно́го.	*Drei Tage – das ist überhaupt nicht viel.*
Ла́дно, я дам тебе́ ещё немно́го де́нег.	*Na gut, ich geb dir noch ein bißchen Geld.*
никто́, никого́, никому́, никого́, нике́м, ни о ком	niemand, keiner
Я никому́ не скажу́.	*Ich sage es niemandem.*
Никто́ из нас не обрати́л тогда́ внима́ния на э́то.	*Keiner von uns hat das damals gemerkt.*
Никто́ друго́й не сде́лает э́то лу́чше.	*Niemand anders macht das besser.*
Я там никого́ не уви́дел.	*Ich habe dort niemanden gesehen.*
остально́й, -а́я, -о́е	übrig, verblieben
Остальны́е вопро́сы рассмо́трим за́втра.	*Die übrigen Fragen behandeln wir morgen.*
полно́ *adv (G)*	voll
На у́лице полно́ наро́ду.	*Die Straße ist voller Leute.*
ро́вно сто́лько же	genausoviel
ско́лько *adv*	wieviel

Вам ско́лько па́чек сигаре́т?	*Wieviel Päckchen Zigaretten möchten Sie?*
Ско́лько сто́ят помидо́ры?	*Wieviel kosten die Tomaten?*
Я не зна́ю, ско́лько времени на э́то уйдёт.	*Ich weiß nicht, wieviel Zeit das brauchen wird.*
содержа́ть, -ержу́, -е́ржишь *impt*	enthalten
Ру́да соде́ржит мно́го желе́за.	*Das Erz hat einen hohen Eisengehalt.*
сто́лько же ... ско́лько	ebensoviel ... wie
удво́ить, -о́ю, -о́ишь [-о́енный] *pt* *impt* удва́ивать, -аю, -аешь	verdoppeln
Я удво́ил ста́вку.	*Ich habe den Einsatz verdoppelt.*
части́чно *adv*	teilweise
шту́ка, -и *f*	Stück
два́дцать штук конфе́т	*zwanzig Bonbons*
шту́к два́дцать	*ungefähr zwanzig*
экземпля́р, -а *m*	Exemplar

33 Zeitliche Beziehungen

Jahr

весе́нний · весна́ · весно́й/весно́ю · год · зима́ · зи́мний · зимо́й · ле́тний ле́то · ле́том · осе́нний · о́сень · о́сенью · полго́да · сезо́н

годово́й, -а́я, -о́е	Jahres-
годово́й дохо́д	*Jahreseinkommen*
ежего́дный, -ая, -ое	jährlich, alljährlich; Jahres-
кварта́л, -а *m*	Quartal; Häuserblock

Monat

ме́сяц

янва́рь, -я́ *m*	Januar
февра́ль, -я́ *m*	Februar
март, -а *m*	März
апре́ль, -я *m*	April
май, -я *m*	Mai
ию́нь, -я *m*	Juni

ию́ль, -я *m*	Juli
в ию́ле э́того го́да	*im Juli dieses Jahres*
в ию́ле про́шлого го́да	*im Juli letzten Jahres/letzten Juli*
а́вгуст, -а *m*	August
сентя́брь, -я́ *m*	September
октя́брь, -я́ *m*	Oktober
ноя́брь, -я́ *m*	November
дека́брь, -я́ *m*	Dezember
в декабре́	*im Dezember*
в нача́ле/середи́не/конце́ декабря́	*Anfang/Mitte/Ende Dezember*
ежеме́сячный, -ая, -ое	monatlich, Monats-
ме́сячный, -ая, -ое	monatlich

Woche

неде́ля

понеде́льник, -а *m*	Montag
в понеде́льник	*am Montag*
вто́рник, -а *m*	Dienstag
во вто́рник	*am Dienstag*
среда́, -ы́ *f*	Mittwoch
в сре́ду	*am Mittwoch*
четве́рг, -а́ *m*	Donnerstag
в четве́рг	*am Donnerstag*
пя́тница, -ы *f*	Freitag
в пя́тницу	*am Freitag*
по пя́тницам	*freitags*
суббо́та, -ы *f*	Samstag, Sonnabend
в суббо́ту	*am Samstag/Sonnabend*
в суббо́ту ве́чером	*(am) Samstag abend*
воскресе́нье, -я *n*	Sonntag
в воскресе́нье	*am Sonntag*
еженеде́льный, -ая, -ое	wöchentlich; Wochen-
неде́льный, -ая, -ое	wöchentlich; -wöchig
в неде́льный срок	*innerhalb einer Woche*
неде́льный о́тпуск	*ein einwöchiger Urlaub*

Tag

ве́чер · ве́чером · вчера́ · день · дневно́й · днём · ночь · но́чью позавчера́ · по́лдень · по́лночь · послеза́втра · сего́дняшний · су́тки у́тренний · у́тро · у́тром

вторáя половúна дня	Nachmittag
до обéда	vormittags, am Vormittag
ежеднéвный, -ая, -ое	täglich, Tages-
кáждый день	jeden Tag
на слéдующий день	am nächsten Tag
пéрвая половúна дня	Vormittag
по вечерáм	abends
по ночáм	nachts
по утрáм	morgens, am Morgen
пóсле обéда	nachmittags, am Nachmittag
предыдýщий день	am Tag davor

Stunde

врéмя · минýта · полчасá · рóвно · секýнда · час

В котóром часý?	Um wieviel Uhr?
Котóрый час?	Wie spät ist es?
половúна, -ы *f*	Hälfte
Произвóдство должнó увелúчиться в три с половúной рáза.	*Die Produktion muß sich auf das Dreieinhalbfache erhöhen.*
На э́то мне понáдобилось три с половúной часá.	*Dafür habe ich dreieinhalb Stunden gebraucht.*
Я придý в половúне вторóго.	*Ich komme um halb zwei.*
чéтверть, -и [*pl* -и, -éй] *f*	ein Viertel
чéтверть чáса	*eine Viertelstunde*
чéтверть трéтьего	*viertel nach zwei*
без чéтверти пять	*viertel vor fünf*

Häufigkeiten

вновь · зпервы́е · ежеднéвно · инотдá · многокрáтный · непреры́вно опя́ть · постоя́нно · постоя́нный · раз · регуля́рно · рéдко · снóва чáстый

без переры́ва	ohne Unterbrechung
врéмя от врéмени	von Zeit zu Zeit
всё врéмя	die ganze Zeit (über)
никогдá *adv*	niemals, nie
никогдá в жúзни	*nie im Leben*
как никогдá	*wie noch nie*
В воскресéнье – никогдá.	*Sonntags nie.*
опя́ть и опя́ть	immer wieder

подря́д *adv*	nacheinander, hintereinander
три дня подря́д	*drei Tage hintereinander*
сле́довать/после́довать друг за дру́гом	aufeinanderfolgen
сно́ва и сно́ва	immer wieder

Zeitpunkte und Zeiträume

бу́дни · бу́дущее · бу́дущий · век · вече́рний · годовщи́на · да́льше дли́ться · досро́чно · за́втра · зако́нчить/зака́нчивать · зате́м кани́кулы · когда́-нибудь/когда́-либо · когда́-то · коне́ц · коне́чный кра́йний · моме́нт · настоя́щее · настоя́щий · ны́нешний · ны́нче одна́жды · одновреме́нно · о́коло · о́тпуск · пери́од · поздне́е · пока́ пото́м · пребыва́ние · предыду́щий · пре́жде · продолжа́ться/ продо́лжиться · проше́дшее · проше́дший · про́шлое · про́шлый · ра́нее ра́ньше · рассве́т · сейча́с · сле́довать · сле́дующий · снача́ла · сра́зу тепе́рь · тогда́ · то́лько что · тут · уже́ · э́по́ха

бо́льшая часть вре́мени	der größte Teil der Zeit
бы́вший, -ая, -ее	ehemalig
в да́нное вре́мя	gegenwärtig; zur Zeit
в любо́е вре́мя	zu jeder Zeit
в настоя́щее вре́мя	gegenwärtig; zur Zeit
в тече́ние	im Lauf(e), während
в тече́ние всего́ го́да	*während des ganzen Jahres/das ganze Jahr über*
в тече́ние до́лгого вре́мени	*eine lange Zeit hindurch*
в тече́ние всей жи́зни	*ein ganzes Leben lang*
в тече́ние двух ме́сяцев	*im Verlauf von zwei Monaten*
в то вре́мя	damals
в то же вре́мя	gleichzeitig
внача́ле *adv*	anfangs, zuerst, erst; zunächst
во вре́мя	während
впредь *adv*	künftig, in Zukunft, von jetzt ab/an
Я наде́юсь, что мы и впре́дь оста́немся друзья́ми.	*Ich hoffe, daß wir auch in Zukunft Freunde bleiben.*
Впредь всё бу́дет по-друго́му.	*Von jetzt ab wird alles anders.*
выходно́й, -о́го *m*	arbeitsfreier Tag
Сего́дня у меня́ выходно́й.	*Heute habe ich meinen arbeitsfreien Tag.*
дли́тельность, -и *f*	Dauer
дли́тельный, -ая, -ое [-лен, -льна]	lang; langwierig

до каки́х пор	wie lange, bis wann
до тех пор	bis ..., ehe ...
зара́нее *adv*	im voraus
когда́ *adv*	wann; als; wenn
Когда́ ты придёшь?	*Wann kommst du?*
Когда́ он вошёл, все замолча́ли.	*Als er reinkam, verstummten die Gespräche.*
Ка́ждый раз, когда́ я прихожу́, тебя́ нет до́ма.	*Jedes Mal, wenn ich komme, bist du nicht zu Hause.*
мгнове́ние, -я *n*	Moment, Augenblick
на днях	in diesen Tagen, in einigen Tagen
наступи́ть, -у́пит [*1. & 2. Pers. ungbr.*] *pt* *impt* наступа́ть, -а́ет	gekommen sein (Frühling, Zeit, Abend u. ä.)
Наступи́ла ночь.	*Die Nacht brach ein.*
Наконе́ц наступи́ло ле́то.	*Der Sommer ist endlich da.*
нача́ть, -чну́, -чнёшь [на́чал, -ла́, на́чало] *pt* *impt* начина́ть, -а́ю, -а́ешь	anfangen, beginnen
ны́не *adv*	jetzt
оконча́тельно *adv*	endgültig
око́нчить, -чу, -чишь [-ченный] *pt* *impt* ока́нчивать, -аю, -аешь	beenden; abschließen (eine Tätigkeit)
око́нчить университе́т	*das Studium beenden*
па́уза, -ы *f*	Pause
переста́ть, -а́ну, -а́нешь *pt* *impt* перестава́ть, -таю́, -таёшь	aufhören
по́зже [*komp von* по́здний/по́зже]	später
продли́ть, -лю́, -ли́шь [-лённый (-ён, -ена́)] *pt* *impt* продлева́ть, -а́ю, -а́ешь	verlängern
продолжа́ть, -а́ю, -а́ешь *impt* *pt* продо́лжить, -жу, -жишь	fortsetzen; weitermachen
Я продолжа́ю с ним встреча́ться.	*Ich treffe mich immer noch mit ihm.*
Почему́ ты не продо́лжил иссле́дования?	*Warum hast du nicht weitergeforscht?*
продолжи́тельность, -и *f*	Dauer
сре́дняя продолжи́тельность жи́зни	*durchschnittliche Lebenserwartung*

продолжи́тельный, -ая, -ое [-лен, -льна]	lang, (an)dauernd, anhaltend
продолжи́тельное отсу́тствие	*lange Abwesenheit*
продолжи́тельные аплодисме́нты	*anhaltender Beifall*
продолжи́тельная боле́знь	*langwierige Krankheit*
с тех пор	seitdem
со вре́менем	mit der Zeit
срок, -а (-у) *m*	Termin; Frist
кра́йний срок	*die äußerste/letzte Frist*
после́дний срок	*Schlußtermin*
испыта́тельный срок	*Probezeit*
гаранти́йный срок	*Garantiezeit*
На како́й срок?	*Für wie lange?*
столе́тие, -я *n*	Jahrhundert
тем вре́менем	zur gleichen Zeit

Subjektive zeitliche Wertungen

бесконе́чный · бы́стро · бы́стрый · вдруг · ве́чный · внеза́пно · во́время всегда́ · да́вний · давно́ · до́лго · ко́ротко · ме́дленно · наконе́ц неда́вно · неме́дленно · неожи́данно · неожи́данный · по́здний по́здно · поспеши́ть · постепе́нно · поторопи́ться · пройти́/проходи́ть скоре́е · ско́ро · ско́рость · спеши́ть · торопи́ться · успе́ть/успева́ть

всему́ своя́ пора́/своё вре́мя	alles zu seiner Zeit
как гром среди́ я́сного не́ба	wie ein Blitz aus heiterem Himmel

34 Strukturwörter

Verben

есть[2] [*3. Pers. sg. von* быть]	ist; es gibt
Что есть и́стина?	*Was ist Wahrheit?*
Есть ещё наде́жда.	*Es gibt noch Hoffnung.*
каза́ться, кажу́сь, ка́жешься *impt (I)*	scheinen; den Anschein haben; den Eindruck machen
Он то́лько ка́жется наи́вным.	*Er scheint nur naiv zu sein.*
Э́то мне ка́жется любопы́тным.	*Das scheint mir interessant.*

Ка́жется, я не спра́влюсь.	*Wie es scheint, schaffe ich es nicht.*
Ка́жется, ты ошиба́ешься.	*Du scheinst dich zu irren.*
ко́нчить, -чу, -чишь [-енный] *pt*	aufhören; abschließen, (mit etw.) fertig sein
impt конча́ть, -а́ю, -а́ешь	
мочь, могу́, мо́жешь, мо́гут [мог, могла́] *impt*	können
нача́ть, -чну́, -чнёшь [на́чал, -ла́, на́чало] *pt*	anfangen, beginnen
impt начина́ть, -а́ю, -а́ешь	
оказа́ться, -ажу́сь, -а́жешься *pt*	sich erweisen
impt ока́зываться, -аюсь, -аешься *(I)*	
Э́то оказа́лось реша́ющим.	*Das erwies sich als entscheidend.*
Я оказа́лся вы́нужденным э́то сде́лать.	*Ich sah mich genötigt/gezwungen, das zu machen/tun.*
Оказа́лось, что ...	*Es stellte sich heraus, daß ...*
Я оказа́лся здесь соверше́нно случа́йно.	*Ich bin ganz zufälllig hier.*
переста́ть, -а́ну, -а́нешь *pt*	aufhören
impt переставать, -таю́, -таёшь	
продолжа́ть, -а́ю, -а́ешь *impt*	fortsetzen; weitermachen
pt продо́лжить, -жу, -жишь	
Я продолжа́ю с ним встреча́ться.	*Ich treffe mich immer noch mit ihm.*
Почему́ ты не продо́лжил иссле́дования?	*Warum hast du nicht weitergeforscht?*
ста́ть, ста́ну, ста́нешь *pt*	werden
impt станови́ться, -овлю́сь, -о́вишься *(I)*	
существова́ть, -тву́ю, -тву́ешь *impt*	existieren; es gibt ...
хоте́ть, хочу́, хо́чешь, хо́чет, хоти́м, хоти́те, хотя́т *impt*	wollen; möchten
Я хочу́, что́бы ты пошёл со мно́й.	*Ich wünsche, daß du mit mir gehst.*
Я не хочу́ его́ бо́льше ви́деть.	*Ich will ihn nicht mehr sehen.*
Я хочу́ быть всегда́ с тобо́й.	*Ich möchte immer bei dir sein.*
Как хо́чешь!	*Wie du willst!*
хоте́ться, хо́чется *unpers impt*	Lust haben auf ...; mögen ... ; wollen ...
Мне хо́чется моро́женого.	*Ich habe Lust auf ein Eis.*
Мне хо́чется спать.	*Ich will schlafen.*

явля́ться, -я́юсь, -я́ешься *impt (I)*	sein
Э́то явля́ется очередны́м доказа́тельством его́ правоты́.	*Das ist ein weiterer Beweis für seine richtige Ansicht.*

Pronomen

я, меня́, мне, меня́, мной (мно́ю), обо мне́	ich
ты, тебя́, тебе́, тебя́, тобо́й (тобо́ю), о тебе́	du
он, его́, (н)ему́, его́, (н)им, о нём	er
она́, её/неё, ей/ней, её/неё, ей/ней (е́ю/не́ю), о ней	sie
оно́, его́/него́, ему́/нему́, его́/него́, им/ним, о нём	es
мы, нас, нам, нас, на́ми, о нас	wir
вы, вас, вам, вас, ва́ми, о вас	ihr; Sie
они́, их/них, им/ним, их/них, и́ми/ни́ми, о них	sie (3. Person Plural)
мой, моего́, моему́, мой/моего́, мои́м, о моём	mein (maskulin)
моя́, мое́й, мое́й, мою́, мое́й, о мое́й	meine (feminin)
моё, моего́, моему́, мой/моего́, мои́м, о моём	mein (Neutrum)
мои́, мои́х, мои́м, мои/мои́х, мои́ми, о мои́х	meine (Plural)
твой, твоего́, твоему́, твой/твоего́, твои́м, о твоём	dein (maskulines Nomen)
твоя́, твое́й, твое́й, твою́, твое́й, о твое́й	deine (feminines Nomen)
твоё, твоего́, твоему́, твой/твоего́, твои́м, о твоём	dein (Nomen im Neutrum)
твои́, твои́х, твои́м, твои/твои́х, твои́ми, о твои́х	deine (Nomen im Plural)
её, его́	ihr, sein
наш, на́шего, на́шему, наш/на́шего, на́шим, о на́шем	unser (maskulines Nomen)
на́ша, на́шей, на́шей, на́шу, на́шей, о на́шей	unsere (feminines Nomen)
на́ше, на́шего, на́шему, на́ше/на́шего, на́шим, о на́шем	unser (Nomen im Neutrum)

на́ши, на́ших, на́шим, на́ши/ на́ших, на́шими, о на́ших	unsere (Nomen im Plural)
ваш, ва́шего, ва́шему, ваш/ ва́шего, ва́шим, о ва́шем	euer; Ihr (maskulines Nomen)
ва́ша, ва́шей, ва́шей, ва́шу, ва́шей, о ва́шей	eure, Ihre (feminines Nomen)
ва́ше, ва́шего, ва́шему, ваш/ ва́шего, ва́шим, о ва́шем	euer, Ihr (Nomen im Neutrum)
ва́ши, ва́ших, ва́шим, ва́ши/ ва́ших, ва́шими, о ва́ших	eure, Ihre (Nomen im Plural)
их	ihr (3. Person Plural)
свой, своего́, своему́, свой/ свего́, свои́м, о свое́м	mein (maskulines Nomen)
своя́, свое́й, свое́й, свою́, свое́й, о свое́й	meine (feminines Nomen)
своё, своего́, своему́, свой/ свего́, свои́м, о своём	mein (Nomen im Neutrum)
свои́, свои́х, свои́м, свои́/ свои́х, свои́ми, о свои́х	meine (Nomen im Plural)
себя́, себе́, себя́, собо́й (собо́ю), о себе́	sich

Fragewörter

где *adv*	wo
заче́м *adv*	warum, wofür
как *konj; part*	wie, als; seitdem
Я говорю́ тебе́ э́то как друг.	*Ich sage dir das als Freund.*
Как хорошо́!	*Oh, wie schön!*
Поступа́й как хо́чешь.	*Mach es, wie du willst.*
когда́ *adv*	wann; als; wenn
Когда́ ты придёшь?	*Wann kommst du?*
Когда́ он вошёл, все замолча́ли.	*Als er reinkam, verstummten die Gespräche.*
Ка́ждый раз, когда́ я прихожу́, тебя́ нет до́ма.	*Jedes Mal, wenn ich komme, bist du nicht zu Hause.*
кото́рый, -ая, -ое	Welcher ...?; der, die, das (Relativpronomen)
В кото́ром часу́?	*Um wieviel Uhr?*
Кото́рую дискету ты и́щешь?	*Welche Diskette suchst du?*
Мужчина, кото́рый позвони́л, не предста́вился.	*Der Mann, der angerufen hat, hat seinen Namen nicht genannt.*
Челове́к, фамилии кото́рого я не зна́ю, ...	*Der Mensch, dessen Namen ich nicht kenne, ...*

кто, когó, комý, когó, кем, о ком	wer; der (Relativpronomen maskulin)
кудá *adv*	wohin
Кудá ты идёшь?	*Wohin gehst du?*
кудá лýчше/хýже	*bei weitem besser/schlechter, schlimmer*
Кудá тебé!	*Das kannst du ja gar nicht.*
откýда *adv*	woher
Откýда Вы?	*Wo kommen Sie her?*
Откýда мне знать?	*Woher kann ich das wissen?*
отчегó *adv*	wovon
Отчегó ты так устáл?	*Wovon bist du so müde?*
почемý *adv*	warum
скóлько *adv*	wieviel
Вам скóлько пáчек сигарéт?	*Wieviel Päckchen Zigaretten möchten Sie?*
Скóлько стóят помидóры?	*Wieviel kosten die Tomaten?*
Я не знаю, скóлько врéмени на э́то уйдёт.	*Ich weiß nicht, wieviel Zeit das brauchen wird.*
чей, чья, чьё	wessen; dessen
Чьё э́то пальтó?	*Wem gehört dieser Mantel?*
Я знáю, чьё э́то пальтó.	*Ich weiß, wessen Mantel das ist.*
Человéк, чьё и́мя всем извéстно, ...	*Der Mensch, dessen Namen alle kennen, ...*
что, чегó, чемý, что, чем, о чём	was

Konjunktionen

а *konj*	aber, sondern
Я соглáсен, а ты?	*Ich bin einverstanden, und du?*
бýдто *konj*	als ob, wie wenn
Мне послы́шалось, бýдто ктó-то идёт.	*Es scheint mir, daß da jemand kommt.*
éсли *konj*	wenn, falls
éсли тóлько	*wenn nur*
тóлько éсли	*nur wenn*
Éсли бы не жарá ...	*Wenn nicht die Hitze wäre ...*
затó *konj*	dafür aber
и *konj*	und
и́ли ... и́ли *konj*	entweder ... oder
и́ли *konj*	oder
инáче *adv; konj*	anders; andernfalls, sonst, oder
как бýдто *konj*	(so tun,) als ob; (es scheint so,) als ob
ли́бо *konj*	oder, (entweder) ... oder

но *konj*	aber
не то́лько ..., но и	*nicht nur ..., sondern auch*
одна́ко *konj; adv*	aber
Краси́во, одна́ко до́рого.	*Schön, aber teuer.*
Э́то, одна́ко, перехо́дит все грани́цы.	*Das geht aber zu weit.*
поско́льку *konj*	insoweit
потому́ *konj*	deshalb
потому́ что *konj*	weil
поэ́тому *konj*	deshalb
пре́жде чем *konj*	bevor
причём *konj*	wobei
хоть *part; konj*	wenigstens; doch; zwar ... aber
хотя́ *konj*	obwohl
чем *konj*	als (nach Komparativ)
Лу́чше по́здно, чем никогда́.	*Besser später als nie.*
что *konj*	daß
что́бы *konj*	daß

Verneinungen und Partikel

бы *part*	[Partikel zur Bildung des Konjunktivs]
ведь *part*	[Verstärkung] (z. B. schon, bestimmt, doch u. ä.)
Ведь я э́то уже́ давно́ сде́лал.	*Das habe ich ja schon längst fertig.*
Ведь я не ребёнок.	*Ich bin doch kein Kind.*
во́все не(т)	gar nicht
вот *part*	guck mal (hier/da), das ist ...
вро́де *prep (G); part*	so wie ...; das sieht so aus, als ob ...
всё-таки *part*	doch
да *part*	ja
да́же *part*	sogar, auch (wenn)
же *part*	doch (Verst. von Aussagen); denn (Verst. von Fragen)
Говори́те же, наконе́ц!	*Reden Sie endlich/doch!*
Почему́ же ты э́того не сказа́л?	*Warum hast du das denn nicht gesagt?*
же *part*	gleichzeitig; am selben Ort; der/die/dasselbe
ли *part*	ob
Я не зна́ю, придёт ли он.	*Ich weiß nicht, ob er kommt.*
лишь *part*	nur ... (allein); nur, bloß
Лишь э́того не де́лай!	*Mach das bloß nicht!*
Лишь ты мо́жешь э́то поня́ть.	*Nur du kannst das verstehen.*

напро́тив *adv; prep (G); part*	gegenüber; im Gegenteil
не *part*	nicht
не́где *adv*	es ist kein Platz da, es ist nirgends Platz
Мне не́где найти́ э́ту кни́гу.	*Ich kann dieses Buch nicht finden.*
Сесть не́где.	*Man kann sich nirgendwo hinsetzen.*
не́когда *adv*	[aus Zeitmangel]
Мне не́когда.	*Ich habe keine Zeit.*
нет *part*	nein
Почему́ нет?	*Warum nicht?*
Ты согла́сен? – Нет.	*Bist du einverstanden? – Nein.*
неуже́ли *part*	wirklich [im Russischen nur in Fragesätzen]
Неуже́ли он не пришёл?	*Ist er wirklich gekommen?*
Неуже́ли э́то пра́вда?	*Stimmt das wirklich?*
не́чего[1], не́чему, не́чем, не́ для чего, не́ к чему, не́ с чем, не́ о чём	nichts
Мне не́чего тебе́ сказа́ть.	*Ich habe dir nichts (mehr) zu sagen.*
Мне не́ о чём с Ва́ми разгова́ривать.	*Ich wüßte nichts, worüber ich mit Ihnen reden sollte.*
Тебе́ не́чего боя́ться.	*Du brauchst keine Angst zu haben.*
Не́чего де́лать, придётся подожда́ть.	*Da kann man nichts machen, wir müssen abwarten.*
не́чего[2]	es ist nicht nötig; es lohnt sich nicht
Не́чего торопи́ться.	*Es liegt kein Grund zur Eile vor.*
Не́чего спра́шивать, и без того́ всё я́сно.	*Es hat keinen Zweck zu fragen, die Sache ist klar.*
ни ... ни *part*	weder ... noch
ни *part*	kein
нигде́ *adv*	nirgends, nirgendwo
Э́того нигде́ не найти́.	*Das ist nirgends zu finden.*
ника́к *adv*	überhaupt nicht, keinesfalls, auf (gar) keinen Fall
Я ника́к не могу поня́ть, почему́ Са́ша не позвони́л.	*Ich kann überhaupt nicht verstehen, warum Sascha nicht angerufen hat.*
Я ника́к не могла́ тебе́ ра́ньше позвони́ть.	*Ich konnte dich auf gar keinen Fall früher anrufen.*
никако́й, -а́я, -о́е	keinerlei, (gar) kein
У меня́ нет никако́го представле́ния об э́том.	*Ich habe nicht die geringste Vorstellung davon.*

Нет никако́го сомне́ния, что э́то так.	*Zweifellos ist das so.*
никогда́ *adv*	niemals, nie
никогда́ в жи́зни	*nie im Leben*
как никогда́	*wie noch nie*
В воскресе́нье – никогда́.	*Sonntags nie.*
никто́, никого́, никому́, никого́, нике́м, ни о ком	niemand, keiner
Я никому́ не скажу́.	*Ich sage es niemandem.*
Никто́ из нас не обрати́л тогда́ внима́ния на э́то.	*Keiner von uns hat das damals gemerkt.*
Никто́ друго́й не сде́лает э́то лу́чше.	*Niemand anders macht das besser.*
Я там никого́ не уви́дел.	*Ich habe dort niemanden gesehen.*
никуда́ *adv*	nirgendwohin
Я никуда́ не тороплю́сь.	*Ich bin nicht in Eile.*
Э́то никуда́ не годи́тся.	*Das ist vollkommen unbrauchbar.*
Я никуда́ не пойду́.	*Ich bleibe hier.*
ниче́й, -чья́, -чьё [ни с чего́, ни к чьему́, ни с чьим, ни о чём]	niemandem gehörig
ничья́ земля́	*Niemandsland*
Я ни в чьей по́мощи не нужда́юсь.	*Ich brauche von niemandem Hilfe.*
ничто́, ничего́, ничему́, ничто́, ниче́м, ни о чём	nichts
Я ничего́ об э́том не зна́ю.	*Ich weiß nichts davon.*
ничего́ подо́бного	*nichts dergleichen*
ну *part*	na
Ну и пого́да сего́дня!	*Das ist wieder ein Wetter heute!*
Ну хорошо́!	*Na gut!*
Ну так что же?	*Na und?*
ра́зве *part*	etwa
Ра́зве ты ему́ э́то сказа́л?	*Hast du ihm das etwa gesagt?*
я́кобы *part*	als ob

Adverbien

ка́к-нибудь/ка́к-либо *adv*	irgendwie
ка́к-то *adv*	irgendwie
наибо́лее *adv*	[Adverb zur Bildung des Superlativs]
Э́то наибо́лее разу́мное реше́ние.	*Das ist die vernünftigste Lösung.*
Тепе́рь наибо́лее разу́мно молча́ть.	*Es ist am vernünftigsten, jetzt zu schweigen.*

намно́го *adv*	viel (vor Komparativen)
Мы намно́го лу́чше, чем Вы ожида́ете.	*Wir sind viel besser, als Sie glauben.*
наско́лько *adv*	um wieviel?; soweit, soviel
Наско́лько я зна́ю, ...	*Soweit ich weiß, ...*
Наско́лько мне изве́стно, ...	*Soweit mir bekannt ist, ...*
Я не зна́ю, наско́лько э́то лу́чше.	*Ich weiß nicht, um wieviel das besser ist.*
На ско́лько лет он ста́рше тебя́?	*Um wieviel Jahre ist er älter als du?*
насто́лько *adv*	so ..., (daß ...)
Росси́я насто́лько бога́та, а ру́сские так бе́дны!	*Rußland ist so reich, und die Russen so arm.*
оттого́ *adv*	davon
Весь день бе́гала по магази́нам, оттого́ и уста́ла.	*Den ganzen Tag bin ich von Laden zu Laden gerannt, ich bin ganz müde davon.*

Präpositionen

без *prep (G)*	ohne
благодаря́ *prep (D)*	dank
близ *prep (G)*	in der Nähe von, nahe bei
вме́сто *prep (G)*	statt
вопреки́ *prep (D)*	trotz
для *prep (G)*	für
из-за *prep (G)*	hinter; wegen
вы́йти из-за ши́рмы	*von hinter dem Umkleideraum hervorkommen*
Из-за тебя́ я опозда́л.	*deinetwegen bin ich zu spät gekommen*
Из-за чего́?	*Weshalb?*
к *prep (D)*	zu; auf; an; gegen
Подойди́те ко мне.	*Kommen Sie zu mir!*
Вам на́до обрати́ться к врачу́.	*Sie müssen zum Arzt gehen!*
Он прижа́л меня́ к стене́.	*Er hat mich an die Wand gedrückt.*
Почему́ ты отно́сишься ко мне так?	*Warum verhältst du dich so mit mir?*
Я позвоню́ тебе́ к десяти́.	*Ich rufe dich gegen 10 Uhr an.*
кро́ме *prep (G)*	außer
Кро́ме тебя́ у меня́ никого́ нет.	*Außer dir habe ich niemanden.*
Кро́ме я́блонь у нас в саду́ не́сколько чере́шен и груш.	*Neben Apfelbäumen haben wir ein paar Kirsch- und Birnbäume im Garten.*

кро́ме того́	*außerdem*
кро́ме как	*nur*
ми́мо *prep (G)*	an (etw.) vorbei (gehen, fahren, laufen u. ä.)
насчёт *prep (G)*	was ... betrifft; wegen
А что Вы ска́жете насчёт э́того?	*Und was sagen Sie dazu?*
Я пришёл насчёт на́шей рабо́ты.	*Ich bin wegen unserer gemeinsamen Arbeit gekommen.*
о *prep (L)*	von; über; an
ду́мать о ком-л.	*an jmd. denken*
говори́ть о чём-л.	*über etw. reden*
по *prep (D)*	auf; in; wegen
по невнима́нию/боле́зни	*wegen Unaufmersamkeit/Krankheit*
погла́дить по голове́	*über den Kopf streichen*
идти́ по бе́регу	*den Strand entlanggehen*
экза́мен по матема́тике	*Prüfung in Mathematik*
по про́сьбе/жела́нию/вы́бору/рожде́нию	*auf Bitte/Wunsch/nach Wahl/von Geburt*
поми́мо *prep (G)*	außer, abgesehen von
поми́мо того́, что ...	*abgesehen davon, daß ...*
про́тив *prep (G)*	gegen
Я про́тив.	*Ich bin dagegen.*
согла́сно *prep (D)*	entsprechend
среди́ *prep (G)*	unter
Среди́ нас есть преда́тель.	*Unter uns gibt es einen Verräter.*
у *prep (G)*	neben, an; bei
Жди меня́ у вхо́да.	*Warte am Eingang auf mich!*
Ба́бушка лю́бит сиде́ть у окна́.	*Die Oma sitzt gern am Fenster.*
Мне мо́жно переночева́ть у тебя́?	*Darf ich bei dir übernachten?*
У меня́ дво́е дете́й.	*Ich habe zwei Kinder.*
У меня́ укра́ли де́ньги.	*Mir ist das Geld gestohlen worden.*

Indefinita und Demonstrativa

э́тот, э́того, э́тому, э́тот/э́того, э́тим, об э́том	dieser (maskulines Nomen)
э́та, э́той, э́той, э́ту, э́той, (э́тою), об э́той	diese (feminines Nomen)
э́то, э́того, э́тому, э́то/э́того, э́тим, об э́том	dieses (Nomen im Neutrum)
э́ти, э́тих, э́тим, э́ти/э́тих, э́тими, об э́тих	diese (Nomen im Plural)

тот, тогó, томý, то/тогó, тем, о том	jener (maskulines Nomen)
та, той, той, ту, той (тóю), о той	jene (feminines Substantiv)
то, тогó, томý, тó/тогó, тем, о том	jenes (Nomen im Neutrum)
те, тех, тем, те/тех, тéми, о тех	jene (Nomen im Plural)
такóй, такóго, такóму, такóй/такóго, такúм, о такóм	so ein; solcher (maskulines Nomen)
такáя, такóй, такóй, такýю, такóй (такóю), о такóй	so eine; solche (feminines Nomen)
такóе, такóго, такóму, такóй/такóго, такúм, о такóм	so ein; solches (Nomen im Neutrum)
такúе, такúх, такúм, такúе/такúх, такúми, о такúх	solche (Nomen im Plural)
вся́кий, -ая, -ое	jeder (beliebige)
инóй, -áя, -óе	andere(r)
кáждый, -ая, -ое	jeder, -e, -es
какóй, -áя, -óе	was für ein(e); welche(r, s)?
Какóй из э́тих цветóв тебé бóльше всегó нрáвиться?	*Welche von diesen Farben gefällt dir am meisten?*
какóй-нибудь/какóй-либо	irgendein (egal was)
Ты не мóжешь дать мне какóй-нибудь совéт?	*Kannst du mir nicht irgendeinen Rat geben?*
какóй-то	irgendein (jmd./etw. bestimter/s, mir aber unbekannt)
Какóй-то мужчúна спрáшивал тебя́ сегóдня по телефóну.	*Da hat irgendjemand für dich heute angerufen.*
Какóе-то насекóмое укусúло меня́.	*Irgendein Tier hat mich gestochen.*
ктó-либо/ктó-нибудь	irgendjemand, irgendwer; irgendeiner
кто-то	jemand
любóй, -áя, -óе	jeder; jeder beliebige
Любóй из нас мог э́то сказáть.	*Jeder von uns könnte das sagen.*
Ты мóжешь прийтú в любóе врéмя.	*Du kannst jederzeit kommen./Du kannst kommen, wann du willst.*
Я э́то сдéлаю любóй ценóй.	*Ich mache das auf jeden Fall.*
нéкий, -ая, -ое	ein gewisser
Вас спрáшивал нéкий Петрóв.	*Ein gewisser Petrow hat nach Ihnen gefragt/gesucht.*
Произошлú нéкие перемéны.	*Gewisse Veränderungen sind eingetreten.*
нéкоторый, -ая, -ое	gewiss(-er, -e, -es); einige

с не́которого вре́мени	*seit einiger Zeit*
в не́которых слу́чаях	*in gewissen Fällen*
не́которые из нас	*einige von uns*
не́кто	jemand
не́что	etwas
Во всём э́том есть не́что смуща́ющее.	*Immer gibt es etwas, das stört.*
сто́лько, сто́льких, сто́льким, сто́льких, сто́лькими, о сто́льких	soviel
че́й-либо/че́й-нибудь	von irgendjemand
че́й-то	irgendein [etwas, was einem mir Unbekannten gehört]
что́-либо/что́-нибудь	etwas; irgendwas
что́-то	etwas; was
Что́-то тут не так.	*Da stimmt was nicht.*